U0599949

法大法考

2022年国家法律职业资格考试

金题解析

理论法

（第八册）

法律职业资格考试培训中心（学院）◎编著

叶晓川◎编写

中国政法大学出版社

2022·北京

图书在版编目（CIP）数据

2022 年国家法律职业资格考试金题解析/法律职业资格考试培训中心（学院）编著.—北京：中国政法大学出版社，2022.5

ISBN 978-7-5764-0438-8

Ⅰ.①2… Ⅱ.①法… Ⅲ.①法律工作者－资格考试－中国－题解 Ⅳ.①D92-44

中国版本图书馆 CIP 数据核字(2022)第 082728 号

出 版 者	中国政法大学出版社
地　　址	北京市海淀区西土城路 25 号
邮寄地址	北京 100088 信箱 8034 分箱　邮编 100088
网　　址	http://www.cuplpress.com （网络实名：中国政法大学出版社）
电　　话	010-58908285(总编室) 58908433 (编辑部) 58908334(邮购部)
承　　印	保定市中画美凯印刷有限公司
开　　本	787mm×1092mm　1/16
印　　张	116.25
字　　数	2700 千字
版　　次	2022 年 5 月第 1 版
印　　次	2022 年 5 月第 1 次印刷
定　　价	380.00 元（全 8 册）

目　录

习近平法治思想

法理学

宪　法

中国法律史

司法制度与法律职业道德

习近平法治思想

专题一　习近平法治思想的重大意义

1. 习近平在中央全面依法治国委员会第一次会议的讲话上引用了商鞅立木建信的故事，史籍曰，商鞅推广变法，为取信于民，在城中立一木，移此木至城门可获赏十金，起初无人相信，后提高至赏五十金，方有人移木至城门，并获赏。下面哪一说法最符合该故事所揭示的道理？（2021 年回忆版）[1]

A. 法不阿贵，绳不挠曲

B. 善禁者，先禁其身，而后人；不善禁者，先禁人而后身

C. 举直错诸枉，则民服；举枉错诸直，则民不服

D. 天下之事，不难于立法，而难于法之必行

【解析】商鞅立木建信的故事揭示了要想在大范围内实行某种措施，必须要先"取信于民"，人民是国家的根本。人无信不立，为政者更要说到做到，取信于民，法律和政策才能得到很好地贯彻。"法不阿贵，绳不挠曲"是说法律不偏袒有权有势的人，墨线不向弯曲的地方倾斜，指法律应公平公正，一视同仁。故 A 项错误。"善禁者，先禁其身而后人；不善禁者，先禁人而后身"是说善于用禁令治理社会的人，必然自己首先按禁令要求自己，然后才去要求别人；不善于用禁令治理社会的人，首先要求别人按照禁令去做，然后才去要求自己。引申义为律己足以服人，要以身作则。故 B 项错误。"举直错诸往，则民服；举枉错诸直，则民不服"是说提拔正直的人，安置在邪曲的人之上，人民就服从；提拔邪曲的人，安置在正直的人之上，人民就不服从。指提拔什么人，关系到能否赢得人心。故 C 项错误。"天下之事，不难于立法，而难于法之必行"是说天下的事情，制定法令并不困难，难的是认真切实地贯彻执行。突出说明法律的生命在于实施。故 D 项表述符合题意。

2. 2021 年 6 月 26 日，习近平法治思想研究中心在京成立。中共中央政治局委员、中国法学会会长王晨出席成立大会并强调，要坚持以习近平新时代中国特色社会主义思想为指导，深入开展习近平法治思想的研究、阐释和宣介工作，推动将科学理论转化为做好全面依法治国各项工作的强大动力，更好服务党和国家工作大局。对此，下列说法正确的是：[2]

A. 党的十九大首次提出了习近平法治思想

B. "深入开展习近平法治思想的研究"表明习近平法治思想具有高度理论性的鲜明特色

C. "以习近平新时代中国特色社会主义思想为指导"表明习近平新时代中国特色社会主义思想是在法治轨道上推进国家治理体系和治理能力现代化的根本遵循

---

[1]　D　[2]　D

D. "推动将科学理论转化为做好全面依法治国各项工作的强大动力"表明习近平法治思想是引领法治中国建设实现高质量发展的思想旗帜

【解析】2020年中央全面依法治国委员会工作会议首次提出习近平法治思想，故A项错误。习近平法治思想的鲜明特色包括原创性、系统性、时代性、人民性、实践性，故B项错误。习近平法治思想是在法治轨道上推进国家治理体系和治理能力现代化的根本遵循，故C项错误。2020年中央全面依法治国委员会工作会议提出，习近平法治思想是引领法治中国建设实现高质量发展的思想旗帜，要把习近平法治思想转化为做好全面依法治国各项工作的强大动力，故D项正确。

3. 在我国开启全面建设社会主义现代化国家新征程的重要时刻，明确习近平法治思想在全面依法治国工作中的指导地位，是全面贯彻习近平新时代中国特色社会主义思想，加快建设中国特色社会主义法治体系、建设社会主义法治国家的必然要求。关于习近平法治思想，下列说法正确的是：[1]

A. 2019年中央全面依法治国工作会议明确了习近平法治思想在全面依法治国工作中的指导地位

B. 习近平法治思想具有原创性、系统性、时代性、人民性、实践性五大鲜明特色

C. 人民代表大会制度是坚持党的领导、人民当家作主、依法治国有机统一的根本制度安排

D. 法治国家、法治政府、法治社会三者相互联系、相互支撑、相辅相成，法治国家是法治建设的基础，法治政府是建设法治国家的关键，法治社会是构筑法治国家的目标

【解析】2020年中央全面依法治国工作会议明确了习近平法治思想在全面依法治国工作中的指导地位，故A项错误。B项、C项表述正确。法治国家、法治政府、法治社会三者相互联系、相互支撑、相辅相成，法治国家是法治建设的目标，法治政府是建设法治国家的重点，法治社会是构筑法治国家的基础，故D项错误。

---

[1] BC

专题二　习近平法治思想的核心要义

1. 某市建立并推行"重大决策合法性审查"制度，将其作为市委、市政府重大决策的前置程序。对此，下列哪一说法是错误的？（2017－1－3）[1]

A. 有利于确保决策的科学性和正当性

B. 是健全依法决策的重要措施

C. 是以法治方式推动发展的一种表现

D. 可以代替公众参与和集体讨论

【解析】对重大决策程序的审查，主要是审查决策方案的起草过程是否按照法律预先设置的方式、方法和步骤运行，确保行政决策公正。有利于确保决策的科学性和正当性，是以法治方式推动发展的一种表现。因此 A、B、C 项正确。重大决策合法性审查与公众参与和集体讨论对于科学决策都具有重要意义，二者都不可偏废，因此 D 项错误。

2. 梁某欲将儿子转到离家较近的学校上小学，学校要求其提供无违法犯罪记录证明。梁某找到户籍地派出所，民警告知，公安机关已不再出具无违法犯罪记录证明等 18 类证明。考虑到梁某的难处，民警仍出具了证明，并附言一句："请问学校，难道父母有犯罪记录，就可以剥夺小孩读书的权利吗？"对此，下列哪一说法是正确的？（2017－1－4）[2]

A. 公安机关不再出具无违法犯罪记录证明，将减损公民合法权益

B. 民警的附言客观上起到了普法作用，符合"谁执法谁普法"的要求

C. 派出所对学校的要求提出质疑，不符合文明执法的要求

D. 梁某要求派出所出具已明令不再出具的证明，其法治意识不强

【解析】公安机关简政放权，不会减损公民合法权益，因此 A 项错误，B 项正确。派出所有权对学校的要求提出质疑，C 项错误。梁某要求派出所出具证明，不能据此断定其法治意识不强，D 项错误。

3. 完善以宪法为核心的中国特色社会主义法律体系，要求推进科学立法和民主立法。下列哪一做法没有体现这一要求？（2015－1－3）[3]

A. 在《大气污染防治法》修改中，立法部门就处罚幅度听取政府部门和专家学者的意见

B. 在《种子法》修改中，全国人大农委调研组赴基层调研，征求果农、种子企业的意见

C. 甲市人大常委会在某社区建立了立法联系点，推进立法精细化

D. 乙市人大常委会在环境保护地方性法规制定中发挥主导作用，表决通过后直接由其公布施行

【解析】设区的市、自治州的地方性法规须报省、自治区的人民代表大会常务委员会批准，由本级人大常委会发布公告予以公布，D 项错误。

---

[1] D　[2] B　[3] D

4. 建设法治政府必然要求建立权责统一、权威高效的依法行政体制。关于建设法治政府，下列哪一观点是正确的？（2015 - 1 - 4）[1]

A. 明晰各级政府事权配置的着力点，强化市县政府宏观管理的职责

B. 明确地方事权，必要时可以适当牺牲其他地区利益

C. 政府权力清单制度是促进全面履行政府职能、厘清权责、提高效率的有效制度

D. 推行政府法律顾问制度的主要目的是帮助行政机关摆脱具体行政事务，加强宏观管理

【解析】明晰政府事权配置，强化政府宏观管理应属于行政执法管理，A项不符合题意。牺牲其他地区利益违背了兼顾全局的要求，B项错误。C项符合建设法治政府的要求，C项正确，当选。推行政府法律顾问制度的主要目的在于建设法治政府，摆脱具体行政事务的说法明显错误，D项错误。

5. 对领导干部干预司法活动、插手具体案件处理的行为作出禁止性规定，是保证公正司法的重要举措。对此，下列哪一说法是错误的？（2015 - 1 - 5）[2]

A. 任何党政机关让司法机关做违反法定职责、有碍司法公正的事情，均属于干预司法的行为

B. 任何司法机关不接受对司法活动的干预，可以确保依法独立行使审判权和检察权

C. 任何领导干部在职务活动中均不得了解案件信息，以免干扰独立办案

D. 对非法干预司法机关办案，应给予党纪政纪处分，造成严重后果的依法追究刑事责任

【解析】确保公正司法，不允许任何党政机关以任何违法形式干预司法活动，A项正确。依法独立行使审判权和检察权，要求司法活动不受到任何干预，B项正确。对于一些正当职权范围内的事项是可以进行了解的，C项错误，当选。确保司法公正应当建立领导干部干预司法活动、插手具体案件处理的记录、通报和责任追究制度，D项正确。

6. 推进严格司法，应统一法律适用标准，规范流程，建立责任制，确保实现司法公正。据此，下列哪一说法是错误的？（2015 - 1 - 6）[3]

A. 最高法院加强司法解释和案例指导，有利于统一法律适用标准

B. 全面贯彻证据裁判规则，可以促进法庭审理程序在查明事实、认定证据中发挥决定性作用

C. 在司法活动中，要严格遵循依法收集、保存、审查、运用证据，完善证人、鉴定人出庭制度

D. 司法人员办案质量终身负责制，是指司法人员仅在任职期间对所办理的一切错案承担责任

【解析】终身负责制要求司法人员对在办案过程中故意违反法律法规的，或者因重大过失导致裁判错误并造成严重后果的案件终身承担责任，D项错误。

7. 增强全民法治观念，推进法治社会建设，使人民群众内心拥护法律，需要健全普法宣传教育机制。某市的下列哪一做法没有体现这一要求？（2015 - 1 - 7）[4]

A. 通过《法在身边》电视节目、微信公众号等平台开展以案释法，进行普法教育

B. 印发法治宣传教育工作责任表，把普法工作全部委托给人民团体

C. 通过举办法治讲座、警示教育报告会等方式促进领导干部带头学法、模范守法

D. 在暑期组织"预防未成年人违法犯罪模拟法庭巡演"，向青少年宣传《未成年人保护法》

---

[1] C [2] C [3] D [4] B

【解析】普法工作是要发挥人民团体和社会组织在法治社会建设中的积极作用，而非将普法工作全部委托给人民团体，B项错误。

8. 备案审查是宪法监督的重要内容和环节。根据中国特色社会主义法治理论有关要求和《立法法》规定，对该项制度的理解，下列哪些表述是正确的？（2015-1-52）[1]

A. 建立规范性文件备案审查机制，要把所有规范性文件纳入审查范围

B. 地方性法规和地方政府规章应纳入全国人大常委会的备案审查范围

C. 全国人大常委会有权依法撤销和纠正违宪违法的规范性文件

D. 提升备案审查能力，有助于提高备案审查的制度执行力和约束力

【解析】对于规范性法律文件都应当进行审查，A项正确。地方政府规章报本级人大常委会备案，国务院不对其进行备案审查，B项错误；C项、D项正确。

9. 十二届全国人大作出了制定二十余部新法律、修改四十余部法律的立法规划，将为经济、政治等各领域一系列重大改革提供法律依据。关于加强重点领域立法，下列哪些观点是正确的？（2015-1-53）[2]

A. 修订《促进科技成果转化法》，能够为科技成果产业化提供法治保障

B. 推进反腐败立法，是完善惩治和预防腐败的有效机制

C. 为了激发社会组织活力，加快实施政社分开，应当加快社会组织立法

D. 用严格的法律制度保护生态环境，大幅度提高环境违法成本，会对经济发展带来不利影响

【解析】经济的发展不能以牺牲环境为代价，D项错误。

10. 2015年1月，最高人民法院巡回法庭先后在深圳、沈阳正式设立，负责审理跨行政区域重大行政和民商事案件。关于设立巡回法庭的意义，下列哪些理解是正确的？（2015-1-54）[3]

A. 有利于保证公正司法和提高司法公信力

B. 有助于消除审判权运行的行政化问题

C. 有助于节约当事人诉讼成本，体现了司法为民的原则

D. 有利于就地化解纠纷，减轻最高法院本部办案压力

【解析】最高院巡回法庭的设立具有重要的意义，四个选项的表述都属于其设立的意义。A项、B项、C项、D项都正确。

11. 全面推进依法治国，要求深入推进依法行政，加快建设法治政府。下列做法符合该要求的是：（2015-1-86）[4]

A. 为打击医药购销领域商业贿赂，某省对列入不良记录逾期不改的药品生产企业，取消所有产品的网上采购资格

B. 某市建立行政机关内部重大决策合法性审查机制，未经审查的，不得提交讨论

C. 某省交管部门开展校车整治行动时，坚持以人为本，允许家长租用私自改装的社会运营车辆接送学生

D. 某市推进综合执法，为减少市县两级政府执法队伍种类，要求无条件在所有领域实现跨部门综合执法

【解析】关于法治政府建设，C项、D项明显错误。

12. 2015年4月，最高人民法院发布了《关于人民法院推行立案登记制改革的意见》。关

---

[1] ACD 〔2〕 ABC 〔3〕 ABCD 〔4〕 AB

于立案登记制，下列理解正确的是：（2015-1-87）[1]

A. 有利于做到有案必立，保障当事人诉权

B. 有利于促进法院案件受理制度的完善

C. 法院对当事人的起诉只进行初步的实质审查，当场登记立案

D. 适用于民事起诉、强制执行和国家赔偿申请，不适用于行政起诉

【解析】AB 两项属于立案登记制度的意义所在，A 项、B 项正确，当选。我国目前实行立案登记制度，不进行实质审查，C 项错误。行政起诉同样适用立案登记制度，D 项错误。

13. 完善中国特色社会主义法律体系，需要健全宪法实施和监督制度。对此，下列表述正确的有？[2]

A. 任何人都必须以宪法为根本活动准则，都负有维护宪法尊严、保证宪法实施的职责

B. 一切违反宪法的行为都必须予以司法追究

C. 提升备案审查能力，要求把党内法规纳入全国人大常委会的备案审查范围

D. 健全有立法权的人大领导立法工作的体制机制，发挥人大及其常委会在立法工作中的领导作用

【解析】A 正确，《宪法》序言中规定："全国各族人民、一切国家机关和武装力量、各政党和各社会团体、各企业事业组织，都必须以宪法为根本的活动准则，并且负有维护宪法尊严、保证宪法实施的职责。"B 错误，《宪法》第 5 条规定："一切违反宪法和法律的行为，必须予以追究。"对于违反宪法的行为，比如下位法违反上位法，司法机关无权追究。C 错误，《中共中央关于全面推进依法治国若干重大问题的决定》要求，加强备案审查制度和能力建设，把所有规范性文件纳入备案审查范围，依法撤销和纠正违宪违法的规范性文件。全国人大常委会不接受党内法规和规章的备案。D 错误，《中共中央关于全面推进依法治国若干重大问题的决定》要求，健全有立法权的人大主导立法工作的体制机制，发挥人大及其常委会在立法工作中的主导作用。

14. 2018 年 4 月 25 日，最高人民法院发布了《关于人民陪审员制度改革试点情况的报告》，对三年来人民陪审员制度改革试点工作情况进行总结，并对改革试点中涉及的重点难点问题进行了分析，并提出了切实可行的建议。人民陪审员制度是保障人民群众参与司法的一项重要制度，关系到司法公开、公正和高效，以下分析不正确的是？[3]

A. 完善人民陪审员制度，保障公民陪审权力，应限缩陪审员参审范围和数量，提高陪审质量

B. 构建开放、动态、透明、便民的阳光司法机制，推进审判公开，包括庭审、休庭评议、裁判宣告等在内的各个审判程序均应公开进行

C. 完善随机抽选方式，提高人民陪审制度公信力。逐步实现人民陪审员与法官共同审理法律适用问题与事实认定问题

D. 要做到司法公正，就要防止干预司法现象发生，要逐渐杜绝媒体对案件的报道，防止舆论影响司法公正

【解析】完善人民陪审员制度应扩大人民陪审员参审范围，A 项错误。法院审判过程中休庭评议这个程序因涉及审判秘密不应公开进行，B 项错误。人民陪审员今后逐渐不再审理法律适用问题，只参与审理事实认定问题，C 项错误。做到司法公正要接受媒体监督，只是要规范媒体对案件的报道，D 项错误。

---

15. 党的十八大以来，习近平总书记一再强调，依法治国是党领导人民治理国家的基本方略，法治是治国理政的基本方式。适应时代要求，在更高层次更高起点上推进平安中国建设，把"枫桥经验"坚持好、发展好，把党的群众路线坚持好、贯彻好，各级领导干部应该更加注重提高运用法治思维和法治方式化解矛盾、维护稳定的能力，更加注重创新群众工作方法，一刻不停地增强依法办事的本领。对此，关于推进多层次、多领域依法治理，健全依法维权和化解纠纷机制的具体做法，正确的有？[1]

A. 在社会治理规则体系中，法律法规居于基础性的地位，依法治理主要就是依据法律法规进行社会治理，因此要弱化市民公约、乡规民约、行业规章、社团章程等社会规范在社会治理中的作用

B. 建立健全社会组织参与社会时事、维护公共利益、救助困难群众、帮教特殊人群、预防违规犯罪的机制和制度化渠道

C. 健全社会矛盾纠纷预防化解机制，完善调解、仲裁、行政裁决、行政复议、诉讼等有机衔接、相互协调的多元化纠纷解决机制

D. 加强行业性、专业性人民调解组织建设，完善立法调解、行政调解、司法调解联动共同体系

【解析】要发挥市民公约、乡规民约、行业规章、社团章程等社会规范在社会治理中的积极作用，A 项错误。加强行业性、专业性人民调解组织建设，完善人民调解、行政调解、司法调解联动工作体系，D 项错误。B、C 项正确。

16. 关于加快建设法治政府，下列说法不正确的是？（2018 年回忆版）[2]

A. 必须建立重大决策终身责任追究制度及责任倒查机制

B. 建立健全行政裁量权基准制度，细化、量化行政裁量标准

C. 积极推进政府法律顾问制度，建立政府法治机构人员为主体、吸收专家和律师参加的法律顾问队伍

D. 为完善行政组织和行政程序法律制度，行政机关可以法外设定权力

【解析】根据《中共中央关于全面推进依法治国若干重大问题的决定》，深入推进依法行政，加快建设法治政府要建立重大决策终身责任追究制度及责任倒查机制，对决策严重失误或者依法应该及时作出决策但久拖不决造成重大损失、恶劣影响的，严格追究行政首长、负有责任的其他领导人员和相关责任人员的法律责任。故 A 项正确。

建立健全行政裁量权基准制度，细化、量化行政裁量标准，规范裁量范围、种类、幅度。加强行政执法信息化建设和信息共享，提高执法效率和规范化水平。故 B 项正确。

积极推行政府法律顾问制度，建立政府法制机构人员为主体、吸收专家和律师参加的法律顾问队伍，保证法律顾问在制定重大行政决策、推进依法行政中发挥积极作用。故 C 项正确。

完善行政组织和行政程序法律制度，推进机构、职能、权限、程序、责任法定化。行政机关要坚持法定职责必须为、法无授权不可为，勇于负责、敢于担当，坚决纠正不作为、乱作为，坚决克服懒政、怠政，坚决惩处失职、渎职。行政机关不得法外设定权力，没有法律法规依据不得作出减损公民、法人和其他组织合法权益或者增加其义务的决定。推行政府权力清单制度，坚决消除权力设租寻租空间。故 D 项错误。

17. 关于保证公正司法，提高司法公信力，下列说法不正确的是？（2018 年回忆版）[3]

A. 要逐步实行办案质量终身负责制和错案责任倒查问责制

---

[1] BC　[2] D　[3] B

B. 要逐步实行人民陪审员不但审理事实认定，而且还参与法律适用问题，切实保障人民群众参与司法

C. 改革法院案件受理制度，变立案审查制度为立案登记制度

D. 依法规范司法人员与当事人、律师、特殊关系人、中介组织的接触、交往行为

【解析】根据《中共中央关于全面推进依法治国若干重大问题的决定》，保证公正司法，提高司法公信力要明确各类司法人员工作职责、工作流程、工作标准，实行办案质量终身负责制和错案责任倒查问责制，确保案件处理经得起法律和历史检验。故 A 项正确。

完善人民陪审员制度，保障公民陪审权利，扩大参审范围，完善随机抽选方式，提高人民陪审制度公信度。逐步实行人民陪审员不再审理法律适用问题，只参与审理事实认定问题。故 B 项错误。

改革法院案件受理制度，变立案审查制为立案登记制，对人民法院依法应该受理的案件，做到有案必立、有诉必理，保障当事人诉权。故 C 项正确。

依法规范司法人员与当事人、律师、特殊关系人、中介组织的接触、交往行为。严禁司法人员私下接触当事人及律师、泄露或者为其打探案情、接受吃请或者收受其财物、为律师介绍代理和辩护业务等违法违纪行为，坚决惩治司法掮客行为，防止利益输送。故 D 项正确。

18. 全面依法治国要求加强和改进立法工作，完善立法体制。下列哪一做法不符合上述要求？(2016 – 1 – 3)[1]

A. 改进法律起草机制，重要的法律草案由有关部门组织全国人大专门委员会、全国人大常委会法工委起草

B. 完善立法协调沟通机制，对于部门间争议较大的重要立法事项，引入第三方评估

C. 完善法规、规章制定程序和公众参与政府立法机制

D. 加强法律解释工作，及时明确法律规定含义和适用法律依据

【解析】《中共中央关于全面推进依法治国若干重大问题的决定》指出："建立由全国人大相关专门委员会、全国人大常委会法制工作委员会组织有关部门参与起草综合性、全局性、基础性等重要法律草案制度。"故 A 项错误，应选。

19. 我国于 2015 年公布了全面实施一对夫妇可生育两个孩子的政策，《人口与计划生育法》随即作出修改。对此，下列哪些说法是正确的？(2016 – 1 – 51)[2]

A. 在我国，政策与法律具有共同的指导思想和社会目标

B. 立法在实践中总是滞后的，只能"亡羊补牢"而无法适度超越和引领社会发展

C. 越强调法治，越要提高立法质量，通过立法解决改革发展中的问题

D. 修改《人口与计划生育法》有助于缓解人口老龄化对我国社会发展的压力

【解析】法与执政党政策在内容和实质方面存在联系，包括阶级本质、经济基础、指导思想、基本原则和社会目标等根本方面具有共同性。故 A 项正确。《中共中央关于全面推进依法治国若干重大问题的决定》指出："建设中国特色社会主义法治体系，必须坚持立法先行，发挥立法的引领和推动作用，抓住提高立法质量这个关键。"故立法也能发挥引领和推动作用，B 项错误。《中共中央关于全面推进依法治国若干重大问题的决定》指出："实现立法和改革决策相衔接，做到重大改革于法有据、立法主动适应改革和经济社会发展需要。实践证明行之有效的，要及时上升为法律。实践条件还不成熟、需要先行先试的，要按照法定程序作出授权。对不适应改革要求的法律法规，要及时修改和废止。"据此，C 项正确。于 2016 年 1 月 1 日起

〔1〕 A 〔2〕 ACD

施行的新《人口与计划生育法》明确：国家提倡一对夫妻生育两个子女。这有助于缓解人口老龄化对我国社会发展的压力。故 D 项正确。

20. 深入推进依法行政，要求健全依法决策机制。下列哪一做法不符合上述要求？（2016 – 1 – 4）[1]

A. 甲省推行"重大决策风险评估"制度，将风险评估作为省政府决策的法定程序

B. 乙市聘请当地知名律师担任政府法律顾问，对重大决策进行事前合法性审查

C. 丙区因发改局立下"军令状"保证某重大项目不出问题，遂直接批准项目上马

D. 丁县教育局网上征求对学区调整、学校撤并等与群众切身利益相关事项的意见

【解析】《中共中央关于全面推进依法治国若干重大问题的决定》指出："把公众参与、专家论证、风险评估、合法性审查、集体讨论决定确定为重大行政决策法定程序，确保决策制度科学、程序正当、过程公开、责任明确。"C 项的"直接批准项目上马"的做法违反上述关于决策程序的要求。

21. 某市律师协会与法院签订协议，选派 10 名实习律师到法院从事审判辅助工作 6 个月，法院为他们分别指定一名资深法官担任导师。对此，下列哪一说法是正确的？（2017 – 1 – 7）[2]

A. 法官与律师具有完全相同的职业理想和职业道德

B. 是对法院审判活动进行监督的一种新途径

C. 有助于加深律师和法官相互的了解和信任

D. 是从律师中招录法官、充实法官队伍的一种方式

【解析】法官与律师由于所履行的职能不同，故不具有完全相同的职业理想和职业道德，A 项错误。实习律师从事审判辅助工作，并不是对审判的监督，故 B 项错误。实习律师从事审判辅助工作，有利于律师了解法官工作，也有利于法官了解律师，故 C 项正确。实习律师从事审判辅助工作，并不是成为法官，故 D 项错误。

22. 某法院推行办案责任制后，直接由独任法官、合议庭裁判的案件比例达到 99.9%，提交审委会讨论的案件仅占 0.1%。对此，下列说法正确的是？（2017 – 1 – 87）[3]

A. 对提交审委会讨论的案件，法官、合议庭也可以不执行审委会的决定

B. 办案责任制体现了"让审理者裁判、让裁判者负责"的精神

C. 提交审委会讨论的案件应以审委会的名义发布裁判文书

D. 法庭审理对于查明事实和公正裁判具有决定性作用

【解析】审判委员会是人民法院的最高审判组织，在总结审判经验，审理疑难、复杂、重大案件中具有重要的作用。审判委员会的决定，合议庭、独任审判员应当执行；有不同意见的，可以建议院长提交审判委员会复议。故 A 项错误。建立中国特色社会主义审判权力运行体系，必须落实审判责任制，做到让审理者裁判，由裁判者负责。故 B 项正确。提交审委会讨论的案件仍应以法院的名义发布裁判文书。故 C 项错误。建立中国特色社会主义审判权力运行体系，必须尊重司法规律，确保庭审在保护诉权、认定证据、查明事实、公正裁判中发挥决定性作用，实现诉讼证据质证在法庭、案件事实查明在法庭、诉辩意见发表在法庭、裁判理由形成在法庭。据此，D 项正确。

23. 某法院完善人民陪审员选任方式，在增加陪审员数量的基础上建立"陪审员库"，随机抽选陪审员参与案件审理。关于人民陪审员制度，下列哪一说法是错误的？（2016 – 1 – 5）[4]

A. 应避免陪审员选任的过度"精英化"

B. 若少数陪审员成为常驻法院的"专审员",将影响人民陪审员制度的公信力

C. 完善人民陪审员制度的主要目的是让人民群众通过参与司法养成守法习惯

D. 陪审员的大众思维和朴素观念能够弥补法官职业思维的局限性

【解析】完善人民陪审员制度的主要目的是"保障人民群众参与司法。坚持人民司法为人民,依靠人民推进公正司法,通过公正司法维护人民权益"。故 C 项表述错误。

24. 中国古代有"厌讼"传统,老百姓万不得已才打官司。但随着经济社会发展,我国司法领域却出现了诉讼案件激增的现象。对此,下列哪一说法是错误的?(2016 - 1 - 6)[1]

A. 相比古代而言,法律在现代社会中对保障人们的权利具有更重要的作用

B. 从理论上讲,当诉讼成本高于诉讼可能带来的收益时,更易形成"厌讼"的传统

C. 案件激增从一个侧面说明人民群众已逐渐树立起遇事找法、解决问题靠法的观念

D. 在法治社会,诉讼是解决纠纷的唯一合法途径

【解析】在法治社会,诉讼并不是解决纠纷的唯一合法途径。仲裁、行政调解、人民调解、商事调解、行业调解以及其他非诉讼纠纷解决方式,也是纠纷解决的合法途径。故 D 项错误。

25. 全面依法治国要求加强人权的司法保障,下列哪些做法体现了这一要求?(2016 - 1 - 53)[2]

A. 最高法院、公安部规定在押刑事被告人、上诉人应穿着正装或便装出庭受审

B. 某省扩大法律援助的覆盖面,将与民生密切相关的事项纳入援助范围

C. 某中级法院加大对生效判决的执行力度,确保当事人的胜诉权益及时兑现

D. 某基层法院设立"少年法庭",对开庭审理时不满 16 周岁的未成年人刑事案件一律不公开审理

【解析】《中共中央关于全面推进依法治国若干重大问题的决定》指出:"(五)加强人权司法保障。强化诉讼过程中当事人和其他诉讼参与人的知情权、陈述权、辩护辩论权、申请权、申诉权的制度保障。健全落实罪刑法定、疑罪从无、非法证据排除等法律原则的法律制度。……依法保障胜诉当事人及时实现权益。……对聘不起律师的申诉人,纳入法律援助范围。"上述做法均体现了加强人权的司法保障的要求。故 A、B、C、D 项均应选。

26. 2019 年 12 月 25 日,第十三届全国人民代表大会常务委员会第十五次会议在京举行,沈春耀代表法制工作委员会作了 2019 年备案审查工作情况报告。对此,下列说法正确的一项是?[3]

A. 备案审查制度从体制机制上促进了宪法的全面实施

B. 备案审查制度是我国的司法制度

C. 提升备案审查能力,要求把党内法规纳入全国人大常委会备案审查范围

D. 备案审查制度是事前审查制度

【解析】十九届四中全会提出"健全保证宪法全面实施的体制机制。依法治国首先要坚持依宪治国,依法执政首先要坚持依宪执政。加强宪法实施和监督,落实宪法解释程序机制,推进合宪性审查工作,加强备案审查制度和能力建设,依法撤销和纠正违宪违法的规范性文件",故 A 项正确。备案审查机关并非司法机关,备案审查制度并非司法制度,故 B 项错误。备案审查机关是全国人大常委会,国法与党规二分之下,党内法规的备案审查不应由全国人大常委会负责,故 C 项错误。备案审查制度属于事后审查制度,故 D 项错误。

---

[1] D [2] ABCD [3] A

27. 有研究表明，在实施行贿犯罪的企业中，有一部分企业是由于担心竞争对手提前行贿，自己不行贿就会"输在起跑线上"，才实施了行贿行为。对此，下列哪些说法是正确的？（2017 - 1 - 51）[1]

  A. 市场环境不良是企业行贿的诱因，应适当减轻对此类犯罪的处罚

  B. 应健全以公平为核心的市场法律制度，维护公平竞争的市场秩序

  C. 应加快反腐败立法，从源头上堵塞企业行贿的漏洞

  D. 必须强化对公权力的制约，核心是正确处理政府和市场的关系

【解析】减轻处罚必须有法律认可的理由。市场环境不良也许是企业行贿的诱因，但不能据此减轻对此类犯罪的处罚，故 A 选项错误。社会主义市场经济本质上是法治经济。为使市场在资源配置中起决定性作用和更好发挥政府作用，必须以保护产权、维护契约、统一市场、平等交换、公平竞争、有效监管为基本导向，完善社会主义市场经济法律制度，故 B 选项正确。加快推进反腐败国家立法，完善惩治和预防腐败体系，形成不敢腐、不能腐、不想腐的有效机制，坚决遏制和预防腐败现象。为了预防腐败，也需要从源头上堵塞企业行贿的漏洞，故 C 选项正确。经济体制改革是全面深化改革的重点，核心问题是处理好政府和市场的关系，使市场在资源配置中起决定性作用和更好发挥政府作用。而处理好政府和市场的关系，是经济体制改革的核心问题，"经济体制改革"必然涉及强化对公权力的制约，故 D 选项正确。

28. 程某利用私家车从事网约车服务，遭客管中心查处。执法人员认为程某的行为属于以"黑车"非法营运，遂依该省《道路运输条例》对其处以 2 万元罚款。对此，下列哪些说法是正确的？（2017 - 1 - 55）[2]

  A. 当新经营模式出现时，不应一概将其排斥在市场之外

  B. 程某受到处罚，体现了"法无授权不可为"的法治原则

  C. 科学技术的进步对治理体系和治理能力提出了更高要求

  D 对新事物以禁代管、以罚代管，这是缺乏法治思维的表现

【解析】依法加强和改善宏观调控、市场监管，反对垄断，促进合理竞争，维护公平竞争的市场秩序，故 A 选项正确。"法无授权不可为"是针对国家机关的，而不是针对公民的，故 B 选项错误。网约车基于网络，是科技进步的表现，如何治理网约车，对行政机关的法治体系和能力提出更高的要求，故 C 选项正确。法治思维是指按照社会主义法治的逻辑来观察、分析和解决社会问题的思维方式，它是将法律规定、法律知识、法治理念付诸实施的认识过程。对新事物以禁代管、以罚代管，违反服务政府的法治理念，故 D 选项正确。

29. 全面依法治国必须坚持从中国实际出发。对此，下列哪一理解是正确的？（2017 - 1 - 1）[3]

  A. 从实际出发不能因循守旧、墨守成规，法治建设可适当超越社会发展阶段

  B. 全面依法治国的制度基础是中华法系，实践基础是中国传统社会的治理经验

  C. 从中国实际出发不等于"关起门来搞法治"，应移植外国法律制度和法律文化

  D. 从实际出发要求凸显法治的中国特色，坚持中国特色社会主义道路、理论体系和制度

【解析】从实际出发不能因循守旧、墨守成规，但法治建设应当符合社会发展阶段，符合国情，不能超越社会发展阶段，因此 A 项错误。全面依法治国的制度基础是中国特色社会主义制度，实践基础是新中国成立以来的法治建设实践。因此 B 项错误。从中国实际出发不等于"关起门来搞法治"。可以移植外国法律制度和法律文化，而非应当移植，因此 C 项错误。D 项

---

[1] BCD   [2] ACD   [3] D

正确。

30. 全面推进依法治国，总目标是建设中国特色社会主义法治体系，建设社会主义法治国家。关于对全面推进依法治国的重大意义和总目标的理解，下列哪一选项是不正确的？（2015 - 1 - 1）[1]

A. 依法治国事关我们党执政兴国，事关人民的幸福安康，事关党和国家的长治久安

B. 依法治国是实现国家治理体系和治理能力现代化的必然要求

C. 总目标包括形成完备的法律规范体系和高效的法律实施体系

D. 通过将全部社会关系法律化，为建设和发展中国特色社会主义法治国家提供保障

【解析】法律规制和调整社会关系的范围和深度是有限的，有些社会关系（如人们的情感关系、友谊关系）不适宜由法律来调整，D 项错误。

31. 关于全面依法治国的总目标，下列说法错误的是？（2020 年回忆版）[2]

A. 严密的法治监督体系既是全面依法治国总目标的重要内容，也是法治建设的一个重要环节

B. 依法治国是党领导人民治理国家的基本方略，依法治国能不能做好，关键要看党能否做到依法执政，各级政府能否做到依法行政

C. 法治社会是法治建设的目标，法治政府是法治建设的主体，法治国家是法治社会的基础

D. 全面依法治国既是国家治理体系和治理能力现代化的重要保障，也是国家治理体系和治理能力现代化的重要内容

【解析】A 选项说法正确，全面依法治国的总目标是建设中国特色社会主义法治体系，建设社会主义法治国家。这就是，在中国共产党领导下，坚持中国特色社会主义制度，贯彻中国特色社会主义法治理论，形成完备的法律规范体系、高效的法治实施体系、严密的法治监督体系、有力的法治保障体系，完善党内法规体系，坚持依法治国、依法执政、依法行政共同推进，坚持法治国家、法治政府、法治社会一体建设，实现科学立法、严格执法、公正司法、全民守法，促进国家治理体系和治理能力现代化。B 选项说法正确，在全面依法治国的过程中，党的领导是必须要坚持的基本原则，而各级政府作为执法主体，是确保法律的各项要求能够真正落地的关键环节，因此，依法治国能不能做好，关键要看党能否做到依法执政，各级政府能否做到依法行政。C 选项说法错误，在全面推进依法治国的总体战略过程中，法治国家是法治建设的目标，法治政府是建设法治国家的主体，法治社会是建设法治国家的基础。D 选项说法正确，依法治国是坚持和发展中国特色社会主义的本质要求和重要保障，是实现国家治理体系和治理能力现代化的必然要求，事关我党执政兴国，事关人民幸福安康，事关党和国家长治久安。全面建成小康社会、实现中华民族伟大复兴的中国梦，全面深化改革、完善和发展中国特色社会主义制度，提高党的执政能力和执政水平，必须全面推进依法治国。因此，实现国家治理体系和治理能力现代化，离不开依法治国战略的稳定推进。

32. 推进依法行政、转变政府职能要求健全透明预算制度。修改后的《预算法》规定，经本级人大或者常委会批准的政府预算、预算调整和决算，应及时向社会公开，部门预算、决算及报表也应向社会公开。对此，下列哪一说法是错误的？（2017 - 1 - 2）[3]

A. 依法行政要求对不适应法治政府建设需要的法律及时进行修改和废止

B. 透明预算制度有利于避免财政预算的部门化倾向

---

[1] D　[2] C　[3] D

C. 立法对政府职能转变具有规范作用，能为法治政府建设扫清障碍

D. 立法要适应政府职能转变的要求，但立法总是滞后于改革措施

【解析】依法行政要求对不适应社会发展的法律进行修改和废除，因此 A 项正确。2016 年 2 月中办、国办印发《关于进一步推进预算公开工作的意见》，进一步提出预算公开是预算管理制度改革的核心要求，是现代财政制度的基本特征，是对于避免财政预算部门化倾向的有力措施，因此 B 项正确。立法对政府职能转变具有规范作用，能为法治政府建设扫清障碍，因此 C 项正确。党的十八届四中全会指出，建设中国特色社会主义法治体系，必须坚持立法先行，发挥立法的引领和推动作用，因此 D 项错误。

33. 关于对全面推进依法治国基本原则的理解，下列哪些选项是正确的？ （2015 - 1 - 51）[1]

A. 要把坚持党的领导、人民当家作主、依法治国有机统一起来

B. 坚持人民主体地位，必须坚持法治建设以保障人民根本利益为出发点

C. 要坚持从中国实际出发，并借鉴国外法治有益经验

D. 坚持法律面前人人平等，必须以规范和约束公权力为重点

【解析】依法治国的五大基本原则：坚持中国共产党的领导，坚持人民主体地位，坚持法律面前人人平等，依法治国与以德治国相结合，坚持从中国实际出发。A 项、B 项、C 项、D 项都正确。

34. 党的十九大报告指出："推进全面依法治国，总目标是建设中国特色社会主义法治体系，建设社会主义法治国家。"对此，下列理解不正确的有？[2]

A. 这是实现国家治理体系和治理能力现代化的必然要求

B. 包括形成完善的党内法规体系和社会主义道德体系

C. 坚持依法治国、依法执政、依法行政共同推进，坚持法治国家、法治政府、法治社会一体建设

D. 实现科学立法、严格执法、公正司法和全民守法

【解析】A 项正确，依法治国是实现国家治理体系和治理能力现代化的必然要求，也是新时代深化社会体制改革、推动社会建设转型发展的重大举措。B 项错误，推进全面依法治国，就是在中国共产党领导下，坚持中国特色社会主义制度，贯彻中国特色社会主义法治理论，形成完备的法律规范体系、高效的法治实施体系、严密的法治监督体系、有力的法治保障体系，形成完善的党内法规体系。C 项正确，要坚持依法治国、依法执政、依法行政共同推进，坚持法治国家、法治政府、法治社会一体建设。D 项正确，实现科学立法、严格执法、公正司法、全民守法。

35. 推进全面依法治国，必须坚持中国共产党的领导。对此，下列表述错误的有？[3]

A. 党的领导是中国特色社会主义最本质的特征，是社会主义法治最根本的保证

B. 坚持党的领导，就是要把党的领导贯彻到依法治国的全过程和各方面

C. 依法执政既要求党遵守宪法法律，也要求遵守党内法规

D. 党的主张成为国家意志，主要通过党中央向全国人大提出立法议案的形式来实现

【解析】A 项正确，党的领导是中国特色社会主义最本质的特征，是社会主义法治最根本的保证。B 项正确，把党的领导贯彻到依法治国全过程和各方面，是我国社会主义法治建设的一条基本经验。C 项正确，依法执政，既要求党遵守宪法法律，也要求遵守党内法规；既要求

---

〔1〕 ABCD 〔2〕 B 〔3〕 D

党依据宪法法律治国理政，也要求党依据党内法规管党治党。D项错误，党中央没有立法提案权。

36. 推进全面依法治国，需要坚持人民主体地位。对此，下列表述错误的是? [1]

A. 人民是法治的主体，因此，法治建设不仅需要强调保障权利，也需强调履行义务

B. 保障人民根本利益是法治的出发点和落脚点

C. 人民依照法律规定，通过各种途径和形式，管理国家事务，管理经济和文化事业，管理社会事务

D. 要增强全社会学法、尊法、守法、用法意识，坚持把群众学法、守法作为树立法治意识的关键

【解析】A项正确，任何一项法律权利都有相对应的法律义务，没有无义务的权利，也没有无权利的义务，法治建设既要强调保障权利，也要强调履行义务。B项正确，必须坚持法治建设为了人民、依靠人民、造福人民、保护人民，以保障人民根本权益为出发点和落脚点，保证人民依法享有广泛的权利和自由、承担应尽的义务，维护社会公平正义，促进共同富裕。C项正确，人民依照法律规定，通过各种途径和形式，管理国家事务，管理经济和文化事业，管理社会事务。D项错误，要增强全社会学法、尊法、守法、用法意识，坚持把领导干部带头学法、模范守法作为树立法治意识的关键。

37. 下列哪个选项不属于新时代深化依法治国的实践? [2]

A. 成立中央全面依法治国领导小组，加强对法治中国建设的统一领导

B. 加强宪法实施和监督，推进合宪性审查工作，维护宪法权威

C. 建设法治政府，推进依法行政，严格规范公正文明执法

D. 加大全民普法力度，实行国家机关"谁立法谁普法"的普法责任制

【解析】习近平总书记在党的十九大报告中强调，要深化依法治国实践。全面依法治国是国家治理的一场深刻革命，必须坚持厉行法治，推进科学立法、严格执法、公正司法、全民守法。成立中央全面依法治国领导小组，加强对法治中国建设的统一领导。加强宪法实施和监督，推进合宪性审查工作，维护宪法权威。推进科学立法、民主立法、依法立法，以良法促进发展、保障善治。建设法治政府，推进依法行政，严格规范公正文明执法。深化司法体制综合配套改革，全面落实司法责任制，努力让人民群众在每一个司法案件中感受到公平正义。加大全民普法力度，建设社会主义法治文化，树立宪法法律至上、法律面前人人平等的法治理念。各级党组织和全体党员要带头尊法、学法、守法、用法，任何组织和个人都不得有超越宪法法律的特权，绝不允许以言代法、以权压法、逐利违法、徇私枉法。因此A、B、C项表述正确。

《中共中央关于全面推进依法治国若干重大问题的决定》指出，健全普法宣传教育机制，实行国家机关"谁执法谁普法"的普法责任制，把法治教育纳入精神文明创建内容，提高普法实效。因此D项表述错误。

38. 全面依法治国，必须坚持人民的主体地位。对此，下列哪一理解是错误的? (2016 - 1 - 1) [3]

A. 法律既是保障人民自身权利的有力武器，也是人民必须遵守的行为规范

B. 人民依法享有广泛的权利和自由，同时也承担应尽的义务

C. 人民通过各种途径直接行使立法、执法和司法的权力

D. 人民根本权益是法治建设的出发点和落脚点，法律要为人民所掌握、所遵守、所运用

---

[1] D [2] D [3] C

【解析】我国《宪法》第2条第3款规定："人民依照法律规定，通过各种途径和形式，管理国家事务，管理经济和文化事业，管理社会事务。"但这并不意味着人民直接行使立法、执法和司法的权力，故C项错误，应选。

39. 党的十九届四中全会指出要坚持宪法法律至上，健全法律面前人人平等保障机制。对此，下列表述不正确的一项是？[1]

A. 同案同判体现了法律面前人人平等

B. 对边远地区少数民族的政策倾斜体现了法律面前人人平等

C. 要实现法律面前人人平等必须以规范和约束公权力为重点

D. 每个社会民众享有均等的立法表决权

【解析】同案同判是指相同的案件要作出相同的判决，不能因为当事人的身份或其他无关因素作出不公正判决，体现了法律面前人人平等，故A项正确。平等包括形式平等和实质平等，给予边远少数民族政策上的倾斜是为了弥补其与国家整体之间的发展差距，从实质上落实法律面前人人平等原则，故B项正确。不受规范和制约的公权力最容易导致不平等，因此近代以来实现法律面前人人平等都以规范和约束公权力为重点，故C项正确。立法表决权属于立法机关特有的职权，属于公权力范畴，普通的社会民众不享有此类公权力，故D项错误。

40. 培养高素质的法治专门队伍，旨在为建设社会主义法治国家提供强有力的组织和人才保障。下列哪些举措体现了这一要求？（2015－1－55）[2]

A. 从符合条件的律师中招录立法工作者、法官、检察官

B. 实行招录人才的便捷机制，在特定地区，政法专业毕业生可直接担任法官

C. 建立检察官逐级遴选制度，初任检察官由省级检察院统一招录，一律在基层检察院任职

D. 将善于运用法治思维和法治方式推动工作的人员优先选拔至领导岗位

【解析】《法官法》第12条第1款第6项规定："从事法律工作满五年。其中获得法律硕士、法学硕士学位，或者获得法学博士学位的，从事法律工作的年限可以分别放宽至四年、三年。"政法专业毕业生可直接担任法官的说法明显错误，B项错误。A项、C项、D项正确，当选。

41. 根据中国特色社会主义法治理论有关内容，关于加强法治工作队伍建设，下列哪些表述是正确的？（2015－1－83）[3]

A. 全面推进依法治国，必须大力提高法治工作队伍思想政治素质、业务工作能力、职业道德水准

B. 建立法律职业人员统一职前培训制度，有利于他们形成共同的法律信仰、职业操守和提高业务素质、职业技能

C. 加强律师职业道德建设，需要进一步健全完善律师职业道德规范制度体系、教育培训及考核机制

D. 为推动法律服务志愿者队伍建设和鼓励志愿者发挥作用，可采取自愿无偿和最低成本方式提供社会法律服务

【解析】为推动法律服务志愿者队伍建设和鼓励志愿者发挥作用，应当为他们提供必要的支持与帮助，D项错误。A项、B项、C项正确，当选。

---

〔1〕　D　〔2〕　ACD　〔3〕　ABC

42. 根据中国特色社会主义法治理论，关于法官、检察官的下列说法不正确的是？[1]

A. 应当建立法官、检察官专业职务序列及工资制度

B. 法官、检察官应当坚持党的事业、人民的利益、宪法法律至上

C. 可以从符合条件的律师、法学专家中招录法官、检察官

D. 初任法官、检察官由最高人民法院、最高人民检察院统一招录，一律在基层人民法院、检察院任职

【解析】《中共中央关于全面推进依法治国若干重大问题的决定》指出，建立法官、检察官逐级遴选制度。初任法官、检察官由高级人民法院、省级人民检察院统一招录，一律在基层法院、检察院任职。上级人民法院、人民检察院的法官、检察官一般从下一级人民法院、人民检察院的优秀法官、检察官中遴选。故 D 项"最高人民法院、最高人民检察院"的表述错误。

43. 加强和改进党对推进全面依法治国的领导是法治工作的根本保障。对此，下列说法错误的是？[2]

A. 坚持依法执政是依法治国的关键

B. 加强党风廉政建设，依据党内法规对各种腐败行为进行法律制裁

C. 推进基层治理法治化是推进全面依法治国的基础和工作重点

D. 加强区域执法司法协作，打击跨境违法犯罪

【解析】党内法规是管党治党的依据，不能作为法律制裁的依据。因此 B 错误。

44. 2018 年 3 月 11 日，第十三届全国人民代表大会审议通过的宪法修正案，在《宪法》第二十七条中增加规定："国家工作人员就职时应当依照法律规定公开进行宪法宣誓。"这一重要修改，将全国人大常委会通过的《关于实行宪法宣誓制度的决定》所确立的宣誓制度，上升到宪法层面，充分体现了以习近平同志为核心的党中央坚持依法治国，维护宪法权威的决心。关于宪法宣誓制度的下列说法中，正确的是？[3]

A. 有利于维护宪法的根本法地位，树立宪法权威，推进全面依法治国

B. 面对宪法宣誓，意味着宣誓主体的每项职务行为都要受到宪法约束，能够使国家工作人员明确权力来源于宪法，按照宪法法律的规定行使权力，产生神圣的使命感和强烈的责任感，时刻受到誓言的约束

C. 宣誓仪式本身就是很好的宪法教育，有助于塑造公众的宪法信仰、法治信仰，在全社会烘托尊重宪法、宪法至上的氛围

D. 宪法的实施不仅包括根据宪法制定法律、进行宪法解释等，还包括宪法宣誓。实行宪法宣誓制度有利于促进宪法的实施

【解析】宪法宣誓总体来说有四大功能：第一，有利于树立宪法权威，推进全面依法治国；第二，有利于增强公职人员的宪法观念，激励其忠于和维护宪法；第三，有利于提高公民的宪法意识，培养宪法意识；第四，有利于在全社会传播宪法理念，树立法治信仰。题干四个选项均正确。

---

[1] D [2] B [3] ABCD

专题三 习近平法治思想的实践要求

1. 某县医院在两个月内连续发生 5 起"医闹"事件，当地公安部门开展了"打击医闹专项行动"，共处理涉嫌违法、犯罪人员 24 人，但"医闹"仍时有发生。之后，该县政府倡导发挥相对独立的第三方医患调处组织的作用，以政府购买服务的形式来解决问题。对此，下列哪一说法是正确的？（2017－1－6）[1]

A. 第三方医患调处组织的处理决定具有国家强制力

B. "医闹"的解决依赖源头治理，国家机关不应介入

C. "医闹"的存在说明法律在矛盾化解中的权威地位仍待加强

D. 政府购买第三方服务不利于公正地解决医患矛盾

【解析】第三方医患调处组织不是国家机关，其处理决定不具有国家强制力，因此 A 项错误。"医闹"行为危及公民的人身关系和财产关系，以及社会稳定，依赖源头治理，国家机关应当介入，因此 B 项错误，C 项正确。社会第三方服务机构有利于发挥客观公正、中立不偏私的优势，有利于公正地解决医患矛盾，因此 D 项错误。

2. 孙某是某部热播电视剧中的人物，在剧中的角色是一级政府部门的主要负责人。孙某每天按时上下班，一刻不耽误；不贪污，也不怎么干事。其座右铭是"无私者无畏"：只要不贪不占，就没什么好害怕的。对此，下列哪些说法是正确的？（2017－1－52）[2]

A. 官员应依法全面履行职责，既不能乱作为，也不能不作为

B. 对不能依法办事，经批评教育仍不改正的官员应调离领导岗位

C. "庸官"即使不贪不占，其"懒政"也可能造成严重的社会后果

D. 官员不能仅满足于不腐败，而应积极为人民谋福利

【解析】官员应依法全面履行职责，既不能乱作为，也不能不作为，因此 A 项正确。对不能依法办事，经批评教育仍不改正的官员应调离领导岗位，因此 B 项正确。"庸官"即使不贪不占，其"懒政"也可能造成严重的社会后果，因此 C 项正确。官员不能仅满足于不腐败，而应积极为人民谋福利，因此 D 项正确。

3. 近年来，一些党员领导干部利用手中权力和职务便利收受巨额贿赂，根据党内法规和法律被开除党籍和公职，并依法移送司法机关处理。对此，下列哪一说法是错误的？（2015－1－8）[3]

A. 这表明党员领导干部在行使权力、履行职责时要牢记法律底线不可触碰

B. 依照党内法规惩治腐败，有利于督促党员领导干部运用法治思维依法办事

C. 要注重将党内法规与国家法律进行有效衔接和协调，以作为对党员违法犯罪行为进行法律制裁的依据

---

[1] C [2] ABCD [3] C

D. 党规党纪严于国家法律，对违反者必须严肃处理

【解析】对违法犯罪行为的处理应当依照法律进行，C 项错误。

4. 人民调解制度是我国的创举，被西方国家誉为法治的"东方经验"。关于人民调解，下列哪些说法是正确的？（2016 - 1 - 55）[1]

A. 人民调解员不属于法治工作队伍，但仍然在法治建设中起着重要作用

B. 法院应当重视已确认效力的调解协议的执行，防止调解过的纠纷再次涌入法院

C. 人民调解制度能够缓解群众日益增长的司法需求与国家司法资源不足之间的矛盾

D. 人民调解组织化解纠纷的主要优势是不拘泥于法律规定，不依赖专业法律知识

【解析】根据《中共中央关于全面推进依法治国若干重大问题的决定》，法治工作队伍包括法治专门队伍（如立法工作者、法官、检察官、人民警察）和法律服务队伍（如律师、公证员、基层法律服务工作者、人民调解员、法律服务志愿者）。故 A 项"人民调解员不属于法治工作队伍"说法错误。调解主要优势是有利于化解社会矛盾，实现案结事了，有利于修复当事人之间的关系，实现和谐。调解也不得违背法律、法规和国家政策。故 D 项错误。

5. 新华社北京 2018 年 8 月 24 日电，中共中央总书记、国家主席、中央军委主席、中央全面依法治国委员会主任习近平 8 月 24 日上午主持召开中央全面依法治国委员会第一次会议并发表重要讲话。对于成立中央全面依法治国委员会的重要意义，下列认识正确的是？[2]

A. 加强党对全面依法治国集中统一领导的需要

B. 协调推进中国特色社会主义法治体系和社会主义法治国家建设的需要

C. 为实现中华民族伟大复兴中国梦提供法治保障的需要

D. 是统筹兼顾，全面深化改革的需要

【解析】在中央全面依法治国委员会第一次会议上，习近平总书记指出，党中央决定组建中央全面依法治国委员会，这是我们党历史上第一次设立这样的机构，目的是加强党对全面依法治国的集中统一领导，统筹推进全面依法治国工作。第一，这是贯彻落实党的十九大精神，加强党对全面依法治国集中统一领导的需要；第二，这是研究解决依法治国重大事项、重大问题，协调推进中国特色社会主义法治体系和社会主义法治国家建设的需要；第三，这是推动实现"两个一百年"奋斗目标，为实现中华民族伟大复兴中国梦提供法治保障的需要。故 A 项、B 项、C 项正确，D 项错误。

6. 关于党的领导和社会主义法治的关系，下列说法错误的是？（2018 回忆版）[3]

A. 党的领导是中国特色社会主义最本质的特征，是社会主义法治最根本的保证

B. 必须坚持党领导立法、保证执法、支持司法、带头守法

C. 政法委员会是党委领导政法工作的组织形式，必须长期坚持

D. 党内法规应严于和高于国家法律

【解析】A 选项说法正确：党的领导是中国特色社会主义最本质的特征，是社会主义法治最根本的保证。B 选项说法正确：必须坚持党领导立法、保证执法、支持司法、带头守法。C 选项说法正确：政法委员会是党委领导政法工作的组织形式，必须长期坚持。D 选项说法错误：党纪可以严于国法，但不能高于国法，在法治国家当中，宪法和法律至上。

7. 东部某市是我国获得文明城市称号且犯罪率较低的城市之一，该市某村为了提高村民的道德素养，建有一条"爱心互助街"，使其成为交换和传递爱心的街区。关于对法治和德治相结合的原则的理解，下列哪一选项是错误的？（2015 - 1 - 2）[4]

_____

[1] BC　[2] ABC　[3] D　[4] C

A. 道德可以滋养法治精神和支撑法治文化

B. 通过公民道德建设提高社会文明程度，能为法治实施创造良好的人文环境

C. 坚持依法治国和以德治国相结合，更要强调发挥道德的教化作用

D. 道德教化可以劝人向善，也可以弘扬公序良俗，培养人们的规则意识

【解析】坚持依法治国和以德治国相结合，国家和社会治理需要法律和道德共同发挥作用。C选项单纯强调了道德的重要性而忽略法治的重要作用，C项错误。

附：论述题及参考答案

一、2016 年

材料一： 平等是社会主义法律的基本属性。任何组织和个人都必须尊重宪法法律权威，都必须在宪法法律范围内活动，都必须依照宪法法律行使权力或权利、履行职责或义务，都不得有超越宪法法律的特权。必须维护国家法制统一、尊严、权威，切实保证宪法法律有效实施，绝不允许任何人以任何借口任何形式以言代法、以权压法、徇私枉法。必须以规范和约束公权力为重点，加大监督力度，做到有权必有责、用权受监督、违法必追究，坚决纠正有法不依、执法不严、违法不究行为。（摘自《中共中央关于全面推进依法治国若干重大问题的决定》）

材料二： 全面推进依法治国，必须坚持公正司法。公正司法是维护社会公平正义的最后一道防线。所谓公正司法，就是受到侵害的权利一定会得到保护和救济，违法犯罪活动一定要受到制裁和惩罚。如果人民群众通过司法程序不能保证自己的合法权利，那司法就没有公信力，人民群众也不会相信司法。法律本来应该具有定分止争的功能，司法审判本来应该具有终局性的作用，如果司法不公、人心不服，这些功能就难以实现。（摘自习近平：《在十八届中央政治局第四次集体学习时的讲话》）

问题：

根据以上材料，结合依宪治国、依宪执政的总体要求，谈谈法律面前人人平等的原则对于推进严格司法的意义。

答题要求：

1. 无观点或论述、照搬材料原文的不得分；

2. 观点正确，表述完整、准确；

3. 总字数不得少于 400 字。

【参考答案】

1. 坚持依法治国首先要坚持依宪治国，坚持依法执政首先要坚持依宪执政。宪法是国家的根本大法，是党和人民意志的集中体现，全国各族人民、一切国家机关和武装力量、各政党和各社会团体、各企业事业组织，都必须以宪法为根本活动准则。依宪治国、依宪执政必须贯彻法律面前人人平等的原则：一方面，宪法法律对所有公民和组织的合法权利予以平等保护，对受侵害的权利予以平等救济；另一方面，任何个人都不得有超越宪法法律的特权，一切违反宪法法律的行为都必须予以纠正和追究。

2. 平等是社会主义法律的基本属性，是社会主义法治的根本要求，严格司法是法律面前人人平等原则在司法环节的具体表现。公正是法治的生命线，司法公正对社会公平正义具有重要引领作用。正如习近平总书记所说，司法不公、司法不严对社会公平正义和司法公信力具有致命破坏作用。坚持法律面前人人平等，意味着人民群众的诉讼权利在司法程序中应得到平等对待，人民群众的实体权利在司法裁判中得到平等保护。只有让人民群众在每一个司法案件中感受到公平正义，人民群众才会相信司法，司法才具有公信力。

3. 坚持法律面前人人平等的原则，对于严格司法提出了更高的要求：首先，司法机关及其工作人员在司法过程中必须坚持以事实为根据、以法律为准绳，坚持事实认定符合客观真相、办案结果符合实体公正、办案过程符合程序公正，统一法律适用的标准，避免同案不同判，实现对权利的平等保护和对责任的平等追究。其次，推进以审判为中心的诉讼制度改革，全面贯彻证据裁判规则，确保案件事实证据经得起法律检验，确保诉讼当事人受到平等对待，绝不允许法外开恩和法外施刑。再次，司法人员工作职责、工作流程、工作标准必须明确，办案要严格遵循法律面前人人平等的原则，杜绝对司法活动的违法干预，办案结果要经得住法律和历史的检验。

二、2017 年

材料一： 法律本来应该具有定分止争的功能，司法审判本来应该具有终局性的作用，如果司法不公、人心不服，这些功能就难以实现。……我们提出要努力让人民群众在每一个司法案件中都感受到公平正义，所有司法机关要紧紧围绕这个目标来改进工作，重点解决影响司法公正和制约司法能力的深层次问题。（摘自习近平：《第十八届中央政治局第四次集体学习时的讲话》）

材料二： 新华社北京 2017 年 5 月 3 日电：中共中央总书记、国家主席、中央军委主席习近平 3 日上午来到中国政法大学考察。习近平指出，我们有我们的历史文化，有我们的体制机制，有我们的国情，我们的国家治理有其他国家不可比拟的特殊性和复杂性，也有我们自己长期积累的经验和优势。

问题：

请根据材料一和材料二，结合自己对中华法文化中"天理、国法、人情"的理解，谈谈在现实社会的司法、执法实践中，一些影响性裁判、处罚决定公布后，有的深获广大公众认同，取得良好社会效果，有的则与社会公众较普遍的认识有相当距离，甚至截然相反判断的原因和看法。

答题要求：

1. 无观点或论述、照搬材料原文的不得分；
2. 观点正确，表述完整、准确；
3. 总字数不少于 500 字。

【参考答案】

中华法文化中"天理、国法、人情"的要求是建设中国特色社会主义法治体系，建设社会主义法治国家的题中之意。它要求法律与道德、法律效果与社会效果相统一，做到坚持依法治国、依法执政、依法行政共同推进，坚持法治国家、法治政府、法治社会一体建设，实现科学立法、严格执法、公正司法、全民守法，做到人民群众在每一个司法案件中都感受到公平正义。

材料中提到有些判决符合公众预期，有些判决不符合公众预期的原因有二：一是部分判决存在不以事实为依据，以法律为准绳进行裁判甚至枉法裁判的问题；二是公众法治意识还不够强，法律知识较为欠缺，在一些问题上的感性认识与法律规定有出入。

第一种情况的解决需要依靠推动公正司法，坚持以事实为依据，以法律为准绳，健全事实认定符合客观真相、办案结果符合实体公正、办案过程符合程序公正的法律制度。加强和规范司法解释和案例指导，统一法律适用标准。推进以审判为中心的诉讼制度改革。明确各类司法人员工作职责、工作流程、工作标准，实行办案质量终身负责制和错案责任倒查问责制，确保案件处理经得起法律和历史检验。

第二种情况的解决需要依靠增强全民法治观念，推进法治社会建设。推动全社会树立法治意识，要坚持把全民普法和守法作为依法治国的长期基础性工作，深入开展法治宣传教育，引导全民自觉守法、遇事找法、解决问题靠法。把法治教育纳入国民教育体系，从青少年抓起，培养法治意识。健全普法宣传教育机制，实行谁执法谁普法的普法责任制。把法治教育纳入精神文明创建内容，开展群众性的法治文化运动，健全媒体公益普法制度。牢固树立有权力就有责任，有权利就有义务的观念。加强公民道德建设，增强法治的道德底蕴，强化规则意识、契约意识，弘扬公序良俗。

中华法文化中"天理、国法、人情"相结合，实现德法兼修是坚持和发展中国特色社会主义的本质要求和重要保障，是实现国家治理体系和治理能力现代化的必然要求，事关我们党执政兴国，事关人民幸福安康，事关党和国家长治久安。

三、2018年（回忆版）

材料一："改革和法治如鸟之两翼、车之两轮。我们要坚持走中国特色社会主义法治道路，加快构建中国特色社会主义法治体系，建设社会主义法治国家。全面依法治国，核心是坚持党的领导、人民当家作主、依法治国有机统一，关键在于坚持党领导立法、保证执法、支持司法、带头守法。要在全社会牢固树立宪法法律权威，弘扬宪法精神，任何组织和个人都必须在宪法法律范围内活动，都不得有超越宪法法律的特权。"

——摘自习近平：《在庆祝中国共产党成立95周年大会上的讲话》

材料二："全面推进依法治国这件大事能不能办好，最关键的是方向是不是正确、政治保证是不是坚强有力，具体讲就是要坚持党的领导，坚持中国特色社会主义制度，贯彻中国特色社会主义法治理论。"

——摘自《关于〈中共中央关于全面推进依法治国若干重大问题的决定〉的说明》

问题：

根据材料，结合自己的实际工作和学习，谈谈坚定不移走中国特色社会主义法治道路的核心要义。

答题要求：

1. 无观点或论述、照搬材料原文的不得分；
2. 观点正确，表述完整、准确；
3. 总字数不少于600字。

【参考答案】

道路问题关系全局，决定成败。党的十八届四中全会向国内外明确宣示，我们要坚定不移走中国特色社会主义法治道路。中国特色社会主义法治道路的核心要义，就是坚持中国共产党的领导，坚持中国特色社会主义制度，贯彻中国特色社会主义法治理论。

党的领导是中国特色社会主义最本质的特征，是社会主义法治最根本的保证，我国宪法确立了中国共产党的领导地位，党的领导和社会主义法治是一致的，社会主义法治必须坚持党的领导，党的领导必须依靠社会主义法治。中国特色社会主义制度包括人民代表大会制度、中国共产党领导的多党合作和政治协商制度、民族区域自治制度、基层群众自治制度、基本经济制度、基本分配制度和中国特色社会主义法律体系等等，是中国特色社会主义法治体系的根本制度基础，是推进全面依法治国的根本制度保障。中国特色社会主义法治理论深刻回答了社会主义法治的本质特征、价值功能、内在要求、基本原则、发展方向等重大问题，是中国特色社会主义法治体系的理论指导和学理支撑，是推进全面依法治国的行动指南。

作为一名学生，我在学习中国近现代史的过程中清楚认识到当前中国法治建设取得的一切成就都离不开中国共产党的正确领导，因此我会坚定不移拥护党的领导，积极响应党的号召，平时努力学习法律知识，提升自己的法律素养，提高自己的综合水平。如在我国《中华人民共和国民法典》《中华人民共和国监察法》《中华人民共和国宪法修正案》《中华人民共和国刑法修正案》出台的时候，第一时间钻研学习，不断丰富自己的法律知识，密切联系法律实践，学以致用，争取为中国特色社会主义法治道路的发展贡献自己的力量。

总而言之，中国特色社会主义法治道路是社会主义法治建设成就和经验的集中体现，是建设社会主义法治国家的唯一正确道路。在实现中华民族伟大复兴的历史进程中，我们必须厉行法治，坚持党的领导、坚持中国特色社会主义制度、贯彻中国特色社会主义法治理论，坚定不移走中国特色社会主义法治道路。同时又必须把人类法治文明发展的一般规律创造性地运用于我国社会主义法治国家建设的伟大实践，以创造更高水平的法治文明。

四、2019 年（回忆版）

材料一：全面依法治国是一个系统工程，必须统筹兼顾、把握重点、整体谋划，更加注重系统性、整体性、协同性。依法治国、依法执政、依法行政是一个有机整体，关键在于党要坚持依法执政、各级政府要坚持依法行政。法治国家、法治政府、法治社会三者各有侧重、相辅相成，法治国家是法治建设的目标，法治政府是建设法治国家的主体，法治社会是构筑法治国家的基础。要善于运用制度和法律治理国家，提高党科学执政、民主执政、依法执政水平。

——摘自习近平总书记在中央全面依法治国委员会第一次会议上的讲话（2018 年 8 月 24 日）

材料二：依法治国是我国宪法确定的治理国家的基本方略，而能不能做到依法治国，关键在于党能不能坚持依法执政，各级政府能不能依法行政。我们要增强依法执政意识，坚持以法治的理念、法治的体制、法治的程序开展工作，改进党的领导方式和执政方式，推进依法执政制度化、规范化、程序化。执法是行政机关履行政府职能、管理经济社会事务的主要方式，各级政府必须依法全面履行职能，坚持法定职责必须为、法无授权不可为，健全依法决策机制，完善执法程序，严格执法责任，做到严格规范公正文明执法。

——摘自习近平：《加快建设社会主义法治国家》（2014 年 10 月 23 日），《求是》杂志2015 年第 1 期

材料三：深化党和国家机构改革，目标是构建系统完备、科学规范、运行高效的党和国家机构职能体系，形成总揽全局、协调各方的党的领导体系，职责明确、依法行政的政府治理体系……全面提高国家治理能力和治理水平。

——摘自《中共中央关于深化党和国家机构改革的决定》（2018 年 2 月 28 日中国共产党第十九届中央委员会第三次全体会议通过）

问题：

结合你对深化党和政府机构改革的认识，谈谈法治政府建设在全面依法治国中的重要意义以及新时代法治政府建设的根本遵循。

答题要求：

1. 无观点或论述、照搬材料原文的不得分；

2. 观点正确，表述完整、准确；

3. 总字数不得少于 600 字。

【参考答案】

我国在 2004 年颁布的《全面推进依法行政实施纲要》中首次提出建设法治政府概念。法治政府建设的总体目标是经过坚持不懈的努力，到 2020 年基本建成职能科学、权责法定、执法严明、公开公正、廉洁高效、守法诚信的法治政府。《中共中央关于全面推进依法治国若干重大问题的决定》提出从依法全面履行政府职能、健全依法决策机制、深化行政执法体制改革、坚持严格规范公正文明执法、强化对行政权力的制约和监督、全面推进政务公开这六个方

面推进法治政府建设。

法治政府建设是推进全面依法治国不可或缺的一环。第一，政府是法律的实施者、行政法规和规章的制定者，全面依法治国要求政府在国家治理中依法行政，依法制定法规和规章。第二，对政府公权力的规范是法治社会的基本特征，人类社会中已经建成的法治国家都通过宪法和法律对政府公权力的行使进行了规范，建设法治国家要先建设法治政府是一条基本经验。第三，法治政府的建设有力地维护了宪法和法律的权威与尊严，有助于在社会中形成尊法守法的良好氛围，能够有效带动全民法治意识和法律知识水平的提升，进而推动全面依法治国的实现。

在中国特色社会主义进入新时代的今天，在深化党和国家机构改革的进程中，建设法治政府进而推进全面依法治国要遵循以下根本要点：第一是坚持和强化党对法治政府建设的领导，历史表明党的领导是推进法治政府建设的首要前提，我们目前在法治政府的建设过程中取得的一切成果都离不开党的领导；第二是要根据新时代的形势和我国发展的需要，推进党和国家机构的改革，实现国家治理体系和治理能力的现代化；第三是要紧跟时代需求，健全有关实体法律和程序法律，健全规范政府依法行政的制度，为法治政府建设提供完善的法律和制度遵循。

总之，在中国特色社会主义新时代，推进全面依法治国离不开法治政府的建设。只有坚持和不断强化党的领导，推进党和国家机构的改革，加强法律和制度建设，全面提升国家治理体系和治理能力现代化，才能有序推进法治政府建设，才能推进全面依法治国，才能实现中华民族伟大复兴的中国梦。

五、2020 年（回忆版）

材料一： 当今世界正经历百年未有之大变局，我国正处于实现中华民族伟大复兴关键时期。顺应时代潮流，适应我国社会主要矛盾变化，统揽伟大斗争、伟大工程、伟大事业、伟大梦想，不断满足人民对美好生活新期待，战胜前进道路上的各种风险挑战，必须在坚持和完善中国特色社会主义制度、推进国家治理体系和治理能力现代化上下更大功夫。把我国制度优势更好转化为国家治理效能，为实现"两个一百年"奋斗目标、实现中华民族伟大复兴的中国梦提供有力保证。

材料二： 要加大对危害疫情防控行为执法司法力度，严格执行传染病防治法及其实施条例、野生动物保护法、动物防疫法、突发公共卫生事件应急条例等法律法规，依法实施疫情防控及应急处理措施。

材料三： 这场抗疫斗争是对国家治理体系和治理能力的一次集中检验。新征程上，要突出问题导向，从完善疾病预防控制体系、强化公共卫生法治保障和科技支撑，提升应急物资储备和保障能力、提升国家生物安全防御能力、完善城市治理体系和城乡基层治理体系等方面入手，抓紧补短板、堵漏洞、强弱项，加快完善各方面体制机制，增强社会治理总体效能，不断提升应对重大突发公共卫生事件的能力和水平，为保障人民生命安全和身体健康夯实制度保障。

问题：

结合法治在疫情防控中的作用，谈法治在治理体系和治理能力现代化中的作用。

答题要求：

1. 无观点或论述、照搬材料原文的不得分；
2. 观点正确，表述完整、准确；
3. 总字数不得少于 600 字。

【参考答案】

法治在社会发展中起着引领、规范和保障的统筹作用。就引领作用而言，社会的发展并非有其既定轨道，按部就班。要使社会发展符合广大人民的利益，落实人民主体地位，就必须在以宪法为核心的法律体系中确立社会发展的目标，为社会发展提供方向引领。就规范作用而言，没有规矩，不成方圆，社会的良好发展离不开稳定的秩序，而秩序的稳定则必须依靠法治，同时国家权力也需通过法治实现规范运行。就保障作用而言，法治为人民各项权利的实现提供了依据和救济途径，保障了人民的主体地位，树立了人民参与各项活动，推动社会发展的信心。

法治之于国家治理体系和治理能力现代化的作用：一是法治为国家治理现代化提供了实现路径。纵观世界，实现了现代化的国家都首先实现了法治化。法治是治国理政的基本方式，是国家治理体系和治理能力的重要依托。习近平总书记指出，只有全面依法治国才能有效保障国家治理体系的系统性、规范性、协调性，才能最大限度凝聚社会共识。二是法治为国家治理现代化明确了追求目标，人类社会的治理经历了从人治到法治的转变，国家治理的现代化必然要追求法治化而非人治化。因而法治是国家治理现代化的实现路径，同时也是国家治理现代化所必须追求的目标，二者辩证统一。三是法治为国家治理现代化框定了主线任务，要实现国家治理的现代化，就必须不断完善中国特色社会主义法律体系，推进依法行政，强化司法公正，维护人民各项权利。

在法治轨道上推进疫情防控工作，是推进国家治理体系和治理能力现代化的重要体现。法治为疫情防控，一是提供了政府和社会开展防控的法律依据，国家开展防疫工作，权力来源即是相关法律，这是疫情防控的手段保障。二是规范了公权力在疫情防控中的运行，平衡了疫情防控与公民权利保护之间的关系。三是法治为疫情防控中纠纷解决提供了机制手段。运用法治手段可以严厉打击殴打伤害医务人员、扰乱医疗救治秩序、哄抬物价、借机诈骗等违法犯罪行为，及时化解与公共突发事件相关的民事纠纷，减少矛盾冲突，维护社会稳定。

因此，我们必须发挥好法治在社会发展中的统筹作用，坚持在法治轨道上推进国家治理体系和治理能力现代化。从立法、执法、司法、守法各环节发力，全面提高依法防控、依法治理能力，为疫情防控工作提供有力法治保障。

六、2021 年（回忆版）

材料一： 推进全面依法治国是国家治理的一场深刻变革，必须以科学理论为指导，加强理论思维，不断从理论和实践的结合上取得新成果，总结好、运用好党关于新时代加强法治建设的思想理论成果，更好指导全面依法治国各项工作。

——2020 年 11 月 16 日—17 日习近平在中央全面依法治国工作会议上的重要讲话

材料二： 党的十八大以来，党中央对全面依法治国作出一系列重大决策，提出一系列全面依法治国新理念新思想新战略，……，明确了全面依法治国的指导思想、发展道路、工作布局、重点任务。这些新理念新思想新战略，是全面依法治国的根本遵循，必须长期坚持、不断丰富发展。

——2018 年 8 月 24 日习近平在中央全面依法治国委员会第一次会议上的重要讲话

材料三： 立足我国国情和实际，加强对社会主义法治建设的理论研究，尽快构建体现我国社会主义性质，具有鲜明中国特色、实践特色、时代特色的法治理论体系和话语体系。坚持和发展我国法律制度建设的显著优势，深入研究和总结我国法律制度体系建设的成功经验，推进中国特色社会主义法治体系创新发展。

——《法治中国建设规划（2020—2025 年）》

问题：

结合习近平法治思想的核心要义，谈谈你对当前和下一个阶段推进全面依法治国重点抓住的"十一个坚持"的认识。

答题要求：

1. 无观点或论述、照搬材料原文的不得分；

2. 观点正确，表述完整、准确；

3. 总字数不少于 600 字。

【参考答案】

习近平法治思想的核心要义在于"十一个坚持"。一是坚持党对全面依法治国的领导；二是坚持以人民为中心；三是坚持中国特色社会主义法治道路；四是坚持依宪治国、依宪执政；五是坚持在法治轨道上推进国家治理体系和治理能力现代化；六是坚持建设中国特色社会主义法治体系；七是坚持依法治国、依法执政、依法行政共同推进，法治国家、法治政府、法治社会一体建设；八是坚持全面推进科学立法、严格执法、公正司法、全民守法；九是坚持统筹推进国内法治和涉外法治；十是坚持建设德才兼备的高素质法治工作队伍；十一是坚持抓住领导干部这个"关键少数"。

"十一个坚持"是当前和下一个阶段推进全面依法治国的纲领性指导方针。"十一个坚持"深刻阐明了全面依法治国的政治方向，明确了全面依法治国必须遵循的政治准绳；深刻阐明了全面依法治国的重要地位，明确了新时代全面依法治国的职责使命；深刻阐明了全面依法治国的工作布局，明确了法治中国建设的前进方向；深刻阐明了全面依法治国的重点任务，明确了新时代全面依法治国的重点领域和关键环节；深刻阐明了全面依法治国的重大关系，明确了必须正确把握的重大理论问题和科学方法论；深刻阐明了全面依法治国的重要保障，明确了领导干部和人才队伍在推动全面依法治国中的重要性。

践行"十一个坚持"要做到以下三点：一是要把认真学习领会"十一个坚持"作为当前和今后一个时期的一项重大任务，牢牢把握全面依法治国政治方向、重要地位、工作布局、重点任务、重大关系、重要保障。二是要以"十一个坚持"为核心，深入贯彻落实习近平法治思想，将习近平法治思想作为全面依法治国的根本遵循和行动指南，贯彻到立法、执法、司法、守法等方方面面。三是坚持顶层设计，严格落实"十四五"规划和 2035 年远景目标、《法治中国建设规划（2020—2025 年）》《法治政府建设实施纲要（2021—2025 年）》《法治社会建设实施纲要（2020—2025 年）》《关于加强社会主义法治文化建设的意见》等纲领文件。

总之，"十一个坚持"系统阐述了新时代推进全面依法治国的重要思想和战略部署，深入回答了我国社会主义法治建设一系列重大理论和实践问题。在当前和下一个阶段推进全面依法治国必须深刻认识"十一个坚持"的重大意义，深入把握重大内涵，深化具体实践。

七、2021 年（延考地区回忆版）

问题：

结合你对习近平法治思想以人民为中心的理解，谈谈你对新时代全面依法治国的根本立场和实现途径的理解。

答题要求：

1. 无观点或论述、照搬材料原文的不得分；

2. 观点正确，表述完整、准确；

3. 总字数不少于 600 字。

【参考答案】

"坚持以人民为中心"是习近平法治思想的重要内容，是中国特色社会主义法治的本质要求。习近平指出，全面依法治国最广泛、最深厚的基础是人民，必须坚持为了人民、依靠人民，造福人民。

新时代全面依法治国的根本立场是人民立场。第一，坚持法治为了人民，努力实现满足人民需要的良法善治。只有制定出更多反映客观规律、体现人民意志、符合公平正义的良法，更加重视法治、厉行法治，更好发挥法治固根本、稳预期、利长远的作用，人民群众的获得感、幸福感、安全感才能不断增强。第二，坚持法治依靠人民，切实保障和发挥人民的主体地位。人民不仅是国家权力的来源，也是法治建设创造性实践的源头活水。推进全面依法治国，必须充分调动人民群众积极性和主动性，创新公众参与法治实践的方式，依法保证人民通过各种途径和形式参与国家和社会治理。第三，坚持法治造福人民，牢牢把握公平正义这一法治价值追求。公正是法治的生命线，公平正义是人民的期盼。为切实保障人民权益，在推进全面依法治国过程中，必须紧紧围绕保障和促进社会公平正义，努力让人民群众在每一项法律制度、每一个执法决定、每一宗司法案件中都感受到公平正义。

就实现途径而言：第一，要用制度体系保证人民当家作主。人民代表大会制度是我国的根本政治制度，是人民当家作主的重要制度平台。要充分发挥人民代表大会根本政治制度的作用，通过人民代表大会制度牢牢把国家和民族前途命运掌握在人民手中。第二，要通过科学立法加强人民权益保障。推进全面依法治国的根本目的是依法保障人民权益。要坚持并强化科学立法、民主立法，落实各项基本权利，建立完善的权利保障体系。第三，要通过严格执法强化法律实施。徒法不足以自行，必须坚持严格执法，确保依法执法、合理执法，进一步推进法治政府建设，确保人民权益不受侵害。第四，要坚持公正司法，维护社会公平正义。公平正义是良性社会的基本标准，是中国共产党治国理政的重要价值取向，也是人民美好生活的重要方面。要系统研究、谋划和解决法治领域人民群众反映强烈的突出问题，让人民群众在每一项法律制度、每一个执法决定、每一宗司法案件中都感受到公平正义。

总之，踏上全面建设社会主义现代化国家新征程，推动全面依法治国迈上新台阶，必须深刻理解坚持以人民为中心的法治立场，进一步强化系统观念、法治思维，以实际行动兑现以人民为中心的承诺，为实现中华民族伟大复兴的中国梦提供有力法治保障。

专题一　法的原理

考点一　法的本质

1. 马克思曾说："社会不是以法律为基础，那是法学家的幻想。相反，法律应该以社会为基础。法律应该是社会共同的，由一定的物质生产方式所产生的利益需要的表现，而不是单个人的恣意横行。"根据这段话所表达的马克思主义法学原理，下列哪一选项是正确的？（2007 - 1 - 1）[1]

A. 强调法律以社会为基础，这是马克思主义法学与其他派别法学的根本区别

B. 法律在本质上是社会共同体意志的体现

C. 在任何社会，利益需要实际上都是法律内容的决定性因素

D. 特定时空下的特定国家的法律都是由一定的社会物质生活条件所决定的

【解析】马克思主义法学认为法的本质具有正式性（官方性、国家性）、阶级性、社会性（物质制约性），法的本质存在于国家意志、阶级意志与社会存在、社会物质条件之间的对立统一关系之中。而强调法律以社会为基础并非是马克思主义法学的独创，其他法学派如社会法学派也强调法律以社会为基础。A 项错误。

马克思主义法学认为法所体现的国家意志实际上只能是统治阶级的意志，而不是社会共同体的意志。B 项错误。

法的本质最终体现为法的物质制约性，法律是由一定社会的物质生活条件决定的。利益需要只有符合统治阶级的意志才可能决定法律内容。C 项错误，D 项正确。

2. 下列有关"国法"的理解，哪些是不正确的？（2012 - 1 - 54）[2]

A. "国法"是国家法的另一种说法

B. "国法"仅指国家立法机关创制的法律

C. 只有"国法"才有强制性

D. 无论自然法学派，还是实证主义法学派，都可能把"国法"看作实在法

【解析】"国法"指特定国家现行有效的法，包括：（1）国家专门机关（立法机关）制定的"法"（成文法）；（2）法院或法官在判决中创制的规则（判例法）；（3）国家通过一定方

<hr />

[1] D　[2] ABC

式认可的习惯法（不成文法）；（4）其他执行国法职能的法（如教会法）。"国家法"是指国家机关制定或认可的法律，包括制定法、习惯法、判例法。因此，"国法"的外延大于"国家法"的范围。A项、B项错误。

法律、习惯、道德、宗教等社会规范都具有强制性，但只有法律具有国家强制性。C项错误。

"实在法"的概念源于古希腊和古罗马时代，是指各国在不同历史时期制定或认可的法律，包括成文法、判例法和习惯法等，是根据经验事实制定的、确有法律效力的行为规范。自然法学派认为"恶法非法"，即只有符合道德的"国法"才是"实在法"。实证主义法学派强调"恶法亦法"，即只要是国家制定或认可的"国法"都是"实在法"。D项正确。

3. 我国立法机关对一些重要法律进行制定或者修改时，都要以各种方式征求社会群众意见，如据中国人大网的数据显示，从2016年7月5日到8月4日，短短一个月的时间，社会各界参与民法总则草案征求意见的人数达到13802人，共提出了65000余条建议。对此，以下分析正确的是？[1]

A. 法律是公共意志的反映，离不开人的主观能动性

B. 根据马克思主义关于法的本质的理论，法是最广大人民共同意志的体现

C. 适时制定《民法总则》体现了立法机关专业的立法规划技术和预测技术，同时，针对社会各界群众提出的立法建议，充分体现了在法律条文中需要良好的立法表达技术

D. 20名全国人大代表可以联名提出制定《民法总则》的法律案

【解析】阶级性是法的本质特征之一，A错误。法律是统治阶级的整体意志，而非共同意志，B错误。一个代表团或者30名代表可以提出法律案，D错误。C正确。

考点二 法的特征

1. 法是以国家强制力为后盾，通过法律程序保证实现的社会规范。关于法的这一特征，下列哪些说法是正确的？（2013 - 1 - 55）[2]

A. 法律具有保证自己得以实现的力量

B. 法律具有程序性，这是区别于其他社会规范的重要特征

C. 按照马克思主义法学的观点，法律主要依靠国家暴力作为外在强制的力量

D. 自然力本质上属于法的强制力之组成部分

【解析】法作为一种社会规范，其特征主要有：规范性（调整对象的不特定性、反复适用性、面向将来）、国家意志性、普遍性（普遍有效性、普遍平等对待性和法的内容普遍一致性）、权利义务性、国家强制性和程序性、可诉性。

法律由国家强制力保证实施，有保障其实现的力量。A项正确。

法律作为一种规范人们外部行为的规则，具有程序性，可以被任何人在法律规定的机构中通过争议解决程序加以运用。这是法区别于其他社会规范的重要特征。B项正确。

国家强制力是保证法得以实现的后盾，马克思主义法学强调国家强制力即属国家暴力，法律主要依靠国家暴力作为外在强制的力量。C项正确。

法的强制力就是国家强制力，包括军队、警察、监狱、法庭等。自然力不是国家强制力的

组成部分，自然力是自然法则得以实现的力量。D 项错误。

2. 《中华人民共和国畜禽遗传资源进出境和对外合作研究利用审批办法》第 3 条规定：
"本办法所称畜禽，是指列入依照《中华人民共和国畜牧法》第 11 条规定公布的畜禽遗传资
源目录的畜禽。本办法所称畜禽遗传资源，是指畜禽及其卵子（蛋）、胚胎、精液、基因物质
等遗传材料。"对此，下列哪些表述是错误的？（2010 - 1 - 56）[1]

A. 《中华人民共和国畜牧法》是《中华人民共和国畜禽遗传资源进出境和对外合作研究
利用审批办法》的上位法

B. 《中华人民共和国畜牧法》和《中华人民共和国畜禽遗传资源进出境和对外合作研究
利用审批办法》均属于行政法规

C. 该条款内容属于技术规范

D. 该条款规定属于任意性规则

【解析】《中华人民共和国畜牧法》是由全国人大常委会制定的，属于"法律"范畴，《中
华人民共和国畜禽遗传资源进出境和对外合作研究利用审批办法》是由国务院制定的，属于
"行政法规"范畴，"法律"效力高于"行政法规"。A 项正确，B 项错误。

该条款内容用于解释某些法律概念，是技术性法律规范。法律规范属于社会规范，而非技
术规范。社会规范不同于技术规范和自然法则：社会规范调整人和人之间的关系；技术规范调
整人与自然的关系；自然法则调整自然现象之间的关系。C 项错误。

该条款内容属于法律概念，不属于法律规则。D 项错误。

3. 《最高人民法院关于审理盗窃案件具体应用法律若干问题的解释》规定：各省、自治
区、直辖市高级人民法院可根据本地区经济发展状况，并考虑社会治安状况，在本解释规定的
数额幅度内，分别确定本地区执行的"数额较大""数额巨大""数额特别巨大"的标准。依
据法理学的有关原理，下列正确的表述是：（2007 - 1 - 92）[2]

A. 该规定没有体现法的普遍性特征

B. 该规定违反了"法律面前人人平等"的原则

C. 该规定说明：法律内容的决定因素是社会经济状况

D. 该规定说明：政治对法律没有影响

【解析】法是具有普遍性的社会规范，这是法的特征之一。法的普遍性强调法对不特定的
主体可以反复适用。最高人民法院的这一规定适用于"本地区"所有的人，因此也体现了法
的普遍性特征。A、B 项错误。

最高人民法院的这一规定说明了社会的经济状况决定法律的内容。C 项正确。

法律受到政治、宗教、道德等其他社会规范的影响。D 项错误。

4. 下列哪一选项体现了法律的可诉性特征？（2007 - 1 - 7）[3]

A. 下一级的规范性法律文件因与上一级的规范性法律文件冲突而被宣布无效

B. 公民和法人可以利用法律维护自己的权利

C. "一国两制"原则体现在《香港特别行政区基本法》的制定过程中

D. 道德规范上升为法律规范

【解析】法的可诉性是法的特征之一，是法区别于其他社会规范的标志之一。法的可诉性
是指法律具有被任何人（包括公民和法人）在法律规定的机构（尤其是法院和仲裁机构）中
通过争议解决程序（特别是诉讼程序）加以运用维护自身权利的可能性。B 项正确。

---

〔1〕 BCD 〔2〕 C 〔3〕 B

【特别提示】 法的特征包括规范性、国家意志性、普遍性、权利义务性、国家强制性和程序性、可诉性。上述特征的某一个方面，可能习惯、宗教、道德等其他社会规范也具备，比如社会规范都具有规范性，宗教也具有程序性；但上述六个特征同时具备的社会规范，只有法。

5. 我国《婚姻法》第33条规定：现役军人的配偶要求离婚，须得军人同意，但军人一方有重大过错的除外。依据法理学的有关原理，下列正确的表述是：(2007 - 1 - 91)[1]

　　A. 该条中所规定的军人的配偶在离婚方面所承担的义务没有相应的权利存在

　　B. 现役军人与其配偶之间的权利义务是不一致的

　　C. 该条所规定的法律义务是一种对人义务或相对义务

　　D. 该法律条文完整地表达了一个法律规则的构成要素

【解析】 马克思主义法学认为，法律权利和法律义务在结构上相辅相成，"没有无义务的权利，也没有无权利的义务"；在数量上是等值关系；从产生和发展来看，两者经历了一个从浑然一体到分裂对立再到相对一致的过程；从价值上看，两者代表了不同的法律精神。因此 A 项、B 项错误。

法律权利义务分为绝对权利义务（对世权利和对世义务）和相对权利义务（对人权利和对人义务）。绝对权利义务是对不特定的法律主体的权利和义务，相对权利义务是对特定的法律主体的权利和义务。该条所规定的法律义务是一种相对义务。C 项正确。

在该法律条文中，"现役军人的配偶要求离婚"为假定条件，"须得军人同意，但军人一方有重大过错的除外"为行为模式，但没有规定法律后果，因此该法律条文并未完整地表达一个法律规则的构成要素。D 项错误。

6. 2018 年是四川汶川地震十周年，当年发生了震惊全国的"范跑跑"事件，社会公众对此进行了大规模的道德评价，随后教育部也相应修订了《中小学教师职业道德规范》，增加了"保护学生安全"的规定。对此，下列说法正确的是？[2]

　　A. 法律的特征在于法律具备规范性，道德等其他的社会规范没有规范性

　　B. 法律与道德总是同步发展的

　　C. 近现代以来，法学家们一般都倾向于强调法律调整的突出作用，依法治国成为普遍的政治主张

　　D. 强调依法治国和以德治国相结合，这就意味着在新的历史时期应当让法与道德达到浑然一体的状态

【解析】 在形式归属上，法与道德都属于社会规范，都具有规范性，A 错误。法律与道德并不总是同步发展的，B 错误。法律与道德不能达到浑然一体，截然不分的状态，D 错误。C 正确。

7. 2019 年 7 月底，小伟买到一双限量球鞋，购买价格为 3.65 万。他将球鞋送到大刘的擦鞋店进行清洗。后小伟发现两只鞋面均不同程度受损，小伟要求大刘按照自己的购买价格进行赔偿。但双方对鞋子的价值认知差异过大，小伟将大刘诉至法院。小伟认为，大刘的擦鞋店具有较长从业时间，理应了解球鞋在行业内的价值。大刘则表示，虽然小伟提供的票据中显示他在商铺的购买价格是 3.65 万，但是该球鞋的出厂价格为 1880 元，出厂时间是 2010 年，小伟购买时价格虚高是因市场"炒鞋"导致；自己对于球鞋受损的事实无异议，愿意修复鞋面，按出厂价格 1880 元进行赔偿，并另行适当补偿 1000 元。法院适用小额诉讼程序审理了该案。法院认为，案涉球鞋的价值不能仅根据出厂价进行认定，其实际价值应包含升值空间价值，且升

---

[1] C 　[2] C

值空间占据了主要部分。大刘将球鞋洗破后，自行修理并更换了非原装鞋面，导致球鞋价值基本全损。因被告专业性及约定，认定对该损失可预见。结合球鞋的折旧率、实际使用时间、鞋子残值等因素，在平衡双方利益的基础上，认定球鞋购买价格的60%即2.19万元作为原告损失，并判令大刘限期支付该款。对此，下列说法正确的是？[1]

A. 小伟与大刘双方在法庭上就证据和案件事实进行质证，就法的适用开展辩论，体现了法的普遍性

B. 认定购买价格的60%即2.19万元作为原告损失，判令大刘限期支付该款，是从逻辑前提中推导出来的

C. 适用法律必须面对规范和事实问题

D. "大刘将球鞋洗破后，自行修理并更换了非原装鞋面"这是一个规范语句

【解析】A项体现的是法的程序性，不是普遍性，因此A项错误。"大刘将球鞋洗破后，自行修理并更换了非原装鞋面"这不是一个法律规则，所以不存在法律规则中的规范语句和陈述语句的区别，因此D项错误。B项、C项是正确的。

考点三　法的作用

1. 2011年7月5日，某公司高经理与员工在饭店喝酒聚餐后表示：别开车了，"酒驾"已入刑，咱把车推回去。随后，高经理在车内掌控方向盘，其他人推车缓行。记者从交警部门了解到，如机动车未发动，只操纵方向盘，由人力或其他车辆牵引，不属于酒后驾车。但交警部门指出，路上推车既会造成后方车辆行驶障碍，也会构成对推车人的安全威胁，建议酒后将车置于安全地点，或找人代驾。鉴于我国对"酒后代驾"缺乏明确规定，高经理起草了一份《酒后代驾服务规则》，包括总则、代驾人、被代驾人、权利与义务、代为驾驶服务合同、法律责任等共6章21条邮寄给国家立法机关。关于高经理和公司员工拒绝"酒驾"所体现的法的作用，下列说法正确的是：（2011-1-89）[2]

A. 法的指引作用　　　　　　　　B. 法的评价作用

C. 法的预测作用　　　　　　　　D. 法的强制作用

【解析】法的作用分为规范作用和社会作用。规范作用的对象是人的行为，社会作用的对象是社会关系。规范作用分为指引（本人行为）作用、评价（他人行为）作用、预测（相互行为）作用、教育（一般人的行为）作用和强制（违法犯罪行为）作用。高经理和公司员工根据法律规定拒绝酒驾，属于法的规范作用中的指引作用。A项正确。

2. 关于法的规范作用，下列哪一说法是正确的？（2014-1-10）[3]

A. 陈法官依据诉讼法规定主动申请回避，体现了法的教育作用

B. 法院判决王某行为构成盗窃罪，体现了法的指引作用

C. 林某参加法律培训后开始重视所经营企业的法律风险防控，反映了法的保护自由价值的作用

D. 王某因散布谣言被罚款300元，体现了法的强制作用

【解析】A项是指引作用，B项是强制作用，C项是指引作用，因此A项、B项、C项都错误，D项正确。

---

[1]　BC　[2]　A　[3]　D

3. "社会的发展是法产生的社会根源。社会的发展，文明的进步，需要新的社会规范来解决社会资源有限与人的欲求无限之间的矛盾，解决社会冲突，分配社会资源，维持社会秩序。适应这种社会结构和社会需要，国家和法这一新的社会组织和社会规范就出现了。"关于这段话的理解，下列哪些选项是正确的？（2012－1－51）[1]

A. 社会不是以法律为基础，相反，法律应以社会为基础

B. 法律的起源与社会发展的进程相一致

C. 马克思主义的法律观认为，法律产生的根本原因在于社会资源有限与人的欲求无限之间的矛盾

D. 解决社会冲突，分配社会资源，维持社会秩序属于法的规范作用

【解析】马克思主义法律观认为法是由一定社会的物质生活条件决定的，法律应以社会为基础，法的本质最终体现为法的社会性，即物质制约性。A项、B项正确。

按照马克思主义学说，法律的产生是社会基本矛盾运动的结果，生产力发展到一定阶段，导致了法律的产生：（1）私有制的出现是法律产生的经济根源；（2）阶级的分化是法律产生的社会根源；（3）国家这种公共权力组织的出现是法律产生的政治根源。C项错误。

法的社会作用涉及三个领域（社会经济生活、政治生活、思想文化生活）和两个方向，即政治职能（通常说的阶级统治的职能）和社会职能（执行社会公共事务的职能）。对社会冲突的化解，维护社会统治体现的是法的社会作用。D项错误。

4. 关于法的作用，下列哪些选项是错误的？（2008 川－1－51）[2]

A. 法是由人创制的，人们在立法时受社会条件的制约

B. 法律人在处理法律问题时没有自己的价值立场

C. 法具有概括性，能够涵盖社会生活的所有方面

D. 法律不能要求人们去从事难以做到的事情

【解析】法律不是万能的，法的作用是有局限性的：法律是以社会为基础的，因此，法律不可能超出社会发展需要"创造"或改变社会；法律是社会规范之一，必然受到其他社会规范以及社会条件和环境的制约；法律规制和调整社会关系的范围和深度是有限的，有些社会关系（如人们的情感关系、友谊关系）不适宜由法律来调整；法律还受自身条件的限制，如语言表达力的局限。A项正确，C项错误。

法律判断分为事实判断和价值判断。事实判断是一种描述性判断，即"是什么"的客观判断；价值判断是一种规范性判断，即"应该是什么"的主观性判断。法律规范和依照法律规范作出的实体性结论为价值性判断。对案件的认定总体上属于事实判断，但是证据的证明力需要主体作价值判断。法的运行的过程是法律人进行价值判断的过程。B项错误。

西方法谚说"法律不强人所难"，这是"期待可能性"理论的谚语表述，即法律不能强求人们去做难以做到的事情。D项正确。

5. 2008 年修订的《中华人民共和国残疾人保障法》第 50 条规定："县级以上人民政府对残疾人搭乘公共交通工具，应当根据实际情况给予便利和优惠。残疾人可以免费携带随身必备的辅助器具。盲人持有效证件免费乘坐市内公共汽车、电车、地铁、渡船等公共交通工具。盲人读物邮件免费寄递。国家鼓励和支持提供电信、广播电视服务的单位对盲人、听力残疾人、言语残疾人给予优惠。"对此，下列说法错误的是：（2010－1－92）[3]

A. 该规定体现了立法者在残疾人搭乘公共交通工具问题上的价值判断和价值取向

〔1〕 AB　〔2〕 BC　〔3〕 BD

B. 从法的价值的角度分析，该规定的主要目的在于实现法的自由价值

C. 该规定对于有关企业、政府及残疾人均具有指引作用

D. 该规定在交通、邮政、电信方面给予残疾人的优待有悖于法律面前人人平等原则

【解析】立法的过程是立法者进行价值判断的过程。A项正确。

从法的价值角度分析，保护弱势群体是正义价值的应有之义，该规定的主要目的是实现法的正义价值。B项错误。

该规定能够指引有关企业、政府和残疾人本身做出相应的行为。C项正确。

平等原则要求相同情况相同对待，不同情况区别对待。该规定给予残疾人的优待不仅不悖于法律面前人人平等的原则，反而体现了法律面前人人平等的原则。D项错误。

6. 贾律师在一起未成年人盗窃案件辩护意见中写道："首先，被告人刘某只是为了满足其上网玩耍的欲望，实施了秘密窃取少量财物的行为，主观恶性不大；其次，本省盗窃罪的追诉限额为800元，而被告所窃财产评估价值仅为1050元，社会危害性较小；再次，被告人刘某仅从这次盗窃中分得200元，收益较少。故被告人刘某的犯罪情节轻微，社会危害性不大，主观恶性小，依法应当减轻或免除处罚。"关于该意见，下列哪些选项是不正确的？（2010 - 1 - 55）[1]

A. 辩护意见既运用了价值判断，也运用了事实判断

B. "被告人刘某的犯罪情节轻微，社会危害性不大，主观恶性小，依法应当减轻或免除处罚"，属于事实判断

C. "本省盗窃罪的追诉限额为800元，而被告人所窃取财产评估价值仅为1050元"，属于价值判断

D. 辩护意见中的"只是""仅为""仅从"这类词汇，属于法律概念

【解析】"被告人刘某的犯罪情节轻微，社会危害性不大，主观恶性小，依法应当减轻或免除处罚"，属于价值判断；"本省盗窃罪的追诉限额为800元，而被告人所窃取财产评估价值仅为1050元"，属于事实判断。A项正确，B项错误，C项错误。

法律概念是对各种法律事实进行概括，抽象出它们的共同特征而形成的权威性范畴，是解决法律问题的重要工具。辩护意见中的"只是""仅为""仅从"这类词汇，不属于法律概念。D项错误。

7. 近期，无人驾驶汽车在公共交通道路行驶，公众围绕其是否违法、事故后是否担责、如何加强立法进行规制展开讨论，下列说法中正确的是？（2018年回忆版）[2]

A. 若无人驾驶汽车上路行驶引发民事纠纷被诉至法院，因法无明文规定，法院不得裁判

B. 科技发展引发的问题只能通过法律解决

C. 现行交通法规对无人驾驶汽车上路行驶尚无规定，这反映了法律的局限性

D. 只有当科技发展造成了实际危害后果时，才能动用法律手段干预

【解析】司法是正义的最后一道防线，法院不得拒绝裁判，故A项错误。

法律只是解决社会问题的一种方式，还可以依靠道德等手段，故B项错误。

法律对新事物的规定不够详尽或因无法预料而缺乏规定，这反映了法律的局限性，故C项正确。

法律对社会发展和人的行为具有指引作用，法律对科技发展的干预分为事前干预和事后干预两种，故D项错误。

---

8. 王某和李某是好朋友，王某生意失败，欠下巨款，意图去盗窃，李某认为盗窃是一种犯罪行为，因而进行劝阻，但没有成功。李某猜测王某盗窃后会坐牢，便从此不与其相处。王某盗窃后被逮捕，后被诉至法院。原本的审判法官是王某的弟弟，其申请了回避。后来王某因盗窃罪被判刑。关于此案，下列说法错误的是？[1]

    A. 李某认为盗窃罪是一种犯罪行为，这体现了法的评价作用

    B. 王某被法院判刑，体现的是法的评价作用

    C. 李某猜测王某以后会去坐牢，体现的是法的预测作用

    D. 审判法官因为自己是王某的弟弟故而申请回避，体现的是法的指引作用

【解析】 王某被法院判刑，体现的是法的强制作用，因此 B 项错误。

9. 陈某与前妻林某婚生子陈某宝（7 岁）由林某抚养，林某与王某再婚后，王某擅自将陈某宝改为王某宝。陈某诉至法院，法官认为，陈某宝是无民事行为能力的人，其变更姓名需要由亲生父母同意，故判决林某恢复其子原姓名。对此，下列哪一说法是正确的？（2019 年回忆版）[2]

    A. 法院判决是规范性法律文件

    B. 法院判决体现了法的评价作用

    C. 姓名权具有相对性

    D. 陈某宝是无民事行为能力的人，不享有任何民事权利

【解析】 法院的判决书只针对案件当事人发生效力，案外人则不需受其约束，因此属于典型的非规范性法律文件，故 A 项错误。评价作用是指以法律为标准对他人已经做出的行动作出合法或违法的判定，法院通过依法裁判对当事人的行为进行判定直接体现了法律的评价作用，故 B 项正确。作为人格权一部分的姓名权是典型的绝对权，权利人以外的一般主体都应尊重并负有不侵犯义务，故 C 项错误。无民事行为能力人是指其从事民事法律行为的范围受限，并不意味着其不享有任何民事权利，这是完全不同的两个概念。无民事行为能力的人法律规定可以实施纯获利的行为，故 D 项错误。

10. 刘某因销售的新型跑步机不符合现行国家强制标准，被以涉嫌销售伪劣产品罪起诉。法院认为该跑步机与传统跑步机有明显区别，相关行业专家认为该跑步机属于创新产品，消费者也普遍反映该产品未造成人身伤害和财产损失，不能套用传统产品的国家强制标准认定为伪劣产品，故判决刘某无罪。对此，下列哪些说法是正确的？（2021 年回忆版）[3]

    A. 因技术创新而产生的新型法律问题，不能受传统法律规范的约束

    B. 本案中新型跑步机不符合现行国家强制标准的情形，体现了法的局限性

    C. 法院将法律判断、行业判断与民众认知相结合，保证了判决实质公平性

    D. 创新产品不能套用传统产品的国家强制标准，故销售创新产品的行为属于法外空间

【解析】 因技术创新而产生的新型法律问题，适用传统法律会导致个案不正义，因此需要运用法律解释、法律漏洞填补等方法进行裁决，以实现个案正义。因此技术创新而产生的新型法律问题，不能受传统法律规范的约束，故 A 项正确。法律并非万能的，具有一定的局限性，本案中新型跑步机不符合现行国家强制标准的情形，体现了法的局限性，故 B 项正确。本案中法院结合法律判断、相关行业专家、消费者的观点对创新产品是否适用传统标准进行论证得出判决，保证了判决的实质公平性，故 C 项正确。法外空间是指不属于法律调整的领域。但销售创新产品的行为属于法律调整的社会关系，因此不属于法外空间，故 D 项错误。

---

〔1〕 B　〔2〕 B　〔3〕 ABC

考点四　法的价值

1. "法律只是在自由的无意识的自然规律变成有意识的国家法律时，才成为真正的法律，哪里法律成为实际的法律，即成为自由的存在，哪里法律就成为人的实际的自由存在。"关于该段话下列说法正确的是：（2016-1-88）[1]

A. 从自由与必然的关系上讲，规律是自由的，但却是无意识的，法律永远是不自由的，但却是有意识的

B. 法律是"人的实际的自由存在"的条件

C. 国家法律须尊重自然规律

D. 自由是评价法律进步与否的标准

【解析】专制制度下的法律虽然由国家制定，形式上具有合法权威，然而由于本质上忽视了自由的要求，因而只能是一种徒具形式的"恶法"。从这个意义上而言，任何不符合自由意蕴的法律，都不是真正意义上的法律。因此 A 项错误。自由是指在没有外在强制的情况下，能够按照自己的意志进行活动的能力。这正如霍布斯将自由定义为"没有障碍"一样，它表明主体可以根据自己的意志、目的而行动，而不是按照外界的强制或限制来行动。法的价值上所言的"自由"，即意味着法律确认、保障"人的实际的自由存在"。从这个意义上而言，任何不符合自由意蕴的法律，都不是真正意义上的法律，因此 B 项正确，C、D 项正确。

2. 秦某以虚构言论、合成图片的手段在网上传播多条"警察打人"的信息，造成恶劣影响，县公安局对其处以行政拘留 9 日的处罚。秦某认为自己是在行使言论自由权，遂诉至法院。法院认为，原告捏造、散布虚假事实的行为不属于言论自由，为法律所明文禁止，应承担法律责任。对此，下列哪一说法是正确的？（2017-1-8）[2]

A. 相对于自由价值，秩序价值处于法的价值的顶端

B. 法官在该案中运用了个案平衡原则解决法的价值冲突

C. "原告捏造、散布虚假事实的行为不属于言论自由"仅是对案件客观事实的陈述

D. 言论自由作为人权，既是道德权利又是法律权利

【解析】自由价值处于法的价值的顶端，因此 A 项错误。对于个人自由和社会秩序的冲突，法官运用了价值位阶原则解决法的价值冲突，因此 B 项错误。"原告捏造、散布虚假事实的行为不属于言论自由"既有客观事实的陈述，也有主观上的价值判断，因此 C 项错误。言论自由作为人权，既是道德权利又是法律权利，D 项正确。

3. 关于法律与自由，下列哪一选项是正确的？（2008-1-2）[3]

A. 自由是至上和神圣的，限制自由的法律就不是真正的法律

B. 自由对人至关重要，因此，自由是衡量法律善恶的唯一标准

C. 从实证的角度看，一切法律都是自由的法律

D. 自由是神圣的，也是有限度的，这个限度应由法律来规定

【解析】法的价值表明了法律对于人们而言所拥有的正面意义，它体现了其属性中为人们所重视、珍惜的部分。法的主要价值包括自由、正义和秩序。自由是法的最高价值。法律是自由的保障，自由是判断法律善恶的标准之一。良法应当是自由之法。但自由是有限度的、有范

---

[1] BCD　[2] D　[3] D

围的，而这个限度和范围由法律来设立。A项错误，D项正确。

自由对人至关重要，但是衡量法律善恶并非只有自由这一个标准，另外还包括诸如正义等标准。B项错误。

从实证的角度，也就是从现实生活中看，并非一切法律都维护自由。C项错误。

4. 临产孕妇黄某由于胎盘早剥被送往医院抢救，若不尽快进行剖宫产手术将危及母子生命。当时黄某处于昏迷状态，其家属不在身边，且联系不上。经医院院长批准，医生立即实施了剖宫产手术，挽救了母子生命。该医院的做法体现了法的价值冲突的哪一解决原则？（2015－1－9）〔1〕

A. 价值位阶原则　　　　　　　　　B. 自由裁量原则
C. 比例原则　　　　　　　　　　　D. 功利主义原则

【解析】本题的价值冲突主要体现在个人的生命自由与秩序的冲突，这是典型的价值位阶原则，A项正确。

5. 我国《刑法》第21条规定，为了使国家、公共利益、本人或者他人的人身、财产和其他权利免受正在发生的危险，不得已采取的紧急避险行为，造成损害的，不负刑事责任。紧急避险超过必要限度造成不应有的损害的，应当负刑事责任，但是应当减轻或者免除处罚。该条文中的价值平衡，适用的是下列哪一项原则？（2008－1－3）〔2〕

A. 价值位阶原则　　　　　　　　　B. 个案平衡原则
C. 比例原则　　　　　　　　　　　D. 功利原则

【解析】解决法律价值冲突的原则主要有：（1）价值位阶原则，指在不同位阶的法的价值发生冲突时，在先的价值优于在后的价值；（2）个案平衡原则，指在处于同一位阶上的法的价值之间发生冲突时，必须综合考虑主体之间的特定情形、需求和利益，以使得个案的解决能够适当兼顾双方的利益；（3）比例原则，指为保护某种较为优越的法的价值必须侵犯另外一种价值时，不得逾越此目的所必要的限度，或者说因为某种价值而牺牲另外一种价值时，应将损害的程度降到最低。题干所述符合比例原则。C项正确。

6. 宽严相济是我国的基本刑事政策，要求法院对于危害国家安全、恐怖组织犯罪、"黑恶"势力犯罪等严重危害社会秩序和人民生命财产安全的犯罪分子，尤其对于极端仇视国家和社会，以不特定人为侵害对象，所犯罪行特别严重的犯罪分子，该依法重判的坚决重判，该依法判处死刑立即执行的绝不手软。对于解决公共秩序、社会安全、犯罪分子生命之间存在的法律价值冲突，该政策遵循下列哪一原则？（2011－1－13）〔3〕

A. 个案平衡原则　　　　　　　　　B. 比例原则
C. 价值位阶原则　　　　　　　　　D. 自由裁量原则

【解析】法的价值冲突的解决原则主要有：价值位阶原则、个案平衡原则、比例原则。公共秩序、社会安全体现了秩序价值，犯罪分子生命体现了自由价值。本题是秩序与自由的冲突，属于价值位阶原则。C项正确。

7. 2012年，潘桂花、李大响老夫妇处置房产时，发现房产证产权人由潘桂花变成其子李能。原来，早在七年前李能就利用其母不识字骗其母签订合同，将房屋作价过户到自己名下。二老怒将李能诉至法院。法院查明，潘桂花因精神障碍，被鉴定为限制民事行为能力人。据此，法院认定该合同无效。对此，下列哪一说法是不正确的？（2013－1－14）〔4〕

A. 李能的行为违反了物权的取得应当遵守法律、尊重公德、不损害他人合法权益的法律

规定

B. 从法理上看，法院主要根据"法律家长主义"原则（法律对于当事人"不真实反映其意志的危险选择"应进行限制，使之免于自我伤害）对李能的意志行为进行判断，从而否定了他的做法

C. 潘桂花被鉴定为限制民事行为能力人是对法律关系主体构成资格的一种认定

D. 从诉讼"争点"理论看，本案争执的焦点不在李能是否利用其母不识字骗其母签订合同，而在于合同转让的效力如何认定

【解析】法律对自由进行限制的正当理由包括：（1）伤害原则，即社会干预个人行动自由唯一的目的是自我保护，只有为了阻止对别人和公共的伤害，法律对社会成员的限制才是合理的；（2）法律家长主义，即法律对于当事人"不真实反映其意志的危险选择"应进行限制，使之免于自我伤害；（3）冒犯原则，即法律禁止那些虽不伤害别人但却冒犯别人的行为；（4）法律道德主义原则，即一个人的行为只要违背了一个社群所接受的道德准则，应该受到法律的禁止或者惩罚。潘桂花因精神障碍，被鉴定为限制民事行为能力人，据此法院认定该合同无效，从而保护了潘桂花的利益，从法理上看，法院主要根据"法律家长主义"原则对潘桂花的意志行为进行判断，从而否定了她的做法。B项错误。

8. 法律具有诸多作用和价值，以下分析不正确的是？[1]

A.《侵权责任法》第35条规定："个人之间形成劳务关系，提供劳务一方因劳务造成他人损害的，由接受劳务一方承担侵权责任。"甲根据该条到法院起诉其雇佣公司承担赔偿责任，体现了法的指引作用，这是法的社会作用。

B. 2017年8月，四川九寨沟发生地震后，西安一居民张先生在微信朋友圈散布西安即将发生大地震的谣言，经多次转发后引起当地居民恐慌，造成社会公共秩序混乱，被公安机关予以治安管理处罚。上述事实中体现了法律的预测作用、教育作用和强制作用

C.《行政处罚法》第5条第2款规定："设定和实施行政处罚必须以事实为依据，与违法行为的事实、性质、情节以及社会危害程度相当。"该条规定，体现的是处理法律价值冲突时的价值位阶原则

D. 某派出所民警在社区悬挂"坚决打击某省籍敲诈勒索团伙"的条幅，后被上级机关要求立即拆除，并对责任人进行了处理。该事件体现了法律自由价值和正义价值的冲突

【解析】A项体现了法的指引作用，但指引作用属于法的规范作用而不是社会作用，A项错误。B项中体现了强制作用，未体现预测作用和教育作用，B项错误。价值位阶原则指在不同位阶的法的价值发生冲突时，在先的价值优于在后的价值，C项中涉及的条款表现出的是行政处罚的轻重应与违法行为及其危害程度相匹配，不应过重，也不应过轻，这是比例原则，C项错误。民警悬挂条幅是为了打击犯罪，恢复社会秩序，但是条幅内容涉嫌地域歧视，因此违反了正义价值，是秩序与正义之间的冲突，D项错误。

9. 疫情发生以来，网络上众多言论，虚虚实实，因为有了八名医生被武汉市政府因"谣言"被"训诫"的前例，政府对处理谣言很是谨慎，稍微不慎就会被冠以侵害自由、侵犯人权的帽子。对有关法的价值，下列说法正确的是？[2]

A. 自由是评价法律进步与否的标准，是人性最深刻的需要，因此人的言论不应该受到任何限制

B. 人权是指每个人作为人应该享有的或享有的权利，它是一个历史概念，会随着历史的

---

[1] ABCD [2] BD

发展而变化

  C. 在各种价值相互冲突时，应当适用价值位阶原则予以解决

  D. 限制个人自由的理论基础主要有伤害原则、道德主义原则、家长主义原则

【解析】自由确实是最本质的价值，但是也应当受到合理的限制，因此 A 项错误。具体案件中各种价值之间的冲突应当用个案中的比例原则予以解决，不考虑具体案件的情况下，应当适用价值位阶原则予以考虑各个价值之间的优先性，因此 C 项错误。D 项正确。

  10. 开发商建衡公司与小红因为未能在合同的规定期限内办理房产证而产生纠纷，小红将建衡公司诉至某人民法院，请求解除双方签订的商品房买卖合同。法院在审理该案件时，认为因延迟办证而形成的解除权的合理期限，现行法律并未作出规定。但为维护商品经济秩序和平衡买卖合同双方利益需要对该期限进行合理限制。对此，法官援引了合同法解释中与延迟办证具有一定相似性的因迟延交房形成的解除权的合理期限规定，从而作出相应的判决。下列说法正确的是？（2019 年回忆版）[1]

  A. 对于该判决法官运用了类比推理

  B. 平衡买卖双方的利益和维护交易秩序稳定，体现了法的价值

  C. 本案中存在的法律漏洞属于嗣后漏洞

  D. 若需要认定法律漏洞，则需要探究立法目的

【解析】类比推理是指基于两种情形的相似性而作出相似处理的推理方式，法官基于延迟交房和延迟办证的相似性而作出相应判决的做法，正是类比推理的直接应用，故 A 项正确。平衡买卖双方的利益和维护交易秩序稳定体现了法律对于正义的追求和对秩序的维护，当然体现了法的价值，故 B 项正确。本案中涉及的延迟办证能否导致合同解除的问题，在法律中未有明确规定，显然属于法律漏洞，但这一漏洞在立法之时就已存在，应理解为自始漏洞，并不属于因法律滞后于社会经济发展而导致的嗣后漏洞，故 C 项错误。当出现法律漏洞时，我们需要结合立法目的进行扩张或限缩以期实现法律创设本应实现的目的，故 D 项正确。

考点五 法律规则

  1.《治安管理处罚法》第 115 条规定："公安机关依法实施罚款处罚，应当依照有关法律、行政法规的规定，实行罚款决定与罚款收缴分离；收缴的罚款应当全部上缴国库。"关于该条文，下列哪一说法是正确的？（2016 - 1 - 8）[2]

  A. 表达的是禁止性规则   B. 表达的是强行性规则

  C. 表达的是程序性原则   D. 表达了法律规则中的法律后果

【解析】按照规则对人们行为规定和限定的范围或程度不同，可以把法律规则分为强行性和任意性规则。所谓强行性规则，是指内容规定具有强制性质，不允许人们随便加以更改的法律规则。义务性规则、职权性规则属于强行性规则。本题即为强行性规则。义务性规则又分为命令性规则和禁止性规则。本题规定"应当"，因此属于命令性规则，而不是禁止性（规定"不得""禁止"等）规则。因此 A 项错误、B 项正确。程序性规则是相对于实体性规则而言，本题中涉及具体的内容规定，因此 C 项错误。本规则中，"公安机关依法实施罚款处罚"属于假定条件，"应当依照有关法律、行政法规的规定，实行罚款决定与罚款收缴分离；收缴的罚

款应当全部上缴国库"属于行为模式，但没有规定法律后果，因此 D 项错误。

2.《民法总则》第 187 条规定："民事主体因同一行为应当承担民事责任、行政责任和刑事责任的，承担行政责任或者刑事责任不影响承担民事责任；民事主体的财产不足以支付的，优先用于承担民事责任。"关于该条文，下列哪一说法是正确的？(2017 - 1 - 9)[1]

A. 表达的是委任性规则
B. 表达的是程序性原则
C. 表达的是强行性规则
D. 表达的是法律责任的竞合

【解析】 委任性规则，是指内容尚未确定，而只规定某种概括性指示，由相应国家机关通过相应途径或程序加以确定的法律规则，该法条表达的是确定性规则，因此 A 项错误。程序性原则是直接涉及程序法问题的原则，该条文表达的是法律规则，而不是法律原则，因此 B 项错误。强行性规则是指规定了明确的行为模式而不得自行变更其内容的规则，C 项正确。责任竞合，是指由于某一法律事实的出现，导致产生两种或两种以上的法律责任，这些法律责任彼此之间相互冲突的现象。该条文中的多个法律责任可以共存，不属于责任竞合，因此 D 项错误。

3. 法律格言云："不确定性在法律中受到非难，但极度的确定性反而有损确定性"。对此，下列哪些说法是正确的？(2017 - 1 - 59)[2]

A. 在法律中允许有内容本身不确定，而且可以援引其他相关内容规定的规范
B. 借助法律推理和法律解释，可提高法律的确定性
C. 通过法律原则、概括条款，可增强法律的适应性
D. 凡规定义务的，即属于极度确定的；凡规定权利的，即属于不确定的

【解析】 在法律中允许有内容本身不确定，而是可以援引其他相关内容规定的规范，该类规范被称为准用性规则，因此 A 项正确。借助法律推理和法律解释，可提高法律的确定性，因此 B 项正确。通过法律原则、概括条款，可增强法律的适应性，因此 C 项正确。义务的规定并非都是极度确定的，也可以是不确定的；权利的规定并非都不确定的，也可以是确定的，因此 D 项错误。

4.《集会游行示威法》第 4 条规定："公民在行使集会、游行、示威的权利的时候，必须遵守宪法和法律，不得反对宪法所确定的基本原则，不得损害国家的、社会的、集体的利益和其他公民的合法的自由和权利。"关于这一规定，下列哪一说法正确？(2009 - 1 - 12)[3]

A. 该条是关于权利的规定，因此属于授权性规则
B. 该规定表明法律保护人的自由，但自由也应受到法律的限制
C. 公民在行使集会、游行、示威的权利的时候，不得损害国家的、社会的、集体的利益，因此国家利益是我国法律的最高价值
D. 该规定的内容比较模糊，因而对公民不具有指导意义

【解析】 法律规则是采取一定的结构形式具体规定人们的法律权利、法律义务以及相应的法律后果的行为规范。法律规则按照规则的内容规定不同分为授权性规则和义务性规则。授权性规则是指规定人们有权做一定行为或不做一定行为的规则，即规定人们的"可为模式"的规则。它又可分为权利性规则和职权性规则。义务性规则是指在内容上规定人们的法律义务，即有关人们应当做出或不做出某种行为的规则。它也分为两种：命令性规则和禁止性规则。《集会游行示威法》第 4 条的这个规定属于义务性规则，而非授权性规则。A 项错误。

公民有集会、游行、示威的权利与自由，但也要受到法律的限制。B 项正确。

自由是法律的最高价值目标。C 项错误。

---

[1] C [2] ABC [3] B

《集会游行示威法》的这条规定具有指引作用。D项错误。

5.《刑事诉讼法》第五十六条规定："采用刑讯逼供等非法方法收集的犯罪嫌疑人、被告人供述和采用暴力、威胁等非法方法收集的证人证言、被害人陈述，应当予以排除。"对此条文，下列哪一理解是正确的？（2015－1－10）[1]

A. 运用了规范语句来表达法律规则

B. 表达的是一个任意性规则

C. 表达的是一个委任性规则

D. 表达了法律规则中的假定条件、行为模式和法律后果

【解析】带有助动词的语句是规范语句，A项正确。任意性规则是指在一定范围内，允许人们自行选择或协商确定为与不为、为的方式以及法律关系中的权利义务内容的法律规则。本题中该条文应当属于强制性规则，即不允许人们随便加以更改的法律规则，B项错误。委任性规则指内容尚未确定，而只规定某种概括性指示，由相应国家机关通过相应途径或程序加以确定的法律规则。本条文应属于确定性规则，即内容已明确规定，无须再援引或参照其他规则来确定其内容的法律规则，C项错误。本题中该条文没有体现法律后果，D项错误。

6.《婚姻法》第19条第1款规定："夫妻可以约定婚姻关系存续期间所得的财产以及婚前财产归各自所有、共同所有或部分各自所有、部分共同所有。约定应当采用书面形式。没有约定或约定不明确的，适用本法第十七条、第十八条的规定。"关于该条款规定的规则（或原则），下列哪一选项是正确的？（2013－1－10）[2]

A. 任意性规则   B. 法律原则

C. 准用性规则   D. 禁止性规则

【解析】法律规则根据强度的不同可以分为强行性规则和任意性规则。强行性规则是指内容规定具有强制性质，不允许人们随便加以更改的法律规则。义务性规则、职权性规则属于强行性规则。任意性规则是指在一定范围内，允许人们自行选择或协商确定为与不为、为的方式以及法律关系中的权利义务内容的法律规则。题干所述该条款属于任意性规则。A项正确。

法律原则是为法律规则提供某种基础或者本源的综合性的、指导性的价值准则或规范。《婚姻法》第19条第1款的规定属于法律规则。B项错误。

根据法律规则内容确定性程度的不同分为确定性规则、委任性规则和准用性规则。确定性规则是指内容已明确规定，无须再援引或参照其他规则来确定其内容的法律规则。委任性规则是指内容尚未确定，而只规定某种概括性指示，由相应国家机关通过相应途径或程序加以确定的法律规则。准用性规则是指内容本身没有规定人们具体的行为模式，而是可以援引或参照其他相应内容规定的规则。该条款属于确定性规则。该规定也没有禁止内容，不属于禁止性规则。C项、D项错误。

7.《老年人权益保障法》第18条第1款规定："家庭成员应当关心老年人的精神需求，不得忽视、冷落老年人。"关于该条款，下列哪些说法是正确的？（2013－1－54）[3]

A. 规定的是确定性规则，也是义务性规则

B. 是用"规范语句"表述的

C. 规定了否定式的法律后果

D. 规定了家庭成员对待老年人之行为的"应为模式"和"勿为模式"

【解析】该条款规定的是确定性规则。关心老年人是家庭其他成员不能放弃的义务，因此

---

[1] A [2] A [3] ABD

该条款规定的也是义务性规则。A项正确。

表达法律规则的特定语句往往是一种规范语句（也可以是陈述句）。规范语句带有道义助动词，陈述句不带有道义助动词。规范语句根据所运用的助动词的不同，可以被区分为命令句（使用道义助动词"必须""应该""禁止"）和允许句（使用道义助动词"可以"）。B项正确。

该条规定并没有规定否定性的法律后果。C项错误。

"家庭成员应当关心老年人的精神需求"是应为模式，"不得忽视、冷落老年人"是勿为模式。D项正确。

8. 关于法律规则的逻辑结构与法律条文，下列哪些选项是正确的？（2008 – 1 – 54）[1]

A. 假定部分在法律条文中不能省略

B. 行为模式在法律条文中可以省略

C. 法律后果在法律条文中不能省略

D. 法律规则三要素在逻辑上缺一不可

【解析】法律规则是法律条文的内容，法律条文是法律规则的表现形式。从逻辑上来讲，任何法律规则都是由假定条件、行为模式和法律后果构成，这三个要素在逻辑上缺一不可。但在具体的法律条文中，法律规则的三个要素都是有可能被省略的。A项错误，B项正确，C项错误，D项正确。

9. 关于法律要素，下列哪一说法是错误的？（2011 – 1 – 9）[2]

A.《反垄断法》第37条："行政机关不得滥用行政权力，制定含有排除、限制竞争内容的规定。"这属于义务性规则

B.《行政处罚法》第37条第3款："执法人员与当事人有直接利害关系的，应当回避。"这既不属于法律原则，也不属于法律规则

C.《政府信息公开条例》第37条："教育、医疗卫生、计划生育、供水、供电、供气、供热、环保、公共交通等与人民群众利益密切相关的公共企事业单位在提供社会公共服务过程中制作、获取的信息的公开，参照本条例执行，具体办法由国务院有关主管部门或者机构制定。"这属于委任性规则

D.《婚姻法》第22条："子女可以随父姓，可以随母姓。"这属于确定性规则

【解析】《反垄断法》第37条是对行政机关的禁止性规定，属于义务性规则。A项正确。

《行政处罚法》第37条第3款所表达的是法律规则。B项错误。

《政府信息公开条例》第37条"具体办法由国务院有关主管部门或机构制定"属于委任性规则。C项正确。

《婚姻法》第22条"子女可以随父姓，可以随母姓"这属于确定性规则。D项正确。

10. 商务部颁布的《酒类流通管理办法》第19条规定："酒类经营者不得向未成年人销售酒类商品，并应当在经营场所显著位置予以明示。"第30条规定："违反本办法第十九条规定的，由商务主管部门或会同有关部门予以警告，责令改正；情节严重的，处两千元以下罚款"。对于上述法律规定，以下分析正确的有？[3]

A.《酒类流通管理办法》属于行政法规，是我国正式法律渊源

B. 从法律规则的逻辑结构来看，上述条文缺少假定条件

C. 上述条文表述的是禁止性法律规则

〔1〕 BD 〔2〕 B 〔3〕 D

D. 上述条文确定的是行政法律责任

【解析】《酒类流通管理办法》是由商务部发布的，属于部门规章，属于我国的正式法律渊源，A错误。该《办法》第19条和第30条合起来是一个完整的法律规则，19条中的"酒类经营者"为假定条件，"不得向未成年人销售酒类商品，并应当在经营场所显著位置予以明示"为行为模式，第30条中的"予以警告、责令改正……"为法律后果，B错误。从"不得"向未成年人销售酒类商品这一行为模式角度而言，是禁止性法律规则；从"应"在经营场所显著位置予以明示这一行为模式而言，是命令性法律规则，二者都是义务性法律规则，C错误。D正确。

11. 《宪法》第49条规定："婚姻、家庭、母亲和儿童受国家的保护。夫妻双方有实行计划生育的义务。父母有抚养教育未成年子女的义务，成年子女有赡养扶助父母的义务。禁止破坏婚姻自由，禁止虐待老人、妇女和儿童。"关于该条文，下列说法正确的是？[1]

A. 运用了陈述语句来表达法律规则

B. 这个法条规定的义务是一种相对义务，因为有着特定的权利人

C. 此条文属于任意性规则

D. 规定了否定式的法律后果

【解析】出现"禁止"这个道义助动词，属于规范语句，因此A项错误。此条文属于强行性规则，因此C项错误。此条文没有法律后果，因此D项错误。

12. 下列关于法律规则、法律原则和法律条文的说法，错误的是？（2018 – 1 – 53）[2]

A. 法律规则在逻辑上由假定条件、行为模式和法律后果三部分组成，上述任何一个部分，在具体条文的表述中，均可能被省略

B. 法律条文既可以表达法律规则，也可以表达法律原则，还可以表达规则或原则以外的内容，而规范性条文就是直接表达法律规则的条文

C. 在诉讼过程中，与当事人有利害关系的，应当回避，这是一个法律原则，其行为模式为应为模式

D. 法律规则与法律条文的关系为内容与形式的关系，因此，法律规则既可以通过法律条文来表达，也可以通过法律条文以外的形式来表达，典型如判例和习惯

【解析】法律规则的逻辑结构三要素，在表述中均可以被省略，在逻辑上缺一不可。故A项正确。规范性条文指的是直接表达法律规范的条文，法律规范包括法律规则和法律原则。故B项错误。C项表述的是法律规则，假定条件、行为模式和法律后果是规则的逻辑结构，只用来描述规则，对于原则不适用，故C项错误。规则和条文的关系为内容与形式的关系，二者可以随意对应，规则可以通过条文来表述，也可以通过条文以外的其他形式，如判例和习惯来表述。条文既可以表达规则这一内容，也可以表达规则以外的其他内容，如法律概念，法律原则等。故D项正确。

13. 法律规则和法律原则的区别，下列哪些表述是正确的？（2018年回忆版）[3]

A. 对一般情形之个案，两个冲突规则，一个有效，另一个就无效

B. 对一般情形之个案，两个竞争原则，一个有分量，另一个就无分量

C. 对一般情形之个案，需穷尽规则，方可适用原则

D. 对一般情形之个案，可以先适用原则再适用规则

【解析】法律规则以全有或全无的方式适用于个案，规则竞争的结果是获胜的规则排除与

---

[1] B 　[2] BC 　[3] AC

其相竞争的规则。故 A 项正确。法律原则则以权衡强度或分量的方式适用于个案，原则竞争的结果则是分量重的原则优先适用，落败的原则并非毫无分量，只是分量较轻不主导案件裁判罢了。故 B 项错误。法律规则因其内容明确具体，能够最大限度地实现法律的可预测性价值且能够有效地限制法官的自由裁量，因此在案件裁判中具有通常的优先地位。故 C 项正确。法律原则的适用条件更为严格而已，具体包括：一是穷尽规则，二是为了个案正义加更强理由。不能先适用原则再适用规则，故 D 项错误。

14. 我国《宪法》第 5 条第 3 款规定："一切法律、行政法规和地方性法规都不得同宪法相抵触。"关于该宪法规范，理解正确的是哪一项？（2021 年回忆版）[1]

A. 在类型上，该宪法规范属于倡导性规范

B. 在逻辑结构上，该宪法规范没有规定法律后果

C. 在类型上，该宪法规范属于确认性规范

D. 在逻辑结构上，该条文规定的是行为模式

【解析】倡导性规范是指规定在一定条件下，鼓励、提倡人们为或不为某种行为的规范，即鼓励性规范、引导性规范。故 A 项错误。确认性规范是对已经存在事实的认定，主要意义在于根据一定原则和程序，确立具体宪法制度和权力关系，以肯定性规范的存在为其主要特征。该宪法规范应为禁止性规范，即对特定主体或行为的一种限制。故 C 项错误。法律规则的逻辑结构包括假定条件、行为模式和法律后果。该宪法规范属于法律原则，因此不涉及行为模式和法律后果，故 B 项正确、D 项错误。

考点六　法律原则

1. 全兆公司利用提供互联网接入服务的便利，在搜索引擎讯集公司网站的搜索结果页面上强行增加广告，被讯集公司诉至法院。法院认为，全兆公司行为违反诚实信用原则和公认的商业道德，构成不正当竞争。关于该案，下列哪一说法是正确的？（2016 - 1 - 9）[2]

A. 诚实信用原则一般不通过"法律语句"的语句形式表达出来

B. 与法律规则相比，法律原则能最大限度实现法的确定性和可预测性

C. 法律原则的着眼点不仅限于行为及条件的共性，而且关注它们的个别性和特殊性

D. 法律原则是以"全有或全无"的方式适用于个案当中

【解析】诚实信用作为一项法律原则，仍然需要以法律语句的形式加以规定，不同在于其内容、适用范围以及适用方式上的差异，故 A 错误。法律原则要求比较笼统、模糊，它不预先设定明确的、具体的假定条件，更没有设定明确的法律后果。它只对行为或裁判设定一些概括性的要求或标准。因此法律规则比法律原则能最大限度实现法的确定性和可预测性，因此 B 项错误。C 项正确。法律原则的适用不同于法律规则，它不是以"全有或全无的方式"，而是以衡量的方式应用于个案当中的，因为不同的法律原则是具有不同的"强度"（weight，分量）的，而且这些不同强度的原则甚至冲突的原则都可能存在于一部法律之中，因此 D 项错误。

2. 王甲经法定程序将名字改为与知名作家相同的"王乙"，并在其创作的小说上署名"王乙"以增加销量。作家王乙将王甲诉至法院。法院认为，公民虽享有姓名权，但被告署名的方式误导了读者，侵害了原告的合法权益，违背诚实信用原则。关于该案，下列哪一选项是正确

的？（2017－1－10）[1]

    A. 姓名权属于应然权利，而非法定权利

    B. 诚实信用原则可以填补规则漏洞

    C. 姓名权是相对权

    D. 若法院判决王甲承担赔偿责任，则体现了确定法与道德界限的"冒犯原则"

【解析】《民法典》第1012条规定："自然人享有姓名权，有权依法决定、使用、变更或者许可他人使用自己的姓名，但是不得违背公序良俗。"姓名权属于应然权利，也是公民的法定权利，因此A项错误。法律原则可以填补法律规则的漏洞，因此B项正确。姓名权是指公民决定其姓名、使用其姓名和变更其姓名并要求他人尊重自己姓名的权利，属于绝对权（对世权），因此C项错误。"冒犯原则"（公序良俗原则）是指法律禁止那些虽不伤害别人但却冒犯别人的行为。这里的冒犯行为是指使人愤怒、羞耻或惊恐的淫荡行为或放肆行为，如人们忌讳的性行为、虐待尸体、亵渎国旗。这种行为公然侮辱公众的道德信念、道德感情和社会风尚，因此必须受到刑事制裁。王甲因违背诚实信用原则而被法院判决承担赔偿责任，不属于"冒犯原则"的体现，因此D项错误。

3. 甲公司派员工伪装成客户，设法取得乙公司盗版销售其所开发软件的证据并诉至法院。审理中，被告认为原告的"陷阱取证"方式违法。法院认为，虽然非法取得的证据不能采信，但法律未对非法取证行为穷尽式列举，特殊情形仍需依据法律原则具体判断。原告取证目的并无不当，也未损害社会公共利益和他人合法权益，且该取证方式有利于遏制侵权行为，应认定合法。对此，下列哪些说法是正确的？（2017－1－58）[2]

    A. 采用穷尽式列举有助于提高法的可预测性

    B. 法官判断原告取证是否违法时作了利益衡量

    C. 违法取得的证据不得采信，这说明法官认定的裁判事实可能同客观事实不一致

    D. 与法律规则相比，法律原则应优先适用

【解析】法律规则具体明确，法律原则笼统模糊，法律规则比法律原则更有利于实现法的确定性和可预测性，因此优先适用，穷尽法律规则，方可适用法律原则，因此D项错误。A、B、C项正确。

4. 2011年，李某购买了刘某一套房屋，准备入住前从他处得知该房内两年前曾发生一起凶杀案。李某诉至法院要求撤销合同。法官认为，根据我国民俗习惯，多数人对发生凶杀案的房屋比较忌讳，被告故意隐瞒相关信息，违背了诚实信用原则，已构成欺诈，遂判决撤销合同。关于此案，下列哪些说法是正确的？（2015－1－56）[3]

    A. 不违背法律的民俗习惯可以作为裁判依据

    B. 只有在民事案件中才可适用诚实信用原则

    C. 在司法判决中，诚实信用原则以全有或全无的方式加以适用

    D. 诚实信用原则可以为相关的法律规则提供正当化基础

【解析】诚实信用原则是基本的法律原则，并不仅仅在民事法律关系中适用，B项错误；法律规则以全有或者全无的方式加以适用，而诚实信用原则属于典型的法律原则，C项错误。

5. 某省政府向社会公布了政府在行政审批领域中的权力清单。关于该举措，下列哪一说法是错误的？（2014－1－2）[4]

    A. 旨在通过政务公开约束政府权力   B. 有利于保障行政相对人权利

---

[1] B   [2] ABC   [3] AD   [4] C

C. 体现了比例原则　　　　　　　　D. 符合法治原则

【解析】行政法中的比例原则是指行政权力的行使除了有法律依据这一前提外，行政主体还必须选择对人民侵害最小的方式进行。权利清单并未体现对侵害程度的要求，因此 C 项错误。

6. 依法行政是依法治国的一个关键环节，是法治国家对政府行政活动的基本要求。依法行政要求行政机关必须诚实守信。下列哪一行为违反了诚实守信原则？（2014 - 1 - 4）[1]

A. 某县发生煤矿重大安全事故，政府部门通报了相关情况，防止了现场矛盾激化

B. 某市政府在招商引资过程中承诺给予优惠，因国家政策变化推迟兑现

C. 某县政府因县内其他民生投资导致资金紧张，未按合同及时支付相关企业的市政工程建设款项

D. 某区政府经过法定程序对已经公布的城建规划予以变更

【解析】政府作为合同的一方应当严格按照合同的约定履行义务，因此 C 项违反了诚实信用原则。

7. 法律格言说："法律不能使人人平等，但在法律面前人人是平等的。"关于该法律格言，下列哪一说法是正确的？（2014 - 1 - 9）[2]

A. 每个人在法律面前事实上是平等的

B. 在任何时代和社会，法律面前人人平等都是一项基本法律原则

C. 法律可以解决现实中的一切不平等问题

D. 法律面前人人平等原则并不禁止在立法上作出合理区别的规定

【解析】法律面前的平等不等于事实上的平等。A 项错误。

法律面前人人平等是民主法治社会的一项基本法律原则。B 项错误。

法律的作用是有限的，不可能解决现实中的一切不平等问题。C 项错误。

8. 关于法律原则的适用，下列哪些选项是错误的？（2008 - 1 - 51）[3]

A. 案件审判中，先适用法律原则，后适用法律规则

B. 案件审判中，法律原则都必须无条件地适用

C. 法律原则的适用可以弥补法律规则的漏洞

D. 法律原则的适用采取"全有或全无"的方式

【解析】法律规则与法律原则的区别包括：（1）在内容上，法律规则是明确、具体的，法律原则是笼统、模糊的；（2）在适用范围上，法律规则只适用于某一类行为，法律原则对人的行为及其条件有更大的覆盖面和抽象性；（3）在适用方式上，法律规则是以"全有或全无的方式"应用于个案当中，法律原则不是以"全有或全无的方式"应用于个案当中的，不同强度的原则甚至冲突的原则都可能存在于一部法律之中。因此，为了实现法的确定性和可预测性，为了尽量限制法官的自由裁量权，实现司法正义，在法的适用中，一般先适用法律规则，后适用法律原则。A 项错误，D 项错误。

法律原则的适用条件有：（1）穷尽法律规则，方得适用法律原则；（2）除非为了实现个案正义，否则不得舍弃法律规则而直接适用法律原则；（3）没有更强理由，不得径行适用法律原则。B 项错误。

法律规则可能出现漏洞，法律原则没有漏洞，因此法律原则的适用可以弥补法律规则的漏洞。C 项正确。

---

[1] C　[2] D　[3] ABD

9. 关于法律概念、法律原则、法律规则的理解和表述，下列哪一选项不能成立？（2007 - 1 - 3）[1]

A. 法律规则并不都由法律条文来表述，并非所有的法律条文都规定法律规则

B. 法律原则最大程度地实现法律的确定性和可预测性

C. 法律概念是解决法律问题的重要工具，但是法律概念不能单独适用

D. 法律原则可以克服法律规则的僵硬性缺陷，弥补法律漏洞

【解析】法律规则并不都由法律条文来表述，如习惯法和判例法并不由法律条文来表述。法律条文分为规范性条文和非规范性条文。规范性条文表述法律规则和法律原则，非规范性条文不直接表述法律规范，而是规定某些法律技术内容（如专门法律术语的界定、公布机关和时间、法律生效日期）的条文。A 项正确。

法律规则具体、明确，法律原则笼统、模糊，因此法律规则最大程度地实现法律的确定性和可预测性。B 项错误。

法律概念是用于表述法律规则或法律原则的工具，依附于法律规则或法律原则，不能单独适用。C 项正确。

法律规则着眼于主体行为及各种条件的共性，法律原则的着眼点不仅限于行为及条件的共性，而且关注他们的个别性。法律原则可以克服法律规则的僵硬性缺陷，弥补法律漏洞，实现个案正义。D 项正确。

10. 原告刘某系两被告的独生女。2012 年 11 月，原、被告共同购买重庆某小区的房屋一套，大部分房款由两被告支付，双方就房屋产权约定原告占 90% 份额，两被告各占 5% 份额。该房屋是两被告唯一居住房屋。后原被告双方因房屋装修产生矛盾，原告向法院提起诉讼，请求判决两被告所占房屋产权份额转让给原告所有，原告补偿两被告房屋款 2.8 万元，被告不同意。人民法院经审理认为，虽然本案讼争房屋系原告与被告按份共有，但两被告与原告系父母子女关系，双方以居住为目的购房，两被告支付了大部分房款，并出于对子女的疼爱，将 90% 产权登记在原告名下。现原告要求被告转让产权份额，但被告不同意。依据《物权法》第 7 条规定："物权的取得和行使，应当遵守法律，尊重社会公德，不得损害公共利益和他人合法权益。"法院认为原告的诉求与善良风俗、传统美德不符，依法不予支持。对此，以下说法错误的是？[2]

A. 在本案中，法官是依据法律原则而非法律规则作出裁判的

B. 在本案中，法官违反了"穷尽法律规则，方得适用法律原则"的司法标准，因此该裁判属于违法裁判

C. 对于本案法官而言，面临着在法律的安定性和合目的性之间取其一的艰难选择

D. 在这个案件中，法官的裁判体现了一个价值判断的过程

【解析】为了实现个案的正义，可以舍弃法律规则直接适用法律原则，因此 B 错误。A、C、D 正确。

11. 杨某与丈夫赵某于 1980 年结婚，后赵某又在婚姻存续期间与弟媳冯某同居，1996 年赵某因车祸死亡，此前赵某曾订立遗嘱并进行了公证，承诺在其死后将名下的宝马赠与冯某，赵某去世后，冯某因车辆所有权争议纠纷诉至法院。法院认为协议内容虽然真实，但因赵某与冯某行为有违公序良俗，故协议无效。对此，下列哪些说法是正确的？（2019 年回忆版）[3]

---

[1] B　[2] B　[3] ABC

A. 法院对遗赠扶养协议的有关法律规则创设例外是基于公序良俗原则

B. 法院审理案件时运用的公序良俗原则属于公理性原则

C. 法官在审理案件时进行了事实判断和价值判断

D. 法院选择适用公序良俗原则的目的是实现个案正义，属于内部证成

【解析】法院基于公序良俗原则认定协议内容无效，显然是为遗嘱继承应当优先于法定继承的规定创设了例外情形，故 A 项正确。尊重善良风俗是具有普遍性的人类共同要求，因此属于世界各国普遍承认的公理性原则，与只在特定国家或地区存在的政策性原则相对应，故 B 项正确。法院在裁判案件的过程中查清案件事实的做法，体现了事实判断，坚守法律和人伦底线否定赵某的遗嘱效力，体现了价值判断，故 C 项正确。法院选择适用公序良俗原则裁判案件，需要对大前提法律规范作出充分的论证说理，而对前提的论证属于外部证成。故 D 项错误。

12. 法谚云："规则一切皆有例外，例外证明原则"，对这一说法，下面说法正确的是？(2021 年回忆版)[1]

A. 规则乃共通原则，原则系特别规则　　B. 规则有漏洞，原则无歧义

C. 规则具化原则，原则证成规则　　　　D. 规则是原则的例外

【解析】法律原则是法律精神的体现，是构成法律规则基础或本源的、对法律规则的制定与实施具有指导作用的基本原理与准则；而法律规则是具体规定人们法律权利、法律义务以及相应法律后果的行为准则。因此规则与原则共通，但原则并非特别规则。故 A 项错误。法律规则具有具体性与明确性，但同时也决定了法律规则只能在明确规定的行为范围内进行法律调整，无法涵盖全部社会关系，具有"漏洞"；法律原则的涵盖面广，具有稳定性，但也会产生歧义。故 B 项错误。法律规则的内容明确具体，只适用于某一类型行为，是对法律原则的具体化，而非全部是法律原则的例外；证成是给一个决定提供充足理由的活动和过程，法律原则是构成法律规则基础或本源的、对法律规则的制定与实施具有指导作用的基本原理与准则，因此原则证成规则。故 C 项正确、D 项错误。

13. 沈某因继承而取得其祖父生前房屋的全部所有权之后，起诉至法院要求其继祖母李某搬离房屋。法院认为，该房屋是李某的唯一住所，李某年事已高且无生源来源，若让其搬离房屋，有违公序良俗。虽然该房尚未登记设立居住权，但根据我国《民法典》规定的居住权的立法目的，应当承认李某享有继续居住的权利，故判决沈某败诉。对此，下列说法正确的是 (2021 年回忆版)[2]

A. 法院的判决体现了法律分配正义的个人需要原则

B. 为了证成李某的权利，法院做了目的论扩张

C. 沈某的所有权是普通权利，受到居住权这一基本权利的限制

D. 为了确保判决合目的性，法院考量了公序良俗

【解析】法律分配正义中的个人需要原则是指一个公平正义的社会应当保证人们在遭遇极端不利的状况时，能够获得社会的救助，以满足最基本的生存需要，是社会存在和发展所必需的、对社会分配的一种改变。本案中，法院认为该房屋是李某的唯一住所，李某年事已高且无生源来源，应当承认李某享有继续居住的权利，符合法律分配正义中的个人需要原则。故 A 项正确。目的论扩张是一种法律漏洞填补方法，其主要适用于法律规定明显小于规范目的的"潜在包含"情形，此时应当结合立法目的扩张规则适用范围，将本该包含的情形包含进来。对于本案法律适用，法院在该房尚未登记设立居住权时，根据我国《民法典》规定的居住权的立法

---

[1] C　[2] ABD

目的，承认李某享有继续居住的权利，属于目的论扩张。故 B 项正确。根据权利所表现的内容与内部结构体系，权利分为普通权利和基本权利。普通权利是普通法中规定的权利，是权利主体在具体的法律关系中享有的具体的权利，反映了权利主体的法律地位。而基本权利是宪法规定的权利，涉及社会生活的基本方面，反映了权利主体的宪法地位。本案中，法院认为李某应继续享有居住的权利，沈某的所有权受到居住权的限制。但宪法中并未规定居住权，因此居住权不属于基本权利，故 C 项错误。法院认为若让其搬离房屋，有违公序良俗，后承认李某享有继续居住的权利。可知，法院在做出判决时，考量了公序良俗原则，故 D 项正确。

考点七　法的渊源

1. 某村通过修订村规民约改变"男尊女卑""男娶女嫁"的老习惯、老传统，创造出"女娶男"的婚礼形式，以解决上门女婿的村民待遇问题。关于村规民约，下列哪些说法是正确的？（2016 - 1 - 54）[1]

A. 是完善村民自治、建设基层法治社会的有力抓手

B. 是乡村普法宣传教育的重要媒介，有助于在村民中培育规则意识

C. 具有"移风易俗"功能，既传承老传统，也创造新风尚

D. 可直接作为法院裁判上门女婿的村民待遇纠纷案件的法律依据

【解析】乡村的老习惯、老传统是作为一种非正式法律渊源而存在。其往往与人们的一些具体义务和责任相关，是特定共同体的人们在长久的生产生活实践中自然而然形成的，是该共同体的人们事实上的共同感情和要求的体现，也是他们的共同性的体现。因此 A、B、C 项正确。但是其作为非正式的法律渊源，不具有明文规定的法律效力，仅具有法律说服力，因此法院在把村规民约作为裁判依据时，不能"直接"适用，而要论证其在本案中的有效性，因此 D 项错误。

2. 林某与所就职的鹏翔航空公司发生劳动争议，解决争议中曾言语威胁将来乘坐鹏翔公司航班时采取报复措施。林某离职后在选乘鹏翔公司航班时被拒载，遂诉至法院。法院认为，航空公司依《合同法》负有强制缔约义务，依《民用航空法》有保障飞行安全义务。尽管相关国际条约和我国法律对此类拒载无明确规定，但依航空业惯例航空公司有权基于飞行安全事由拒载乘客。关于该案，下列哪些说法是正确的？（2016 - 1 - 56）[2]

A. 反映了法的自由价值和秩序价值之间的冲突

B. 若法无明文规定，则法官自由裁量不受任何限制

C. 我国缔结或参加的国际条约是正式的法的渊源

D. 不违反法律的行业惯例可作为裁判依据

【解析】自由、正义和秩序作为最基本的价值，经常会发生冲突，甚至导致更强的抵牾。本题存在乘客飞行自由和航空公司航空安全之间的冲突，即自由价值和秩序价值的冲突，因此 A 项正确。一般而言，解决价值冲突、进行价值衡量的基本原则有个案平衡原则、比例原则、价值位阶原则，法官在案件判决过程中需要进行自由裁量，也受到各种约束，以实现政治效果、社会效果和法律效果的统一，因此 B 项错误。国际条约虽然不是由我国立法机关直接制定，但是条约生效后，根据条约必须遵守的国际惯例对缔约国的国家机关团体和公民就具有法

---

[1] ABC　[2] ACD

律上的约束力，因而国际条约也是当代中国法的正式渊源之一，因此 C 项正确。不违反法律的行业惯例可以作为非正式法律渊源，自然可以作为裁判依据，因此 D 项正确。

3. 某法院在审理一起合同纠纷案时，参照最高人民法院发布的第 15 号指导性案例所确定的"法人人格混同"标准作出了判决。对此，下列哪一说法是正确的？（2017－1－11）[1]

A. 在我国，指导性案例是正式的法的渊源

B. 判决是规范性法律文件

C. 法官在该案中运用了类比推理

D. 在我国，最高人民法院和各级人民法院均可发布指导性案例

【解析】在我国，指导性案例是非正式的法的渊源，因此 A 项错误。判决是非规范性法律文件，因此 B 项错误。C 项正确。指导性案例只能由最高人民法院发布，因此 D 项错误。

4. 某区质监局以甲公司未依《食品安全法》取得许可从事食品生产为由，对其处以行政处罚。甲公司认为，依特别法优先于一般法原则，应适用国务院《工业产品生产许可证管理条例》（以下简称《条例》）而非《食品安全法》，遂提起行政诉讼。对此，下列哪些说法是正确的？（2017－1－56）[2]

A.《条例》不是《食品安全法》的特别法，甲公司说法不成立

B.《食品安全法》中规定食品生产经营许可的法律规范属于公法

C. 若《条例》与《食品安全法》抵触，法院有权直接撤销

D.《条例》与《食品安全法》都属于当代中国法的正式渊源中的"法律"

【解析】《食品安全法》是法律，《条例》是国务院的行政法规，《食品安全法》与《条例》是上位法与下位法的关系，不是一般法与特别法的关系，因此 A 项正确。《食品安全法》中规定食品生产经营许可的法律规范属于行政法，属于公法，因此 B 项正确。《立法法》第 99 条规定："国务院、中央军事委员会、最高人民法院、最高人民检察院和各省、自治区、直辖市的人民代表大会常务委员会认为行政法规、地方性法规、自治条例和单行条例同宪法或者法律相抵触的，可以向全国人民代表大会常务委员会书面提出进行审查的要求，由常务委员会工作机构分送有关的专门委员会进行审查、提出意见。""前款规定以外的其他国家机关和社会团体、企业事业组织以及公民认为行政法规、地方性法规、自治条例和单行条例同宪法或者法律相抵触的，可以向全国人民代表大会常务委员会书面提出进行审查的建议，由常务委员会工作机构进行研究，必要时，送有关的专门委员会进行审查、提出意见。"因此若《条例》与《食品安全法》抵触，法院无权直接撤销，C 项错误。当代中国法的正式渊源中的"法律"是指全国人大及其常委会颁布制定的规范性法律文件，即狭义的"法律"，《食品安全法》属于狭义的"法律"，但国务院的《条例》属于行政法规，不属于狭义的"法律"，因此 D 项错误。

5. 关于非正式法源，下列哪些选项是正确的？（2008 延－1－52）[3]

A. 它具有一定的说服力

B. 它可以弥补正式法源的漏洞

C. 它没有正式的法律效力，司法机关不能以它作为裁判案件的理由

D. 它具有法律意义

【解析】法的渊源是指特定法律共同体所承认的具有法的约束力或具有法律说服力并能够作为法律人的法律决定之大前提的规范或准则来源的那些资料，如制定法、判例、习惯、法理等。以是否表现为国家制定的法律文件中的明确条文形式为标准，法的渊源可分为正式法源和

非正式法源。

正式法源是指那些可以从国家制定的规范性法律文件中的明确条文形式中得到的渊源，如宪法、法律、法规等，主要为制定法。

非正式法源是指那些具有法律意义的准则和观念，这些准则和观念尚未在正式法律中得到权威性的明文体现，如正义标准、理性原则、公共政策、道德观念、社会思潮、习惯、乡规民约、社团规章、权威性法学著作，还有外国法等。

正式法源具有正式法律效力，非正式法源不具有正式法律效力，但非正式法源具有一定的法律意义和说服力，可以弥补正式法源的漏洞，司法机关可以以它作为裁判案件的理由。在法律适用过程中，一般先适用正式法源，然后适用非正式法源。A 项正确，B 项正确，C 项错误，D 项正确。

6. 《民法通则》第 7 条规定："民事活动应当尊重社会公德。"《合同法》第 7 条规定："当事人订立、履行合同，应当遵守法律、行政法规，尊重社会公德。"某县法院的法官在审理一起合同纠纷时认为该合同内容违反了社会公德，因此判定该合同无效。关于本案，下列哪些选项是正确的？（2008 延 - 1 - 54）[1]

A. 法律、行政法规、社会公德都是法的渊源

B. 在本案审判中，法官的解释具有一定的价值取向性

C. 判决的可接受性是法官在判案过程所考量的因素

D. 违反公共道德的民事行为也可能被法院判为无效，这说明在司法审判中，道德规范具有和法律规则同等的法律效力

【解析】法律、行政法规、社会公德都是法的渊源，法律、行政法规属于正式法源，社会公德属于非正式法源。A 项正确。

法官的解释、推理等适用法律的过程，包含了法官的立场、情感、价值和利益，属于价值判断。B 项正确。

法律人适用法律的最直接的目标就是获得一个合理的法律决定。在法治社会，所谓合理的法律决定就是指法律决定具有可预测性和可接受性。C 项正确。

法律规则属于正式法源，具有正式的法律效力；道德规范属于非正式法源，不具有正式的法律效力。因此，法律规则比道德规范具有更高的法律效力。D 项错误。

7. 关于法律语言、法律适用、法律条文和法律渊源，下列哪一选项不成立？（2007 - 1 - 6）[2]

A. 法律语言具有开放性，因此法律没有确定性

B. 法律适用并不是适用法律条文自身的语词，而是适用法律条文所表达的意义

C. 法律适用的过程并不是纯粹的逻辑推理过程，而有法律适用者的价值判断

D. 社会风俗习惯作为非正式的法律渊源，可以支持对法律所作的解释

【解析】法律语言具有开放性，然而通过一定的法律解释技术，是能够保证法律的确定性的。A 项错误。

法律规则是通过特定语句表达的，但是，法律人适用法律解决具体案件时适用的不是语句自身或语句所包含的字和词的本身，而适用的是语句所表达的意义。B 项正确。

法律人在适用法律的时候并不是机械地适用法律的条文，还需要结合案件事实，对法律规范进行解释，并经由推理规则做出结论。法律解释和法律推理的过程，就是法律适用者的价值

---

[1] ABC [2] A

判断过程。C项正确。

社会风俗习惯是法的非正式渊源。社会风俗习惯具有法律说服力，能够成为法律人的法律决定的大前提，可以支持对法律所做的解释。D项正确。

8. 张老太介绍其孙与马先生之女相识，经张老太之手曾给付女方"认大小"钱10100元，后双方分手。张老太作为媒人，去马家商量退还"认大小"钱时发生争执。因张老太犯病，马先生将其送医，并垫付医疗费1251.43元。后张老太以马家未返还"认大小"钱为由，拒绝偿付医药费。马先生以不当得利为由诉至法院。法院考虑此次纠纷起因及张老太疾病的诱因，判决张老太返还马先生医疗费1000元。关于本案，下列哪一理解是正确的？（2012 - 1 - 13）[1]

A. 我国男女双方订婚前由男方付"认大小"钱是通行的习惯法
B. 张老太犯病直接构成与马先生之医药费返还法律关系的法律事实
C. 法院判决时将保护当事人的自由和效益原则作为主要的判断标准
D. 本案的争议焦点不在于事实确认而在于法律认定

【解析】习惯法是指国家认可并由国家强制力保证实施的习惯。习惯法具有法律效力。我国男女双方订婚前由男方付"认大小"钱的做法并未获得国家认可，不具有法律效力，不是习惯法。A项错误。

张老太犯病并不能直接导致马先生返还医药费，马先生垫付医疗费的行为才是张老太必须返还医疗费的法律事实。B项错误。

本案法院的判决体现了保护当事人合法权益的公正原则，并未体现保护当事人的自由和效益原则。C项错误。

本案事实清楚，对事实并没有争议。本案的争议焦点是"认大小"钱的法律性质，以及对不当得利的法律认定。D项正确。

9. 甲法官处理一起伤害赔偿案件，耐心向被告乙解释计算赔偿数额的法律依据，并将最高法院公报发布的已生效同类判决提供乙参考。乙接受甲法官建议，在民事调解书上签字赔偿了原告损失。关于本案，下列哪一判断是正确的？（2011 - 1 - 14）[2]

A. 法院已生效同类判决具有普遍约束力
B. 甲法官在该案调解时适用了判例法
C. 甲法官提供的指导性案例具有说服力
D. 民事调解书经乙签署后即具有行政强制执行力

【解析】判例法是英美法系的正式渊源之一，在我国，判例的作用日益得到重视，但已生效的判决只是对审判工作起指导作用，不具有正式法律效力，不具有普遍约束力，属于法的非正式渊源。A项错误，C项正确。

判例法的基本原则是"遵循先例"，即法院审理案件时，必须将先前法院的判例作为审理和裁决的法律依据。本题中甲法官在案件的审理过程中，将最高法院已生效判决作为参考，不属于适用判例法的行为。B项错误。

根据民事诉讼法相关规定，民事调解书经送达当事人签字后生效，生效的民事调解书具有司法强制执行力，并非行政强制执行力。D项错误。

10. 2000年6月，最高人民法院决定定期向社会公布部分裁判文书，在汇编前言中指出"最高人民法院的裁判文书，由于具有最高的司法效力，因而对各级人民法院的审判工作具有

---

[1] D [2] C

重要的指导作用，同时还可以为法律法规的制定和修改提供参考，也是法律专家和学者开展法律教学和研究的宝贵素材。"对此段文字的理解，下列哪一选项是正确的？（2010－1－11）[1]

    A. 最高人民法院的裁判文书可以构成法的渊源之一

    B. 最高人民法院的裁判文书对各级法院审判工作具有重要指导作用，属于规范性法律文件

    C. 最高人民法院的裁判文书具有最高的普遍法律效力

    D. 最高人民法院的裁判文书属于司法解释范畴

    【解析】 裁判文书就是判例，属于非正式法源，是法的渊源之一。A 项正确。

    规范性法律文件属于法的范畴，适用于不特定对象，具有普遍法律效力。最高人民法院的裁判文书适用于特定当事人，不具有普遍法律效力，属于非规范性法律文件。B 项错误，C 项错误。

    最高人民法院的裁判文书是适用法律或司法解释的结果，不是司法解释本身。D 项错误。

    【特别提示】 在我国，法的非正式渊源主要包括习惯、判例和政策等。习惯，是指积久养成的生活方式。作为非正式法源的习惯，仅仅是指社会习惯。判例，就是之前法官的判决。在我国，中国共产党的政策属于法的非正式渊源。《民法典》不再将国家政策作为民法法源。

    习惯不同于习惯法：在我国，习惯属于非正式法源，而习惯法属于正式法源。

    判例不同于判例法：在我国，有判例，但没有判例法；判例在我国属于非正式法源，而判例法在英美法系属于正式法源。

    11. 司法审判中，当处于同一位阶的规范性法律文件在某个问题上有不同规定时，法官可以依据下列哪些法的适用原则进行审判？（2010－1－52）[2]

    A. 特别法优于一般法　　　　　　　B. 上位法优于下位法

    C. 新法优于旧法　　　　　　　　　D. 法溯及既往

    【解析】 不同位阶的规范性法律文件冲突的解决原则：（1）宪法至上；（2）法律高于法规；（3）法规高于规章；（4）行政法规高于地方性法规。

    同一位阶的规范性法律文件冲突的解决原则：（1）全国性法律优先；（2）特别法优先；（3）后法优先或新法优先；（4）国际法优先；（5）实体法优先；（6）省、自治区的人民政府制定的规章的效力高于本行政区域内的较大的市的人民政府制定的规章；（7）法律之间对同一事项的新的一般规定与旧的特别规定不一致，不能确定如何适用时，由全国人民代表大会常务委员会裁决；（8）行政法规之间对同一事项的新的一般规定与旧的特别规定不一致，不能确定如何适用时，由国务院裁决。根据上述（2），A 项正确；根据上述（6），B 项正确；根据上述（3），C 项正确。

    12. 近年来，网络直播平台不断增加，覆盖用户超过 2 亿。在快速成长的同时，网络直播市场也充斥着各种乱象，如宣扬淫秽、色情、危害社会公德的表演，含有暴力、教唆犯罪等内容，对此，国家互联网信息办公室颁布了《互联网直播服务管理规定》，对互联网直播服务提供者和使用者提出具体行为规范和禁止性规定。对此，下列说法正确的是？[3]

    A.《互联网直播服务管理规定》作为行政法规，具有普遍适用效力

    B.《互联网直播服务管理规定》是我国法的正式渊源

    C. 依法治国依赖于法制完备，法律健全了，法治也就实现了

    D. 科学技术影响法律的内容，成为法律规定的重要依据，科技法日益成为一个独立的法

---

[1]　A　[2]　ABC　[3]　D

律部门

【解析】《互联网直播服务管理规定》是由国家互联网信息办公室颁发的，不是由国务院制定发布的，不属于行政法规，A 错误。国家互联网信息办公室不属于国务院的部委，《互联网直播服务管理规定》不是规范性法律文件，因此属于我国法的非正式渊源，B 错误。法制完备了不等于法治就实现了，法治实现还取决于宪法法律的权威等其他因素，C 错误。随着科技的发展，出现了大量新的立法领域，科技法学作为一个新的独立的学科也被广泛地承认，D 正确。

13. 张某对自己八十多岁的母亲不孝顺，其老母亲起诉到法院，法院依据"子女有赡养扶助父母的义务"之规定，判处张某应当履行自己的赡养义务。该法官除引用了我国相关法律规定外，还在判决文书中引用"孝顺父母是中华民族的美德"之类的道德原则，进一步强调孝顺的道德义务性质，被网友称为"最温情的判决书"。对于这一事例，下列说法正确的是？[1]

A. 赡养父母既是道德义务也是法律义务，说明道德义务可以转化为法律义务

B. 法官引用了"孝顺父母是中华民族的美德"这一道德原则，说明道德规范是法律的正式渊源

C. 赡养父母属于绝对义务

D. "子女有赡养扶助父母的义务"，是规范语句，该规范语句表述的法律规则属于命令性规则

【解析】道德规范可以上升到法律高度，从而使道德义务转化为法律义务，A 正确。道德规范属于法律的非正式渊源，B 错误。赡养父母属于对人义务，故属于相对义务，C 错误。"子女有赡养扶助父母的义务"属于用陈述句表述的法律规则，属于命令性规则，D 错误。

14. 欧某的朋友赵某开了一家文印店，其朋友在安装广告牌时，欧某自愿前去帮忙，欧某帮助完之后回家，踏入旱井不幸坠亡。欧某家人认为赵某应当承担责任，要求其赔偿损失。但法院没有予以支持，认为其属于道德范畴，不在法律调整范围。对此，下列说法正确的是？[2]

A. 之所以不适用道德规范，是因为道德规范并不属于法的渊源

B. 法律可以调整所有社会关系，所以我们要补足相关立法，做到有法可依

C. 道德规范在特定情况下也是可以作为司法裁判的理由的

D. 道德规范没有强制性，所以案件无法诉诸道德规范

【解析】道德规范属于非正式的法的渊源，是属于法的渊源的，因此 A 项错误。法律的调整范围是有局限性的，并不是所有的行为都是法律所调整的对象，因此 B 项错误。法律、道德、宗教都是具有强制性的，虽然道德规范不是一种国家强制，但是是一种内在强制，精神强制，也具有强制性，因此 D 项错误。

15. 国务院，即中央人民政府，是最高国家权力机关的执行机关，最高国家行政机关。根据我国根本法《宪法》以及相关法律的规定，关于国务院，下列哪一项是正确的？（2019 年回忆版）[3]

A. 有权制定有关行政拘留的规范性文件

B. 国务院司法部与教育部联合制定的规章的效力与地方政府规章的效力相同

C. 领导和管理民政、司法行政、民族事务和监察监督等工作

D. 行政法规的效力高于省级人大制定的法规，因此部门规章的效力高于市级人大制定的法规

【解析】根据我国《立法法》第 8 条的规定，犯罪与刑罚，对公民政治权利的剥夺和限制

---

[1] A [2] C [3] B

人身自由的强制措施和处罚，以及诉讼和仲裁，属于法律的绝对保留事项，因此只能由全国人大或全国人大常委会制定法律加以规定，国务院的行政法规无权规定上述事项。故 A 项错误。部门规章与地方政府规章没有高下之分，在发生矛盾的情况下，由国务院裁决。故 B 项正确。2018 年宪法修改创设了监察委员会这一全新的国家机关，专职负责监察工作，原政府部门中的监察部门并入监察委，因此国务院不再领导和管理监察工作。故 C 项错误。部门规章与地方性法规没有上位法和下位法的关系，二者发生矛盾时，由国务院决定适用地方性法规或由全国人大常委会裁决。故 D 项错误。

考点八　法的效力

1. 有法谚云："法律为未来作规定，法官为过去做判决"。关于该法谚，下列哪一说法是正确的？（2016 - 1 - 11）[1]

　　A. 法律的内容规定总是超前的，法官的判决根据总是滞后的

　　B. 法官只考虑已经发生的事实，故判案时一律选择适用旧法

　　C. 法律绝对禁止溯及既往

　　D. 即使案件事实发生在过去，但"为未来作规定"的法律仍然可以作为其认定的根据

【解析】　虽然立法发生在司法之前，但并不意味着其内容都是超前的，同理司法也不意味着判决根据都是滞后的，因此 A 项错误。目前各国采用的通例是"从旧兼从轻"的原则，即新法原则上不溯及既往，但是新法不认为犯罪或者处刑较轻的，适用新法，这被称为"有利追溯原则"，因此 B、C 项错误、D 项正确。

2.《中华人民共和国刑法》第 8 条规定："外国人在中华人民共和国领域外对中华人民共和国国家或者公民犯罪，而按本法规定的最低刑为三年以上有期徒刑的，可以适用本法，但是按照犯罪地的法律不受处罚的除外。"关于该条文，下列哪些判断是正确的？（2012 - 1 - 52）[2]

　　A. 规定的是法的溯力　　　　　　　　B. 规定的是法对人的效力

　　C. 体现的是保护主义原则　　　　　　D. 体现的是属人主义原则

【解析】　法的效力即法的约束力，是指法律对什么人、什么事、在什么地方和什么时间有约束力。法的效力分为对人的效力、对事的效力、空间效力和时间效力。对人的效力分为属人主义、属地主义、保护主义和折中主义。属人主义，即法律只适用于本国公民，不论其身在国内还是国外，非本国公民即使身在该国领域内也不适用；属地主义，即法律适用于该国管辖地区内的所有人，不论是否是本国公民，都受法律约束和法律保护，本国公民不在本国，则不受本国法律的约束和保护；保护主义，即以维护本国利益作为是否适用本国法律的依据，任何侵害了本国利益的人，不论其国籍和所在地域，都要受该国法律的追究；折中主义，即以属地主义为主，与属人主义、保护主义相结合。

《刑法》第 8 条是关于法对人的效力的规定，体现的是保护主义原则。B 项、C 项正确。

【特别提示】　属地主义是法对人的效力，不是法的空间效力，因为属地主义针对的是"人"，而不是"空间"。

3. 律师潘某认为《母婴保健法》与《婚姻登记条例》关于婚前检查的规定存在冲突，遂

---

[1]　D　[2]　BC

向全国人大常委会书面提出了进行审查的建议。对此，下列哪一说法是错误的？（2015－1－11）[1]

    A. 《母婴保健法》的法律效力高于《婚姻登记条例》

    B. 如全国人大常委会审查后认定存在冲突，则有权改变或撤销《婚姻登记条例》

    C. 全国人大相关专门委员会和常务委员会工作机构需向潘某反馈审查研究情况

    D. 潘某提出审查建议的行为属于社会监督

【解析】全国人大常委会审查后认定存在冲突，则有权撤销而无权改变《婚姻登记条例》，B项错误。

    4. 关于法律溯及力，下列哪些选项是正确的？（2007－1－55）[2]

    A. 刑事法律若具有溯及力可能导致国家权力的滥用和扩张，也违反正义的原则

    B. 法治社会要求法律具有可预测性和确定性，而法不溯及既往原则符合这一要求

    C. 在某些现代民事法律中，为了保障公民权利，一定程度上承认法律有溯及力

    D. 法不溯及既往原则属于法律责任的归责原则

【解析】法的溯及力，是指新法可否适用于其生效以前发生的事件和行为。如果新法适用于其生效前发生的行为和事件，则法律溯及既往；如果新法只适用于其生效以后发生的行为和事件，则法律不溯及既往。法律一般采用"不溯及既往"的原则，但并非绝对：侵权、违约的法律和刑事法律，一般以法律不溯及既往为原则；在某些有关民事权利的法律中，为了更好地保护当事人的权益，法律有溯及力，这被称为"有利追溯"原则。A项正确，B项正确，C项正确。

法律责任的归责原则主要包括责任法定原则、公正原则、效益原则和合理性原则。法不溯及既往原则是法的时间效力原则，不属于法律责任的归责原则。D项错误。

    5. 从1999年11月1日起，对个人在中国境内储蓄机构取得的人民币、外币储蓄存款利息，按20%税率征收个人所得税。某居民2003年4月1日在我国境内某储蓄机构取得1998年4月1日存入的5年期储蓄存款利息5000元，若该居民被征收了1000元的个人所得税，则这种处理违背了下列哪一项法的效力原则？（2008川－1－7）[3]

    A. 法律优位原则   B. 新法优于旧法原则

    C. 法不溯及既往原则   D. 特别法优于普通法原则

【解析】题干所述处理方法违背了法不溯及既往原则。C项正确。

考点九　法律关系

    1. 甲和乙系夫妻，因外出打工将女儿小琳交由甲母照顾两年，但从未支付过抚养费。后甲与乙闹离婚且均不愿抚养小琳，甲母将甲和乙告上法院要求支付抚养费两万元，法院认为贾母对孙女无法定或约定的扶养义务，判决甲和乙支付甲母抚养费。关于该案，下列哪一选项是正确的？（2016－1－10）[4]

    A. 判决是规范性法律文件

    B. 甲和乙对小琳的抚养义务是相对义务

    C. 判决在原被告间不形成法律权利和义务关系

---

[1] B　[2] ABC　[3] C　[4] B

D. 小琳是民事诉讼法律关系的主体之一

【解析】法律文件分为规范性法律文件和非规范性法律文件，规范性法律文件就是法律本身，非规范性法律文件是适用法律的结果，包括判决书、裁定书、逮捕证、许可证、合同等。这些文件在经过法定程序之后也具有约束力，任何人不得违反，因此 A 项错误。根据相对应的主体范围可以将权利义务分为绝对权利义务和相对权利义务，其中相对权利和义务又称"对人权利"和"对人义务"，是对应特定的法律主体的权利和义务。"相对权利"对应特定的义务人；"相对义务"对应特定的权利人。因此 B 项正确。判决能够对法律关系主体形成法律上的权利义务关系，因此 C 项错误。法律关系主体是法律关系的参加者，即在法律关系中一定权利的享有者和一定义务的承担者，本题中原告（甲母）、被告（甲和乙）和法院都是民事诉讼法律关系的主体，但小琳不是民事诉讼法律关系的主体，因此 D 项错误。

2. 某日，陈某因生活琐事将肖某打伤。当地公安局询问了双方和现场目击者并做了笔录，但未做处理。两年后，该公安局对陈某做出了拘留 10 日的处罚。陈某申诉，上一级公安局维持了原处罚决定。陈某提起诉讼。法官甲认为该公安局违反了《人民警察法》关于对公民报警案件应当及时查处的规定，因此应当撤销其处罚决定。法官乙认为，如果因公安局的迟延处理而撤销其处罚，就丧失了对陈某的违法行为进行再处理的可能，因此不应当撤销。依据法理学的有关原理，下列哪些选项是正确的？（2007 - 1 - 53）[1]

A. 陈某与该公安局之间不存在法律关系

B. 法官甲的观点说明法律具有程序性的特征

C. 法官甲的推理属于形式推理

D. 法官乙的观点属于司法解释

【解析】法律关系是在法律规范调整社会关系的过程中形成的人们之间的权利和义务关系。法律关系的特征：（1）法律关系是根据法律规范建立的一种社会关系，具有合法性；（2）法律关系是体现意志性的特种社会关系；（3）法律关系是以法律上的权利义务为内容的社会关系。本案中，陈某与该公安局之间形成一种行政法律关系。A 项错误。

在执法过程中，执法人员必须按照法律所规定的程序进行，违背法律程序的做法是非法的。法官甲的观点正好说明了法律具有程序性的特征。B 项正确。

形式推理，就是法律人在从一定的前提中推导出法律决定的过程中所必须遵循的推理规则。法官甲从《人民警察法》的规定（作为大前提）中推导出撤销公安机关的处罚决定，正是形式推理的运用。C 项正确。

司法解释是最高人民法院和最高人民检察院对司法工作中如何具体应用法律问题所作的解释。司法解释的主体是最高人民法院和最高人民检察院。法官乙的解释不属于司法解释。D 项错误。

3. 张某到某市公交公司办理公交卡退卡手续时，被告知：根据本公司公布施行的《某市公交卡使用须知》，退卡时应将卡内 200 元余额用完，否则不能退卡，张某遂提起诉讼。法院认为，公交公司依据《某市公交卡使用须知》拒绝张某要求，侵犯了张某自主选择服务方式的权利，该条款应属无效，遂判决公交公司退还卡中余额。关于此案，下列哪一说法是正确的？（2015 - 1 - 12）[2]

A. 张某、公交公司之间的服务合同法律关系属于纵向法律关系

B. 该案中的诉讼法律关系是主法律关系

---

[1] BC [2] C

C. 公交公司的权利能力和行为能力是同时产生和同时消灭的

D. 《某市公交卡使用须知》属于地方规章

【解析】张某与公交公司之间属于横向法律关系，A项错误。

诉讼关系属于从法律关系，B项错误。

法人的权利能力与行为能力是同时产生同时消灭的，C选正确。

地方规章由地方政府制定，D选错误。

4. 张某因其妻王某私自堕胎，遂以侵犯生育权为由诉至法院请求损害赔偿，但未获支持。张某又请求离婚，法官调解无效后依照《婚姻法》中"其他导致夫妻感情破裂的情形"的规定判决准予离婚。对此，下列选项中正确的是：（2015－1－88）[1]

A. 王某与张某婚姻关系的消灭是由法律事件引起的

B. 张某主张的生育权属于相对权

C. 法院未支持张某的损害赔偿诉求，违反了"有侵害则有救济"的法律原则

D. "其他导致夫妻感情破裂的情形"属于概括性立法，有利于提高法律的适应性

【解析】判决王某与张某婚姻关系的消灭行为属于法律行为，而非法律事件，A项错误。

生育权属于相对权主要在于生育权是特定主体双方之间的一种权利，B项正确。

"有侵害则有救济"的法律原则在这里不能够适用，C项错误。D项正确。

5. 孙某的狗曾咬伤过邻居钱某的小孙子，钱某为此一直耿耿于怀。一天，钱某趁孙某不备，将孙某的狗毒死。孙某掌握了钱某投毒的证据之后，起诉到法院，法院判决钱某赔偿孙某600元钱。对此，下列哪一选项是正确的？（2008－1－7）[2]

A. 孙某因对其狗享有所有权而形成的法律关系属于保护性法律关系

B. 由于孙某起诉而形成的诉讼法律关系属于第二性的法律关系

C. 因钱某毒死孙某的狗而形成的损害赔偿关系属于纵向的法律关系

D. 因钱某毒死孙某的狗而形成的损害赔偿关系中，孙某不得放弃自己的权利

【解析】法律关系可分为：（1）调整性法律关系和保护性法律关系：调整性法律关系是基于人们的合法行为而产生的，执行法的调整职能的法律关系，它所实现的是法律规范（规则）的行为规则（指示）的内容，不需要适用法律制裁；保护性法律关系是由于违法行为产生的、旨在恢复被破坏的权利和秩序的法律关系，它执行着法的保护职能，所实现的是法律规范（规则）的保护规则（否定性法律后果）的内容，是法的实现的非正常形式。它的典型特征是一方主体（国家）适用法律制裁，另一方主体（通常是违法者）必须接受这种制裁，如刑事法律关系。（2）纵向（隶属）的法律关系和横向（平权）的法律关系：纵向（隶属）的法律关系中的法律主体处于不平等的地位；横向（平权）的法律关系中的法律主体处于平等的地位。（3）单向（单务）法律关系、双向（双边）法律关系和多向（多边）法律关系：单向（单务）法律关系中权利人仅享有权利，义务人仅履行义务；双向（双边）法律关系中特定双方法律主体之间存在着两个密不可分的单向权利义务关系；多向（多边）法律关系是三个或三个以上相关法律关系的复合体。（4）第一性法律关系（主法律关系）和第二性法律关系（从法律关系）：第一性法律关系（主法律关系）是指人们之间依法建立的不依赖其他法律关系而独立存在的或在多向法律关系中居于支配地位的法律关系；第二性法律关系（从法律关系）是指由第一性法律关系产生的、居于从属地位的法律关系。

孙某对其狗享有所有权而形成的法律关系属于调整性法律关系。A项错误。

---

[1] BD 　[2] B

由于孙某起诉而形成的诉讼法律关系属于第二性的法律关系。B项正确。

因钱某毒死孙某的狗而形成的损害赔偿关系属于横向法律关系。C项错误。

因钱某毒死孙某的狗而形成的损害赔偿关系中，孙某作为当事人可以放弃自己的民事权利。D项错误。

6. 韩某与刘某婚后购买住房一套，并签订协议："刘某应忠诚于韩某，如因其婚外情离婚，该住房归韩某所有。"后韩某以刘某与第三者的QQ聊天记录为证据，诉其违反忠诚协议。法官认为，该协议系双方自愿签订，不违反法律禁止性规定，故合法有效。经调解，两人离婚，住房归韩某。关于此案，下列哪一说法是不正确的？(2013 - 1 - 11)[1]

A. 该协议仅具有道德上的约束力

B. 当事人的意思表示不能仅被看作是一种内心活动，而应首先被视为可能在法律上产生后果的行为

C. 法律禁止的行为或不禁止的行为，均可导致法律关系的产生

D. 法官对协议的解释符合"法伦理性的原则"

【解析】意思自治是民事法律的基本原则，只要没有违反法律的禁止性条款，没有损害公序良俗即可发生法律效力，所以该法律协议具有法律效力，而不是仅具有道德约束力。A项错误。

【特别提示】法律关系以法律规范为前提，具有合法性，因此法律关系本身是合法的。但引起法律关系产生的原因，既可能是合法行为（法律不禁止的行为），也可能是违法甚至犯罪行为（法律禁止的行为）。合法行为引起调整性法律关系，违法或者犯罪行为引起保护性法律关系。

7. 张女穿行马路时遇车祸，致两颗门牙缺失。交警出具的责任认定书认定司机负全责。张女因无法与肇事司机达成赔偿协议，遂提起民事诉讼，认为司机虽赔偿3000元安装假牙，但假牙影响接吻，故司机还应就她的"接吻权"受到损害予以赔偿。关于本案，下列哪一选项是正确的？(2010 - 1 - 7)[2]

A. 张女与司机不存在产生法律关系的法律事实

B. 张女主张的"接吻权"属于法定权利

C. 交警出具的责任认定书是非规范性法律文件，具有法律效力

D. 司机赔偿3000元是绝对义务的承担方式

【解析】法律事实，就是法律规范规定的、能够引起法律关系产生、变更和消灭的客观情况或现象。张女和司机之间因为司机的侵权行为而产生法律关系，侵权行为属于法律事实。A项错误。

"接吻权"在法律中并没有明确规定，因此不属于法定权利。B项错误。

交警出具的责任认定书的对象是特定主体，属于非规范性法律文件，具有法律效力。C项正确。

司机向张女赔偿3000元，该权利义务关系的双方主体都是特定的，因此司机承担的是相对义务。D项错误。

8. 王某恋爱期间承担了男友刘某的开销计20万元。后刘某提出分手，王某要求刘某返还开销费用。经过协商，刘某自愿将该费用转为借款并出具了借条，不久刘某反悔，以不存在真实有效借款关系为由拒绝还款，王某诉至法院。法院认为，"刘某出具该借条系本人自愿，且

并未违反法律强制性规定"，遂判决刘某还款。对此，下列哪些说法是正确的？（2014-1-53）[1]

    A. "刘某出具该借条系本人自愿，且并未违反法律强制性规定"是对案件事实的认定

    B. 出具借条是导致王某与刘某产生借款合同法律关系的法律事实之一

    C. 因王某起诉产生的民事诉讼法律关系是第二性法律关系

    D. 本案的裁判是以法律事件的发生为根据作出的

    【解析】 法律事实分为法律事件和法律行为：（1）法律事件是法律规范规定的、不以当事人的意志为转移而引起法律关系形成、变更或消灭的客观事实，包括社会事件（如社会革命、战争等）和自然事件（如人的生老病死、自然灾害等）；（2）法律行为是根据当事人的个人意愿形成的一种有意识的活动，它是在社会生活中引起法律关系产生、变更和消灭的最经常的事实。本案中，刘某出具该借条属于法律行为。D项错误。

    9. 张某有祖传的玉雕一尊，委托德龙拍卖公司进行拍卖，最终被一家文化公司以140万元的价格买到。对此，下列表述正确的是：（2008川-1-92）[2]

    A. 这个事件中只有一种法律关系

    B. 在拍卖过程中，拍卖公司和竞拍者的关系属于隶属性的法律关系

    C. 在该案件涉及的法律关系中，法律关系的主体既有自然人也有法人

    D. 在本案中，导致拍卖成交的客观情况是法律事件

    【解析】 在这个事件中存在三种法律关系：张某与德龙拍卖公司之间的委托法律关系；德龙拍卖公司与竞买人之间的拍卖法律关系；张某与文化公司之间的买卖法律关系。A项错误。

    在拍卖过程中，拍卖公司和竞拍者的关系属于横向的法律关系。B项错误。

    在该案件涉及的法律关系中，张某是自然人，德龙拍卖公司和文化公司是法人。C项正确。

    在本案中，导致拍卖成交的拍卖行为是法律行为。D项错误。

    【特别提示】 同一个法律事实可以引起多种法律关系的产生、变更和消灭，如工伤致死，不仅可以导致劳动关系、婚姻关系的消灭，而且也导致劳动保险合同关系、继承关系的产生；有时需要两个或两个以上的法律事实相结合才能引起同一个法律关系的产生、变更或消灭，如房屋买卖，除了双方当事人签订买卖协议外，还须向房管部门办理登记过户手续方有效力，相互之间的关系也才能够成立。

    10. 西方法律格言说："任何人不得因为自己的错误而获得利益。"关于这个格言的理解，下列哪一选项是错误的？（2008川-1-1）[3]

    A. 错误不是构成合法利益的前提

    B. 任何时候，行为人只要没有错误，就应获得利益

    C. 任何人只要行为正确，其利益就应得到保护

    D. 利益的获得在一定程度上取决于行为的正确与错误

    【解析】 法律关系的客体是指法律关系主体之间权利和义务所指向的对象，包括物、人身、精神产品和行为结果。法律关系的客体是一定利益的法律形式。法律关系的客体和利益密不可分。美国联邦最高法院在1889年的"帕尔玛案"中确立了"任何人不得因为自己的错误而获得利益"原则，该原则主要内容为：（1）错误不是构成合法利益的前提；（2）只要人们的行为正确，其所获得的利益就应得到保护；（3）利益的获得在一定程度上取决于行为的正

---

[1]　ABC　[2]　C　[3]　B

确与否。A项、C项、D项正确。

即使行为人没有错误，但是其要获得一定的利益还需要通过法律事实引起一定的法律关系的产生、变更或消灭才能实现。B项错误。

【特别提示】买卖法律关系的客体是物，包括货物和货款。

11. 孙某与李某签订的购房合同规定：孙某将租借张某的房子于 2018 年 7 月 1 日前出卖给李某，李某支付人民币 12 万元。李某明知该房屋属于张某，仍于 2018 年 6 月将房款交给孙某。张某得知消息后，将孙、李二人告至法院。法院审理后确认孙、李两被告侵权成立，宣布其购房合同无效，并向张某支付赔偿金 3000 元。对本案，以下分析正确的是？[1]

A. 孙某与李某之间是合同法律关系

B. 孙某、李某与张某之间是侵权法律关系

C. 因为法院判处孙某、李某向张某支付赔偿金，因此孙、李与张某之间的法律关系是调整性法律关系

D. 法官确认孙某与李某之间购房合同无效依据的法律事实属于法律事件

【解析】法律关系应具有合法性，因此孙某与李某签订的是无效合同，因此不存在合同法律关系，A错误。孙某与李某签订的无效合同侵犯了张某对房屋的所有权，产生了侵权法律关系，B正确。调整性法律关系是基于合法行为而产生，孙、李与张某之间的法律关系是保护性法律关系，C错误。孙某与李某之间购房合同无效的依据是孙某租借张某的房子，属于法律行为而不是法律事件，D错误。

12. 王某因为要和妻子外出打工，将自己的老母亲交给好朋友赵某照料，从没有支付过赡养费，赵某顾及友情，而赵某妻子不愿意，她向王某索要赡养费，王某拒绝了。法院认为王某老母亲应当由王某照料，赵某夫妇无法定照料义务，却一直承担着老母亲的赡养责任，判决王某支付赡养费若干。关于此案，下列说法正确的是？[2]

A. 王某对于自己母亲的照顾是天经地义的，因此承担着绝对义务

B. 王某老母亲是民事诉讼法律关系的主体之一

C. 王某要向赵某支付赡养费，他们之间形成纵向法律关系

D. 判决在王某和赵某之间形成法律权利与法律义务关系

【解析】绝对义务对应不特定的权利人，相对义务对应的是特定的义务人，本案中王某作为赡养义务人，属于相对义务，因此A项错误。在本案中，老母亲既不是原告，也不是被告，在诉讼法律关系中并非权利的享有者和义务的承担者，所以并非该民事诉讼法律关系的主体，因此B项错误。纵向法律关系中法律主体地位不平等，存在权力服从关系，而王某和李某之间是横向法律关系，因此C项错误。D项正确。

13. 某软件公司研发人工智能写作系统，将此系统命名为小 k，该公司写作团队利用这个系统自动生成一篇文章，署名"小 k"。罗某未经许可将该文章署上自己的姓名发表，软件公司知道以后诉至法院。法院认为原告权利应受保护，故判决罗某败诉。本案中关于人工智能写作技术的影响，正确的是？（2021 年回忆版）[3]

A. 扩大了法律调整的社会关系范围　　　B. 产生了法律关系主体的新型种类

C. 扩展了法律关系客体的表现形式　　　D. 提升了法律关系主体的权利能力

【解析】法是调整人的行为的社会规范，法律关系是法律规范在调整社会关系过程中所形成的人与人的权利义务关系，主要涉及法律关系主体、内容、客体。本案中，法律调整的著作

---

[1] B　[2] D　[3] C

权侵权案件并未扩大法律调整的社会关系范围，故 A 项错误。对于本案而言，法律关系主体为某软件公司与罗某，并未产生新型种类，故 B 项错误。一般来说，法律关系的客体为物、人身、精神产品、行为结果，本案中的客体表现为新型智力成果，扩展了法律关系客体的表现形式，故 C 项正确。法律关系主体的权利能力，是指能够参加一定的法律关系，依法享有一定权利和承担一定义务的法律资格。就本案某软件公司与罗某而言，并未提升法律关系主体的权利能力，故 D 项错误。

考点十　法律体系

1. 法律格言说："不知自己之权利，即不知法律。"关于这句法律格言涵义的阐释，下列哪一选项是正确的？（2010－1－6）[1]

A. 不知道法律的人不享有权利

B. 任何人只要知道自己的权利，就等于知道整个法律体系

C. 权利人所拥有的权利，既是事实问题也是法律问题

D. 权利构成法律上所规定的一切内容，在此意义上，权利即法律，法律亦权利

【解析】　一个人是否知道法律，不影响其所拥有的权利，包括公民的基本权利。A 项错误。

法律体系是指一国的部门法体系，即一国现行的全部法律规范根据一定的标准和原则划分成不同的法律部门，并由这些法律部门所构成的具有内在联系的统一整体。一个人知道自己的权利，不等于知道整个法律体系。B 项错误。

法律除了规定权利，还规定义务，因此，法律不等于权利。D 项错误。

2. 关于法的渊源和法律部门，下列哪些判断是正确的？（2011－1－51）[2]

A. 自治条例和单行条例是地方国家权力机关制定的规范性文件

B. 行政法部门就是由国务院制定的行政法规构成的

C. 国际公法是中国特色社会主义法律体系的组成部分

D. 划分法律部门的主要标准是法律规范所调整的社会关系

【解析】　自治条例和单行条例是民族自治地方的人民代表大会依照当地民族的政治、经济和文化的特点，经全国或省级人民代表大会常委会批准后生效的规范性文件。A 项正确。

法律体系由法律部门组成。2011 年，中国特色社会主义法律体系已经形成。中国特色社会主义法律体系以宪法为统帅，以法律为主干，包括七个法律部门：宪法相关法、民法商法、行政法、经济法、社会法、刑法、诉讼与非诉讼程序法；包括三个层级的法律规范：法律、行政法规、地方性法规和自治法规。因此，每个法律部门都应当包括上述三个层级的法律规范，行政法部门应当由法律、行政法规、地方性法规和自治法规三个层级的法律规范构成。B 项错误。

法律体系是由一国现行的全部法律规范所组成的不同类别的部门法（或称法律部门）所构成的体系，不包括完整意义的国际法（即国际公法）。C 项错误。

法律部门也称部门法，是根据一定标准和原则所划定的调整某一类社会关系的法律规范的总称。划分法律部门的标准：（1）法律规范的调整对象（即法律规范所调整的社会关系）；（2）法律规范的调整方法。其中，调整对象是划分法律部门的主要标准。D 项正确。

---

[1]　C　[2]　AD

3. 上合组织成员国领导人于2018年6月10日在中国青岛举行元首理事会会议，各成员国共同重申恪守《上合组织成员国长期睦邻友好合作条约》《禁止化学武器公约》等在内的一系列公约。对于相关法律知识，说法正确的有？[1]

A. 生效的国际条约构成我国的法的正式渊源

B. 这说明我国的法律体系包括国际条约等在内的国际法

C. 近年来出现我国国内法吸收国际条约内容的立法实践，这属于法律移植

D. 吸收国际条约的成熟经验，是我国法的现代化的一部分，我国的法的现代化是立法主导型

【解析】国际条约成为我国法的正式渊源的前提是我国承认或者加入，A错误。法律体系是由一国国内法构成的体系，不包括国际公法，B错误。对其他国家和国际立法的吸收，属于法律移植，C正确。我国法的现代化的启动形式是立法主导型，D正确。

考点十一　法律责任

1. 李某向王某借款二百万，由赵某担保。后李某因涉嫌非法吸收公众存款罪被立案。王某将李某和赵某诉至法院，要求偿还借款。赵某认为，若李某罪名成立，则借款合同因违反法律的强制性规定而无效，赵某无需承担担保责任。法院认为，借款合同并不因李某犯罪而无效，判决李某和赵某承担还款和担保责任。关于该案，下列哪些说法是正确的？（2016 - 1 - 59）[2]

A. 若李某罪名成立，则出现民事责任和刑事责任的竞合

B. 李某与王某间的借款合同法律关系属于调整性法律关系

C. 王某的起诉是引起民事诉讼法律关系产生的唯一法律事实

D. 王某可以免除李某的部分民事责任

【解析】法律责任竞合的特点之一在于责任主体实施了一个行为。如果是数个行为分别触犯不同的法律规定，并且符合不同的法律责任构成要件，则应针对各行为追究不同的法律责任，不能按责任竞合处理。本题中民事责任和刑事责任可以并存，不属于法律责任的竞合，因此A项错误。调整性法律关系是相对于保护性法律关系而言的，是基于人们的合法行为而产生的、执行法的调整职能的法律关系，它所实现的是法律规范（规则）的行为规则（指示）的内容，因此B项正确。法律事实包括法律行为和法律事件，引起民事诉讼法律关系产生的法律事实包括当事人的起诉行为和法院的受理行为两个法律事实，因此C项错误。免责形式有多种，包括不诉及协议免责。王某可以免除李某的部分民事责任，因此D项正确。

2. 赵某在行驶中的地铁车厢内站立，因只顾看手机而未抓扶手，在地铁紧急制动时摔倒受伤，遂诉至法院要求赔偿。法院认为，《侵权责任法》规定，被侵权人对损害的发生有过失的，可以减轻经营者的责任。地铁公司在车厢内循环播放"站稳扶好"来提醒乘客，而赵某因看手机未抓扶手，故存在重大过失，应承担主要责任。综合各种因素，判决地铁公司按40%的比例承担赔偿责任。对此，下列哪些说法是正确的？（2017 - 1 - 57）[3]

A. 该案中赵某是否违反注意义务，是衡量法律责任轻重的重要标准

B. 该案的民事诉讼法律关系属第二性的法律关系

---

〔1〕　CD　〔2〕　BD　〔3〕　ABC

C. 若经法院调解后赵某放弃索赔，则构成协议免责

D. 法官对责任分摊比例的自由裁量不受任何限制

【解析】法官的自由裁量权的行使要实现政治效果、社会效果和法律效果的统一，因此 D 项错误。A、B、C 项正确。

3. 张某过马路闯红灯，司机李某开车躲闪不及将张某撞伤，法院查明李某没有违章，依据《道路交通安全法》的规定判李某承担 10% 的赔偿责任。关于本案，下列哪一选项是错误的？(2008 - 1 - 5)[1]

A. 《道路交通安全法》属于正式的法的渊源

B. 违法行为并非是承担法律责任的唯一根源

C. 如果李某自愿支付超过 10% 的赔偿金，法院以民事调解书加以确认，则李某不能反悔

D. 李某所承担的是一种竞合的责任

【解析】《交通道路安全法》是我国的制定法，属于正式的法的渊源。A 项正确。

法律责任是指行为人由于违法行为、违约行为或者由于法律规定而应承受的某种不利的法律后果。因此承担法律责任的根源包括违法行为、违约行为或者由于法律的规定。B 项正确。

民事调解书属于非规范性法律文件，具有法律效力，故李某不能反悔。C 项正确。

法律责任的竞合是指由于某种法律事实的出现，导致两种或两种以上的法律责任的产生，而这些责任之间相互冲突的现象。法律责任竞合的特点：(1) 数个法律责任的主体为同一法律主体；(2) 责任主体实施了一个行为；(3) 该行为符合两个或两个以上法律责任的构成要件；(4) 数个法律责任之间相互冲突。本案并不存在法律责任的竞合。D 项错误。

4. 下列构成法律责任竞合的情形是：(2014 - 1 - 91)[2]

A. 方某因无医师资格开设诊所被卫生局没收非法所得，并被法院以非法行医罪判处 3 年有期徒刑

B. 王某通话时，其手机爆炸导致右耳失聪，可选择以侵权或违约为由追究手机制造商法律责任

C. 林某因故意伤害罪被追究刑事责任和民事责任

D. 戴某用 10 万元假币购买一块劳力士手表，其行为同时触犯诈骗罪与使用假币罪

【解析】法律责任竞合的特点是不同的法律责任之间不能并存，不能吸收。A 项中的"没收非法所得"与"以非法行医罪判处 3 年有期徒刑"可以并存，不属于法律责任竞合。B 项中的"侵权责任"与"违约责任"属于法律责任竞合。C 项中的"刑事责任"和"民事责任"可以并存，不属于法律责任竞合。D 项中的"诈骗罪"与"使用假币罪"属于法律责任竞合。

5. 刘某与房地产公司签订拆迁安置协议，约定将刘某安置到另一小区。刘某迁入新居后，日常生活受到高速公路严重噪声干扰。刘某要求房地产公司解决噪声问题，该公司称高速公路是由市公路局投资建设的，应由公路局解决；公路局称该高速公路多年来一直由市发展公司管理经营，应由发展公司解决；发展公司则称房地产公司选址建房，发生问题应自行解决。刘某向法院提起诉讼。法院判定由房地产公司和发展公司承担责任。根据法理学有关原理，下列哪些选项是正确的？(2008 川 - 1 - 56)[3]

A. 处理该纠纷的法律依据是我国的社会保障法

B. 房地产公司承担的法律责任不因与刘某之间的协议而加以免除

C. 发展公司承担法律责任是基于法律责任的竞合

D. 房地产公司和发展公司承担责任与它们的义务没有直接关系

【解析】社会保障法是指调整有关社会保险、社会救济、社会优抚和社会福利方面的法律。处理本案的法律依据是我国民法的相关规定，而不是社会保障法。A项错误。

房地产公司虽与刘某签订有拆迁安置协议，约定将刘某安置到另一小区，但房地产公司有义务保证为刘某所提供的住房必须达到适居的目的。本案纠纷所争议的噪声污染已影响到刘某享受安宁生活环境的权利，因此房地产公司有责任履行自己的附随义务，其应按无过错责任原则承担责任，故其承担的法律责任并不能因与刘某之间存在协议而免除。B项正确。

本案是交通噪声污染损害赔偿案，涉及的权益是享受安宁生活环境的权利即安宁权（属于环境权），被告可以构成环境噪声污染侵权，被告也可以构成民法上违反相邻义务的侵权。环境噪声污染侵权和违反相邻义务的侵权属于法律责任的竞合。C项正确。

污染环境致人损害适用无过错责任。免责事由有三个：（1）完全由于不可抗拒的自然灾害，并经及时采取合理措施，仍然不能避免造成环境污染损害的；（2）污染损害是由受害人自己的过错造成的；（3）污染损害是由第三人的过错造成的。可见，即使履行了义务，没有免责事由的情况下，仍然要承担责任。所以，发展公司和房地产公司承担责任与它们的义务没有直接关系。D项正确。

6. 法律格言说："紧急时无法律。"关于这句格言涵义的阐释，下列哪一选项是正确的？(2009－1－6)[1]

　　A. 在紧急状态下是不存在法律的

　　B. 人们在紧急状态下采取紧急避险行为可以不受法律处罚

　　C. 有法律，就不会有紧急状态

　　D. 任何时候，法律都以紧急状态作为产生和发展的根本条件

【解析】"紧急时无法律"并不是指在紧急状态下不存在法律，而是指在紧急状态下，人们可以为了自己、他人或国家的利益而采取紧急避险的行为，这种状态下对他人造成的损失不负法律责任。B项正确。

7. 中学生小张课间打篮球时被同学小黄撞断锁骨，小张诉请中学和小黄赔偿1.4万余元。法院审理后认为，虽然两被告对原告受伤均没有过错，不应承担赔偿责任，但原告毕竟为小黄所撞伤，该校的不当行为也是伤害事故发生的诱因，且原告花费1.3万余元治疗后尚未完全康复，依据公平原则，法院酌定被告各补偿3000元。关于本案，下列哪一判断是正确的？(2012－1－12)[2]

　　A. 法院对被告实施了法律制裁

　　B. 法院对被告采取了不诉免责和协议免责的措施

　　C. 法院做出对被告有利的判决，在于对案件事实与规范间关系进行了证成

　　D. 被告承担法律责任主要不是因为行为与损害间存在因果关系

【解析】法律制裁是由特定的国家机关对违法者（或违约者）依其所应承担的法律责任而实施的强制性惩罚措施。本案中，法院并未对被告实施强制性的惩罚措施，因此不属于法律制裁。A项错误。

免责是指具备法定事由而免除法律责任。免责条件包括：（1）时效免责；（2）不诉及协议免责；（3）自首、立功免责；（4）因履行不能而免责。本案不存在免责事由。B项错误。

被告承担法律责任是因为行为与损害间存在因果关系。D项错误。

---

〔1〕 B 〔2〕 C

【特别提示】

1. 免责以法律责任的存在为前提。但正当防卫、紧急避险是合法行为，不存在法律责任，因此正当防卫、紧急避险不属于免责。

2. 有法律责任，不一定导致法律制裁；但法律制裁以法律责任为前提。

8. 王某因张某家的燃气爆燃而受伤，将张某及燃气公司告上法庭。燃气公司称，自己已经将安全用气方法告知王某，故不担责。法院认为燃气公司具有更强的安全风险判断能力，应承担更高的安全保障义务，燃气公司在安装燃气设备时已发现严重安全隐患，应立即采取有效措施消除隐患。故判处燃气公司担15%的责任，其余责任由张某承担。对此，下列说法正确的是？（2021年回忆版）[1]

A. 判决燃气公司担15%的责任，实际上是对张某的责任部分免除

B. 对于责任的公正分配，应与行为人所承担的具体义务一致

C. 张某和燃气公司的责任出现了竞合

D. 法院判处燃气公司担15%的责任属于对燃气公司的法律制裁

【解析】 就本案而言，张某与燃气公司对王某的受伤承担各自相应的责任，因此燃气公司承担的责任并非是对张某责任的部分免除，故A项错误。法律责任是行为人由于违法行为、违约行为或者由于法律规定而应承受的某种不利的法律后果。对于责任的公正分配，应与行为人所承担的具体义务一致，故B项正确。法律责任竞合的特点为数个法律责任的主体为同一法律主体，而本案中张某与燃气公司属于不同主体，承担不同责任，不属于法律责任竞合，故C项错误。法律责任不一定会导致法律制裁，因此D项错误。

---

[1]　B

专题二　法的运行

考点一　法的创制

1. 关于我国立法和法的渊源的表述，下列选项不正确的是：（2013 - 1 - 87）[1]

A. 从法的正式渊源上看，"法律"仅指全国人大及其常委会制定的规范性文件

B. 公布后的所有法律、法规均以在《国务院公报》上刊登的文本为标准文本

C. 行政法规和地方性法规均可采取"条例""规定""办法"等名称

D. 所有法律议案（法律案）都须交由全国人大常委会审议、表决和通过

【解析】在我国，法的正式渊源包括宪法、法律、行政法规、地方性法规、自治法规等。此处的"法律"，应作狭义理解，即指全国人大及其常委会制定的规范性文件。A项正确。

《立法法》第58条第2款、第3款规定："法律签署公布后，及时在全国人民代表大会常务委员会公报和中国人大网以及在全国范围内发行的报纸上刊载。在常务委员会公报上刊登的法律文本为标准文本。"《立法法》第71条规定："行政法规签署公布后，及时在国务院公报和中国政府法制信息网以及在全国范围内发行的报纸上刊载。在国务院公报上刊登的行政法规文本为标准文本。"《立法法》第79条规定："地方性法规、自治区的自治条例和单行条例公布后，及时在本级人民代表大会常务委员会公报和中国人大网、本地方人民代表大会网站以及在本行政区域范围内发行的报纸上刊载。在常务委员会公报上刊登的地方性法规、自治条例和单行条例文本为标准文本。"《立法法》第86条规定："部门规章签署公布后，及时在国务院公报或者部门公报和中国政府法制信息网以及在全国范围内发行的报纸上刊载。地方政府规章签署公布后，及时在本级人民政府公报和中国政府法制信息网以及在本行政区域范围内发行的报纸上刊载。在国务院公报或者部门公报和地方人民政府公报上刊登的规章文本为标准文本。"B项错误。

行政法规名称多用"条例"，亦用"办法""实施细则"等名称。地方性法规可称为"条例""规定""办法"等，但必须冠以省、自治区、直辖市和较大的市的名称。C项正确。

《立法法》第7条第1款规定："全国人民代表大会和全国人民代表大会常务委员会行使国家立法权。"全国人大及其常委会都可依法审议、表决和通过有关法律案。D项错误。

【特别提示】根据《立法法》的规定，在我国，授权立法有两种，特别注意这两种授权立法的授权主体是不一样的：

《立法法》第9条规定："本法第八条规定的事项尚未制定法律的，全国人民代表大会及

---

[1]　BD

其常务委员会有权作出决定，授权国务院可以根据实际需要，对其中的部分事项先制定行政法规，但是有关犯罪和刑罚、对公民政治权利的剥夺和限制人身自由的强制措施和处罚、司法制度等事项除外。"

《立法法》第74条规定："经济特区所在地的省、市的人民代表大会及其常务委员会根据全国人民代表大会的授权决定，制定法规，在经济特区范围内实施。"

2. 党的十八届四中全会《决定》明确指出："完善以宪法为核心的中国特色社会主义法律体系。"据此，下列哪些做法是正确的？（2015-1-66）[1]

A. 建立全国人大及其常委会宪法监督制度，健全宪法解释程序机制

B. 健全有立法权的人大主导立法工作的体制，规范和减少政府立法活动

C. 探索委托第三方起草法律法规草案，加强立法后评估，引入第三方评估

D. 加快建立生态文明法律制度，强化生产者环境保护的法律责任

【解析】 全国人大及其常委会的宪法监督制度已经存在，A项应将"建立"改为"健全"全国人大及其常委会宪法监督制度。A项错误。

政府立法活动要规范但是不可以任意减少。B项错误。

3. 某市政府为缓解拥堵，经充分征求广大市民意见，做出车辆限号行驶的规定。但同时明确，接送高考考生、急病送医等特殊情况未按号行驶的，可不予处罚。关于该免责规定体现的立法基本原则，下列哪一选项是不准确的？（2011-1-10）[2]

A. 实事求是，从实际出发   B. 民主立法

C. 注重效率   D. 原则性与灵活性相结合

【解析】 我国的立法原则主要有：合宪性与合法性原则；实事求是、从实际出发原则；民主立法原则；原则性与灵活性相结合原则。"某市政府为缓解拥堵，经充分征求广大市民意见，做出车辆限号行驶的规定"，追求的是秩序和效率，但"接送高考考生、急病送医等特殊情况未按号行驶的，可不予处罚"的免责规定体现的是正义，而非效率。C项当选。

4. 某省人大常务委员会认为一项法律的个别条款在适用上存在某些困难，并认为有必要对该条款作出法律解释。根据我国宪法和立法法规定，该省人大常委会正确的做法是：（2007-1-93）[3]

A. 对该条款直接作出法律解释

B. 提请全国人民代表大会常务委员会就该条款作出法律解释

C. 提请最高人民法院就该条款作出司法解释

D. 提请全国人民代表大会就该条款作出法律解释

【解析】《立法法》第46条规定："国务院、中央军事委员会、最高人民法院、最高人民检察院和全国人民代表大会各专门委员会以及省、自治区、直辖市的人民代表大会常务委员会可以向全国人民代表大会常务委员会提出法律解释要求。"B项正确。

5. 根据省政府制定的地方规章，省质监部门对生产销售不合格产品的某公司予以行政处罚。被处罚人认为，该省政府规章违反《产品质量法》规定，不能作为处罚依据，遂向法院起诉，请求撤销该行政处罚。关于对该省政府规章是否违法的认定及其处理，下列哪一选项是正确的？（2012-1-25）[4]

A. 由审理案件的法院进行审查并宣告其是否有效

B. 由该省人大审查是否违法并作出是否改变或者撤销的决定

---

[1] CD　[2] C　[3] B　[4] D

C. 由国务院将其提交全国人大常委会进行审查并作出是否撤销的决定

D. 由该省人大常委会审查其是否违法并作出是否撤销的决定

【解析】《立法法》第97条规定："改变或者撤销法律、行政法规、地方性法规、自治条例和单行条例、规章的权限是：（一）全国人民代表大会有权改变或者撤销它的常务委员会制定的不适当的法律，有权撤销全国人民代表大会常务委员会批准的违背宪法和本法第七十五条第二款规定的自治条例和单行条例；（二）全国人民代表大会常务委员会有权撤销同宪法和法律相抵触的行政法规，有权撤销同宪法、法律和行政法规相抵触的地方性法规，有权撤销省、自治区、直辖市的人民代表大会常务委员会批准的违背宪法和本法第七十五条第二款规定的自治条例和单行条例；（三）国务院有权改变或者撤销不适当的部门规章和地方政府规章；（四）省、自治区、直辖市的人民代表大会有权改变或者撤销它的常务委员会制定的和批准的不适当的地方性法规；（五）地方人民代表大会常务委员会有权撤销本级人民政府制定的不适当的规章；（六）省、自治区的人民政府有权改变或者撤销下一级人民政府制定的不适当的规章；（七）授权机关有权撤销被授权机关制定的超越授权范围或者违背授权目的的法规，必要时可以撤销授权。"根据该条第5项的规定，D项正确。

6. 根据我国《立法法》的规定，下列哪些主体既可以向全国人民代表大会，也可以向全国人民代表大会常务委员会提出法律案？（2008 - 1 - 63）[1]

A. 国务院

B. 中央军事委员会

C. 全国人民代表大会各专门委员会

D. 三十人以上全国人民代表大会代表联名

【解析】《立法法》第14条规定："全国人民代表大会主席团可以向全国人民代表大会提出法律案，由全国人民代表大会会议审议。全国人民代表大会常务委员会、国务院、中央军事委员会、最高人民法院、最高人民检察院、全国人民代表大会各专门委员会，可以向全国人民代表大会提出法律案，由主席团决定列入会议议程。"《立法法》第26条规定："委员长会议可以向常务委员会提出法律案，由常务委员会会议审议。国务院、中央军事委员会、最高人民法院、最高人民检察院、全国人民代表大会各专门委员会，可以向常务委员会提出法律案……"第27条规定："常务委员会组成人员十人以上联名，可以向常务委员会提出法律案……"由此可知，国务院、中央军事委员会、最高人民法院、最高人民检察院、全国人民代表大会各专门委员会，既可以向全国人民代表大会，也可以向全国人大常委会提出法律案。A项正确，B项正确，C项正确。

7. 根据《宪法》和法律的规定，关于立法权限和立法程序，下列选项正确的是：（2013 - 1 - 89）[2]

A. 全国人大常委会在全国人大闭会期间，可以对全国人大制定的法律进行部分补充和修改，但不得同该法律的基本原则相抵触

B. 全国人大通过的法律由全国人民代表大会主席团予以公布

C. 全国人大法律委员会审议法律案时，应邀请有关专门委员会的成员列席会议，发表意见

D. 列入全国人大常委会会议议程的法律案，除特殊情况外，应当在举行会议七日前将草案发给常委会组成人员

---

[1] ABC [2] ACD

【解析】《立法法》第7条第3款规定："全国人民代表大会常务委员会制定和修改除应当由全国人民代表大会制定的法律以外的其他法律；在全国人民代表大会闭会期间，对全国人民代表大会制定的法律进行部分补充和修改，但是不得同该法律的基本原则相抵触。"A项正确。

《立法法》第25条规定："全国人民代表大会通过的法律由国家主席签署主席令予以公布。"B项错误。

《立法法》第33条第2款规定："法律委员会审议法律案时，应当邀请有关的专门委员会的成员列席会议，发表意见。"C项正确。

《立法法》第28条第1款规定："列入常务委员会会议议程的法律案，除特殊情况外，应当在会议举行的七日前将法律草案发给常务委员会组成人员。"D项正确。

因此，根据2015年版《立法法》规定，应选ACD，原司法部答案为AD。

【特别提示】法律文件的公布主体：

1. 宪法修正案由全国人大主席团公布。这属于我国的宪法惯例。

2. 法律由国家主席公布。

3. 法律解释由全国人大常委会公布。

4. 行政法规由总理签署国务院令公布。有关国防建设的行政法规，可以由国务院总理、中央军事委员会主席共同签署国务院、中央军事委员会令公布。

5. 省、自治区、直辖市的人民代表大会制定的地方性法规由大会主席团发布公告予以公布。

6. 省、自治区、直辖市的人大常委会制定的地方性法规由常务委员会发布公告予以公布。

7. 设区的市、自治州的人民代表大会及其常务委员会制定的地方性法规报经批准后，由设区的市、自治州的人民代表大会常务委员会发布公告予以公布。

8. 自治条例和单行条例报经批准后，分别由自治区、自治州、自治县的人大常委会发布公告予以公布。

9. 部门规章由部门首长签署命令予以公布。

10. 地方政府规章由省长、自治区主席、市长或者自治州州长签署命令予以公布。

8. 关于法律、行政法规、地方性法规、自治条例和单行条例、规章的适用，下列哪些选项符合《立法法》规定？（2009 – 1 – 62）[1]

A. 同一机关制定的特别规定与一般规定不一致时，适用特别规定

B. 法律、行政法规、地方性法规原则上不溯及既往

C. 地方性法规与部门规章之间对同一事项的规定不一致不能确定如何适用时，由国务院裁决

D. 根据授权制定的法规与法律规定不一致不能确定如何适用时，由全国人大常委会裁决

【解析】《立法法》第92条规定："同一机关制定的法律、行政法规、地方性法规、自治条例和单行条例、规章，特别规定与一般规定不一致的，适用特别规定；新的规定与旧的规定不一致的，适用新的规定。"A项正确。

《立法法》第93条规定："法律、行政法规、地方性法规、自治条例和单行条例、规章不溯及既往，但为了更好地保护公民、法人和其他组织的权利和利益而作的特别规定除外。"B项正确。

《立法法》第95条第1款第2项规定："地方性法规与部门规章之间对同一事项的规定不

---

[1] ABD

一致，不能确定如何适用时，由国务院提出意见，国务院认为应当适用地方性法规的，应当决定在该地方适用地方性法规的规定；认为应当适用部门规章的，应当提请全国人民代表大会常务委员会裁决。"C项错误。

《立法法》第95条第2款规定："根据授权制定的法规与法律规定不一致，不能确定如何适用时，由全国人民代表大会常务委员会裁决。"D项正确。

9. 法谚云："习惯在于自觉遵守，而法律在于强制服从"，关于法律和习惯的说法，下列选项正确的是？（2020年回忆版）[1]

A. 法律不被公布则不能生效
B. 法律不被遵守则不具有强制力
C. 习惯不具有强制力
D. 习惯具有成文性

【解析】公布是立法程序中最后也是最重要的程序，公布是法律生效的必要程序，法律不公布，不能生效。故A项正确。法律只要经过完整的立法程序则成为有效的立法，就享有法律的强制力。不被公众遵守并不否认法的当然具有的国家强制力。故B项错误。任何规范都有保证自己实现的力量，只不过，法律的强制力是一种国家强制力。习惯的强制力往往来自社会舆论、个人自觉等主观因素，并不是没有强制力。故C项错误。习惯虽然可以被文字记录，但是否具有成文形式却并非其能够存续的关键，一般认为，习惯法也是不成文法最重要的表现形式之一。故D项错误。

考点二　执法与司法

1. 2011年7月，某市公安机关模仿诗歌《见与不见》的语言和风格，在官方网站上发布信息，敦促在逃人员投案自首："你逃，或者不逃，事就在那，不改不变。你跑，或者不跑，网就在那，不撤不去。你想，或者不想，法就在那，不偏不倚。你自首，或者不自首，警察就在那，不舍不弃。早日去投案，或者，惶惶终日，潜逃无聊，了结真好。"关于某市公安机关的做法，下列哪一说法是恰当的？（2011-1-8）[2]

A. 公安机关有权减轻或免除对自首人员的处罚
B. 公安机关应以社会管理职能代替政治统治职能
C. 公安机关可以从实际工作出发，对法律予以行政解释
D. 公安机关可以创新工作手段、利用有效宣传形式，促进全面充分履职

【解析】公安机关作为行政机关无权减轻或免除对犯罪人员的处罚，有该项权力的是审判机关。A项错误。

公安机关的基本职能主要包括专政职能和民主职能。专政职能，也可以称之为政治统治职能；民主职能，也称之为社会管理职能，这是两种不同性质的职能，不能互相代替。B项错误。

行政解释是指国家行政机关对不属于审判和检察工作中的其他法律的具体应用问题以及自己依法制定的法规进行的解释。行政解释包括国务院及其主管部门对不属于审判和检察工作中的其他法律的具体应用问题、行政法规、部门规章进行的解释，省级政府主管部门对属于地方性法规如何应用的问题进行的解释，因此某市公安机关不具有行政解释权。C项错误。D项正确。

---

[1] A　[2] D

2. 关于司法的表述，下列哪些选项可以成立？（2007 - 1 - 54）[1]

A. 司法的依据主要是正式的法律渊源，而当代中国司法原则"以法律为准绳"中的"法律"则需要作广义的理解

B. 司法是司法机关以国家名义对社会进行全面管理的活动

C. 司法权不是一种决策权、执行权，而是一种判断权

D. 当代中国司法追求法律效果与社会效果的统一

【解析】执法是国家行政机关及其公职人员以国家的名义对社会进行全面管理的活动，而司法是国家司法机关根据法定职权和法定程序，具体应用法律处理案件的专门活动。B 项错误。

立法是决策权，执法是执行权，司法是判断权。C 项正确。

【特别提示】司法与执法的区别：

1. 司法也称"法的适用"，是由司法机关及其公职人员适用法律的活动；执法是由国家行政机关及其公职人员来执行法律的活动。

2. 司法活动的对象是案件；执法是以国家的名义对社会进行全面管理，执法的内容远比司法广泛。

3. 司法活动有严格的程序性要求；执法活动虽然也有相应的程序规定，但其程序性规定没有司法活动那样严格和细致。

4. 司法活动具有被动性；执法则具有较强的主动性。

3. 李某因热水器漏电受伤，经鉴定为重伤，遂诉至法院要求厂家赔偿损失，其中包括精神损害赔偿。庭审时被告代理律师辩称，一年前该法院在审理一起类似案件时并未判决给予精神损害赔偿，本案也应作相同处理。但法院援引最新颁布的司法解释，支持了李某的诉讼请求。关于此案，下列认识正确的是：（2015 - 1 - 89）[2]

A. "经鉴定为重伤"是价值判断而非事实判断

B. 此案表明判例不是我国正式的法的渊源

C. 被告律师运用了类比推理

D. 法院生效的判决具有普遍约束力

【解析】"经鉴定为重伤"属于一种事实上的判断，并非价值判断。A 项错误。

判例属于我国的非正式法律渊源。B 项正确。

被告律师援用一年前相似案件的判决结果正是类比推理的体现。C 项正确。

法院生效的判决仅对判决双方具有约束力。D 项错误。

4. 审判组织是我国法院行使审判权的组织形式。关于审判组织，下列说法错误的是：（2015 - 1 - 98）[3]

A. 独任庭只能适用简易程序审理民事案件，但并不排斥普通程序某些规则的运用

B. 独任法官发现案件疑难复杂，可以转为普通程序审理，但不得提交审委会讨论

C. 再审程序属于纠错程序，为确保办案质量，应当由审判员组成合议庭进行审理

D. 不能以审委会名义发布裁判文书，但审委会意见对合议庭具有重要的参考作用

【解析】刑事自诉案件也可以适用独任制。A 项错误。

遇有重大疑难案件法官是可以提交审委会的。B 项错误。

再审案件中，如果原审为一审发回重审时仍应当适用一审程序，可以由审判员和陪审员共

---

[1] ACD [2] BC [3] ABCD

同组成合议庭。C项错误。

审判委员会讨论决定的案件的判决书和裁定书，应当以审理该案件的合议庭成员的名义发布，审判委员会的决定，合议庭应当执行，而不是参考作用。D项错误。

考点三　法的适用

1. 王某在未依法取得许可的情况下购买氰化钠并存储于车间内，被以非法买卖、储存危险物质罪提起公诉。法院认为，氰化钠对人体和环境具有极大毒害性，属于《刑法》第125条第2款规定的毒害性物质，王某未经许可购买氰化钠，虽只有购买行为，但刑法条文中的"非法买卖"并不要求兼有买进和卖出的行为，王某罪名成立。关于该案，下列说法正确的是：(2016 - 1 - 89)[1]

A. 法官对"非法买卖"进行了目的解释

B. 查明和确认"王某非法买卖毒害性物质"的过程是一个与法律适用无关的过程

C. 对"非法买卖"的解释属于外部证成

D. 内部证成关涉的是从前提到结论之间的推论是否有效

【解析】目的解释包括立法者的主观目的解释和法律本身的客观目的解释。法院基于对氰化钠的认识，认为其具有极大毒性，因此基于《刑法》对毒害性物质禁止买卖的立法者主观目的和维护社会公平正义的法律客观目的，对"非法买卖"进行了不要求兼有买进和卖出行为的目的解释，因此A项正确。法律适用也就是司法，司法活动是三段论推理，包括大前提（法律规范）、小前提（案件事实）和结论，查明和确认"王某非法买卖毒害性物质"的过程是查明案件事实，是为法律适用提供小前提的过程，因此B项错误。法律人法律适用的合理性取决于两个方面，一方面法律适用是按照一定的推理规则从前提推导出来的，另一方面推导法律结论所依赖的前提（包括大前提和小前提）是合理的、正当的，前者为内部证成，后者为外部证成。对非法买卖的解释直接涉及对大前提的认识，因而属于外部证成，因此C、D项正确。

2. "当法律人在选择法律规范时，他必须以该国的整个法律体系为基础，也就是说，他必须对该国的法律有一个整体的理解和掌握，更为重要的是他要选择一个与他确定的案件事实相切合的法律规范，他不仅要理解和掌握法律的字面含义，还要了解和掌握法律背后的意义。"关于该表述，下列哪一理解是错误的？(2017 - 1 - 12)[2]

A. 适用法律必须面对规范与事实问题

B. 当法律的字面含义不清晰时，可透过法律体系理解其含义

C. 法律体系由一国现行法和历史上曾经有效的法构成

D. 法律的字面含义有时与法律背后的意义不一致

【解析】法律适用以规范为大前提，以事实为小前提，因此A项正确。当法律的字面含义不清晰时，可透过法律体系，通过体系解释，理解其含义，因此B项正确。法律体系是一国现行法构成的体系，反映一国法律的现实状况，它不包括历史上废止的已经不再有效的法律，一般也不包括尚待制定、还未生效的法律，因此C项错误。法律的字面含义有时与法律背后的意义不一致，D项正确。

---

[1]　ACD　[2]　C

3. 据《二刻拍案惊奇》，大儒朱熹作知县时专好锄强扶弱。一日有百姓诉称："有乡绅夺去祖先坟茔作了自家坟地"。朱熹知当地颇重风水，常有乡绅强占百姓风水吉地之事，遂亲往踏勘。但见坟地山环水绕，确是宝地，遂问之，但乡绅矢口否认。朱熹大怒，令掘坟取证，见青石一块，其上多有百姓祖先名字。朱熹遂将坟地断给百姓，并治乡绅强占田土之罪。殊不知青石是那百姓暗中埋下的，朱熹一片好心办了错案。对此，下列说法正确的是：（2017－1－90）[1]

A. 青石上有百姓祖先名字的生活事实只能被建构为乡绅夺去百姓祖先坟茔的案件事实

B. "有乡绅夺去祖先坟茔作了自家坟地"是一个规范语句

C. 勘查现场是确定案件事实的必要条件，但并非充分条件

D. 裁判者自身的价值判断可能干扰其对案件事实的认定

【解析】法律人要想将一定的规范适用在特定的案件中，就必须要把纯粹生活事实转化为法律事实。青石上有百姓祖先名字的生活事实可能被建构为乡绅夺去百姓祖先坟茔的案件事实，而非"只能被构建为"，因此 A 项错误。"有乡绅夺去祖先坟茔作了自家坟地"中并无道义助动词，因此不是一个规范语句，而是陈述句，因此 B 项错误。勘查现场是确定案件事实的条件之一，但并非充分条件，因此 C 项正确。裁判者自身的价值判断具有主观性，可能干扰其对案件事实的认定，因此 D 项正确。

4. 某国跨国甲公司发现中国乙公司申请注册的域名侵犯了甲公司的商标权，遂起诉要求乙公司撤销该域名注册。乙公司称，商标和域名是两个领域的完全不同的概念，网络域名的注册和使用均不属中国《商标法》的调整范围。法院认为，两国均为《巴黎公约》成员国，应当根据中国法律和该公约处理注册纠纷。法院同时认为，对驰名商标的权利保障应当扩展到网络空间，故乙公司的行为侵犯了甲公司的商标专用权。据此，下列表述正确的是：（2008－1－92）[2]

A. 法律应该以社会为基础，随着社会的发展而变化

B. 科技的发展影响法律的调整范围，而法律可以保障科技的发展

C. 国际条约可以作为我国法的渊源

D. 乙公司的辩称和法院的判断表明：法律决定的可预测性与可接受性之间存在着一定的紧张关系

【解析】法律应该以社会为基础，随着社会的发展而变化。A 项正确。

科技发展对一些传统法律领域提出新问题，使传统法律部门面临着种种挑战，要求各个法律部门的发展不断深化。国家可以运用法律管理科技活动，确立国家科技事业的地位以及国际竞争与合作的准则，保障科技的发展。B 项正确。

在中国，法的正式渊源中包括国际条约、国际惯例。C 项正确。

法律人适用法律的最直接的目标就是要获得一个合理的决定，在法治社会，所谓合理的决定就是法律决定具有可预测性和正当性。正当性也就是可接受性。可预测性是形式法治的要求，正当性是实质法治的要求。法律决定的可预测性和可接受性之间存在着一定的紧张关系，这种紧张关系实质上是形式法治与实质法治之间的紧张关系的一种体现。对特定的一个时间段内特定的国家的法律人来说，法律决定的可预测性具有初始的优先性。D 项正确。

5. 关于法的适用，下列哪一说法是正确的？（2015－1－15）[3]

A. 在法治社会，获得具有可预测性的法律决定是法的适用的唯一目标

---

[1] CD 　[2] ABCD 　[3] C

B. 法律人查明和确认案件事实的过程是一个与规范认定无关的过程

C. 法的适用过程是一个为法律决定提供充足理由的法律证成过程

D. 法的适用过程仅仅是运用演绎推理的过程

【解析】可预测性和正当性是法的适用的目标。A 项错误。

查明与确认案件事实的过程必然涉及法律规范的认定。B 项错误。

在法的适用过程中对于法律推理的几种形式都会用到，不可能仅仅适用演绎推理。D 项错误。

6. 周某半夜驾车出游时发生交通事故致行人鲁某重伤残疾，检察院以交通肇事罪起诉周某。法院开庭，公诉人和辩护人就案件事实和证据进行质证，就法的适用展开辩论。法庭经过庭审查实，交通事故致鲁某重伤残疾并非因周某行为引起，宣判其无罪释放。依据法学原理，下列判断正确的是：(2009 - 1 - 92)[1]

A. 法院审理案件目的在于获得正确的法律判决，该判决应当在形式上符合法律规定，具有可预测性，还应当在内容上符合法律的精神和价值，具有正当性

B. 在本案中，检察院使用了归纳推理的方法

C. 法院在庭审中认定交通事故致鲁某重伤残疾并非因周某行为引起，这主要解决的是事实问题

D. 法庭主持的调查和法庭辩论活动，从法律推理的角度讲，是在为演绎推理确定大小前提

【解析】法律人适用法律的最直接目标就是要获得一个合理的法律决定。在法治社会，所谓合理的法律决定就是指法律决定具有可预测性和正当性。法律决定的可预测性是形式法治的要求，正当性是实质法治的要求。A 项正确。

演绎推理在结构上由大前提、小前提和结论三部分组成。大前提是法律规范，小前提是案件事实。归纳推理方法是：首先，汇集众多个别案件及经验事实；其次，对所汇集的对象进行比较、分类和概括；最后，发现或者确定归纳得以实现的案件和经验事实中那些共同的特征和属性，并形成具有普遍性的判断。因此，检察院使用的是演绎推理的方法，而非归纳推理的方法。B 项错误。

整体上来说，法律人适用有效的法律规范解决具体个案纠纷的过程在形式上是逻辑中的三段论推理过程，即大前提、小前提和结论。上述对法律人业务操作过程的划分是一种逻辑意义上的划分，在实际的法律活动中，这三个步骤"绝不是各自独立且严格区分的单个行为，它们之间界限模糊并且可以相互转换"。如法律人查明和确认案件事实的过程就不是一个纯粹的事实归结过程，而是一个在法律规范与事实之间的循环过程，即目光在事实与规范之间来回穿梭，也就是既要确认案件的法律事实，同时也在进行着寻找法律的过程。所以法院在庭审中认定交通事故致鲁某重伤残疾并非因周某行为引起，既解决了事实问题，也解决了法律问题。C 项错误。

法庭主持的调查和法庭辩论的目的就在于发现事实、寻找适用于本案的法律规范，即为演绎推理确定小前提和大前提。D 项正确。

7. 某法院在一起疑难案件的判决书中援引了法学教授叶某的学说予以说理。对此，下列哪些说法是正确的？(2015 - 1 - 57)[2]

A. 法学学说在当代中国属于法律原则的一种

---

〔1〕 AD 〔2〕 BD

B. 在我国，法学学说中对法律条文的解释属于非正式解释

C. 一般而言，只能在民事案件中援引法学学说

D. 参考法学学说有助于对法律条文作出正确理解

【解析】 本题较为简单，A项、C项明显错误。

法学学说属于一种非正式解释，上升不到法律原则的地位。B项、D项正确。

考点四　法律论证

1. 关于法的适用与法律论证，下列哪些说法是错误的？（2009 - 1 - 56）[1]

A. 法的适用所处理的问题，既包括法律事实问题也包括法律规范问题，还包括法律语言问题

B. 法的适用通常采用逻辑中的三段论推理

C. 法的适用只要有外部证成即可，毋需内部证成

D. 法律论证是一个独立的过程，与法律推理、法律解释没有关系

【解析】 法的适用，以法律规范作为大前提，以案件事实作为小前提。一切法律规范都必须以作为"法律语句"的语句形式表达出来，具有语言的依赖性。A项正确。

法的适用通常采用逻辑中的三段论推理。B项正确。

法律人法律适用的合理性取决于两个方面：一方面法律适用是按照一定的推理规则从前提中推导出来的；另一方面，推导法律结论所依赖的前提是合理的、正当的。前者为内部证成，后者为外部证成。法律推理或法律适用在整体框架上是一个三段论，而且是大三段论套小三段论，这就意味着在外部证成的过程中也必然涉及内部证成。C项错误。

法律论证的过程也是法的适用的过程，是一个逻辑中的三段论推理的过程，离不开推理规则。三段论推理的大前提和小前提之间，也就是法律规范和法律事实之间，存在缝隙，而这个缝隙正是通过法律解释得到缝合。因此，法律论证、法律推理、法律解释密不可分。D项错误。

2. 关于适用法律过程中的内部证成，下列选项正确的是：（2013 - 1 - 86）[2]

A. 内部证成是给一个法律决定提供充足理由的活动

B. 内部证成是按照一定的推理规则从相关前提中逻辑地推导出法律决定的过程

C. 内部证成是对法律决定所依赖的前提的证成

D. 内部证成和外部证成相互关联

【解析】 对法律决定所依赖的前提的证成属于外部证成。C项错误。

3. 关于法律论证中的内部证成和外部证成，下列哪些选项是错误的？（2008 - 1 - 52）[3]

A. 法律论证中的内部证成和外部证成之间的区别表现为，内部证成是针对案件事实问题进行的论证，外部证成是针对法律规范问题进行的论证

B. 无论内部证成还是外部证成都不解决法律决定的前提是否正确的问题

C. 内部证成主要使用演绎方法，外部证成主要使用归纳方法

D. 无论内部证成还是外部证成都离不开支持性理由和推理规则

【解析】 论证前提，包括大前提和小前提，也就是法律规范和案件事实，都属于外部证

---

[1]　CD　[2]　ABD　[3]　ABC

成。A项错误。

外部证成解决法律决定的前提是否正确的问题。B项错误。

无论是内部证成还是外部证成，都采用逻辑中的三段论推理，也就是演绎推理方法。C项错误。

内部证成和外部证成都属于法律论证，因此都离不开支持性理由和推理规则。D项正确。

4. 关于法律论证中外部证成的说法，下列哪些选项是错误的？（2010－1－54）[1]

A. 外部证成是对内部证成中所使用的前提本身之合理性的证成

B. 外部证成是法官在审判中根据法条直接推导出判决结论的过程

C. 外部证成与案件事实的法律认定无关

D. 外部证成本身也是一个推理过程

【解析】法官在审判中根据法条直接推导出判决结论的过程属于内部证成。B项错误。

案件事实的法律认定也就是论证小前提，证明前提的正确性属于外部证成。C项错误。

5. 张某与王某于2000年3月登记结婚，次年生一女小丽。2004年12月张某去世，小丽随王某生活。王某不允许小丽与祖父母见面，小丽祖父母向法院起诉，要求行使探望权。法官在审理中认为，我国《婚姻法》虽没有直接规定隔代亲属的探望权利，但正确行使隔代探望权有利于儿童健康成长，故依据《民法通则》第7条有关"民事活动应当尊重社会公德"的规定，判决小丽祖父母可以行使隔代探望权。关于此案，下列哪些说法是正确的？（2012－1－53）[2]

A. 我国《婚姻法》和《民法通则》均属同一法律部门的规范性文件，均是"基本法律"

B. "民事活动应当尊重社会公德"的规定属于命令性规则

C. 法官对判决理由的证成是一种外部证成

D. 法官的判决考虑到法的安定性和合目的性要求

【解析】基本法律，即全国人大制定和修改的刑事、民事、国家机构和其他方面的规范性文件。基本法以外的法律，由全国人大常委会制定和修改。《婚姻法》《民法通则》都是由全国人大制定并修改的民事法律，属于基本法律。A项正确。

"民事活动应当尊重社会公德"的规定不属于法律规则，而是属于法律原则。B项错误。

外部证成关涉的是对内部证成中所使用的前提本身的合理性的证成。C项正确。

法律决定的合理性，是指法律决定具有可预测性和正当性。可预测性也就是法的安定性，正当性也就是法的合目的性。D项正确。

6. 关于法定继承，《继承法》第10条规定："第一顺序：配偶、子女、父母。"第7条第3项规定，"遗弃被继承人的，或者虐待被继承人情节严重的"，丧失继承权。甲作为法定继承人，被乙告上法庭，声称甲虐待被继承人，不应享有继承权。本案审理法官查明甲虐待行为未达到情节严重，依法驳回乙的诉讼请求。关于本案，下列哪一选项是错误的？（2008川－1－3）[3]

A. 本案体现了法律的可诉性

B. "遗弃被继承人的，或者虐待被继承人情节严重的"规定是本案审理法官推理的大前提之一

C. "第一顺序：配偶、子女、父母。"这样的规定不是法律规范

D. 《继承法》第10条和第7条第3项均可作为法律论证中的内部证成的支持性理由

---

〔1〕 BC 〔2〕 ACD 〔3〕 C

【解析】法的可诉性包括可争讼性和可裁判性两个方面。《继承法》是本案原告和被告争讼的依据，也是法官进行裁判的依据，体现了法律的可诉性。A项正确。

法律规范是法官推理的大前提。B项正确。

法律规范分为法律规则和法律原则。"第一顺序：配偶、子女、父母。"的规定是法律规则，因此属于法律规范。C项错误。

《继承法》第10条和第7条第3款作为法律规范，均可作为法律论证中的内部证成的大前提，也就是支持性理由。D项正确。

7. 齐某酒后驾驶小轿车将正在过马路的行人孙某撞死，孙某家属向齐某索要一百万便可以"私了"，但公安机关以交通肇事罪对齐某立案侦查，后法院判处齐某有期徒刑二年，并承担相应民事赔偿责任。对此，分析错误的是?[1]

A. 引起齐某与公安机关之间法律关系的法律事实属于法律事件

B. 齐某与孙某的家属之间不形成实体法律关系

C. 本案中存在着法律责任竞合

D. 法官根据刑法规定判决案件的推理过程属于外部证成

【解析】本案中引起齐某与公安机关之间法律关系的事实是齐某的行为，属于法律行为，不是法律事件，A错误。民事赔偿责任承担就是实体法律关系，B错误。张某虽然存在民事责任和刑事责任，但是二者可以并存，不属于责任竞合，C错误。法官判案的过程属于内部证成，D错误。

8. 现行《刑法》与《治安管理处罚法》对引诱、容留、介绍他人卖淫都有规定，但是现行《刑法》及其司法解释、《治安管理处罚法》都没有对"卖淫行为"作出具体界定，也没有明文将"打飞机"等色情服务列入"卖淫"之列。甲地法院认为组织妇女进行"打飞机""胸推"等服务，不构成犯罪。理由是最高人民法院未将手淫、"胸推"等行为列入卖淫行为中，法无明文规定不为罪。公安部的《批复》不是法律，也不是行政法规，也不属于部门规章，只是一个"批复"，不能作为认定罪与非罪的法律依据。既然关于手淫是否属于卖淫没有法律依据，那么根据刑法"法律明文规定为犯罪行为的，依照法律定罪处刑；法律没有明文规定为犯罪行为的，不得定罪处刑"的规定，法院作出这样的判决是正确的。乙地法院认为法律不应该是僵死的文字，而是具有生命、随时空因素变化而变化的行为规范。如果固守狭隘的性行为理论，一味强求必须是性器官的结合，无视其他学科对性行为的认识，是机械地执行法律。对此，下列说法错误的是?[2]

A. 对于"卖淫行为"的解释属于一种外部证成

B. 乙地法院在面对现有法律的漏洞时，采用的方法是目的论扩张

C. 乙地法院灵活执行法律也是一种守法的表现

D. 各省、自治区、直辖市、设区的地级市的人民代表大会常务委员会可以提请全国人大常委会对法律规定不明确的内容进行解释

【解析】能提出法律解释要求的主体有六个：国务院、中央军事委员会、最高人民法院、最高人民检察院、全国人大各专门委员会和各省、自治区、直辖市的人民代表大会常务委员会，没有设区的地级市人大常委会。因此D项错误。其他选项正确。

9. 王某幼年被亲生父母抛弃，后被李某抚养成人。王某为自己购买一份意外死亡险，指定受益人为其法定继承人后，王某意外死亡。李某要求保险公司支付保险金，保险公司以李某

---

[1] ABCD　[2] D

未办理收养手续为由拒付，李某诉至法院，法院认为王某死亡时，并无其他法定继承人，将年事已高的李某作为保险受益人，保障其基本生存条件，符合公序良俗原则和王某真实意愿，故判决李某胜诉。对此，下列说法正确的是？（2021年回忆版）[1]

  A. 法院通过目的论扩张的方式，确认了李某的权利

  B. 该判决将人权作为重要的价值评价标准

  C. 推定王某的真实意愿，属于外部证成

  D. 在民法的各项原则中，公序良俗原则处于最高的效力位阶

  【解析】目的论扩张是一种法律漏洞填补方法，其主要适用于法律规定明显小于规范目的"潜在包含"情形，此时应当结合立法目的扩张规则适用范围，将本该包含的情形包含进来。本案中，对于保险公司的主张，法院将年事已高的李某作为保险受益人，保障其基本生存条件，符合公序良俗原则和王某真实意愿，符合目的论扩张的意图，故A项正确。法院在论证中将李某的基本生存条件作为考虑因素，将人权作为重要的价值评价标准，故B项正确。法律的外部证成是对法律决定所依赖的前提的证成，关涉的是对内部证成中所使用的前提本身的合理性，法院推定王某的真实意愿，属于外部证成，故C项正确。公序良俗作为一个弹性条款，配合各种具体的法律规则对民事活动起调控作用，在性质上属于授权性规定，目的是在遇有损害国家利益、社会公共利益和道德秩序的行为，而又缺乏相应的禁止性法律规定时，法院可以直接适用公序良俗原则判定该行为无效，但在直接依据公序良俗原则进行裁判时应审慎适用，不宜做不合法律的扩大解释，其具体适用有相应的限制条件，因此公序良俗原则在民法各项原则中并非优先适用，并非处于最高效力位阶。故D项错误。

考点五　法律推理

  1. 在宋代话本小说《错斩崔宁》中，刘贵之妾陈二姐因轻信刘贵欲将她休弃的戏言连夜回娘家，路遇年轻后生崔宁并与之结伴同行。当夜盗贼自刘贵家盗走15贯钱并杀死刘贵，邻居追赶盗贼遇到陈、崔二人，因见崔宁刚好携带15贯钱，遂将二人作为凶手捉拿送官。官府当庭拷讯二人，陈、崔屈打成招，后被处斩。关于该案，下列哪一说法是正确的？（2016－1－12）[2]

  A. 话本小说《错斩崔宁》可视为一种法的非正式渊源

  B. 邻居运用设证推理方法断定崔宁为凶手

  C. "盗贼自刘贵家盗走15贯钱并杀死刘贵"所表述的是法律规则中的假定条件

  D. 从生活事实向法律事实转化需要一个证成过程，从法治的角度看，官府的行为符合证成标准

  【解析】法的非正式渊源，是指虽不具有明文规定的法律效力，但具有法律说服力，能够构成法律人的法律决定的大前提的准则来源的那些资料，而话本小说不具有此特征，因此A项错误。设证推理是指从所有能够解释事实的假设中优先选择一个假设的推论，邻居运用设证推理方法断定崔宁为凶手，因此B项正确。C项的内容表述的是法律事实，属于法律推理的小前提，而非法律规则的假定条件，故C项错误。从法律证成的角度看法律人的法律决定的合理性取决于下列两个方面，一方面法律决定是按照一定的推理规则从前提中推导出来的，另一方面

推导法律决定所依赖的前提是合理的，而本案的"事实"是屈打成招所得，即本案中官府据以推理的小前提是不成立的，因此官府的行为不能同时满足这两个方面，是不符合证成标准的，因此造成了冤假错案，因此 D 项错误。

2. 徐某被何某侮辱后一直寻机报复，某日携带尖刀到何某住所将其刺成重伤。经司法鉴定，徐某作案时辨认和控制能力存在，有完全的刑事责任能力。法院审理后以故意伤害罪判处徐某有期徒刑 10 年。关于该案，下列哪些说法是正确的？（2015 - 1 - 58）[1]

A. "徐某作案时辨认和控制能力存在，有完全的刑事责任能力"这句话包含对事实的认定

B. 法院判决体现了法的强制作用，但未体现评价作用

C. 该案中法官运用了演绎推理

D. "徐某被何某侮辱后一直寻机报复，某日携带尖刀到何某住所将其刺成重伤"是该案法官推理中的大前提

【解析】 对于徐某作案时辨认和控制能力的判断是对于事实情况的认定，A 项正确；

法院对徐某进行判决事实上就是一种价值评价，B 项错误；

C 项正确；

大前提是法律规定，D 选项的内容属于小前提，D 项错误。

3. 新郎经过紧张筹备准备迎娶新娘。婚礼当天迎亲车队到达时，新娘却已飞往国外，由其家人转告将另嫁他人，离婚手续随后办理。此事对新郎造成严重伤害。法院认为，新娘违背诚实信用和公序良俗原则，侮辱了新郎人格尊严，判决新娘赔偿新郎财产损失和精神抚慰金。关于本案，下列哪些说法可以成立？（2014 - 1 - 52）[2]

A. 由于缺乏可供适用的法律规则，法官可依民法基本原则裁判案件

B. 本案法官运用了演绎推理

C. 确认案件事实是法官进行推理的前提条件

D. 只有依据法律原则裁判的情形，法官才需提供裁判理由

【解析】 法律原则可以弥补法律规则的空白和漏洞，穷尽法律规则，可适用法律原则。A 项正确。

法官以法律原则为大前提，以案件事实为小前提，采取三段论的形式作出判决，属于演绎推理。B 项正确。

确认案件事实是法官进行推理的小前提。C 项正确。

法官作出裁判，无论是依据法律规则，还是依据法律原则，都需要进行说理，也就是提供裁判理由。D 项错误。

4. 赵某与陈女订婚，付其 5000 元彩礼，赵母另付其 1000 元"见面礼"。双方后因性格不合解除婚约，赵某诉请陈女返还该 6000 元费用。法官根据《婚姻法》和最高法院《关于适用〈婚姻法〉若干问题的解释（二）》的相关规定，认定该现金属彩礼范畴，按照习俗要求返还不违反法律规定，遂判决陈女返还。对此，下列哪一说法是正确的？（2013 - 1 - 12）[3]

A. 法官所提及的"习俗"在我国可作为法的正式渊源

B. 在本案中，法官主要运用了归纳推理技术

C. 从法理上看，该判决不符合《婚姻法》第 19 条"夫妻可以约定婚姻关系存续期间所得的财产"之规定

D.《婚姻法》和《关于适用〈婚姻法〉若干问题的解释（二）》均属于规范性法律文件

【解析】社会习惯在我国属于法的非正式渊源。法官所提及的"习俗"在我国属于法的非正式渊源。A 项错误。

本案以《婚姻法》和最高人民法院《关于适用〈婚姻法〉若干问题的解释（二）》的相关规定作为大前提，以案件事实为小前提，作出判决，属于演绎推理。B 项错误。

订婚只是一种民间仪式，并不能产生婚姻关系，婚姻关系的成立必须经过婚姻登记。赵某与陈女二人之间仅仅是订婚，并未登记结婚，因此不存在婚姻关系，所以也就不能适用"夫妻可以约定婚姻关系存续期间所得的财产"之规定。C 项错误。

《婚姻法》和《关于适用〈婚姻法〉若干问题的解释（二）》的适用对象是不特定的，具有普遍法律效力，可以反复适用，因此都属于规范性法律文件。D 项正确。

5. 范某参加单位委托某拓展训练中心组织的拔河赛时，由于比赛用绳断裂导致范某骨折致残。范某起诉该中心，认为事故主要是该中心未尽到注意义务引起，要求赔偿 10 万余元。法院认定，拔河人数过多导致事故的发生，范某本人也有过错，判决该中心按 40% 的比例承担责任，赔偿 4 万元。关于该案，下列哪一说法是正确的？（2013 - 1 - 15）[1]

A. 范某对案件仅做了事实描述，未进行法律判断

B. "拔河人数过多导致了事故的发生"这一语句所表达的是一种裁判事实，可作为演绎推理的大前提

C. "该中心按 40% 的比例承担责任，赔偿 4 万元"是从逻辑前提中推导而来的

D. 法院主要根据法律责任的效益原则作出判决

【解析】范某起诉该中心，认为事故主要是该中心未尽到注意义务引起，要求赔偿 10 万余元。这一行为不是事实描述，而是法律判断。A 项错误。

演绎推理以法律规范为大前提，案件事实为小前提，"拔河人数过多导致了事故的发生"这一语句所表达的是一种裁判事实，是小前提。B 项错误。

认定该中心承担赔偿责任是从大、小前提中推导出来的。C 项正确。

法院主要根据法律责任的公正原则和合理性原则作出判决。D 项错误。

6. 谢某、阮某与曾某在曾某经营的"皇太极"酒吧喝酒，离开时谢某从楼梯摔下，被扶起后要求在酒吧休息，第 2 天被发现已死亡。经鉴定，谢某系"醉酒后猝死"。该案审理中，合议庭对"餐饮经营者对醉酒者是否负有义务"产生争议。刘法官认为，我国相关法律对此没有明确规定，但根据德国、奥地利、芬兰等国判例，餐饮经营者负有确保醉酒顾客安全的义务，认定曾某负赔偿责任符合法律保护弱者的立法潮流。依据法学原理，下列哪一说法是正确的？（2010 - 1 - 9）[2]

A. 刘法官的解释属于我国正式法律解释体制中的司法解释

B. 刘法官在该案的论证中运用了有关法的非正式渊源的知识

C. 从法律推理角度看，"经鉴定，谢某系'醉酒后猝死'"是推理的大前提

D. 从德国、奥地利、芬兰等国家存在判例的情形看，这些国家的法律属于判例法系

【解析】司法解释权只属于最高人民法院、最高人民检察院。A 项错误。

本案中，刘法官根据德国等国的判例做出自己的判断，判例在我国属于法的非正式渊源。B 项正确。

---

〔1〕 C 〔2〕 B

"经鉴定，谢某系'醉酒后猝死'"，是确认事实，属于演绎推理的小前提。C项错误。德国、奥地利、芬兰等国属于大陆法系。D项错误。

7. 关于法律解释和法律推理，下列哪一说法可以成立？(2009-1-9)[1]

A. 作为一种法律思维活动，法律推理的根本目的在于发现绝对事实和真相

B. 法律解释和法律推理属于完全不同的两种思维活动，法律推理完全独立于法律解释

C. 法官在进行法律推理时，既要遵守和服从法律规则又要在不同利益冲突间进行价值平衡和选择

D. 法律推理是严格的形式推理，不受人的价值观影响

【解析】法律推理是一种寻求正当性证明的推理。法律推理以法律规范为前提，包含了法律人的价值判断，具有一定的主观性，经过法律推理发现的事实和真相仅仅是法律意义上或法律程序上的事实和真相，而非绝对事实和真相。A项错误。

法律推理的大前提和小前提的缝隙，是通过法律解释缝合的。在这个意义上我们可以说，法律解释是法律推理的必经环节，法律解释也是法的适用的必经环节。B项错误。

法律解释、法律推理都属于价值判断，既要遵守和服从法律规则又要在不同利益冲突间进行价值平衡和选择，都受人的价值观影响。C项正确，D项错误。

8. 徐某深夜潜入一住家小卖铺盗窃财物，分文未得，就被主人发现后擒获。检察机关依盗窃罪提起公诉。一审法院认为，刑法第264条规定，入户盗窃的，处三年以下有期徒刑、拘役或者管制，并处或者单处罚金。据此，即便徐某分文未得，也构成盗窃罪，判处一年有期徒刑。徐某不服提起上诉。二审法院认为，本案发生的场所是小卖铺，虽然有人住，但主体是营业场所，具有公共性，因此不能认定为住宅。所以，徐某的行为不属于入户盗窃。关于本案，下列说法正确的是？[2]

A. 一审法院作出判决运用的是演绎推理

B. 二审法院认定小卖铺不是住宅运用的是当然推理

C. 二审法院对"住宅"的解释是目的解释，是确定法律推理的小前提

D. 针对同一刑法条文，一、二审法院得出不同结论，说明该条文是起到不确定的指引作用

【解析】一审法院根据法律规定作出判决，是典型的演绎推理，A正确。当然推理指的是由某个更广泛的法律规范的效力推导出某个不那么广泛的法律规范的效力。二审法院将小卖铺与住宅进行比较，得出本案并不属在住宅内盗窃的情况，属于类比推理，B错误。二审法院通过探求法律自身目的，也就是刑法相关条款要实现的价值来评价本案中的场所是否为住宅，属于客观目的解释，是确定法律推理的大前提，C错误。刑法264条规定了明确的法律义务和责任，是确定的指引，D错误。

9. 李某驾驶摩托车与高某驾驶的出租车相撞，李某死亡。交警部门认定高某、李某承担事故的同等责任。在交警部门主持下，高某与死者李某之妻达成调解协议，由高某赔偿李某家属各项费用12.2万元，双方永无纠葛。不久，李某之妻发现自己已有身孕，并在7个月后生下女儿小鑫。李某之妻依据全国人大颁布的《民法通则》第一百一十九条，将受偿主体确定为死者生前"扶养"的人的规定，向高某索要女儿抚养费。高某根据国务院制定的《道路交通事故处理办法》第三十七条，将受偿主体确定为死者生前"实际扶养"的人，拒绝做出赔偿。对此，下列说法错误的是？(2018年回忆版)[3]

---

[1] C [2] A [3] AC

· 82 ·

A. 根据特别法优于一般法的原则，本案应当优先适用《道路交通事故处理办法》

B. 双方当事人及律师关于本案法律适用问题的辩论，属于外部证成

C. 法官对本案案件事实的确定过程，是一个纯粹的事实判断的过程

D. 李某之妻和高某的举动，均显现了法律的指引作用

【解析】特别法优于一般法是同一位阶的法律渊源冲突解决原则，本案中《民法通则》和《道路交通事故处理办法》一个是基本法律，一个是行政法规，显然属于不同位阶。故 A 项错误。双方当事人及律师关于本案法律适用问题的辩论，属于对法律渊源的辩论（围绕大前提展开），是典型的外部证成。故 B 项正确。案件事实是法官在法律规范的立场下，通过"目光在事实与规范之间的往返流转"所得到的结果，案件事实本身就带有鲜明的规范性立场和裁判者价值判断，所以注定不是一个单纯的事实判断过程。故 C 项错误。指引作用主要体现为依法办事，显然李某之妻和高某的行为均是依法而为，都属于接受了法律的指引。故 D 项正确。

10. 朱男和吕女结婚前，给了吕女母亲一笔钱款。后朱男与吕女离婚，朱男未向吕母要求返还，吕女向其母索要该钱无果后诉至法院。法院经调查风俗习惯后认定该钱款系朱男婚前向吕母支付的彩礼，而非赠与吕女的财产。法律规定只有给付彩礼方有权请求接受方返还彩礼，而吕女无权向其母亲索要该笔彩礼，故吕女败诉。对此，以下正确选项有哪些？（2021 年回忆版）[1]

A. 法院在适用返还彩礼相关规定时，进行了反向推理

B. 在认定该笔款项性质时，法院以当地习俗为大前提

C. 法院在查明习俗的过程，属于法的发现

D. 整个推理过程，法院采用了涵摄的方法

【解析】反向推理将法律规范解释为，它只适用于它明确规定的情形。即"明示其一即否定其余"或"例外证实了非例外情形中的规则"。本案中，法官认为法律规定只有给付彩礼方有权请求接受方返还彩礼，而吕女无权向其母亲索要该笔彩礼。案例中的事实与法律规定的事实不相符，所以法律规定的法律效果不能适用于案例中的事实，属于反向推理。故 A 项正确。依据《中华人民共和国民法典》规定："处理民事纠纷，应当依照法律；法律没有规定的，可以适用习惯，但是不得违背公序良俗。"本案中法官依据当地风俗习惯认定该笔款项的性质，故 B 项正确。法的发现，指特定法律人的心理因素与社会因素引发他针对特定案件做出某个法律决定的实际过程，这是法律人获得法律决定的事实过程。法的发现将心理因素、社会因素与法律决定之间的关系视为因果关系而进行处理。这里的心理因素与社会因素主要是指法律人的直觉、情感、利益立场、社会阶层、价值偏好等。因此法院查明习俗的过程，属于法的发现，故 C 项正确。涵摄是指确定生活事实与法律规范之间的关系的思维过程，将事实涵摄于法律规范，就是检验事实是否满足法律规范的事实构成并因此产生该规范所规定的法律后果。因此就本案整个推理过程而言，法院采用了涵摄的方法，故 D 项正确。

考点六　法律解释

1. 在莎士比亚喜剧《威尼斯商人》中，安东尼与夏洛克订立契约，约定由夏洛克借款给安东尼，如不能按时还款，则夏洛克将在安东尼的胸口割取一磅肉。期限届至，安东尼无力还

---

[1]　ABCD

款，夏洛克遂要求严格履行契约。安东尼的未婚妻鲍西娅针锋相对地向夏洛克提出：可以割肉，但仅限一磅，不许相差分毫，也不许流一滴血，惟其如此方符合契约。关于该故事，下列说法正确的是：（2016－1－90）[1]

A. 夏洛克主张有约必践，体现了强烈的权利意识和契约精神

B. 夏洛克有约必践（即使契约是不合理的）的主张本质上可以看作是"恶法亦法"的观点

C. 鲍西娅对契约的解释运用了历史解释方法

D. 安东尼与夏洛克的约定遵循了人权原则而违背了平等原则

【解析】夏洛克有约必践的行为是对私人之间契约的履行，能够体现民法的权利意识和契约精神，因此 A 项正确。

夏洛克主张已经签订的契约，即使该契约是不合理的（违反正义的），也应得到遵守，可以看作是"恶法亦法"的观点，因此 B 项正确。

历史解释是指根据正在讨论的法律问题的历史事实对某个法律进行解释。本题属于文义解释，不属于历史解释，因此 C 项错误。

安东尼和夏洛克的约定遵循了平等原则，但违背了人权原则，因此 D 项错误。

2. 《全国人民代表大会常务委员会关于〈中华人民共和国刑法〉第一百五十八条、第一百五十九条的解释》中规定："刑法第一百五十八条、第一百五十九条的规定，只适用于依法实行注册资本实缴登记制的公司。"关于该解释，下列哪一说法是正确的？（2016－1－13）[2]

A. 效力低于《刑法》

B. 全国人大常委会只能就《刑法》作法律解释

C. 对法律条文进行了限制解释

D. 是学理解释

【解析】我国宪法规定了全国人大常委会享有法律解释权。这被称为立法解释，其效力等同于法律本身，因此 A 项错误。

立法解释的对象是法律，而非只是《刑法》，因此 B 项错误。

从内容来看，题干中的法律解释是对公司的限制，因而是文义解释中的限制解释，因此 C 项正确。

立法解释属于正式解释（有权解释），而不是非正式解释（无权解释、学理解释），因此 D 项错误。

3. 依《刑法》第 180 条第 4 款之规定，证券从业人员利用未公开信息从事相关交易活动，情节严重的，依照第 1 款的规定处罚；该条第 1 款规定了"情节严重"和"情节特别严重"两个量刑档次。在审理史某利用未公开信息交易一案时，法院认为，尽管第 4 款中只有"情节严重"的表述，但仍应将其理解为包含"情节严重"和"情节特别严重"两个量刑档次，并认为史某的行为属"情节特别严重"。其理由是《刑法》其他条款中仅有"情节严重"的规定时，相关司法解释仍规定按照"情节严重""情节特别严重"两档量刑。对此，下列哪些说法是正确的？（2017－1－60）[3]

A. 第 4 款中表达的是准用性规则

B. 法院运用了体系解释方法

C. 第 4 款的规定可以避免法条重复表述

———————————

[1] AB [2] C [3] ABC

D. 法院的解释将焦点集中在语言上，并未考虑解释的结果是否公正

【解析】法律规则分为确定性规则、委任性规则和准用性规则，第 4 款中"依照第 1 款的规定处罚"说明表达的是准用性规则，A 项正确。

法院在审理中，结合《刑法》的不同条款和相关司法解释的规定，说明运用了体系解释方法，因此 B 项正确。

准用性规则可以避免法条重复表述，因此 C 项正确。

法院对"情节严重"的解释不仅仅是将焦点集中在语言上，同时考虑了解释的结果是否公正，因此 D 项错误。

4. 《全国人民代表大会常务委员会关于〈中华人民共和国民法通则〉第九十九条第一款、〈中华人民共和国婚姻法〉第二十二条的解释》规定："公民依法享有姓名权。公民行使姓名权，还应当尊重社会公德，不得损害社会公共利益。"关于该解释，下列哪些选项是正确的？(2017 - 1 - 64)[1]

A. 我国《宪法》明确规定了姓名权，故该解释属于宪法解释

B. 与《民法通则》和《婚姻法》具有同等效力

C. 由全国人大常委会发布公告予以公布

D. 法院可在具体审判过程中针对个案对该解释进行解释

【解析】《民法通则》第 99 条规定："公民享有姓名权，有权决定、使用和依照规定改变自己的姓名，禁止他人干涉、盗用、假冒。"而《宪法》第 38 条规定："中华人民共和国公民的人格尊严不受侵犯。禁止用任何方法对公民进行侮辱、诽谤和诬告陷害。"该条并未明确规定姓名权。本题全国人大常委会的解释属于法律解释，并非宪法解释，因此 A 项错误。

全国人大常委会解释法律属于立法解释，与法律具有同等效力，因此 B 项正确。

根据《立法法》第 49 条规定："法律解释草案表决稿由常务委员会全体组成人员的过半数通过，由常务委员会发布公告予以公布。"因此 C 项正确。

法院可在具体审判过程中针对个案对该解释进行解释，因此 D 项正确。

5. 《最高人民法院、最高人民检察院关于办理赌博刑事案件具体应用法律若干问题的解释》第 2 条规定："以营利为目的，在计算机网络上建立赌博网站，或者为赌博网站担任代理，接受投注的，属于刑法第三百零三条规定的'开设赌场'。"关于该解释，下列哪一说法是不正确的？(2014 - 1 - 14)[2]

A. 属于法定解释

B. 对刑法条文做了扩大解释

C. 应当自公布之日起 30 日内报全国人大常委会备案

D. 运用了历史解释方法

【解析】法律解释是指一定的人或组织对法律规定意义的说明与阐述。法律解释分为正式解释和非正式解释：正式解释也叫法定解释或有权解释，是指由特定的国家机关、官员或其他有解释权的人对法律作出的具有法律上普遍约束力的解释；非正式解释又称任意解释、学理解释，一般是由学者或者其他个人及组织对法律规定所作的不具有普遍约束力的解释。该解释是司法解释，属于法定解释。A 项正确。

法律解释根据解释尺度可以分为限制解释、扩大解释与字面解释三种：(1) 限制解释是指在法律条文的字面含义显然比立法原意广时，作出比字面含义窄的解释；(2) 扩大解释是

---

[1] BCD 　[2] D

指在法律条文的字面含义显然比立法原意窄时，作出比字面含义广的解释；（3）字面解释是指严格按照法律条文字面的通常含义解释法律，既不缩小，也不扩大。B项正确。

《中华人民共和国各级人民代表大会常务委员会监督法》第31条规定："最高人民法院、最高人民检察院作出的属于审判、检察工作中具体应用法律的解释，应当自公布之日起三十日内报全国人民代表大会常务委员会备案。"C项正确。

历史解释是指依据正在讨论的法律问题的历史事实对某个法律规定进行解释。本题并未运用历史解释方法，因此D项错误。

6. 张某出差途中突发疾病死亡，被市社会保障局认定为工伤。但张某所在单位认为依据《工伤保险条例》，只有"在工作时间和工作岗位突发疾病死亡"才属于工伤，遂诉至法院。法官认为，张某为完成单位分配任务，须经历从工作单位到达出差目的地这一过程，出差途中应视为工作时间和工作岗位，故构成工伤。关于此案，下列哪些说法是正确的？（2015－1－59）[1]

A. 解释法律时应首先运用文义解释方法

B. 法官对条文作了扩张解释

C. 对条文文义的扩张解释不应违背立法目的

D. 一般而言，只有在法律出现漏洞时才需要进行法律解释

【解析】文义解释是法律解释的首要解释方法。A项正确。

文中将工作时间与工作岗位扩张解释为出差途中，属于一种扩张解释。B项正确。

解释不应违背立法目的。C项正确。

法律解释贯穿于法律适用的整个过程，并不是只在有漏洞时才进行解释。D项错误。

7. 《最高人民法院关于适用〈中华人民共和国合同法〉若干问题的解释（二）》第19条规定："对于合同法第七十四条规定的'明显不合理的低价'，人民法院应当以交易当地一般经营者的判断，并参考交易当时交易地的物价部门指导价或者市场交易价，结合其他相关因素综合考虑予以确认。"关于该解释，下列哪些说法是正确的？（2015－1－60）[2]

A. 并非由某个个案裁判而引起

B. 仅关注语言问题而未涉及解释结果是否公正的问题

C. 具有法律约束力

D. 不需报全国人大常委会备案

【解析】B选项的规定不仅仅关注了语言问题，对于解释结果也进行了关注。B项错误。

"两高"司法解释要报全国人大常委会备案。D项错误。

8. 最高人民法院、最高人民检察院联合公布了《关于执行〈中华人民共和国刑法〉确定罪名的补充规定（三）》，对适用刑法的部分罪名进行了补充或修改，取消了原来的"公司、企业人员受贿罪"罪名，修改为"非国家工作人员受贿罪"。对此，下列哪些选项是正确的？（2008川－1－53）[3]

A. 该规定属于立法解释　　　　　　B. 该规定没有正式的法的效力

C. 该规定的效力低于宪法　　　　　D. 该规定属于正式解释

【解析】1981年，全国人大常委会作出《关于加强法律解释工作的决议》，明确规定："凡关于法律、法令条文本身需要进一步明确界限或作补充规定的，由全国人民代表大会常务委员会进行解释或用法令加以规定。"《立法法》第45条规定："法律解释权属于全国人民代表大

---

[1] ABC　[2] AC　[3] CD

会常务委员会。"全国人大常委会对法律的解释被称为立法解释。最高人民法院、最高人民检察院对法律在司法工作中的具体应用所作的解释被称为司法解释。立法解释和司法解释都属于正式解释，都具有法律上的普遍约束力。A项错误，B项错误，D项正确。

宪法具有最高的效力，司法解释的效力低于立法解释和法律，当然低于宪法。C项正确。

9. 2004年《全国人民代表大会常务委员会关于〈中华人民共和国刑法〉有关信用卡规定的解释》规定："刑法规定的'信用卡'，是指由商业银行或者其他金融机构发行的具有消费支付、信用贷款、转账结算、存取现金等全部功能或者部分功能的电子支付卡。"对此，下列哪些说法是正确的？（2009-1-51）[1]

    A. 该解释是学理解释   B. 该解释属于有权解释

    C. 该解释和刑法本身具有同等效力   D. 该解释所采用的是文理解释

【解析】该解释是由全国人大常委会作出的，是立法解释，属于有权解释，不属于学理解释。A项错误，B项正确。

《立法法》第50条规定："全国人民代表大会常务委员会的法律解释同法律具有同等效力。"C项正确。

文理解释即文义解释，是指从法律条文的字面意义来说明法律规定的涵义。D项正确。

10. 2005年8月全国人大常委会对《妇女权益保障法》进行了修正，增加了"禁止对妇女实施性骚扰"的规定，但没有对"性骚扰"予以具体界定。2007年4月，某省人大常委会通过《实施〈中华人民共和国妇女权益保障法〉办法》，规定"禁止以语言、文字、电子信息、肢体等形式对妇女实行骚扰"。关于该《办法》，下列哪一选项可以成立？（2007-1-5）[2]

    A.《办法》对构成"性骚扰"具体行为所作的界定，属于对《妇女权益保障法》的立法解释

    B.《办法》属于《妇女权益保障法》的下位法，按照法律高于法规的原则其效力较低

    C.《办法》属于对《妇女权益保障法》的变通或补充规定

    D.《办法》对"性骚扰"进行了体系解释

【解析】在我国，立法解释权属于全国人大常委会。该《办法》由某省人大常委会制定，不属于立法解释。A项错误。

《办法》是由某省人大常委会制定的，属于地方性法规，而《妇女权益保障法》是由全国人大常委会制定的，属于法律。因此，《办法》属于《妇女权益保障法》的下位法，按照法律高于法规的原则其效力较低。B项正确。

《办法》将《妇女权益保障法》中的"禁止对妇女实施性骚扰"具体界定为"禁止以语言、文字、电子信息、肢体等形式对妇女实行骚扰"，属于对"性骚扰"进行的文义解释，不属于"变通或补充规定"。C项错误。

体系解释也称系统解释，是指将被解释的法律条文放在整部法律中乃至整个法律体系中，联系此法条与其他法条的相互关系来解释法律。D项错误。

【特别提示】

1.《立法法》第45条第2款规定："法律有以下情况之一的，由全国人民代表大会常务委员会解释：（一）法律的规定需要进一步明确具体含义的；（二）法律制定后出现新的情况，需要明确适用法律依据的。"

2.《立法法》第46条规定："国务院、中央军事委员会、最高人民法院、最高人民检察院

---

[1]　BCD　[2]　B

和全国人民代表大会各专门委员会以及省、自治区、直辖市的人民代表大会常务委员会可以向全国人民代表大会常务委员会提出法律解释要求。"

3. 《立法法》有关"变通"的规定：(1) 第75条第2款规定："自治条例和单行条例可以依照当地民族的特点，对法律和行政法规的规定作出变通规定，但不得违背法律或者行政法规的基本原则，不得对宪法和民族区域自治法的规定以及其他有关法律、行政法规专门就民族自治地方所作的规定作出变通规定。"(2) 第90条规定："自治条例和单行条例依法对法律、行政法规、地方性法规作变通规定的，在本自治地方适用自治条例和单行条例的规定。经济特区法规根据授权对法律、行政法规、地方性法规作变通规定的，在本经济特区适用经济特区法规的规定。"

11. 2003年7月，年过七旬的王某过世，之前立下一份"打油诗"遗嘱："本人已年过七旬，一旦病危莫抢救；人老病死本常事，古今无人寿长久；老伴子女莫悲愁，安乐停药助我休；不搞哀悼不奏乐，免得干扰邻和友；遗体器官若能用，解剖赠送我原求；病体器官无处要，育树肥花环境秀；我的一半财产权，交由老伴可拥有；上述遗愿能实现，我在地下乐悠悠。"对于王某遗嘱中"我的一半财产权"所涉及的住房，指的是"整个房子的一半"，还是"属于父亲份额的一半"，家人之间有不同的理解。儿子认为，父亲所述应理解为母亲应该继承属于父亲那部分房产的一半，而不是整个房产的一半。王某老伴坚持认为，这套房子是其与丈夫的共同财产，自己应拥有整个房产（包括属于丈夫的另一半房产）。关于该案，下列哪一说法是正确的？(2012 - 1 - 11)[1]

A. 王某老伴与子女间的争议在于他们均享有正式的法律解释权

B. 王某老伴与子女对遗嘱的理解属于主观目的解释

C. 王某遗嘱符合意思表示真实、合法的要求

D. 遗嘱中的"我的一半财产权"首先应当进行历史解释

【解析】王某老伴与子女对遗嘱的解释不具有正式的法律效力，因此他们的解释属于非正式解释。A项错误。

目的解释有两种：(1) 立法者的目的解释，又称为主观目的解释，是指探求立法者事实上的意思，即立法者的看法、企图和价值观；(2) 客观目的解释，这种学说认为法律解释的目标不是在于探求历史上立法者事实上的意思，法律从被颁布之日起，就有它自身的目的。法律解释的目标就是探求这个内在于法律的目标。王某儿子根据"父亲所述"解释遗嘱，意在探求王某的真实意图，进行的是主观目的解释。王某老伴认为自己"应"拥有整个房产，是脱离了立遗嘱者的意图，从"应当"这一法的客观目的出发进行的解释，属于客观目的解释。B项错误。

王某遗嘱符合意思表示真实、合法的要求。C项正确。

文义解释是首先考虑的解释方法，相对于其他解释方法具有优先性。D项错误。

12. 某商场促销活动时宣称："凡购买100元商品均送80元购物券。对因促销活动产生的纠纷，本商场有最终解释权。"刘女士在该商场购买了1000元商品，返回800元购物券。刘女士持券买鞋时，被告知鞋类商品2天前已退出促销活动，必须现金购买。刘女士遂找商场理论，协商未果便将商场告上法庭。关于本案，下列哪一认识是正确的？(2012 - 1 - 14)[2]

A. 从法律的角度看，"本商场有最终解释权"是一种学理解释权的宣称

B. 本案的争议表明，需要以公平正义去解释合同填补漏洞

---

[1] C　[2] B

C. 当事人对合同进行解释，等同于对合同享有法定的解释权

D. 商场的做法符合"权利和义务相一致"的原则

【解析】商场的解释不具有正式法律效力，因此属于学理解释。学理解释也就是无权解释，它不是一种专属的法定权力，因此不存在"学理解释权"这一概念。A项错误。

公平正义作为法律原则，以公平正义去解释合同，可以填补合同的漏洞。B项正确。

当事人对合同进行解释，属于学理解释，不是法定解释，因此不享有法定的解释权。C项错误。

商场的做法违背了诚信原则，逃避了自己的义务，不符合"权利义务相一致"原则。D项错误。

13. 李某在某餐馆就餐时，被邻桌互殴的陌生人误伤。李某认为，依据《消费者权益保护法》第7条第1款中"消费者在购买、使用商品和接受服务时享有人身、财产安全不受损害的权利"的规定，餐馆应负赔偿责任，据此起诉。法官结合该法第7条第2款中"消费者有权要求经营者提供的商品和服务，符合保障人身、财产安全的要求"的规定来解释第7条第1款，认为餐馆对商品和服务之外的因素导致伤害不应承担责任，遂判决李某败诉。对此，下列哪一说法是不正确的？（2013－1－13）[1]

A. 李某的解释为非正式解释

B. 李某运用的是文义解释方法

C. 法官运用的是体系解释方法

D. 就不同解释方法之间的优先性而言，存在固定的位阶关系

【解析】通常情况下，法律解释一般按下列位阶进行：文义解释→体系解释→立法者意图或目的解释→历史解释→比较解释→客观目的解释。但这种位阶关系并非不能改变，个别解释方法的重要性如何还取决于其将造成的结果。在出现更强的理由的情况下，经过充分的论证，上述位阶关系可以推翻。D项错误。

14. 法律解释是法律适用中的必经环节。关于法律解释及其方法，下列哪一说法是错误的？（2010－1－10）[2]

A. "欲寻词句义，应观上下文"，描述的是体系解释方法

B. 文义解释是首先考虑的解释方法，相对于其他解释方法具有优先性

C. 历史解释的对象主要是法律问题中的历史事实，与特定解决方案中的法律后果无关

D. 客观目的解释中，一些法伦理性的原则可以作为解释的根据

【解析】不同的法律解释方法会造成不同的法律后果，或者说，法律解释方法和法律后果直接相关。因此，历史解释与特定解决方案中的法律后果直接有关。C项错误。

15. 我国某省人大常委会制定了该省的《食品卫生条例》，关于该地方性法规，下列哪一选项是不正确的？（2010－1－8）[3]

A. 该法规所规定的内容主要属于行政法部门

B. 该法规属于我国法律的正式渊源，法院审理相关案件时可直接适用

C. 该法规的具体应用问题，应由该省人大常委会进行解释

D. 该法规虽仅在该省范围适用，但从效力上看具有普遍性

【解析】1981年，全国人大常委会作出的《关于加强法律解释工作的决议》规定："凡属于地方性法规条文本身需要进一步明确界限或作补充规定的，由制定法规的省、自治区、直辖

市人民代表大会常务委员会进行解释或作出规定。凡属于地方性法规如何具体应用的问题，由省、自治区、直辖市人民政府主管部门进行解释。"因此，该地方性法规的具体应用问题，应由该省政府卫生主管部门进行解释。C项错误。

16. 在一起案件中，主审法官认为，生产假化肥案件中的"假化肥"不属于《刑法》第140条规定的"生产者、销售者在产品中掺杂、掺假，以假充真，以次充好或者以不合格产品冒充合格产品"中的"产品"范畴，因为《刑法》第147条对"生产假农药、假兽药、假化肥"有专门规定。关于该案，法官采用的法律解释方法属于下列哪一种？（2008－1－6）[1]

    A. 比较解释　　　　　　　　　　　B. 历史解释
    C. 体系解释　　　　　　　　　　　D. 目的解释

【解析】比较解释是指根据外国的立法例和判例学说对某个法律规定进行解释。本案中，主审法官将"假化肥"放在整个刑法的体系中进行解释，属于体系解释。C项正确。

17. 2007年，张某请风水先生选了块墓地安葬亡父，下葬时却挖到十年前安葬的刘某父亲的棺木，张某将该棺木锯下一角，紧贴着安葬了自己父亲。后刘某发觉，以故意损害他人财物为由起诉张某，要求赔偿损失以及精神损害赔偿。对于此案，合议庭意见不一。法官甲认为，下葬棺木不属于民法上的物，本案不存在精神损害。法官乙认为，张某不仅要承担损毁他人财物的侵权责任，还要因其行为违背公序良俗而向刘某支付精神损害赔偿金。对此，下列哪些说法是正确的？（2010－1－53）[2]

    A. 下葬棺木是否属于民法上的物，可以通过"解释学循环"进行判断
    B. "入土为安，死者不受打扰"是中国大部分地区的传统，在一定程度上可以成为法律推理的前提之一
    C. "公序良俗"属伦理范畴，非法律规范，故法官乙推理不成立
    D. 当地群众对该事件的一般看法，可成为判断刘某是否受到精神损害的因素之一

【解析】法律解释受解释学循环的制约，解释学循环理论是解释学中的一个中心问题，循环规律要求法律人在解释某个法律规范时，必须将该法律规范置于其上下文、整部法律、该国的整个法律体系的脉络中进行理解和解释，否则就不能正确地揭示某个法律规范的意义。本题在解释下葬棺木是否属于民法上的物，势必要受"解释学循环"规律的约束。A项正确。

"入土为安，死者不受打扰"是中国大部分地区的传统，属于社会习惯，是法的非正式渊源，一定程度上可以成为法律推理的大前提。B项正确。

"公序良俗"原则在《民法典》中有明确的规定，属于法律规范。C项错误。

精神损害的评判标准是确定刘某是否受到精神损害的关键因素。一般来讲，法学上采取"第三人标准"，即以普通正常人的标准判断精神利益的损害是否达到"严重程度"，不以当事人的主观感受为准。D项正确。

18. 《刑法》第263条规定，持枪抢劫是抢劫罪的加重理由，应处10年以上有期徒刑、无期徒刑或者死刑。冯某抢劫了某出租车司机的钱财。法院在审理过程中确认，冯某抢劫时使用的是仿真手枪，因此，法官在对冯某如何量刑上发生了争议。法官甲认为，持仿真手枪抢劫系本条款规定的持枪抢劫，而且立法者的立法意图也应是这样。因为如果立法者在制定法律时不将仿真手枪包括在枪之内，就会在该条款作出例外规定。法官乙认为，持仿真手枪抢劫不是本条款规定的持枪抢劫，而且立法者的意图并不是法律本身的目的；刑法之所以将持枪抢劫规定为抢劫罪的加重事由，是因为这种抢劫可能造成他人伤亡因而其危害性大，而持仿真手枪抢劫不可能造

成他人伤亡，因而其危害性并不大。对此，下列哪些说法是正确的？（2006 - 1 - 56）[1]

A. 法官甲对《刑法》第263条规定的解释是一种体系解释

B. 法官乙对《刑法》第263条规定的解释是一种目的解释

C. 法官对仿真手枪是不是枪的判断是一种纯粹的事实判断

D. 法官的争议说明：法律条文中所规定的"词"的意义具有一定的开放性，需要根据案件事实通过"解释学循环"来确定其意义

【解析】法官甲根据"立法者的立法意图"进行解释，属于立法者主观目的解释。A项错误。

法官乙认为"立法者的意图并不是法律本身的目的"，根据"危害性"这一"法律本身的目的"进行解释，属于客观目的解释。B项正确。

法律解释属于价值判断，不是事实判断。C项错误。

法律解释受解释学循环的制约。D项正确。

19. 下列关于法律漏洞的说法哪些是正确的？[2]

A. 根据法律对于某个事项是否完全没有规定，法律漏洞可以分为明显漏洞和隐藏漏洞

B. 根据法律漏洞的表现形态，可以将法律漏洞分为完全漏洞和部分漏洞

C. 根据法律漏洞产生的时间，可以将法律漏洞分为自始漏洞和嗣后漏洞

D. 填补法律漏洞的方法是目的扩张论

【解析】对于法律漏洞，可以从不同的角度进行分类，根据法律对于某个事项是否完全没有规定，法律漏洞可以分为完全漏洞和部分漏洞，因此A错误。根据漏洞的表现形态，可以将法律漏洞分为明显漏洞和隐藏漏洞，因此B错误。根据法律漏洞产生的时间，可以将法律漏洞分为自始漏洞和嗣后漏洞，C正确。填补明显漏洞和隐藏漏洞的方法分别是目的扩张论和目的限缩论，D错误。

20. 古有一辩士持白马非马之说，一日进城门卫说："马过城门须纳税。"辩士称白马非马，不纳税。门卫不为所动，最终辩士纳了税。对此，下列说法正确的是？（2019年回忆版）[3]

A. 双方讨论的是法律问题而不是事实问题

B. 门卫执法的强制性来源于国家权力

C. 马过城门须纳税可以直接适用不需要解释

D. 双方的分歧是白马是不是马

【解析】"马过城门须纳税"，只要是这一法律规定中的"马"就需要纳税，双方讨论的是白马是否属于这一法律规定中的马，是法律问题，故A项正确。

门卫代表国家公权力，其执法具有强制性，这种强制性来源于国家权力，故B项正确。

法律解释是法律适用中必不可少的一个环节，抽象的法律规定适用于具体个案时离不开对抽象规定的解释，故C项错误。

双方的分歧在于白马属不属于本法律规定中的"马"，故D项正确。

21. 法谚有云："法官是会说话的法律"，关于此法律谚语的理解，下列选项正确的是？（2020年回忆版）[4]

A. 法律不经法官，则无从解释　　　　B. 法律不经解释，则不可适用

C. 法律不经裁判，不产生义务　　　　D. 法律不经适用，不具效力

【解析】法官并非法律解释的唯一主体，特定的国家机关可以作出正式解释，社会公众和

---

[1]　BD　[2]　C　[3]　ABD　[4]　B

包括法官在内的法律人也可以对法律作出非正式解释。故 A 项错误。法律在现实的司法审判中，只有经过法官的解释才能够真正作用于案件裁判，产生直接影响当事人具体权利义务关系的司法判决。故 B 项正确。立法活动可以直接设定人们的法律义务，执法行为也可以在现实的社会生活中通过行政处罚等方式对行政相对人产生具体的义务。故 C 项错误。现代社会中，法律的效力有无和高低取决于其制定主体本身的权威性，司法审判只是对有效法律规范的具体适用而已，并不是使得法律有效的原因。故 D 项错误。

22. 张某为其轿车购买保险，合同约定保险公司应赔偿该车因火灾发生的损失。后该车发生自燃，保险公司以"自燃"并非"火灾"为由拒赔，张某诉至法院。法院认为，在日常用语中，"自燃"是"火灾"的一种类型，但该保险合同的免责条款明确了"自燃"概念，故该合同中的"自燃"并非"火灾"之义。对比，下列哪些说法是正确的？（2021年回忆版）[1]

A. 法院对"火灾"和"自燃"两个概念进行了比较解释

B. 法院对"火灾"概念进行了体系解释

C. 法院对"自燃"概念进行了文义解释

D. 法院采用了解释方法适用模式中的冲突模式

【解析】 比较解释是指根据外国的立法判例和判例学说对某个法律规定进行解释。本案中法院对"火灾"和"自燃"的解释并非运用比较解释方法。故 A 项错误。体系解释是将被解释的法律条文放在整部法律乃至整个法律体系中，联系此法条与其他法条的相互关系来解释法律。本案中，法院对"自燃"的解释，联系了日常用语中"自燃"的概念，以及该保险合同的免责条款中"自燃"的概念，明确了该合同中的"自燃"并非"火灾"之义，故 B 项正确。文义解释是指按照日常的、一般的或法律的语言使用方式描述制定法的某个条款的内容。本案中，法院认为，在日常用语中，"自燃"是"火灾"的一种类型，这属于文义解释。故 C 项正确。法律解释方法适用模式中的冲突模式是法律人针对特定案件事实，同时适用两种以上的法律解释方法，对特定法律文本或法的渊源进行解释而得到至少两个相互对立、冲突的解释结果，而且这些解释结果证成了不同的法律决定。此模式运用的关键和根本之处不在于法官或法律适用者运用不同的相互独立的法律解释方法证成不同的法律解释结果，而在于证成哪一个法律解释结果具有优先性，即解决冲突问题。就本案而言，法院认为，在日常用语中，"自燃"是"火灾"的一种类型，但该保险合同的免责条款明确了"自燃"概念，故该合同中的"自燃"并非"火灾"之义，法院就"自燃"概念判定哪种解释具有优先性，解决冲突问题，故 D 项正确。

---

[1] BCD

专题三　法的发展

考点一　法系

1. 《摩奴法典》是古印度的法典，《法典》第 5 卷第 158 条规定："妇女要终生耐心、忍让、热心善业、贞操，淡泊如学生，遵守关于妇女从一而终的卓越规定。"第 164 条规定："不忠于丈夫的妇女生前遭诟辱，死后投生在豺狼腹内，或为象皮病和肺痨所苦。"第 8 卷第 417 条规定："婆罗门贫困时，可完全问心无愧地将其奴隶首陀罗的财产据为己有，而国王不应加以处罚。"第 11 卷第 81 条规定："坚持苦行，纯洁如学生，凝神静思，凡 12 年，可以偿赎杀害一个婆罗门的罪恶。"结合材料，判断下列哪一说法是错误的？（2009 - 1 - 8）[1]

A. 《摩奴法典》的规定表明，人类早期的法律和道德、宗教等其他规范是浑然一体的

B. 《摩奴法典》规定苦修可以免于处罚，说明《法典》缺乏强制性

C. 《摩奴法典》公开维护人和人之间的不平等

D. 《摩奴法典》带有浓厚的神秘色彩，与现代法律精神不相符合

【解析】原始社会的习惯法融道德、宗教等社会规范为一体，国家产生之初的习惯法与宗教规范、道德规范等没有明显的界限，三者相互渗透、浑然一体。《摩奴法典》第 5 卷第 158 条的内容正是体现了这一点。A 项正确。

任何社会规范都具有一定的强制性，《摩奴法典》规定苦修可以免除处罚，是法律规定的一种免责情形，并不能因此而说该《法典》缺乏强制性。B 项错误。

《法典》第 8 卷第 417 条规定的婆罗门贫困时的做法明显是人和人之间不平等的规定。C 项正确。

该《法典》第 5 卷第 164 条的规定很显然是具有浓厚的神秘色彩的，与现代法律精神不相符合。D 项正确。

2. "在中国法的发展历史上，追求'民族化'显然是一个主线，形成了'尚古主义'取向的具有保守性格的中华法系。只是到了清末出现一批主张借鉴西方法律制度的学者和政治家如沈家本之后，法的民族化受到部分冲击。西方近代以后两大法系基本形成，两大法系的发达程度之高已被国际公认，其原因不得不归结为法的民族化与国际化的协调一致。"基于这段引文，下列表述正确的是：（2008 延 - 1 - 91）[2]

A. 无论中华法系还是西方的两大法系都包含各自的法律文化

B. 中华法系具有保守性格，追求"民族化"，与其他法系的文化之间没有形成交流与融合

---

[1]　B　[2]　AD

C. 西方的两大法系在历史发展的过程中逐渐实现了与国际化的协调一致，但与中华法系相比，却又失去了"民族化"特色

D. 沈家本是倾向于法律移植的法学家

【解析】法系划分的主要理论依据是法的传统。各个法系都有各自独特的法律文化和传统。A项正确。

无论是哪个法系，它们之间可以通过法的移植来进行交流与融合。B项错误。

该段引文只是讲民族化受到了冲击，但并没有说失去了民族化的特色。C项错误。

沈家本主张借鉴西方法律制度，说明其观点中包含法律移植的意思。D项正确。

3. 法系是法学上的一个重要概念。关于法系，下列哪些选项是正确的？（2008－1－55）[1]

A. 法系是一个比较法学上的概念，是根据法的历史传统和外部特征的不同对法所作的分类

B. 历史上曾经存在很多个法系，但大多都已经消亡，目前世界上仅存的法系只有民法法系和普通法系

C. 民法法系有编纂成文法典的传统，因此，有成文法典的国家都属于民法法系

D. 法律移植是一国对外国法的借鉴、吸收和摄取，因此，法律移植是法系形成和发展的重要途径

【解析】法系是一个比较法学上的概念，具体是指根据法的历史传统和外部特征的不同对法所作的分类。据此分类，凡属于同一传统的法律就构成一个法系。A项正确。

在历史上，世界各主要地区曾经存在过许多法系，诸如印度法系、中华法系、伊斯兰法系、民法法系和普通法系等等。当今世界上最有影响力的是民法法系和普通法系。然而这并不是说当今世界上仅存在民法法系和普通法系。B项错误。

并非有成文法典的国家都属于民法法系，一个很典型的例子就是美国有成文的宪法典，但其属于普通法系，不属于民法法系。C项错误。

法的移植是指在鉴别、认同、调适、整合的基础上，引进、吸收、采纳、摄取、同化外国法，使之成为本国法律体系的有机组成部分，为本国所用。法系是指根据法的历史传统和外部特征的不同对法所作的分类。所以，法的移植是形成和发展法系的重要途径。D项正确。

4. 下列关于两大法系的说法中，错误的是？（2018年回忆版）[2]

A. 普通法法系又称英美法系，英国法系，海洋法系或判例法系

B. 民法法系内部有法国法系和德国法系两大分支，前者凸显个人本位，后者强调社会利益

C. 大陆法系的基本法律分类是公法与私法，海洋法系的基本法律分类是普通法与衡平法

D. 罗马法系的正式法律渊源为制定法，英美法系的正式法律渊源是普通法与衡平法

【解析】A项、B项、C项都是正确的。D选项：在法律渊源上，大陆法系的正式法律渊源只有一种表现方式，即以成文法典为代表的制定法。但英美法系的正式法律渊源则较为复杂，不仅包括由普通法和衡平法组成的判例法，还包括由议会制定的成文法（制定法），因此D项错误。

---

[1] AD　[2] D

考点二 法的发展

1. 有学者这样解释法的产生：最初的纠纷解决方式可能是双方找到一位共同信赖的长者，向他讲述事情的原委并由他作出裁决；但是当纠纷多到需要占用一百位长者的全部时间时，一种制度化的纠纷解决机制就成为必要了，这就是最初的法律。对此，下列哪一说法是正确的？（2017－1－13）[1]

A. 反映了社会调整从个别调整到规范性调整的规律

B. 说明法律始终是社会调整的首要工具

C. 看到了经济因素和政治因素在法产生过程中的作用

D. 强调了法律与其他社会规范的区别

【解析】本题题干反映了社会调整从个别调整到规范性调整的规律，A 项正确。法律的作用是有局限性的，有时法律并非是社会调整的首要工具和最佳手段，因此 B 项错误。本题题干中并未体现"看到了经济因素和政治因素在法产生过程中的作用"，以及"强调了法律与其他社会规范的区别"，因此 C、D 项不当选。

2. 关于法的现代化，下列哪一说法是正确的？（2017－1－14）[2]

A. 内发型法的现代化具有依附性，带有明显的工具色彩

B. 外源型法的现代化是在西方文明的特定历史背景中孕育、发展起来的

C. 外源型法的现代化具有被动性，外来因素是最初的推动力

D. 中国法的现代化的启动形式是司法主导型

【解析】外源型法的现代化具有依附性，带有明显的工具色彩，因此 A 项错误。内发型法的现代化是在西方文明的特定历史背景中孕育、发展起来的，因此 B 项错误。外源型法的现代化具有被动性，外来因素是最初的推动力，C 项正确。中国法的现代化的启动形式是立法主导型，因此 D 项错误。

3. 关于法律发展、法律传统、法律现代化，下列哪些选项可以成立？（2007－1－56）[3]

A. 中国法律的现代化的启动形式是立法主导型

B. 进入 20 世纪以后，各国、各民族法律的特殊性逐渐受到普遍关注，民族历史传统可能构成现实法律制度的组成部分

C. 在当今经济全球化的背景下，对各国法律进行法系划分已失去了意义

D. 法的继承体现时间上的先后关系，法的移植反映一个国家对同时代其他国家法律制度的吸收和借鉴

【解析】中国法的现代化属于外源型法的现代化，其启动形式是立法主导型。从清末修律开始，中国法的现代化一直是立法主导型，即通过大规模的、有明确针对性的立法，自上而下地建立全新的法律体制。A 项正确。

进入 20 世纪以后，各国、各民族法律的特殊性逐渐受到普遍关注，因此，民族历史传统可能构成现实法律制度的组成部分。B 项正确。

法系划分的理论依据主要是法的传统。许多国家的法律在法律技术、法律术语、法律结构、法律观念、法律方法及相应的文化背景方面是相同的或相似的。这样一来，世界各国的法

---

[1] A 〔2〕 C 〔3〕 ABD

律就能够分成数目有限的不同类别，进而就可以对它们加以比较，促进法律领域的交流。在当今经济全球化的背景下，对各国的法律进行法系划分并没有失去意义。C项错误。

法的继承是不同历史类型的法律制度之间的延续和继受，一般表现为旧法对新法的影响。这就是体现时间上的先后关系。法的移植是指在鉴别、认同、调适、整合的基础上，引进、吸收、采纳、摄取、同化外国法，使之成为本国法律体系的有机组成部分，为本国所用。它反映了一个国家对同时代其他国家法律制度的吸收和借鉴。D项正确。

4. "法的继承体现时间上的先后关系，法的移植则反映一个国家对同时代其他国家法律制度的吸收和借鉴，法的移植的范围除了外国的法律外，还包括国际法律和惯例。"据此，下列哪些说法是正确的？（2009 - 1 - 52）[1]

A.1804年《法国民法典》是对罗马法制度、原则的继承

B. 国内法不可以继承国际法

C. 法的移植不反映时间关系，仅体现空间关系

D. 法的移植的范围除了制定法，还包括习惯法

【解析】法的继承是不同历史类型的法律制度之间的延续和继受，一般表现为旧法对新法的影响和新法对旧法的承继和继受。法的历史类型分为四种：奴隶制法、封建制法、资本主义法和社会主义法。1804年《法国民法典》是资本主义法，罗马法是奴隶制法，两者属于不同历史类型的法，因此1804年《法国民法典》可以继承罗马法制度、原则。A项正确。

根据题干"法的移植的范围除了外国的法律外，还包括国际法律和惯例"，因此国内法可以移植国际法律和习惯法，但国内法不可以继承国际法。B项正确，D项正确。

根据题干"法的移植则反映一个国家对同时代其他国家法律制度的吸收和借鉴"，此处的"同时代"反映时间关系，"其他国家"反映空间关系。C项错误。

5. 关于法的移植与法的继承，下列说法正确的是？（2018年回忆版）[2]

A. 法的移植的对象是外国的法律，国际法律和惯例不属于移植对象

B. 与法律继承不同，法律移植的主要原因是社会发展和法的发展的不平衡性

C. 当前我国对美国诉讼法的吸收不属于法律移植

D. 法律继承的对象，必须局限于本民族的古代的法律

【解析】法的移植的范围除了外国的法律外，还包括国际法律和惯例，故A项错误。

社会发展和法的发展的不平衡性决定了法的移植的必然性，比较落后的国家为促进社会的发展，有必要移植先进国家的某些法律，故B项正确。

我国对美国诉讼法的借鉴吸收属于法律移植，故C项错误。

法的继承是不同历史类型的法律制度之间的延续和继受，一般表现为旧法对新法的影响和新法对旧法的承接和继受。法律继承不限于本民族古代法的范围，故D项错误。

6. 2018年1月1日起，修订后的《反不正当竞争法》开始施行，该法规定将严惩商业贿赂、虚假广告、侵犯商业秘密等七类不正当竞争行为。对于该法的相关问题，以下表述不正确的有？（2018年回忆版）[3]

A.《反不正当竞争法》的立法例最早出自美国，说明法的发展可以突破资本主义、社会主义，英美法系、社会主义法系等篱笆，从法律技术层面实现法的移植

B. 在法治社会，在各个社会关系和社会生活领域，法都是主要的调整方法

C. 该法案通过后，应由全国人大常委会委员长签署予以公布

---

[1] ABD [2] B [3] BCD

D. 我国市场经济的发展客观上需要《反不正当竞争法》的出台，这个事实说明，经济才是法律产生和发展的唯一条件

【解析】法的移植是指对同时期外国法的借鉴和吸收，A 正确。法的作用具有局限性，在某些社会关系和社会生活领域，法并不是主要的调整方法，B 错误。法律由全国人大常委会通过后，应由国家主席签署主席令予以公布，C 错误。经济才是法律产生和发展的重要条件，但是经济之外法律还受其他社会因素的影响，D 错误。

【特别提示】

1. 法由法律规范组成，法律规则和法律原则组成法律规范，法律规范组成法律部门，法律部门组成法律体系，法律体系组成法系。

2. 法律体系是一国现行国内法所构成的体系，不包括本国历史上已经宣布废止的法律，也不包括尚未制定或者虽然制定颁布、但还尚未生效的法律。因此，《城市流浪乞讨人员收容遣送办法》不属于中国特色社会主义法律体系，因为该法已经被废止；《行政法》同样不属于中国特色社会主义法律体系，因为上述法典尚未制定、生效。

3. 法律体系不同于法系：法律体系是一国国内法的整体；法系是不同国家或地区法的整体。

4. 法的继承不同于法的移植：法的继承对象是不同历史类型的法；法的移植对象是同时期的外国法或国际法。

7. "现代化"既是一场人类历史迄今为止最剧烈、最深远并且无可避免的社会变革，也是一场持续高速地自我限定与拓展的远未完结的社会运动。在法律领域，关于我国法的现代化，下列说法错误的是？[1]

A. 清末修律体现了我国法的现代化属于外源型

B.《钦定宪法大纲》的制定表明我国近代继承了西方法律制度

C. 法的现代化意味着法律和道德在内容上完全分离

D. 法系的形成使得法律体系失去了存在的基础

【解析】清末修律是统治阶级为了应付国内外矛盾而为的被动措施，体现了我国法的现代化是外源型的现代化，故 A 项正确。《钦定宪法大纲》反映了人权、平等等一些西方法律价值观念，属于法的移植而非法的继承，故 B 项错误。法律和道德在内容上是有联系的，不可能完全分离，故 C 项错误。法律体系和法系是两个不同的概念，法系的形成不会使得法律体系失去存在的基础，故 D 项错误。

8. 法谚云：语言是法律精神的体现。对此，下列说法正确的是？（2021 年回忆版）[2]

A. 若语言可被翻译，则法律必然可被移植

B. 语言描述法理，法理形成规范

C. 若语言有歧义，法律无效力

D. 语言相同，则法律必然相同

【解析】法律移植具有必然性和必要性，如果不同国家的语言可以互相翻译，就为法律移植提供充分条件，因此若语言可被翻译，则法律必然可被移植。故 A 项正确。法理需要语言进行描述，正因为语言的描述，法理得以成规范。故 B 项正确。语言具有开放性，因此语言必会产生歧义，但并不意味着导致法律失去效力。法的效力与语言是否有歧义并无必然关系，故 C 项错误。语言相同，法律不一定相同，比如英国的法律和美国的法律就存在差异。法律的制定

---

[1] BCD　[2] AB

与多种因素相关，是以一定客观经济关系为基础的主观意志活动，并且受社会其他因素的影响。故 D 项错误。

考点三　法治国家

1. "近现代法治的实质和精义在于控权，即对权力在形式和实质上的合法性的强调，包括权力制约权力、权利制约权力和法律的制约。法律的制约是一种权限、程序和责任的制约。"关于这段话的理解，下列哪些选项是正确的？（2013 - 1 - 51）[1]

A. 法律既可以强化权力，也可以弱化权力

B. 近现代法治只控制公权，而不限制私权

C. 在法治国家，权力若不加限制，将失去在形式和实质上的合法性

D. 从法理学角度看，权力制约权力、权利制约权力实际上也应当是在法律范围内的制约和法律程序上的制约

【解析】法律有其工具性的一面，可以强化权力的统治甚至是暴力统治；也可以实现相互制衡，弱化权力。A 项正确。

近代法治理论不仅仅认识到了公权力对个人权利的侵害而控制公权力，也意识到私人权利的滥用会带来的危害后果，因而规定了对私权利的限制，如对所有权的限制。B 项错误。

"一切拥有权力的人都容易滥用权力，这是万古不移的一条经验，拥有权力的人们使用权力一直到遇有界限的地方才休止。"法国思想家孟德斯鸠对权力扩张性的阐释不仅适用于人治和德治的国家，同样适用于法治国家。权力——无论是公权力还是私权利的无限扩张最后都会损害到别人，进而危及权力自身的合法性。法治国家不过是用权力制约权力、权利制约权力的方式限制了权力的无限扩张而已。而在制约的过程中法律和法律程序无疑是最有效的手段。C 项、D 项正确。

2. 卡尔·马克思说："法官是法律世界的国王，法官除了法律没有别的上司。"对于这句话，下列哪一理解是正确的？（2015 - 1 - 14）[2]

A. 法官的法律世界与其他社会领域（政治、经济、文化等）没有关系

B. 法官的裁判权不受制约

C. 法官是法律世界的国王，但必须是法律的奴仆

D. 在法律世界中（包括在立法领域），法官永远是其他一切法律主体（或机构）的上司

【解析】本题比较简单，法官的世界必然与其他社会领域相联系。A 项错误。

法官的裁判最主要受法律的约束。B 项错误。

D 选项表述明显错误。

---

[1]　ACD　[2]　C

专题四 法与社会

考点一 法与道德

1. 相传，清朝大学士张英的族人与邻人争宅基，两家因之成讼。族人驰书求助，张英却回诗一首："一纸书来只为墙，让他三尺又何妨？万里长城今犹在，不见当年秦始皇。"族人大惭，遂后移宅基三尺。邻人见状亦将宅基后移三尺，两家重归于好。根据上述故事，关于依法治国和以德治国的关系，下列哪一理解是正确的？（2016－1－2）[1]

A. 在法治国家，道德通过内在信念影响外部行为，法律的有效实施总是依赖于道德

B. 以德治国应大力弘扬"和为贵、忍为高"的传统美德，不应借诉讼对利益斤斤计较

C. 道德能够令人知廉耻、懂礼让、有底线，良好的道德氛围是依法治国的重要基础

D. 通过立法将"礼让为先""勤俭节约""见义勇为"等道德义务全部转化为法律义务，有助于发挥道德在依法治国中的作用

【解析】材料中"三尺巷"的故事表明道德对法律的影响，特别是道德在功能上对法律的影响作用。一般而言，古代更多强调道德在社会控制中的首要和主要地位，对法律的强调也更多在其惩治功能上，强调"德主刑辅"。近现代后法学家们一般都倾向于强调法律调整的突出作用，依法治国成为普遍的政治主张，在强调依法治国的基础上明确法律调整与道德调整各自优势且形成互补。因而 A、B 项错误，C 项正确。同时，强调依法治国并不意味着以法律完全取代道德，法律的作用有其局限性，因此 D 项错误。

2. 王某参加战友金某婚礼期间，自愿帮忙接待客人。婚礼后王某返程途中遭遇车祸，住院治疗花去费用 1 万元。王某认为，参加婚礼并帮忙接待客人属帮工行为，遂将金某诉至法院要求赔偿损失。法院认为，王某行为属由道德规范的情谊行为，不在法律调整范围内。关于该案，下列哪一说法是正确的？（2016－1－14）[2]

A. 在法治社会中，法律可以调整所有社会关系

B. 法官审案应区分法与道德问题，但可进行价值判断

C. 道德规范在任何情况下均不能作为司法裁判的理由

D. 一般而言，道德规范具有国家强制性

【解析】本题关注法与道德的区别。法与道德，虽然存在着密切的联系，但调整范围、调整手段以及强制方式等诸多方面存在着巨大的差异，法律调整社会关系的范围是有限的，法律并不能调整所有的社会关系，因此 A 项错误。

---

[1] C [2] B

法官审案应区分法与道德问题，但法官可基于自己的情感、立场、价值观念和利益需求进行价值判断，因此 B 项正确。

非正式法律渊源能够弥补正式法律渊源的漏洞和不足，在缺乏法律明文规定的情况下，政策、道德、习惯等能作为非正式的法律渊源，能够成为法律适用的大前提，作为行为的正当性依据，因此 C 项错误。

道德在本质上是良心和信念的自由，道德主要凭靠内在的良知认同或责难，即便是舆论压力和谴责也只能在主体对谴责所依据的道德准则认同的前提下发挥作用，因此道德不具有国家强制性，D 项错误。

3. 孟子的弟子问孟子，舜为天子时，若舜的父亲犯法，舜该如何处理？孟子认为，舜既不能以天子之权要求有司枉法，也不能罔顾亲情坐视父亲受刑，正确的处理方式应是放弃天子之位，与父亲一起隐居到偏远之地。对此，下列说法正确的是：（2017 - 1 - 86）[1]

A. 情与法的冲突总能找到两全其美的解决方案

B. 中华传统文化重视伦理和亲情，对当代法治建设具有借鉴意义

C. 孟子的方案虽然保全了亲情，但完全未顾及法律

D. 不同法律传统对情与法的矛盾可能有不同的处理方式

【解析】情与法的冲突有时不能找到两全其美的解决方案，因此 A 项错误。

中华传统文化重视伦理和亲情，对当代法治建设具有借鉴意义，因此 B 项正确。

孟子提出该方案的原因，在于"舜既不能以天子之权要求有司枉法，也不能罔顾亲情坐视父亲受刑"，说明孟子的建议既考虑到了亲情，也考虑到了法律，因此 C 项错误。

不同法律传统对情与法的矛盾可能有不同的处理方式，D 项正确。

4. 某法院在网络、微信等平台上公布失信被执行人名单以督促其履行义务，不少失信被执行人迫于"面子"和舆论压力主动找到法院配合执行。对此，下列哪一理解是正确的？（2017 - 1 - 5）[2]

A. 道德问题的有效解决总是必须依赖法律的强制手段

B. 公布失信被执行人名单有助于形成守法光荣、违法可耻的社会氛围

C. 法律的有效实施总是必须诉诸道德谴责和舆论压力

D. 法律与道德具有概念上的必然关系，法律其实就是道德

【解析】道德问题的解决主要依靠自律，并非总是必须依赖法律的强制手段，因此 A 项错误。B 项正确。

法律的有效实施并非总是必须诉诸道德谴责和舆论压力，必要时需要国家强制力，因此 C 项错误。

法律与道德是否具有概念上的必然关系存在争议，法律与道德是不同的社会规范，法律并非道德，因此 D 项错误。

5. "法学作为科学无力回答正义的标准问题，因而是不是法与是不是正义的法是两个必须分离的问题，道德上的善或正义不是法律存在并有效力的标准，法律规则不会因违反道德而丧失法的性质和效力，即使那些同道德严重对抗的法也依然是法。"关于这段话，下列说法正确的是：（2015 - 1 - 90）[3]

A. 这段话既反映了实证主义法学派的观点，也反映了自然法学派的基本立场

B. 根据社会法学派的看法，法的实施可以不考虑法律的社会实效

C. 根据分析实证主义法学派的观点，内容正确性并非法的概念的定义要素

D. 所有的法学学派均认为，法律与道德、正义等在内容上没有任何联系

【解析】 A 选项题干表述法与道德无关，属于典型的实证主义法学派，A 项错误；社会法学派注重考虑法的社会实效，B 项错误；D 选项明显错误。

6. 关于实证主义法学和非实证主义法学，下列说法不正确的是：(2013 - 1 - 88)[1]

A. 实证主义法学认为，在"实际上是怎样的法"与"应该是怎样的法"之间不存在概念上的必然联系

B. 非实证主义法学在定义法的概念时并不必然排除社会实效性要素和权威性制定要素

C. 所有的非实证主义法学都可以被看作是古典自然法学

D. 仅根据社会实效性要素，并不能将实证主义法学派、非实证主义法学派和其他法学派（比如社会法学派）在法定义上的观点区别开来

【解析】 根据法与道德的关系，可以把法的概念分为法律实证主义和非实证主义。法律实证主义主张法和道德在概念上是分离的，具体说来，在法与道德之间，在法律命令什么与正义要求什么之间，即实然法和应然法之间，不存在概念上的必然联系，主张"恶法亦法"。A 项正确。

法律实证主义是以权威性制定与社会实效两个要素定义法的概念的，包括以社会实效为法的概念首要定义要素的社会学法学，和以权威性制定为法的概念首要定义要素的分析实证主义法学。所有的非实证主义理论都主张法与道德在概念上是必然联系的，法的概念以内容的正确性作为必要要素，同时也可以包括社会实效性要素和权威性制定要素，主张"恶法非法"。B 项、D 项正确。

非实证主义法学包括以内容的正确性作为法的概念的唯一定义要素的古典自然法学和以内容的正确性要素、社会实效要素和权威性制定要素这三要素同时作为法的定义的要素的超越自然法学与分析实证主义法学的第三条道路。C 项错误。

【特别提示】 西方不同法学派别的代表人物及核心理论：庞德是美国社会学法学的代表，其核心理论是"通过法律的社会控制"；霍姆斯是美国现代实用主义法学创始人，提出"法律的生命在于经验而非逻辑"；奥斯丁是现代英国法理之父，法律实证主义创始人之一，他通过严格的科学程序创设法理学学科体系，使法理学作为法学的一个分支成为可能；哈特，英国分析法学家，他在奥斯丁的基础上建立了法律规则理论；凯尔森，美籍奥地利法学家，纯粹法学的创始人和主要代表；阿列克西，德国著名法学家，第三条道路的代表人物，提出法律论证理论。

7. 公元前 399 年，在古雅典城内，来自社会各阶层的 501 人组成的法庭审理了一起特别案件。被告人是著名哲学家苏格拉底，其因在公共场所喜好与人辩论、传授哲学而被以"不敬神"和"败坏青年"的罪名判处死刑。在监禁期间，探视友人欲帮其逃亡，但被拒绝。苏格拉底说，虽然判决不公正，但逃亡是毁坏法律，不能以错还错。最后，他服从判决，喝下毒药而亡。对此，下列哪些说法是正确的？(2013 - 1 - 52)[2]

A. 人的良知、道德感与法律之间有时可能发生抵牾

B. 苏格拉底服从判决的决定表明，一个人可以被不公正地处罚，但不应放弃探究真理的权利

C. 就本案的事实看，苏格拉底承认判决是不公正的，但并未从哲学上明确得出"恶法非

_____

[1] C [2] ABCD

法"这一结论

D. 从本案的法官、苏格拉底和他的朋友各自的行为看，不同的人对于"正义"概念可能会有不同的理解

【解析】苏格拉底一生坚持探究真理。苏格拉底之死是西方法学、哲学和伦理学的经典案例，典型地体现了法律和道德之间的冲突，表明人的良知、道德感与法律之间有时可能发生抵触。苏格拉底明知城邦的判决是不公正的，但仍然服从该判决，因为他认为守法是公民应尽的义务。他并没有因为该判决违背正义而否定该判决的效力，说明他不主张"恶法非法"。A项正确，B项正确，C项正确。

"正义"概念是一个历史范畴，属于价值判断，因人而异。D项正确。

8. "一般来说，近代以前的法在内容上与道德的重合程度极高，有时浑然一体。……近现代法在确认和体现道德时大多注意二者重合的限度，倾向于只将最低限度的道德要求转化为法律义务，注意明确法与道德的调整界限。"据此引文及相关法学知识，下列判断正确的是：(2010－1－91)[1]

A. 在历史上，法与道德之间要么是浑然一体的，要么是绝然分离的

B. 道德义务和法律义务是可以转化的

C. 古代立法者倾向于将法律标准和道德标准分开

D. 近现代立法者均持"恶法亦法"的分析实证主义法学派立场

【解析】法与道德在内容上存在相互渗透的密切联系，而不是绝对的浑然一体或绝然分离。A项错误。

近现代法在确认和体现道德时大多注意二者重合的限度，倾向将最低限度的道德要求转化为法律义务，因此道德义务和法律义务是可以转化的。B项正确。

古代立法者倾向于将法律标准和道德标准结合，法律与道德的重合程度极高，有时浑然一体。C项错误。

近现代关于法律与道德的在本质上的联系有两种学说，一种是实证主义法学派的"恶法亦法"，一种是非实证主义法学派的"恶法非法"。D项错误。

9. 关于法与道德的论述，下列哪些说法是正确的？(2009－1－55)[2]

A. 法律规范与道德规范的区别之一就在于道德规范不具有国家强制性

B. 按照分析实证主义法学的观点，法与道德在概念上没有必然联系

C. 法和道德都是程序选择的产物，均具有建构性

D. 违反法律程序的行为并不一定违反道德

【解析】法和道德的区别包括：在生成方式上，法律具有建构性，道德是非建构性的；在行为标准上，法律具有确定性，道德具有模糊性；在存在形态上，法律具有一元性，道德具有多元性；在调整方式上，法律调整人的外在行为，道德除了调整人的外在行为，还关注人的内心；在运作机制上，法律具有程序性，道德具有非程序性；在强制方式上，法律具有国家强制性，道德依靠内在约束；在解决方式上，法律具有可诉性，道德不具有可诉性。A项正确，C项错误。

按照分析实证主义法学的观点，法与道德在概念上没有必然联系，"恶法亦法"。B项正确。

违反法律程序的行为并不一定违反道德，违反道德的行为也不一定违反法律程序。D项

---

〔1〕 B 〔2〕 ABD

正确。

10. 尹老汉因女儿很少前来看望，诉至法院要求判决女儿每周前来看望 1 次。法院认为，根据《老年人权益保障法》第 18 条第 1、2 款规定，家庭成员应当关心老年人的精神需求，不得忽视、冷落老年人；与老年人分开居住的家庭成员，应当经常看望或问候老年人。而且，关爱老人也是中华传统美德。法院遂判决被告每月看望老人 1 次。关于此案，下列哪一说法是错误的？（2014 - 1 - 11）[1]

A. 被告看望老人次数因法律没有明确规定，由法官自由裁量

B.《老年人权益保障法》第 18 条中没有规定法律后果

C. 法院判决所依据的法条中规定了积极义务和消极义务

D. 法院判决主要是依据道德作出的

【解析】被告看望老人次数因法律没有明确规定，由法官自由裁量。A 项正确。

《老年人权益保障法》第 18 条中没有规定法律后果。B 项正确。

法律义务分为积极义务和消极义务。积极义务又称作为义务，即义务人必须作出一定的行为；消极义务又称不作为义务，即义务人不得作出一定的行为。"家庭成员应当关心老年人的精神需求""与老年人分开居住的家庭成员，应当经常看望或问候老年人"属于积极义务，"不得忽视、冷落老年人"属于消极义务。C 项正确。

本案判决是依照《老年人权益保障法》作出的，并非依据道德作出。D 项错误。

11. 甲乙有两个苹果，一大一小。两人没有约定苹果怎么分配，甲就拿了大的，这时乙很生气，说甲自私。这时甲就反问乙："如果让你先拿，你拿哪个？"乙说拿小的，甲说："那我拿大的苹果正好符合你的心意，你又何必怪我呢。"根据该故事，结合对法治和德治观念的理解，下列说法正确的是？（2019 年回忆版）[2]

A. 同样的结果可能因为程序不同而被赋予不同意义

B. 外部约束能消除分歧，但是解决道德领域难题只能依靠内在约束

C. 仅靠道德无法确保人在相同的情况下做出相同选择

D. 依照事先约定的规则行事有助于避免产生矛盾和纠纷

【解析】程序除了满足实体需求外，还有其自身的价值，剥夺当事人的程序权利，可能不会影响实体结果，但程序参与权的丧失意味着实体结果不具有公正性。故 A 项正确。

外部约束能消除分歧，但是对于解决道德领域难题主要依靠内在约束，而非只能依靠内在约束，故 B 项错误。

道德的实施有赖于人的内在约束，仅靠道德无法确保人在相同的情况下做出相同选择，故 C 项正确。

规则对人的行为具有指导性和预测性，依照事先约定的规则行事有助于避免产生矛盾和纠纷，故 D 项正确。

12. 甲乙两人分食两个苹果，甲先拿走大的，乙责怪甲自私，甲问乙若你先拿又如何，乙称会选小的，甲说道，既然如此我拿大的岂非正合你意，你又何必怪我，根据该故事，结合对法治和德治观念的理解，下列说法正确的是？（2019 年回忆版）[3]

A. 道德缺乏强制力，不能保障人在同样的情形下做出一致的选择

B. 法律可以从外部约束人的行为，但对道德领域难题的解决并无帮助

C. 适用不同的程序可能对同样的结果赋予不同的意义

---

[1] D 〔2〕 ACD 〔3〕 CD

D. 提前约定好事情的处理方案，对于解决矛盾、避免纠纷起到至关重要的作用

【解析】 任何社会规范都具有强制力，即保证自己不被随意违反的力量，道德规范也不例外，只不过道德规范往往通过内心强制，舆论强制等非正式的强制力量来实现其要求。故 A 项错误。道德规范本身的模糊性，在实践中往往会出现因观念纷争而导致行动上的冲突和矛盾，此时我们就可以通过将一定限度的道德要求转化为法律规定，以相对清晰的行为标准来规制人们的行动，进而化解一定范围内的道德难题。故 B 项错误。程序正义和结果正义构成正义的完整内涵，作为实现结果正义的过程和方法的程序选择当然会对最终的结果产生影响，方法不同、程序不同，结果也自然各异。故 C 项正确。约定方案并严格履行，本就是避免行动纷争的重要方法。故 D 项正确。

考点二 法与其他社会规范

1. 奥地利法学家埃利希在《法社会学原理》中指出："在当代以及任何其他的时代，法的发展的重心既不在立法，也不在法学或司法判决，而在于社会本身。"关于这句话涵义的阐释，下列哪一选项是错误的？（2009 - 1 - 7）[1]

A. 法是社会的产物，也是时代的产物

B. 国家的法以社会的法为基础

C. 法的变迁受社会发展进程的影响

D. 任何时代，法只要以社会为基础，就可以脱离立法、法学和司法判决而独立发展

【解析】 法以社会为基础，法是社会的产物，也是时代的产物，法的变迁受社会发展进程的影响。A 项、C 项正确。

法以社会为基础，制定认可法律的国家以社会为基础，国家权力以社会力量为基础，同时还可以说国家法以社会法为基础，"纸上的法"以"活法"为基础。B 项正确。

虽然法以社会为基础，但法的发展离不开立法、法学和司法判决的发展。如罗马法的发展离不开乌尔比安、伯比尼安、保罗、盖尤斯、莫迪斯蒂努斯等著名法学家的贡献；大陆法系倾向于法典编纂；英美法系也称判例法系，强调"遵循先例"。D 项错误。

2. 青年男女在去结婚登记的路上被迎面驶来的卡车撞伤，未能登记即被送往医院抢救。女方伤势过重成为植物人，男方遂悔婚约。女方父母把男方告到法院，要求男方对女方承担照顾抚养的责任。法院以法无明文规定为由，裁定不予受理。关于本案，下列哪些评论是错误的？（2008 - 1 - 53）[2]

A. 支持不受理，因为法官面对的是法律不调整的"法外空间"事项

B. 支持不受理，因为法官正确运用了类比推理而没有采用设证推理

C. 反对不受理，因为法官违反了"禁止拒绝裁判原则"

D. 反对不受理，因为法官没有发挥法律在社会中的创造作用

【解析】 本案属于民事纠纷。《民事诉讼法》第 3 条规定："人民法院受理公民之间、法人之间、其他组织之间以及他们相互之间因财产关系和人身关系提起的民事诉讼，适用本法的规定。"第 122 条规定："起诉必须符合下列条件：（一）原告是与本案有直接利害关系的公民、法人和其他组织；（二）有明确的被告；（三）有具体的诉讼请求和事实、理由；（四）属于人

民法院受理民事诉讼的范围和受诉人民法院管辖。"只要符合起诉的条件，法院就应该受理。受理后，法院是否支持原告的诉讼请求，则要依据事实、证据和法律。A 项错误。

类比推理是根据两个或两类对象有部分属性相同，从而推出它们的其他属性也相同的推理。设证推理（又称溯因推理）是从已知的某个结果出发，试图确定与其相关的解释。设证推理虽然效力很弱，但在法的适用中，设证推理不可或缺。因为如果没有这种假设，法律人适用法律就失去了方向。本案中，法官的行为不可避免涉及设证推理，但不涉及类比推理。B 项错误。

禁止拒绝裁判原则是指法院有义务对其管辖范围内的待决案件作出裁判，不论法律规定清楚与否，也不论法律有无规定；任何情况下，法官都无权拒绝裁判。C 项正确。

法是由一定社会的物质生活条件决定的，因此法律不能创造社会，法律只能表述社会。D 项错误。

3. 关于法与人权的关系，下列哪一说法是错误的？（2014 - 1 - 15）[1]

A. 人权不能同时作为道德权利和法律权利而存在

B. 按照马克思主义法学的观点，人权不是天赋的，也不是理性的产物

C. 人权指出了立法和执法所应坚持的最低的人道主义标准和要求

D. 人权被法律化的程度会受到一国民族传统、经济和文化发展水平等因素的影响

【解析】 人权有三种基本存在形态，即应有权利、法定权利和实有权利。应有权利是作为人应该拥有的权利，是应然权利，属于道德问题；法定权利由法律规定，属于法律问题；实有权利是事实上的权利，属于事实问题。因此，权利（包括人权）可以同时作为道德权利、法律权利和事实权利而存在。A 项错误。

4. 下列关于人权的说法错误的是？（2018 年回忆版）[2]

A. 人权与法律权利在内容上是一致的

B. 人权的存在和发展是社会经济、文化发展的结果

C. 人权的主体要比公民权的主体宽泛，不仅包括个体人权，还包括集体人权

D. 为了更好地保护人权，人权应当被尽可能地法律化

【解析】 人权是自然权利，法律权利是法律上规定的权利，二者在内容上不同，人权范围大于法律权利范围，故 A 项错误。

人权的存在和发展是社会经济、文化发展的结果，人权思想的产生与资本主义经济和人本主义思想有密切关系，故 B 项正确。

人权主体包括个体和集体，公民权主体为个人，故 C 项正确。

为了更好地保护人权，人权应当被尽可能地法律化，用实在法加以保护，故 D 项正确。

5. 近期，无人驾驶汽车在公共交通道路行驶，公众围绕其是否违法、事故后是否担责、如何加强立法进行规制展开讨论，下列说法中正确的是？（2018 年回忆版）[3]

A. 若无人驾驶汽车上路行驶引发民事纠纷被诉至法院，因法无明文规定，法院不得裁判

B. 科技发展引发的问题只能通过法律解决

C. 现行交通法规对无人驾驶汽车上路行驶尚无规定，这反映了法律的局限性

D. 只有当科技发展造成了实际危害后果时，才能动用法律手段干预

【解析】 根据禁止拒绝裁判原则，即"法官不得以法律没有规定或规定的不清楚为理由拒绝裁判"，在民事案件的处理过程中，法律没有明文规定的情况下，法官仍可以采用非正式渊源或法律漏洞填补技术对案件进行处理。故 A 项错误。法律的作用具有局限性，在社会治理的

---

[1] A [2] A [3] C

过程中，除了可以利用法律手段来处理社会问题外，还可以依靠政策、道德等其他社会规范来进行规制，因此诸如无人驾驶汽车等伴随科技发展引发的新问题并非只能通过法律手段才能解决。故 B 项错误。现行交通法规对无人驾驶汽车上路行驶尚无规定属于立法空白，这是法律局限性的具体表现。故 C 项正确。立法本身就应当具有一定的前瞻性，完全可以对可能出现的社会问题进行事前预防，因此并非只有当科技发展造成了实际危害后果时，才能动用法律手段干预。故 D 项错误。

6. 《民法典》是新中国第一部以法典命名的法律，开创了我国法典编纂的先河，具有里程碑意义。对《民法典》的意义和举措，下列说法正确的是？（2020 年回忆版）[1]

A. 婚姻家庭编凸显了中国社会治理经验，传承了中华文化精神气质

B. 弘扬社会主义核心价值观为重要立法目的，具有鲜明中国特色

C. 人格权独立成编，扩大到网络社会对人格权的保护，彰显了信息网络时代社会对人格权保护的特殊价值

D. 其颁布和实施一劳永逸地解决了新时代中国的民事法治建设问题

【解析】《民法典》婚姻家庭编总结了此前《婚姻法》《收养法》等立法经验，重新对婚姻家庭规范进行立法，凸显了中国社会治理经验，在"送养""过继"问题上又体现了对中国传统社会习俗的充分尊重，故 A 项正确。弘扬社会主义核心价值观是宪法规定的公民思想道德领域的基本要求，作为社会生活的百科全书的《民法典》当然对其应当有所反映。故 B 项正确。《民法典》第 1034 条规定，自然人的个人信息受法律保护。个人信息是以电子或者其他方式记录的能够单独或者与其他信息结合识别特定自然人的各种信息。这体现了在信息社会发展的趋势下，民事立法对人格权的保护的新回应。故 C 项正确。法律的作用具有局限性，理性的有限性使得立法者无法设计出完美的法典，社会的发展也会使得应当保持稳定的法律不可避免地具有滞后性，故 D 项错误。

7. "居有其所"是每个人最基本的生存需求，随着我国经济社会发展，居住权益保障问题日益成为人们普遍关注的社会热点问题，在这一背景下，《民法典》新增了居住权的规定，对此，下列表述正确的是？（2020 年回忆版）[2]

A. 居住权作为一项人权，其产生先于《民法典》的规定

B. 居住权的设置有利于弱势群体的权益保障

C. 居住权既是道德权利，也是一项法律权利

D. 凡是道德需求的，都应当纳入法律的调整范围之内

【解析】人权是指每个人作为人应该享有的权利，是一种应然权利，具有自然法的属性，也就是属于道德层面上的权利。而居住权作为人权的一类，其产生先于《民法典》的规定。故 A 项正确。我国法律体系中，居住权首先出现于原《关于适用〈中华人民共和国婚姻法〉若干问题的解释（一）》，其中第 27 条第 3 款规定："离婚时，一方以个人财产中的住房对生活困难者进行帮助的形式，可以是房屋的居住权或者房屋的所有权。"此款体现了居住权对离婚后无房可居者的保护。《民法典》承继该精神，扩张了居住权的适用范围。故 B 项正确。居住权作为人权的一类，也就当然是一项道德权利。《民法典》第 366 条对居住权作出规定，意味着居住权从道德权利上升为法律权利。故 C 项正确。法律是有局限性的，法律规定的权利只是人权中最普遍享有的权利，或者是最容易受到侵犯的权利，因而有必要通过法律严肃申明。因此，即使是人的基本需求，也无法都由法律作出规定。故 D 项错误。

附：论述题及参考答案

一、2015 年

案情： 某日凌晨，A 市某小区地下停车场发现一具男尸，经辨认，死者为刘瑞，达永房地产公司法定代表人。停车场录像显示一男子持刀杀死了被害人，但画面极为模糊，小区某保安向侦查人员证实其巡逻时看见形似刘四的人拿刀捅了被害人后逃走。（开庭时该保安已辞职无法联系）

侦查人员在现场提取了一只白手套，一把三棱刮刀。（由于疏忽，提取时未附笔录）侦查人员对现场提取的血迹进行了 ABO 血型鉴定，认定其中的血迹与犯罪嫌疑人刘四的血型一致。

刘四到案后几次讯问均不认罪，后来交代了杀人的事实并承认系被他人雇佣所为，公安机关据此抓获了另外两名犯罪嫌疑人康雍房地产公司开发商张文、张武兄弟。

侦查终结后，检察机关提起公诉，认定此案系因开发某地块利益之争，张文、张武雇佣社会人员刘四杀害了被害人。

法庭上张氏兄弟、刘四同时翻供，称侦查中受到严重刑讯，不得不按办案人员意思供认，但均未向法庭提供非法取证的证据或线索，未申请排除非法证据。

公诉人指控定罪的证据有：小区录像；小区保安的证言；现场提取的手套、刮刀；ABO 血型鉴定；侦查预审中三被告人的有罪供述及其相互证明。三被告对以上证据均提出异议，主张自己无罪。

问题：

请结合本案，谈谈对《中共中央关于全面推进依法治国若干重大问题的决定》中关于"推进以审判为中心的诉讼制度改革，确保侦查、审查起诉的案件事实证据经得起法律的检验"这一部署的认识。

答题要求：

1. 无本人分析、照抄材料原文不得分；

2. 结论、观点正确，逻辑清晰，说理充分，文字通畅；

3. 请按问题顺序作答，总字数不得少于 800 字。

【参考答案】

审判中心主义是指，整个刑事诉讼活动都紧紧围绕审判活动建构和展开，侦查和公诉是为审判进行的准备活动，执行是落实审判结果的活动，审判是刑事诉讼活动的中心。侦查中心主义下案件的基本证据材料在侦查阶段已经固定，起诉和审判阶段的审查基本上流于形式。卷宗中心主义下法官对案件的判断不来自于庭审，而是在庭审后通过对各种未经充分质证的案卷材料进行审阅而形成。相比之下审判中心主义的价值在于：

第一，有助于保障人权。以审判为中心，在法庭上完成举证、质证，一方面，有利于被告人行使其质证权和辩护权；另一方面也有利于尊重和保障辩护人的辩护权。

第二，有助于减少冤假错案的产生。由于法庭上的举证、质证更加充分，法官查明案件事实的可能性提高，从而有助于减少冤假错案发生。

第三，有助于实现程序公正。一场详尽、公开、对抗性强的庭审，才能充分体现出程序的正当性和独立价值，才能通过程序"让人民群众在每一个司法案件中都感受到公平正义"。

推进审判中心主义的实施，需要从以下几个方面着手：

第一，司法人员首先要认同审判中心主义。要依审判中心主义的要求来协调公、检、法之间的关系，侦查、起诉必须依审判的要求和标准进行，服务于审判活动。

第二，在刑事诉讼中落实直接言词原则。直接言词原则要求法官直接审查证据，诉讼各方积极参加庭审，在法官指挥下发言和进行辩论。

第三，完善法律援助制度，保障被告人的辩护权。被告人辩护权是我国宪法所确定的权利，但在当前的实践中，被告人获得律师辩护的比例并不高，在审判中心主义下应扩大法律援助范围，保障被告人的辩护权利。

第四，坚持人民法院独立行使审判权原则。我国宪法规定人民法院独立行使审判权，以审判为中心更需要法院、法官公正司法，坚持法律面前人人平等，坚持违法必究，坚持疑罪从无。

我们应当清楚地看到推进以审判为中心的诉讼制度改革的重要意义和现实急迫性，要坚持树立正确的司法理念，不断提高司法办案的质量和水平，真正做到确保侦查、审查起诉的案件事实和证据经得起法律的检验。司法公正是法治的核心，对于社会正义具有重要意义，因此在实践中必须完善司法管理体制和司法权力运行机制，规范司法行为，加强对司法活动的监督，努力让人民群众在每一个司法案件中感受到公平正义。

二、2016 年

材料一：孙某与村委会达成在该村采砂的协议，期限为 5 年。孙某向甲市乙县国土资源局申请采矿许可，该局向孙某发放采矿许可证，载明采矿的有效期为 2 年，至 2015 年 10 月 20 日止。

2015 年 10 月 15 日，乙县国土资源局通知孙某，根据甲市国土资源局日前发布的《严禁在自然保护区采砂的规定》，采矿许可证到期后不再延续，被许可人应立即停止采砂行为，撤回采砂设施和设备。

孙某以与村委会协议未到期、投资未收回为由继续开采，并于 2015 年 10 月 28 日向乙县国土资源局申请延续采矿许可证的有效期。该局通知其许可证已失效，无法续期。

2015 年 11 月 20 日，乙县国土资源局接到举报，得知孙某仍在采砂，以孙某未经批准非法采砂，违反《矿产资源法》为由，发出《责令停止违法行为通知书》，要求其停止违法行为。孙某向法院起诉请求撤销通知书，一并请求对《严禁在自然保护区采砂的规定》进行审查。

孙某为了解《严禁在自然保护区采砂的规定》内容，向甲市国土资源局提出政府信息公开申请。

材料二：涉及公民、法人或其他组织权利和义务的规范性文件，按照政府信息公开要求和程序予以公布。推行行政执法公示制度。推进政务公开信息化，加强互联网政务信息数据服务平台和便民服务平台建设。（摘自《中共中央关于全面推进依法治国若干重大问题的决定》）

问题：

结合材料一和材料二作答（要求观点明确，逻辑清晰、说理充分、文字通畅；总字数不得少于 500 字）：谈谈政府信息公开的意义和作用，以及处理公开与不公开关系的看法。

【参考答案】

政府信息公开，是指公民、组织对行政机关在履行职责过程中制作或者获取的，以一定形式记录、保存的信息拥有知情权，除法律明确规定不予公开的事项外，行政机关应当通过有效方式向公众和当事人公开相关信息。政府信息公开的主要意义有以下几点：

第一，有利于保障公民的知情权。政府信息公开是公民知情权实现的重要途径。在法治社会中，知情权是公民参与国家事务的前提，是包括选举权、被选举权在内的公民政治权利实现的保证。公民知情权的实现也是公民实现监督权和救济权的保障。我国宪法和法律所确定的救济途径主要有复议、诉讼、申诉、控告、检举等，公民知情权的充分实现是成功实现权利救济的前提条件。

第二，政府信息公开有利于减少和防止腐败，加快法治政府的建设。法治政府的建设要求强化对行政权力的监督和制约，推进政府信息公开能够使得政府的权力在阳光下运行，防止贪污受贿以及腐败现象的滋生，压缩各种暗箱操作，消除权力寻租空间，促进政府决策的科学化。

第三，政府信息公开有利于促进政府与公民之间的良性互动。政府信息公开要求全面推进政务公开，要求建立权力清单，公开政府职能、法律依据、实施主体、权限职责、管理流程、监督方式等等。通过这些方式能够增强人民群众对政府的认同感与信任度，从而促进政府与公民之间的良性互动。

第四，政府信息公开有利于促进社会经济发展。政府信息是一种公共资源，政府信息公开可以充分发挥政府信息对人民群众生产、生活和经济社会活动的服务作用。通过政府信息公开，公众可以对政策意图有更明确的认识，对社会发展有更合理的预期。

在处理公开与不公开的关系问题上，应明确"以公开为常态，不公开为例外"的原则，按照《政府信息公开条例》之规定，行政机关公开政府信息，不得危及国家安全、公共安全、经济安全和社会稳定。行政机关不得公开涉及国家秘密、商业秘密、个人隐私的政府信息。但是，经权利人同意公开或者行政机关认为不公开可能对公共利益造成重大影响的涉及商业秘密、个人隐私的政府信息，可以予以公开。另外，如果涉密信息与其他信息可以区分处理的，行政机关应当将这些内容分割后，将不涉密的其他部分予以公开。材料一的案件涉及行政规范性文件的公开，材料二中《中共中央关于全面推进依法治国若干重大问题的决定》也提出了这方面的要求。按照上述决定的要求和《政府信息公开条例》的要求，甲市国土资源局应向孙某公开《严禁在自然保护区采砂的规定》这一文件。

总之，政府信息公开有助于推进政府依法行政，加快建设职能科学、权责法定、执法诚信的法治政府，有助于建设社会主义法治国家，有助于促进国家治理体系和治理能力现代化建设。

三、2017 年

案情： 某省盐业公司从外省盐厂购进 300 吨工业盐运回本地，当地市盐务管理局认为购进工业盐的行为涉嫌违法，遂对该批工业盐予以先行登记保存，并将《先行登记保存通知书》送达该公司。其后，市盐务管理局经听证、集体讨论后，认定该公司未办理工业盐准运证从省外购进工业盐，违反了省政府制定的《盐业管理办法》第 20 条，决定没收该公司违法购进的工业盐，并处罚款 15 万元。公司不服处罚决定，向市政府申请行政复议。市政府维持市盐务管理局的处罚决定。公司不服向法院起诉。

材料一：

1.《盐业管理条例》（国务院 1990 年 3 月 2 日第 51 号令发布，自发布之日起施行）

第 24 条　运输部门应当将盐列为重要运输物资，对食用盐和指令性计划的纯碱、烧碱用盐的运输应当重点保证。

2.《盐业管理办法》（2003 年 6 月 29 日省人民政府发布，2009 年 3 月 20 日修正）

第 20 条　盐的运销站发运盐产品实行准运证制度。在途及运输期间必须货、单、证同行。

无单、无证的，运输部门不得承运，购盐单位不得入库。

材料二：2016年4月22日，国务院发布的《盐业体制改革方案》指出，要推进盐业体制改革，实现盐业资源有效配置，进一步释放市场活力，取消食盐产销区域限制。要改革食盐生产批发区域限制。取消食盐定点生产企业只能销售给指定批发企业的规定，允许生产企业进入流通和销售领域，自主确定生产销售数量并建立销售渠道，以自有品牌开展跨区域经营，实现产销一体，或者委托有食盐批发资质的企业代理销售。要改革工业盐运销管理。取消各地自行设立的两碱工业盐备案制和准运证制度，取消对小工业盐及盐产品进入市场的各类限制，放开小工业盐及盐产品市场和价格。

材料三：2017年6月13日，李克强总理在全国深化简政放权放管结合优化服务改革电视电话会议上的讲话强调，我们推动的"放管服"改革、转变政府职能是一个系统的整体，首先要在"放"上下更大功夫，进一步做好简政放权的"减法"，又要在创新政府管理上破难题，善于做加强监管的"加法"和优化服务的"乘法"。如果说做好简化行政审批、减税降费等"减法"是革自己的命，是壮士断腕，那么做好强监管"加法"和优服务"乘法"，也是啃政府职能转变的"硬骨头"。放宽市场准入，可以促进公平竞争、防止垄断，也能为更好的"管"和更优的"服"创造条件。

问题：请基于案情，结合材料二、材料三和相关法律作答（要求观点明确，说理充分，文字通畅，字数不少于400字）：谈谈深化简政放权放管结合优质服务改革，对推进政府职能转变，建设法治政府的意义。

【参考答案】

我国社会发展正处在转型关键期、改革阵痛期。从深化改革到四个全面，都事关民生利益。形势倒逼我们必须从政治体制改革方面着手，理顺权力运行关系，减少甚至剔除影响社会发展的各种原生阻力。"把该放的权力放掉"，就是要激发制度和体制潜力，让改革释放出更多更大的活力，让民众享受到改革红利，这是深化改革促进发展的前提和保障。

深化行政体制改革、转变政府职能，是促进发展的强大动力和重要保障。经济体制改革的核心问题是处理好政府和市场的关系，使市场在资源配置中起决定性作用和更好发挥政府作用。转变政府职能是深化行政体制改革的核心，具有牵一发动全身的重要作用。

推动简政放权向纵深发展，必须：①进一步释放市场活力和社会创造力。为了国家发展和人民福祉，为了使经济运行保持在合理区间，实现经济社会持续健康发展，坚决把该"放"的彻底放开、该"减"的彻底减掉、该"清"的彻底清除，不留尾巴、不留死角、不搞变通。②创新和加强政府管理，使市场和社会活而有序。深化行政体制改革、转变政府职能，不仅要取消和下放权力，还要改善和加强政府管理，提高政府效能，增强依法全面履职能力，使市场和社会既充满活力又规范有序，促进经济持续健康发展和社会公平正义。③优化政府服务，更好满足人民群众和经济社会发展需求。深化简政放权等改革，破除障碍，把市场机制作用发挥好，努力提供比较充裕的公共产品、优质高效的公共服务，使整个社会更温馨、更和谐、更有凝聚力和活力。

"简政放权"是一场深刻的革命，是为了更有力地创新和强化社会管理，优化行政管理流程，将好的管理措施用在民生大计上。"简政放权"既是增强政府治理、建设现代法治政府的内在要求，也是提升政府公信力、执行力和权威性，更好服务人民群众的有效保障。简政放权等改革要在法治轨道上推进，重大改革要于法有据，同时法律法规也要适应改革需要，及时加以调整和完善，使激发释放活力和维护保障秩序有机统一起来。

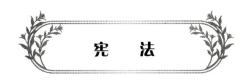

专题一　宪法基本理论

考点一　宪法的分类

1. 成文宪法和不成文宪法是英国宪法学家提出的一种宪法分类。关于成文宪法和不成文宪法的理解，下列哪一选项是正确的？（2017－1－21）[1]

A. 不成文宪法的特点是其内容不见于制定法

B. 宪法典的名称中必然含有"宪法"字样

C. 美国作为典型的成文宪法国家，不存在宪法惯例

D. 在程序上，英国不成文宪法的内容可像普通法律一样被修改或者废除

【解析】宪法分为成文宪法和不成文宪法，不成文宪法是指不以成文法典的形式公之于众的宪法，因此 A 项错误。宪法典的名称中一般含有"宪法"字样，而非必然含有"宪法"字样，比如 1949 年联邦德国制定的宪法名为《德意志联邦共和国基本法》，因此 B 项错误。美国作为典型的成文宪法国家，也存在宪法惯例，比如在美国宪法修正案第 22 条出台前，美国总统的任期不得超过两届，这就是美国宪法惯例之一，因此 C 项错误。根据英国宪法学家普莱士的观点，英国宪法属于不成文宪法，也属于柔性宪法，制定和修改程序同普通法律一样，因此 D 项正确。

2. 最高法院印发的《人民法院民事裁判文书制作规范》规定："裁判文书不得引用宪法……作为裁判依据，但其体现的原则和精神可以在说理部分予以阐述。"关于该规定，下列哪一说法是正确的？（2017－1－22）[2]

A. 裁判文书中不得出现宪法条文

B. 当事人不得援引宪法作为主张的依据

C. 宪法对裁判文书不具有约束力

D. 法院不得直接适用宪法对案件作出判决

【解析】裁判文书是记载人民法院审理过程和裁判结果的法律文书，它是诉讼活动结果的载体，也是人民法院确定和分配当事人实体权利义务的唯一凭证。裁判文书承载裁判的事实和理由，可以出现宪法条文，因此 A 项错误。当事人可以援引宪法作为主张的依据，因此 B 项错

[1]　D　[2]　D

误。宪法是国家的根本大法，具有最高的法律效力，宪法对裁判文书具有约束力，因此 C 项错误。按照最高法院印发的《人民法院民事裁判文书制作规范》，法院不得直接适用宪法对案件作出判决，因此 D 项正确。

3. 根据宪法分类理论，下列哪一选项是正确的？（2012 – 1 – 21）[1]

A. 成文宪法也叫文书宪法，只有一个书面文件

B. 1215 年的《自由大宪章》是英国宪法的组成部分

C. 1830 年法国宪法是钦定宪法

D. 柔性宪法也具有最高法律效力

【解析】宪法是规定国家的根本制度和根本任务，集中体现各种政治力量对比关系，保障公民基本权利的根本大法。根据宪法是否具有统一的法典形式，宪法分为成文宪法和不成文宪法。成文宪法，也可称之为文书宪法或制定宪法，是指具有统一法典形式的宪法。成文宪法具有统一法典形式，但并不意味着只有一个书面文件，因此 A 项错误。

不成文宪法国家没有统一的宪法典。英国没有统一的宪法典，属于不成文宪法国家。一般认为 1215 年的《自由大宪章》是英国宪法最早的组成部分，因此 B 项正确。

根据宪法制定机关不同，宪法分为钦定宪法、民定宪法和协定宪法。法国 1830 年宪法是协定宪法，而不是钦定宪法，因此 C 项错误。

根据法律效力以及其制定修改的程序是否区别于普通法律，宪法分为刚性宪法和柔性宪法。刚性宪法的制定、修改机关和程序与普通法律不同，具有最高法律效力；柔性宪法的制定、修改机关和程序与普通法律相同，因而宪法的效力和权威等同于普通法律，因此 D 项错误。

4. 关于宪法的历史发展，下列哪一选项是不正确的？（2014 – 1 – 21）[2]

A. 资本主义商品经济的普遍化发展，是近代宪法产生的经济基础

B. 1787 年美国宪法是世界历史上的第一部成文宪法

C. 1918 年《苏俄宪法》和 1919 年德国《魏玛宪法》的颁布，标志着现代宪法的产生

D. 行政权力的扩大是中国宪法发展的趋势

【解析】中国宪法发展趋势：（1）政府行政权力将受到一定程度的限制，行政指导在政府对经济管理的过程中将显得日益重要；（2）以人民法院审判权为核心的司法权将得到扩大与加强；（3）中国共产党领导的多党合作与政治协商制度在宪制实践中将得到进一步巩固和发展；（4）公民基本权利将得到较大发展；（5）宪法监督制度将进一步完善。因此 D 项错误。

【特别提示】1. 1787 年美国宪法是世界历史上的第一部成文宪法。

2. 1889 年明治天皇颁布的宪法、清政府颁布的《钦定宪法大纲》都是钦定宪法；1215 年英国《自由大宪章》、法国 1830 年宪法都是协定宪法；1777 年美国大陆会议通过的《邦联和永久联合条例》（简称为《邦联条例》，1781 年正式生效）、1919 年德国魏玛宪法都是民定宪法。

5. 下列关于宪法的分类，正确的选项是？（2018 年回忆版）[3]

A. 世界上第一部宪法是 1787 年的《美国宪法》，欧洲的第一部宪法是 1791 年的《法国宪法》

B. 中国是典型的刚性宪法国家，宪法的修改程序严于普通法律，宪法修正案要求全国人大全体代表的三分之二以上多数通过，普通法律只需要二分之一以上通过即可

---

[1] B　[2] D　[3] C

C. 在成文宪法国家，宪法典就是通常意义上的宪法，而在不成文宪法国家，其宪法往往体现为实质意义上的宪法性法律、宪法惯例等形式

D. 1889 年的《明治宪法》和 1830 年的《法国宪法》是两部典型的钦定宪法

【解析】 宪法有成文宪法和不成文宪法的区分，不成文宪法也是宪法，只不过不具备统一法典的形式而已，因此世界上第一部宪法是 1215 年英国的《自由大宪章》，世界上第一部成文宪法是 1787 年的《美国宪法》，故 A 项错误。普通法律的通过不是二分之一以上，而是过半数。区别在于前者包含本数，后者不包含本数。故 B 项错误。在成文宪法国家，宪法典就是通常意义上的宪法，而在不成文宪法国家，其宪法往往体现为实质意义上的宪法性法律、宪法惯例等形式，故 C 项正确。1830 年的《法国宪法》属于协定宪法，故 D 项错误。

考点二　宪法的制定与修改

1. 宪法修改是指有权机关依照一定的程序变更宪法内容的行为。关于宪法的修改，下列选项正确的是：（2016 - 1 - 93）[1]

A. 凡宪法规范与社会生活发生冲突时，必须进行宪法修改

B. 我国宪法的修改可由五分之一以上的全国人大代表提议

C. 宪法修正案由全国人民代表大会公告公布施行

D. 我国 1988 年《宪法修正案》规定，土地的使用权可依照法律法规的规定转让

【解析】 A 项"凡宪法规范与社会生活发生冲突时，必须进行宪法修改"的说法没有依据，犯了绝对化的错误，因此 A 项错误。《宪法》第 64 条第 1 款规定："宪法的修改，由全国人民代表大会常务委员会或者五分之一以上的全国人民代表大会代表提议，并由全国人民代表大会以全体代表的三分之二以上的多数通过。"因此 B 项正确。依据我国的宪法惯例，宪法修正案由全国人民代表大会公告公布实施，因此 C 项正确。1988 年《宪法修正案》第 2 条规定："任何组织或者个人不得侵占、买卖或者以其他形式非法转让土地。土地的使用权可以依照法律的规定转让。"不包括"法规"，因此 D 项错误。

2. 宪法的制定是指制宪主体按照一定程序创制宪法的活动。关于宪法的制定，下列哪一选项是正确的？（2015 - 1 - 20）[2]

A. 制宪权和修宪权是具有相同性质的根源性的国家权力

B. 人民可以通过对宪法草案发表意见来参与制宪的过程

C. 宪法的制定由全国人民代表大会以全体代表的三分之二以上的多数通过

D. 1954 年《宪法》通过后，由中华人民共和国主席根据全国人民代表大会的决定公布

【解析】 制宪权属于人民，是根源性的国家权力，因此 A 项错误。

国家主席只公布法律，1954 年《宪法》通过后，是由第一届全国人大第一次会议主席团公布的，因此 D 项错误。

3. 关于宪法实施，下列哪一项是不正确的？（2012 - 1 - 22）[3]

A. 宪法的遵守是宪法实施最基本的形式

B. 制度保障是宪法实施的主要方式

C. 宪法解释是宪法实施的一种方式

---

〔1〕 BC 〔2〕 B 〔3〕 B

D. 宪法适用是宪法实施的重要途径

【解析】宪法实施主要包括宪法执行、宪法适用、宪法遵守，而制度保障并不是宪法实施方式。B项错误。

4. 关于我国宪法修改，下列哪一选项是正确的？（2014－1－22）[1]

A. 我国修宪实践中既有对宪法的部分修改，也有对宪法的全面修改

B. 经十分之一以上的全国人大代表提议，可以启动宪法修改程序

C. 全国人大常委会是法定的修宪主体

D. 宪法修正案是我国宪法规定的宪法修改方式

【解析】自1954年我国制定第一部宪法以来，我国宪法经过了3次全面修改（分别是1975、1978、1982年）和7次部分修宪（分别是1979、1980年两次修改1978年宪法，和1988、1993、1999、2004、2018年五次修改1982年宪法）。A项正确。

《宪法》第64条："宪法的修改，由全国人民代表大会常务委员会或者五分之一以上的全国人民代表大会代表提议，并由全国人民代表大会以全体代表的三分之二以上的多数通过。"B项错误。

《宪法》第62条："全国人民代表大会行使下列职权：（一）修改宪法……"因此法定的修宪主体是全国人大，而不是全国人大常委会。C项错误。

我国《宪法》并未规定宪法修改方式。D项错误。

5. 关于我国宪法的修改，下列哪一说法是错误的？[2]（2010－1－23）

A.《宪法》没有专章规定修改程序

B.《宪法》规定的修宪机关是全国人民代表大会

C.《立法法》规定，宪法修正案由国家主席令公布

D.《全国人大议事规则》规定，宪法修改以投票方式表决

【解析】在《宪法》中，没有对宪法的修改程序作专章的规定。A项正确。

《宪法》第62条："全国人民代表大会行使下列职权：（一）修改宪法……"B项正确。

《立法法》规定法律由国家主席公布，并未规定宪法修正案的公布主体。在实践中，宪法修正案由全国人大主席团公布。C项错误。

《全国人大议事规则》第60条第2款规定："宪法的修改，采用无记名投票方式表决。"D项正确。

6. 专门机关负责保障宪法实施是宪法实施保障体制的重要形式。有关专门机关负责保障宪法实施的体制，下列哪些表述是正确的？（2006－1－62）[3]

A. 专门机关负责宪法实施的体制起源于1799年法国宪法设立的护法元老院

B. 宪法法院和宪法委员会是专门机关负责保障宪法实施体制的两种主要形式

C. 我国负责保障宪法实施的专门机关是全国人民代表大会及其常务委员会

D. 最早提出设立宪法法院的是奥地利规范法学派代表人物汉斯·凯尔森

【解析】《宪法》第62条："全国人民代表大会行使下列职权：……（二）监督宪法的实施……"《宪法》第67条："全国人民代表大会常务委员会行使下列职权：（一）解释宪法，监督宪法的实施……"可见，在我国，由全国人大及其常委会负责保障宪法实施。因此，我国没有负责保障宪法实施的专门机关，而是采取立法机关保障宪法实施的模式。C项错误，A项、B项、D项正确。

_____

[1] A [2] C [3] ABD

7. 我国宪法第六至十八条对经济制度作了专门规定。关于《宪法修正案》就我国经济制度规定所作的修改，下列哪些选项是正确的？（2011 – 1 – 60）[1]

A. 中华人民共和国实行依法治国，建设社会主义法治国家

B. 国家实行社会主义市场经济

C. 除第九、十二、十八条外，其他各条都进行过修改

D. 农村中的生产、供销、信用、消费等各种形式的合作经济，是社会主义劳动群众集体所有制经济

【解析】1999 年《宪法修正案》第 13 条将《宪法》第 5 条增加一款，作为第 1 款，规定："中华人民共和国实行依法治国，建设社会主义法治国家"，该条说的是法律制度，而非经济制度。A 项错误。

1993 年《宪法修正案》第 7 条将《宪法》第 15 条修改为："国家实行社会主义市场经济。国家加强经济立法，完善宏观调控。国家依法禁止任何组织或者个人扰乱社会经济秩序。"

现行《宪法》第 6 至 18 条对经济制度的规定，仅第 9、12、18 条没有被修改过。

1993 年《宪法修正案》第 6 条将《宪法》第 8 条第 1 款修改为："农村中的家庭联产承包为主的责任制和生产、供销、信用、消费等各种形式的合作经济，是社会主义劳动群众集体所有制经济。参加农村集体经济组织的劳动者，有权在法律规定的范围内经营自留地、自留山、家庭副业和饲养自留畜。"B 项、C 项、D 项正确。

8. 关于我国《宪法》的修改，下列哪些选项是正确的？（2009 – 1 – 60）[2]

A. 1954 年《宪法》明确规定了宪法修改的提案主体

B. 1982 年《宪法》是对 1954 年《宪法》的全面修改

C. 我国现行宪法共进行了 4 次修改，通过了 31 条宪法修正案

D. "国家尊重和保障人权"是 2004 年《宪法修正案》规定的内容

【解析】1954 年《宪法》第 29 条："宪法的修改由全国人民代表大会以全体代表的三分之二的多数通过。法律和其他议案由全国人民代表大会以全体代表的过半数通过。"因此只规定了全国人大有权修宪，并未规定宪法修改的提案主体。1982 年《宪法》规定了宪法修改的提案主体，即《宪法》第 64 条："宪法的修改，由全国人民代表大会常务委员会或者五分之一以上的全国人民代表大会代表提议，并由全国人民代表大会以全体代表的三分之二以上的多数通过。法律和其他议案由全国人民代表大会以全体代表的过半数通过。"A 项错误。

1982 年《宪法》是对 1978 年《宪法》的全面修改，是新中国成立后我国颁布的第四部宪法。B 项错误。

迄今为止我国对 1982 年《宪法》已经进行了五次修改，形成了 52 条宪法修正案。C 项错误。

2004 年《宪法修正案》规定"国家尊重和保障人权"。D 项正确。

9. 根据宪法和法律的规定，下列哪些选项是错误的？（2007 – 1 – 64）[3]

A. 2004 年宪法修正案明确规定"非公有制经济的从业人员"是"我国社会主义事业的建设者"

B. 1999 年宪法修正案明确规定非公有制经济是社会主义市场经济的组成部分

C. 1999 年宪法修正案将国家保障公民的合法的私有财产权神圣不可侵犯写进宪法

D. 1988 年宪法修正案明确规定集体土地所有权可以依法出租或者转让

【解析】2004 年《宪法修正案》没有对"社会主义事业的建设者"的内涵和范围作明确的规定。A 项错误。

1999 年《宪法修正案》规定了"在法律规定范围内的个体经济、私营经济等非公有制经济，是社会主义市场经济的重要组成部分"。B 项正确。

2004 年《宪法修正案》增加规定了"公民的合法的私有财产不受侵犯"。C 项错误。

1988 年《宪法修正案》增加规定了"土地的使用权可以依照法律的规定转让"。D 项错误。

【特别提示】1. 我国《宪法》的制定、修改、解释和保障的主体：（1）人民是制宪权的主体，即人民有权制宪；（2）全国人大有权修宪；（3）全国人大常委会有权解释宪法；（4）全国人大和全国人大常委会都有权监督宪法的实施。

2. 我国现行《宪法》修改的时代特色：1993 年强调"改革开放"；1999 年强调"法治"；2004 年强调"人权"。

10. 根据 1954 年宪法和现行宪法有关立法的规定，下列哪些选项是正确的？（2007 - 1 - 63）[1]

A. 1954 年宪法规定全国人民代表大会是行使国家立法权的唯一机关

B. 现行宪法则规定全国人民代表大会和全国人民代表大会常务委员会行使国家立法权

C. 1954 年宪法没有授予国务院制定行政法规的权力

D. 现行宪法则明确规定了国务院有根据宪法和法律制定行政法规的权力

【解析】1954 年《宪法》第 22 条："全国人民代表大会是行使国家立法权的唯一机关。"A 项正确。

现行《宪法》第 58 条："全国人民代表大会和全国人民代表大会常务委员会行使国家立法权。"B 项正确。

1954 年《宪法》第 49 条："国务院行使下列职权：（一）根据宪法、法律和法令，规定行政措施，发布决议和命令，并且审查这些决议和命令的实施情况；……"因此没有授予国务院制定行政法规的权力。C 项正确。

现行《宪法》第 89 条："国务院行使下列职权：（一）根据宪法和法律，规定行政措施，制定行政法规，发布决定和命令；……"D 项正确。

11. 一般说来，规定国家权力的正确行使和公民权利的有效保障应是宪法基本内容的两个方面。下列哪一部宪法没有明确规定公民的基本权利？（2006 - 1 - 8）[2]

A. 1918 年的《苏俄宪法》

B. 1789 年的《美国宪法》

C. 1791 年的《法国宪法》

D. 1923 年的《中华民国宪法》

【解析】1789 年《美国宪法》只规定了国家基本制度的内容，关于公民权利的内容规定在其修正案中。B 项正确。

12. 近代意义宪法产生以来，文化制度便是宪法的内容。关于两者的关系，下列哪一选项是不正确的？（2013 - 1 - 23）[3]

A.1787 年美国宪法规定了公民广泛的文化权利和国家的文化政策

B.1919 年德国魏玛宪法规定了公民的文化权利

---

[1]　ABCD　〔2〕　B　〔3〕　A

C. 我国现行宪法对文化制度的原则、内容等做了比较全面的规定

D. 公民的文化教育权、国家机关的文化教育管理职权和文化政策，是宪法文化制度的主要内容

【解析】1787 年制定、1789 年生效的《美国宪法》包括序言和 7 条正文。正文中规定了三权分立、联邦制、民主制等原则，但未规定公民的权利。1791 年，美国通过了 10 条宪法修正案，规定了公民的权利，因此这 10 条宪法修正案被统称为"美国权利法案"。迄今为止，美国一共通过了 27 条宪法修正案。A 项错误。

13. 十三届全国人大一次会议，表决通过了宪法修正案。宪法修改，是党和国家政治生活中的一件大事，是法治中国建设的新的里程碑，对于决胜全面建成小康社会、开启全面建设社会主义现代化国家新征程、实现中华民族伟大复兴的中国梦，推进国家治理体系和治理能力现代化、提高党长期执政能力，具有重大现实意义和深远历史意义。关于本次修宪，以下说法正确的是？（2018 年回忆版）[1]

A. 此次修宪对于我国政府的职能进行了完善，进一步完善了国务院监察部门的职能

B. 赋予了设区的市的人大及其常委会制定地方性法规并层报全国人大常委会批准后施行的职权

C. 修改后《宪法》第一条增加了"中国共产党领导是中国特色社会主义最重要特征"的规定

D. 本次修宪将"构建人类命运共同体"写入了我国宪法

【解析】宪法修正案中增加了监察委员会，国家监察机关不属于国务院的职能部门，A 错误。根据修订后的宪法，设区的市的人民代表大会和它们的常务委员会，在不同宪法、法律、行政法规和本省、自治区的地方性法规相抵触的前提下，可以依照法律规定制定地方性法规，报本省、自治区人民代表大会常务委员会批准后施行，B 错误。修改后《宪法》第 1 条增加了"中国共产党领导是中国特色社会主义最本质的特征"的规定，C 错误。D 正确。

14. 下列关于 2018 年宪法修正案说法错误的是？（2018 年回忆版）[2]

A. 2018 年宪法修正案是对 1982 年宪法的全面修改，共计 21 条修正案

B. 2018 年宪法修正案明确了监察委员会的宪法地位

C. 2018 年宪法修正案增加了习近平新时代中国特色社会主义思想

D. 体现了宪法与时俱进、全面发展

【解析】2018 年宪法修正案是对 1982 年宪法的部分修改，共计 21 条修正案，故 A 项错误。

2018 年宪法修正案明确规定监察委员会是我国的监察机关，故 B 项正确。

2018 年宪法修正案在序言部分增加了习近平新时代中国特色社会主义思想，故 C 项正确。

2018 年宪法的修改体现了宪法的与时俱进、全面发展，故 D 项正确。

15. 《中国人民政治协商会议共同纲领》是中国共产党主持制定的一个具有临时宪法作用的文件，于 1949 年 9 月 29 日经中国人民政治协商会议第一届全体会议通过。对于该文件，下列哪些选项是正确的？（2019 年回忆版）[3]

A. 该文件规定人民有选举权和被选举权

B. 该文件为社会主义性质的宪法文件

C. 中国人民政治协商会议的一项工作是在普选的全国人大召开之前行使全国人大的职权

---

[1] D 〔2〕 A 〔3〕 ACD

D. 中华人民共和国的国家政权属于人民

【解析】《共同纲领》的第四条和第五条简要规定了人民的基本权利，第四条规定中华人民共和国人民依法有选举权和被选举权，第五条规定中华人民共和国人民有思想、言论、出版、集会、结社、通讯、人身、居住、迁徙、宗教信仰及示威游行的自由权，故 A 项正确。新中国的建立标志着新民主主义革命的成功，在新中国成立后我国通过社会主义改造的方式走上社会主义道路，而完成社会主义改造的时间是在 1956 年前后，因此 1949 年的《共同纲领》在性质上只能属于新民主主义性质，故 B 项错误。由于我国第一届全国人大直到 1954 年才召开第一次会议，在普选的全国人大开会之前，一直由中国人民政治协商会议全体会议代行全国人大职权，故 C 项正确。新民主主义革命的成功，意味着三座大山的推翻，也意味着人民掌握国家政权，翻身做主人。故 D 项正确。

16. 我国《宪法》明确规定："国家推行计划生育，使人口的增长同经济和社会发展计划相适应。"关于计划生育政策的调整，下列哪一理解是正确的？(2021 年回忆版)[1]

A. 该规定属于基本国策条款，国家可以通过政策加以修正

B. 该条文必须经过正式的宪法解释之后，才能进行相应的计划生育政策调整

C. 根据该规定，经济和社会发展是国家计划生育政策调整的客观依据

D. 该条文为计划生育政策的具体措施提供了明确指引

【解析】该规定属于宪法规定，根据《宪法》第 64 条规定："宪法的修改，由全国人民代表大会常务委员会或者五分之一以上的全国人民代表大会代表提议，并由全国人民代表大会以全体代表的三分之二以上的多数通过。"因此国家不可以通过政策对宪法条文加以修正，故 A 项错误。计划生育政策宪法规定的调整可以通过直接修改宪法的方式完成，不是必须经过正式的宪法解释，故 B 项错误。经济和社会发展是国家计划生育政策调整的客观依据，故 C 项正确。宪法该条文的规定只是原则性规定，不能为计划生育政策的具体措施提供明确指引，故 D 项错误。

考点三　宪法的基本原则

1. 我国宪法规定了"一切权力属于人民"的原则。关于这一规定的理解，下列选项正确的是：(2016－1－91)[2]

A. 国家的一切权力来自并且属于人民

B. "一切权力属于人民"仅体现在直接选举制度之中

C. 我国的人民代表大会制度以"一切权力属于人民"为前提

D. "一切权力属于人民"贯穿于我国国家和社会生活的各领域

【解析】《宪法》第 2 条规定："中华人民共和国的一切权力属于人民。"这就是我国《宪法》规定的人民主权原则。社会主义国家宪法普遍规定一切权力属于人民的原则，由于一切权力属于人民是无产阶级在创造自己政权的过程中，在批判性地继承资产阶级民主思想的基础上对人民主权原则的创造性的运用发展，因此一切权力属于人民实质上也就是人民主权。因此 A 项、C 项、D 项正确。"一切权力属于人民"贯穿于我国国家和社会生活的各领域，并非仅体现为直接选举制度。因此 B 项错误。

---

2. 公平正义是社会主义法治的价值追求。关于我国宪法与公平正义的关系，下列哪一选项是不正确的？（2013 - 1 - 20）[1]

A. 树立与强化宪法权威，必然要求坚定地守持和维护公平正义

B. 法律面前人人平等原则是公平正义在宪法中的重要体现

C. 宪法对妇女、老人、儿童等特殊主体权利的特别保护是实现公平正义的需要

D. 禁止一切差别是宪法和公平正义的要求

【解析】平等要求禁止不合理的歧视性差别对待，例如基于年龄、性别、种族等的不合理差别对待，但并不要求禁止合理的差别。D项错误。

3. 关于如何根据社会主义法治理念完善我国宪法的权力制约原则，下列哪些选项是正确的？（2012 - 1 - 59）[2]

A. 从法律上构建起权力制约监督体系与机制

B. 从制度上为各种监督的实施提供条件和保障

C. 完善权力配置，恰当地建构各种权力关系

D. 限制和缩小国家权力范围，扩大公民权利

【解析】权力制约原则主要体现为监督原则，即以国家权力制约国家权力，以公民权利制约国家权力，要从法律上构建起"以权力制约权力、以权利制约权力、以道德制约权力"的权力制约监督体系和机制。因此A项、B项、C项正确。

扩大公民权利不等于限制和缩小国家权力范围，权力制约的目的是为了控制国家权力，使之规范化更好地为公民权利服务。因此D项错误。

4. 权力制约是依法治国的关键环节。下列哪些选项体现了我国宪法规定的权力制约原则？（2011 - 1 - 59）[3]

A. 全国人大和地方各级人大由民主选举产生，对人民负责，受人民监督

B. 法院、检察院和公安机关办理刑事案件，应当分工负责，互相配合，互相制约

C. 地方各级人大及其常委会依法对"一府两院"监督

D. 法院对法律合宪性审查

【解析】权力制约原则是指国家权力的各部分之间相互监督、彼此牵制，以保障公民权利的原则。它既包括公民权利对国家权力的制约，也包括国家权力相互之间的制约。权力制约原则在我国宪法中体现为：（1）宪法规定了人民对国家权力活动进行监督的制度，如规定"全国人民代表大会和地方各级人民代表大会都由民主选举产生，对人民负责，受人民监督"；（2）宪法规定了公民对国家机关及其公务员的监督权，如规定"中华人民共和国公民对于任何国家机关和国家工作人员，有提出批评和建议的权利"；（3）宪法规定了国家机关之间、国家机关内部不同的监督形式，如规定"人民法院、人民检察院和公安机关办理刑事案件，应当分工负责，互相配合，互相制约，以保证准确有效地执行法律"。因此A项、B项、C项正确。

《立法法》第99条："国务院、中央军事委员会、最高人民法院、最高人民检察院和各省、自治区、直辖市的人民代表大会常务委员会认为行政法规、地方性法规、自治条例和单行条例同宪法或者法律相抵触的，可以向全国人民代表大会常务委员会书面提出进行审查的要求，由常务委员会工作机构分送有关的专门委员会进行审查、提出意见。前款规定以外的其他国家机关和社会团体、企业事业组织以及公民认为行政法规、地方性法规、自治条例和单行条例同宪法或者法律相抵触的，可以向全国人民代表大会常务委员会书面提出进行审查的建议，由常务

---

[1] D 　[2] ABC 　[3] ABC

委员会工作机构进行研究，必要时，送有关的专门委员会进行审查、提出意见。有关的专门委员会和常务委员会工作机构可以对报送备案的规范性文件进行主动审查。"因此 D 项错误。

5. 如果说宪法是国家法律制度的地基和框架，那么宪法基本原则就是整个宪法大厦的地基和框架。下列关于宪法基本原则及其相关涵义的说法中，不正确的是哪一项：[1]

A. 人民主权原则在理论上所要解决的是国家权力即主权的归属问题

B. 法治也称"法的统治"或"法律的统治"，是相对于人治而言的，是指统治阶级按照民主原则把国家事务法律化、制度化，并严格依法进行管理的一种治国理论、制度体系和运行状态

C. 当代资本主义国家的宪法均不同形式地确认了分权原则，具体表现为实行"三权分立"，主要包括典型的美国形式、以立法为重点的英国形式和以行政为重点的法国形式三种模式

D. 苏俄首创了社会主义国家的监督原则

【解析】 世界上第一个无产阶级专政政权——巴黎公社首创了社会主义国家的监督原则并为后来的社会主义国家奉为一条重要的民主原则，所以 D 项错误。

考点四　宪法的渊源

1. 宪法的渊源即宪法的表现形式。关于宪法渊源，下列哪一表述是错误的？（2015 - 1 - 21）[2]

A. 一国宪法究竟采取哪些表现形式，取决于历史传统和现实状况等多种因素

B. 宪法惯例实质上是一种宪法和法律条文无明确规定、但被普遍遵循的政治行为规范

C. 宪法性法律是指国家立法机关为实施宪法典而制定的调整宪法关系的法律

D. 有些成文宪法国家的法院基于对宪法的解释而形成的判例也构成该国的宪法渊源

【解析】 有些国家没有成文宪法典。C 项错误。

2. 下列哪些选项属于我国宪法的渊源？（2007 - 1 - 59）[3]

A. 中华人民共和国现行宪法及其修正案

B. 中华人民共和国地方各级人民代表大会和地方各级人民政府组织法

C. 中华人民共和国立法法

D. 宪法判例

【解析】 我国宪法的渊源主要包括：宪法典、宪法性法律、宪法惯例。我国没有宪法判例。D 项错误。

【特别提示】 宪法判例属于宪法的渊源之一，但不属于我国宪法的渊源。

3. 根据《宪法》的规定，关于宪法文本的内容，下列哪一选项是正确的？（2013 - 1 - 21）[4]

A. 《宪法》明确规定了宪法与国际条约的关系

B. 《宪法》明确规定了宪法的制定、修改制度

C. 作为《宪法》的"附则"，《宪法修正案》是我国宪法的组成部分

D. 《宪法》规定了居民委员会、村民委员会的性质和产生，两者同基层政权的相互关系

---

[1]　D　[2]　C　[3]　ABC　[4]　D

由法律规定

【解析】我国现行宪法没有对宪法与条约关系作出具体规定。但从宪法序言中可以看出我国处理两者关系的基本原则，即我国以和平共处五项原则为基础，发展同各国的外交关系和经济、文化的交流。A项错误。

《宪法》第62条："全国人民代表大会行使下列职权：（一）修改宪法；……"。因此我国现行宪法并未规定宪法的制定制度，仅仅规定了宪法的修改制度。B项错误。

我国《宪法》没有"附则"。C项错误。

《宪法》第111条第1款规定："城市和农村按居民居住地区设立的居民委员会或者村民委员会是基层群众性自治组织。居民委员会、村民委员会的主任、副主任和委员由居民选举。居民委员会、村民委员会同基层政权的相互关系由法律规定。"D项正确。

4. 宪法结构指宪法内容的组织和排列形式。关于我国宪法结构，下列哪一选项是不正确的？（2011 - 1 - 22）[1]

A. 宪法序言规定了宪法的根本法地位和最高法律效力

B. 现行宪法正文的排列顺序是：总纲、公民的基本权利和义务、国家机构以及国旗、国歌、国徽、首都

C. 宪法附则没有法律效力

D. 宪法没有附则

【解析】《宪法》序言：本宪法以法律的形式确认了中国各族人民奋斗的成果，规定了国家的根本制度和根本任务，是国家的根本法，具有最高的法律效力。全国各族人民、一切国家机关和武装力量、各政党和各社会团体、各企业事业组织，都必须以宪法为根本的活动准则，并且负有维护宪法尊严、保证宪法实施的职责。A项正确。

《宪法》除序言外，分为总纲，公民的基本权利和义务，国家机构，国旗、国歌、国徽、首都，共四章143条。B项正确。

一部完整的《宪法》，应当包括序言、正文和附则。附则是宪法的组成部分，具有法律效力。但我国《宪法》没有"附则"。C项错误，D项正确。

5. 关于宪法表现形式的说法，下列哪些选项是正确的？（2010 - 1 - 62）[2]

A. 宪法典是所有国家宪法结构体系的核心，均具有内容完整、逻辑严谨的特征

B. 宪法判例主要存在于普通法系国家，这些国家具有"遵从先例"的司法传统

C. 宪法判例在美国只能通过联邦最高法院新的宪法判例才能推翻

D. 宪法判例在英国有着调整英王、议会、内阁之间关系的决定性作用

【解析】宪法典是绝大多数国家宪法采用的形式，但在英国等不成文宪法国家并没有宪法典。A项错误。

宪法判例是指宪法条文无明文规定，而由司法机关在审判实践中逐渐形成并具有宪法效力的判例，主要存在于普通法系国家。B项正确。

根据"遵循先例"和"违宪审查"原则，宪法判例在美国联邦最高法院和其他联邦上诉法院都可以用新的宪法判例进行推翻。C项错误。

宪法判例作为英国的不成文宪法的组成部分，主要就是调整英王、议会、内阁之间关系，并且起决定性作用。D项正确。

---

[1] C　[2] BD

考点五　宪法的效力

1. 关于宪法效力的说法，下列选项正确的是：（2014 - 1 - 94）[1]

A. 宪法修正案与宪法具有同等效力

B. 宪法不适用于定居国外的公民

C. 在一定条件下，外国人和法人也能成为某些基本权利的主体

D. 宪法作为整体的效力及于该国所有领域

【解析】宪法修正案属于《宪法》的内容，与宪法具有同等效力。A 项正确。

《宪法》第 50 条："中华人民共和国保护华侨的正当的权利和利益，保护归侨和侨眷的合法的权利和利益。"B 项错误。

我国宪法保护人权的主体非常广泛，宪法不仅保护我国公民的基本权利，也保护外国人的权利；不仅保护个人的权利，也保护群体的权利。在一定条件下，外国人和法人也能成为某些基本权利的主体，比如，外国人也享有人身自由权。C 项正确。

宪法在一国主权范围内都有效。D 项正确。

2. 关于我国宪法对领土的效力，下列表述正确的是：（2012 - 1 - 89）[2]

A. 领土包括一个国家的陆地、河流、湖泊、内海、领海以及它们的底床、底土和上空（领空）

B. 领土是国家的构成要素之一，是国家行使主权的空间，也是国家行使主权的对象

C.《宪法》在国土所有领域的适用上无任何差异

D.《宪法》的空间效力及于国土全部领域，是由主权的唯一性和不可分割性决定的

【解析】由于宪法本身的综合性和价值多元性，宪法在不同领域的适用上是有所差异的。比如在我国的香港特别行政区、澳门特别行政区、台湾地区，政治、经济、社会制度和大陆地区是有区别的。但任何组成部分上的特殊性并不意味着对这个整体的否定，宪法作为整体的效力及于中华人民共和国的所有领域。因此 A 项、B 项、D 项正确，C 项错误。

3. 宪法效力是指宪法作为法律规范所具有的约束力与强制性。关于我国宪法效力，下列哪一选项是不正确的？（2011 - 1 - 23）[3]

A. 侨居国外的华侨受中国宪法保护

B. 宪法的效力及于中华人民共和国的所有领域

C. 宪法的最高法律效力首先源于宪法的正当性

D. 宪法对法院的审判活动没有约束力

【解析】《宪法》第 50 条："中华人民共和国保护华侨的正当的权利和利益，保护归侨和侨眷的合法的权利和利益。"A 项正确。

我国宪法对领土的效力，即空间效力及于国土的所有领域，包括陆地、河流、湖泊、内海、领海以及它们的底床、底土和上空。这是由主权的唯一性和不可分割性决定的，也是由宪法的根本法地位决定的。B 项正确。

宪法之所以具有最高的法律效力，首先是因为宪法具有正当性。宪法的正当性是指宪法制定权、宪法内容、宪法程序的正当性。宪法作为社会共同体的基本规则，是社会多数人共同意志的最高体现。C 项正确。

---

[1]　ACD　[2]　ABD　[3]　D

宪法效力具有最高性与直接性，不仅是立法的基础，而且对于立法行为与依据宪法进行的各种行为产生直接的约束力。法院审判活动必须遵守宪法和法律的规定。D项错误。

4. 关于《宪法》对自然人的适用效力，下列哪一选项是错误的？（2008 川 – 1 – 18）[1]

A. 我国宪法适用于一切拥有中国国籍的人

B. 对于因出生取得国籍的确定，我国采取出生地主义和血统主义相结合的原则

C. 侨居在国外的华侨受中国宪法保护

D. 宪法也同等地适用于居住在中国境内的外国人

【解析】《宪法》第33条第1款："凡具有中华人民共和国国籍的人都是中华人民共和国公民。"我国宪法适用于一切拥有中国国籍的人。A项正确。

《国籍法》第4条："父母双方或一方为中国公民，本人出生在中国，具有中国国籍。"第5条："父母双方或一方为中国公民，本人出生在外国，具有中国国籍；但父母双方或一方为中国公民并定居在外国，本人出生时即具有外国国籍的，不具有中国国籍。"第6条："父母无国籍或国籍不明，定居在中国，本人出生在中国，具有中国国籍。"从这3条的规定可以看出，对于因出生取得国籍的，我国采取出生地主义和血统主义相结合的原则。B项正确。

《宪法》第50条："中华人民共和国保护华侨的正当的权利和利益，保护归侨和侨眷的合法的权利和利益。"注意该条中的"正当"与"合法"。C项正确。

外国人在一定的条件下成为基本权利主体，在享有基本权利的范围内，宪法效力适用于外国人，但并不能说宪法中的一切权利都同等地适用于居住在中国境内的外国人，例如选举权。D项错误。

5. 关于我国的国家结构形式，下列选项正确的是：（2012 – 1 – 90）[2]

A. 我国实行单一制国家结构形式

B. 维护宪法权威和法制统一是国家的基本国策

C. 在全国范围内实行统一的政治、经济、社会制度

D. 中华人民共和国是一个统一的国际法主体

【解析】我国的国家结构形式是单一制，单一制国家具有如下特点：（1）从法律制度上来看，单一制国家只有一部宪法；（2）从政权组织形式上看，除有个别特殊地方外，中央和地方均采用相同的政府体制；（3）在权力配置上，地方权力来源于中央的授权，国家权力重心在中央；（4）在国际关系上，只有一个国际法主体，其地方政府一般不能作为国际法的主体参与国际关系；（5）公民具有统一的国籍；（6）地方作为国家的行政区域单位，不具有独立性。A项、B项、D项正确。

我国在全国范围内并不实行统一的政治、经济、社会制度。比如大陆地区实行社会主义制度，香港特别行政区、澳门特别行政区实行资本主义制度，台湾地区实行资本主义制度。C项错误。

考点六　宪法的实施及其保障

1. 根据《选举法》和相关法律的规定，关于选举的主持机构，下列哪一选项是正确的？（2016 – 1 – 24）[3]

A. 乡镇选举委员会的组成人员由不设区的市、市辖区、县、自治县的人大常委会任命

B. 县级人大常委会主持本级人大代表的选举

C. 省人大在选举全国人大代表时，由省人大常委会主持

D. 选举委员会的组成人员为代表候选人的，应当向选民说明情况

【解析】《选举法》第10条第1款规定："乡、民族乡、镇的选举委员会的组成人员由不设区的市、市辖区、县、自治县的人民代表大会常务委员会任命。"因此A项正确。第9条第2款规定："不设区的市、市辖区、县、自治县、乡、民族乡、镇设立选举委员会，主持本级人民代表大会代表的选举。"因此B项错误。第39条规定："县级以上的地方各级人民代表大会在选举上一级人民代表大会代表时，由各该级人民代表大会主席团主持。"因此C项错误。第10条第2款规定："选举委员会的组成人员为代表候选人的，应当辞去选举委员会的职务。"因此D项错误。

2. 根据《宪法》和法律，关于我国宪法监督方式的说法，下列选项正确的是：（2016 - 1 - 94）[1]

A. 地方性法规报全国人大常委会和国务院备案，属于事后审查

B. 自治区人大制定的自治条例报全国人大常委会批准后生效，属于事先审查

C. 全国人大常委会应国务院的书面审查要求对某地方性法规进行审查，属于附带性审查

D. 全国人大常委会只有在相关主体提出对某规范性文件进行审查的要求或建议时才启动审查程序

【解析】《立法法》第98条第2项规定："省、自治区、直辖市的人民代表大会及其常务委员会制定的地方性法规，报全国人民代表大会常务委员会和国务院备案；设区的市、自治州的人民代表大会及其常务委员会制定的地方性法规，由省、自治区的人民代表大会常务委员会报全国人民代表大会常务委员会和国务院备案。""备案"属于事后审查，因此A项正确。

根据第75条第1款的规定："自治区的自治条例和单行条例，报全国人民代表大会常务委员会批准后生效。自治州、自治县的自治条例和单行条例报省、自治区、直辖市的人民代表大会常务委员会批准后生效。""批准"属于事先审查，因此B项正确。

附带性审查是指司法机关在审理案件过程中，因提出对所适用的法律法规和规范性文件是否违宪的问题，而对该法律法规和规范性文件所进行的合宪性审查。附带性审查往往以争诉事件为前提，所审查的也是与争诉有关的法律法规和规范性文件。全国人大常委会应国务院的书面审查要求对某地方性法规进行审查，属于我国宪法监督中的事后审查，因此C项错误。

我国《立法法》第99条第3款规定："有关的专门委员会和常务委员会工作机构可以对报送备案的规范性文件进行主动审查。"因此D项错误。

3. 《全国人民代表大会常务委员会关于实行宪法宣誓制度的决定》于2016年1月1日起实施。关于宪法宣誓制度的表述，下列哪些选项是正确的？（2016 - 1 - 61）[2]

A. 该制度的建立有助于树立宪法的权威

B. 宣誓场所应当悬挂中华人民共和国国旗或者国徽

C. 宣誓主体限于各级政府、法院和检察院任命的国家工作人员

D. 最高法院副院长、审判委员会委员进行宣誓的仪式由最高法院组织

【解析】《全国人民代表大会常务委员会关于实行宪法宣誓制度的决定》规定："宪法是国家的根本法，是治国安邦的总章程，具有最高的法律地位、法律权威、法律效力。国家工作人

---

〔1〕 AB 〔2〕 ABD

员必须树立宪法意识，恪守宪法原则，弘扬宪法精神，履行宪法使命。为彰显宪法权威，激励和教育国家工作人员忠于宪法、遵守宪法、维护宪法，加强宪法实施……"因此 A 项正确。

第 8 条第 2 款规定："宣誓场所应当庄重、严肃，悬挂中华人民共和国国旗或者国徽。"因此 B 项正确。

第 3 至 7 条对宣誓主体进行了详细的规定，宣誓主体包括各级人大及常委会选举或者任命产生的国家工作人员，也包括一府两院任命的国家工作人员，因此 C 项错误。

根据第 6 条的规定，全国人民代表大会常务委员会任命或者决定任命的最高人民法院副院长、审判委员会委员等进行宪法宣誓的仪式，由最高人民法院组织。因此 D 项正确。

4. 我国《宪法》第三十八条明确规定："中华人民共和国公民的人格尊严不受侵犯。"关于该条文所表现的宪法规范，下列哪些选项是正确的？（2015 - 1 - 61）[1]

A. 在性质上属于组织性规范

B. 通过《民法通则》中有关姓名权的规定得到了间接实施

C. 法院在涉及公民名誉权的案件中可以直接据此作出判决

D. 与法律中的有关规定相结合构成一个有关人格尊严的规范体系

【解析】该条文属于人权性规范。A 项错误。

宪法不能够直接适用于具体案件，一般都是由部门法将其细化后得以间接适用。B 项、D 项正确，C 项错误

5. 宪法解释是保障宪法实施的一种手段和措施。关于宪法解释，下列选项正确的是：（2015 - 1 - 94）[2]

A. 由司法机关解释宪法的做法源于美国，也以美国为典型代表

B. 德国的宪法解释机关必须结合具体案件对宪法含义进行说明

C. 我国的宪法解释机关对宪法的解释具有最高的、普遍的约束力

D. 我国国务院在制定行政法规时，必然涉及对宪法含义的理解，但无权解释宪法

【解析】德国有专门的宪法法院而非进行附带审查。B 项错误。

6. 关于我国的宪法宣誓制度，以下说法正确的有？[3]

A. 在就职时应当公开进行宪法宣誓的人员仅限于我国各级人大及其常委会选举或者决定产生的国家工作人员

B. 全国人大主席团组织全国人大选举或者决定产生的人员的宣誓仪式

C. 地方工作人员的宣誓仪式由省级人大常委会负责组织

D. 最高人民法院副院长、最高人民检察院副检察长也要进行宪法宣誓，宣誓仪式由全国人民代表大会常务委员会组织

【解析】各级人民代表大会及县级以上各级人民代表大会常务委员会选举或者决定任命的国家工作人员，以及各级人民政府、监察委员会、人民法院、人民检察院任命的国家工作人员，在就职时应当公开进行宪法宣誓，A 错误。B 正确。宣誓的具体组织办法由省、自治区、直辖市人民代表大会常务委员会参照《全国人民代表大会常务委员会关于实行宪法宣誓制度的决定》制定，报全国人民代表大会常务委员会备案，C 错误。最高人民法院副院长、最高人民检察院副检察长的宪法宣誓分别由最高人民法院、最高人民检察院组织，D 错误。

7. 十八届四中全会就已经提出来要加强宪法的实施和监督，强化宪法监督的体制机制建设，党的十九大报告中对此进一步提出要推进合宪性审查工作，因此，我国通常采取事前监督

---

〔1〕 BD 〔2〕 ACD 〔3〕 B

和事后监督两种方式来进行立法监督。对此，以下说法正确的是？（2018年回忆版）[1]

A. 全国人大常委会可以对广西壮族自治区制定的自治条例以批准或者不批准的方式进行监督

B. 山东省人大可以撤销或者改变山东省政府制定的政府规章

C. 国务院只能对各部委制定的部门规章的合法性进行监督

D. 授权机关可以撤销被授权机关超越权限、违背授权目的制定的法规，但是不能撤销授权

【解析】省人大与省政府之间是监督关系，因此山东省人大常委会可以撤销山东省政府制定的政府规章，而不能改变，B错误。国务院可以对各部委制定的部门规章的适当性进行监督，C错误。授权机关在必要时可以撤销授权，D错误。

8. 宪法作为国家根本法，在国家和社会中发挥重要作用。关于宪法作用和宣誓制度，下列哪个选项是正确的？（2018年回忆版）[2]

A. 宪法为避免法律体系内部冲突，提供了具体机制

B. 宪法宣誓制度有助于宪法作用发挥

C. 宪法能够为司法活动提供明确直接依据

D. 宪法的修改是宪法作用发挥的重要前提

【解析】宪法为避免法律体系内部冲突，并没有明确提供具体机制，故A项错误。宪法宣誓有助于彰显宪法权威，激励和教育国家工作人员忠于宪法、遵守宪法、维护宪法，加强宪法实施。故B项正确。宪法的规定笼统、抽象，并没有为司法活动提供明确直接依据，故C项错误。宪法即使没有修改，也可发挥宪法作用，故D项错误。

9. 根据《宪法》和法律，关于国家勋章和国家荣誉称号，下列哪些选项是正确的？（2021年回忆版）[3]

A. 全国人大常委会可依法予以撤销

B. 是法定的国家最高荣誉

C. 其授予由全国人大常委会决定

D. 国务院可以向全国人大常委会提出授予国家勋章和国家荣誉称号的议案

【解析】《中华人民共和国国家勋章和国家荣誉称号法》第18条规定："国家勋章和国家荣誉称号获得者因犯罪被依法判处刑罚或者有其他严重违法、违纪等行为，继续享有国家勋章、国家荣誉称号将会严重损害国家最高荣誉的声誉的，由全国人民代表大会常务委员会决定撤销其国家勋章、国家荣誉称号并予以公告。"故A项正确。《中华人民共和国国家勋章和国家荣誉称号法》第2条规定："国家勋章和国家荣誉称号为国家最高荣誉。"故B项正确。《中华人民共和国国家勋章和国家荣誉称号法》第6条规定："全国人民代表大会常务委员会决定授予国家勋章和国家荣誉称号。"故C项正确。《中华人民共和国国家勋章和国家荣誉称号法》第5条第2款规定："国务院、中央军事委员会可以向全国人民代表大会常务委员会提出授予国家勋章、国家荣誉称号的议案。"故D项正确。

---

[1] A [2] B [3] ABCD

专题二　国家的基本制度

考点一　基本经济制度

1. 社会主义公有制是我国经济制度的基础。根据现行《宪法》的规定，关于基本经济制度的表述，下列哪一选项是正确的？（2016 - 1 - 23）[1]

A. 国家财产主要由国有企业组成

B. 城市的土地属于国家所有

C. 农村和城市郊区的土地都属于集体所有

D. 国营经济是社会主义全民所有制经济，是国民经济中的主导力量

【解析】在我国，国有企业和国有自然资源是国家财产的主要部分。此外，国家机关、事业单位、部队等全民单位的财产也是国有财产的重要组成部分。因此 A 项错误。

我国《宪法》第 10 条第 1 款规定："城市的土地属于国家所有。"因此 B 项正确。

《宪法》第 10 条第 2 款规定："农村和城市郊区的土地，除由法律规定属于国家所有的以外，属于集体所有；宅基地和自留地、自留山，也属于集体所有。"因此 C 项错误。

《宪法》第 7 条规定："国有经济，即社会主义全民所有制经济，是国民经济中的主导力量。国家保障国有经济的巩固和发展。"而非"国营经济"，因此 D 项错误。

2. 根据《宪法》规定，关于我国基本经济制度的说法，下列选项正确的是：（2014 - 1 - 95）[2]

A. 国家实行社会主义市场经济

B. 国有企业在法律规定范围内和政府统一安排下，开展管理经营

C. 集体经济组织实行家庭承包经营为基础、统分结合的双层经营体制

D. 土地的使用权可以依照法律的规定转让

【解析】《宪法》第 15 条第 1 款："国家实行社会主义市场经济。" A 项正确。

《宪法》第 16 条第 1 款："国有企业在法律规定的范围内有权自主经营。" B 项错误。

《宪法》第 8 条第 1 款："农村集体经济组织实行家庭承包经营为基础、统分结合的双层经营体制。农村中的生产、供销、信用、消费等各种形式的合作经济，是社会主义劳动群众集体所有制经济。参加农村集体经济组织的劳动者，有权在法律规定的范围内经营自留地、自留山、家庭副业和饲养自留畜。" C 项错误。

根据《宪法》第 10 条第 4 款的规定，土地的使用权可以依照法律的规定转让。D 项正确。

---

[1]　B　[2]　AD

3. 根据《宪法》的规定，下列哪些选项是正确的？（2012-1-60）[1]

A. 社会主义的公共财产神圣不可侵犯

B. 社会主义的公共财产包括国家的和集体的财产

C. 国家可以对公民的私有财产实行无偿征收或征用

D. 土地的使用权可以依照法律的规定转让

【解析】《宪法》第12条："社会主义的公共财产神圣不可侵犯。国家保护社会主义的公共财产。禁止任何组织或者个人用任何手段侵占或者破坏国家的和集体的财产。"A项、B项正确。

《宪法》第13条第3款："国家为了公共利益的需要，可以依照法律规定对公民的私有财产实行征收或者征用并给予补偿。"C项错误。

根据《宪法》第10条第4款的规定，土地的使用权可以依照法律的规定转让。D项正确。

【特别提示】我国《宪法》中出现"神圣"两字只有两处：

1.《宪法》序言："台湾是中华人民共和国的神圣领土的一部分。完成统一祖国的大业是包括台湾同胞在内的全中国人民的神圣职责。"

2.《宪法》第12条第1款："社会主义的公共财产神圣不可侵犯。"注意，《宪法》第13条第1款："公民的合法的私有财产不受侵犯。"该法条无"神圣"两字。

4. 关于经济制度与宪法关系，下列哪一选项是错误的？（2009-1-22）[2]

A. 自德国魏玛宪法以来，经济制度便成为现代宪法的重要内容之一

B. 宪法对经济关系特别是生产关系的确认与调整构成一国的基本经济制度

C. 我国宪法修正案第16条规定，法律范围内的非公有制经济是社会主义市场经济的重要组成部分

D. 私有财产神圣不可侵犯是我国宪法的一项基本原则

【解析】《宪法》第12条第1款："社会主义的公共财产神圣不可侵犯。"《宪法》第13条第1款："公民的合法的私有财产不受侵犯。"D项错误。

【特别提示】1918年的苏俄宪法第一次系统规定了经济制度，1919年德国魏玛宪法不仅详尽规定了公民的文化权利，而且还明确规定了国家的基本文化政策，第一次比较全面系统规定了文化制度。

5. 下列有关我国经济制度说法正确的是？[3]

A. 我国的森林、草原和山岭既可以属于国家所有，也可以属于集体所有

B. 现阶段国家鼓励、支持和引导非公有制经济的发展，因为非公有制经济是公有制经济的有益补充

C. 农村和城市郊区的土地属于集体专属所有，国家不享有所有权

D. 任何组织或者个人不得侵占、买卖、出租或者以其他形式非法转让土地

【解析】根据《宪法》第9条，A正确。根据《宪法》第11条，B项后半部错误，该说法已经被1999年修正案修改为，非公有制经济是社会主义市场经济的重要组成部分，B错误。根据《宪法》第10条第2款、第4款规定："农村和城市郊区的土地，除由法律规定属于国家所有的以外，属于集体所有。……任何组织或者个人不得侵占、买卖或者以其他形式非法转让土地。土地的使用权可以依照法律的规定转让。"因此C错误。个人可以依法出租土地，D错误。

---

6. 根据我国《宪法》的规定，下列说法不正确的是？（2018 年回忆版）[1]

A. 城市的土地属于国家所有，农村和城市郊区的土地，除由法律规定属于国家所有的以外，属于集体所有

B. 宅基地、自留地、自留山属于集体所有

C. 国家为了公共利益的需要，可以对土地实行征收或征用并给予补偿

D. 土地的所有权可以依照法律的规定转让

【解析】《宪法》第 10 条规定：城市的土地属于国家所有。农村和城市郊区的土地，除由法律规定属于国家所有的以外，属于集体所有。故 A 项正确。宅基地和自留地、自留山，也属于集体所有。故 B 项正确。国家为了公共利益的需要，可以依照法律规定对土地实行征收或者征用并给予补偿。故 C 项正确。任何组织或者个人不得侵占、买卖或者以其他形式非法转让土地。土地的使用权可以依照法律的规定转让。一切使用土地的组织和个人必须合理地利用土地。故 D 项错误。

考点二　选举制度

1. 根据《选举法》和相关法律的规定，关于选举的主持机构，下列哪一选项是正确的？（2016 - 1 - 24）[2]

A. 乡镇选举委员会的组成人员由不设区的市、市辖区、县、自治县的人大常委会任命

B. 县级人大常委会主持本级人大代表的选举

C. 省人大在选举全国人大代表时，由省人大常委会主持

D. 选举委员会的组成人员为代表候选人的，应当向选民说明情况

【解析】根据《选举法》第 10 条第 1 款的规定，乡、民族乡、镇的选举委员会的组成人员由不设区的市、市辖区、县、自治县的人民代表大会常务委员会任命。因此 A 项正确。

根据第 9 条第 2 款的规定，不设区的市、市辖区、县、自治县、乡、民族乡、镇设立选举委员会，主持本级人民代表大会代表的选举。因此 B 项错误。

《选举法》第 39 条规定："县级以上的地方各级人民代表大会在选举上一级人民代表大会代表时，由各该级人民代表大会主席团主持。"因此 C 项错误。

《选举法》第 10 条第 2 款规定："选举委员会的组成人员为代表候选人的，应当辞去选举委员会的职务。"因此 D 项错误。

2. 某省人大选举实施办法中规定："本行政区域各选区每一代表所代表的人口数应当大体相等。各选区每一代表所代表的人口数与本行政区域内每一代表所代表的平均人口数之间相差的幅度一般不超过百分之三十。"关于这一规定，下列哪些说法是正确的？（2017 - 1 - 62）[3]

A. 是选举权的平等原则在选区划分中的具体体现

B. "大体相等"允许每一代表所代表的人口数之间存在差别

C. "百分之三十"的规定是对前述"大体相等"的进一步限定

D. 不保证各地区、各民族、各方面都有适当数量的代表

【解析】《选举法》第 15 条第 1 款规定："地方各级人民代表大会代表名额，由本级人民代表大会常务委员会或者本级选举委员会根据本行政区域所辖的下一级各行政区域或者各选区

————————————

〔1〕　D　〔2〕　A　〔3〕　ABC

的人口数，按照每一代表所代表的城乡人口数相同的原则，以及保证各地区、各民族、各方面都有适当数量代表的要求进行分配。在县、自治县的人民代表大会中，人口特少的乡、民族乡、镇，至少应有代表一人。"因此 D 项错误，A 项、B 项、C 项正确。

3. 甲市乙县人民代表大会在选举本县的市人大代表时，乙县多名人大代表接受甲市人大代表候选人的贿赂。对此，下列哪些说法是正确的？（2015 – 1 – 63）[1]

A. 乙县选民有权罢免受贿的该县人大代表

B. 乙县受贿的人大代表应向其所在选区的选民提出辞职

C. 甲市人大代表候选人行贿行为属于破坏选举的行为，应承担法律责任

D. 在选举过程中，如乙县人大主席团发现有贿选行为应及时依法调查处理

【解析】县级人大代表辞职需要向县级常委会提出。B 项错误。

4. 根据《选举法》的规定，关于选举制度，下列哪些选项是正确的？（2014 – 1 – 62）[2]

A. 全国人大和地方人大的选举经费，列入财政预算，由中央财政统一开支

B. 全国人大常委会主持香港特别行政区全国人大代表选举会议第一次会议，选举主席团，之后由主席团主持选举

C. 县级以上地方各级人民代表大会举行会议的时候，三分之一以上代表联名，可以提出对由该级人民代表大会选出的上一级人大代表的罢免案

D. 选民或者代表 10 人以上联名，可以推荐代表候选人

【解析】《选举法》第 8 条规定："全国人民代表大会和地方各级人民代表大会的选举经费，列入财政预算，由国库开支。"而非"由中央财政统一开支"。A 项错误。

《香港特别行政区选举第十二届全国人民代表大会代表的办法》第 2 条规定："香港特别行政区选举第十二届全国人民代表大会代表由全国人民代表大会常务委员会主持。"第 6 条规定："选举会议第一次会议由全国人民代表大会常务委员会召集，根据全国人民代表大会常务委员会委员长会议的提名，推选十九名选举会议成员组成主席团。主席团从其成员中推选常务主席一人。主席团主持选举会议。主席团常务主席主持主席团会议。"B 项正确。

根据《选举法》第 51 条第 1 款的规定，县级以上的地方各级人民代表大会举行会议的时候，主席团或者十分之一以上代表联名，可以提出对由该级人民代表大会选出的上一级人民代表大会代表的罢免案。C 项错误。

《选举法》第 30 条第 2 款规定："各政党、各人民团体，可以联合或者单独推荐代表候选人。选民或者代表，十人以上联名，也可以推荐代表候选人。推荐者应向选举委员会或者大会主席团介绍代表候选人的情况。接受推荐的代表候选人应当向选举委员会或者大会主席团如实提供个人身份、简历等基本情况。提供的基本情况不实的，选举委员会或者大会主席团应当向选民或者代表通报。"D 项正确。

5. 根据《宪法》和法律的规定，关于选举程序，下列哪些选项是正确的？（2013 – 1 – 60）[3]

A. 乡级人大接受代表辞职，须经本级人民代表大会过半数的代表通过

B. 经原选区选民 30 人以上联名，可以向县级的人民代表大会常务委员会书面提出罢免乡级人大代表的要求

C. 罢免县级人民代表大会代表，须经原选区 2/3 以上的选民通过

D. 补选出缺的代表时，代表候选人的名额必须多于应选代表的名额

---

[1] ACD [2] BD [3] AB

【解析】《选举法》第 55 条第 2 款规定："县级的人民代表大会代表可以向本级人民代表大会常务委员会书面提出辞职，乡级的人民代表大会代表可以向本级人民代表大会书面提出辞职。县级的人民代表大会常务委员会接受辞职，须经常务委员会组成人员的过半数通过。乡级的人民代表大会接受辞职，须经人民代表大会过半数的代表通过。接受辞职的，应当予以公告。"A 项正确。

《选举法》第 50 条第 1 款规定："对于县级的人民代表大会代表，原选区选民五十人以上联名，对于乡级的人民代表大会代表，原选区选民三十人以上联名，可以向县级的人民代表大会常务委员会书面提出罢免要求。"B 项正确。

《选举法》第 53 条第 1 款规定："罢免县级和乡级的人民代表大会代表，须经原选区过半数的选民通过。"C 项错误。

《选举法》第 57 条第 1 款、第 4 款规定："代表在任期内，因故出缺，由原选区或者原选举单位补选。……补选出缺的代表时，代表候选人的名额可以多于应选代表的名额，也可以同应选代表的名额相等。补选的具体办法，由省、自治区、直辖市的人民代表大会常务委员会规定。"D 项错误。

6. 关于各少数民族人大代表的选举，下列哪一选项是不正确的？（2012 - 1 - 24）[1]

A. 有少数民族聚居的地方，每一聚居的少数民族都应有代表参加当地的人民代表大会

B. 散居少数民族应选代表，每一代表所代表的人口数可少于当地人民代表大会每一代表所代表的人口数

C. 聚居境内同一少数民族的总人口占境内总人口数 30% 以上的，每一代表所代表的人口数应相当于当地人民代表大会每一代表所代表的人口数

D. 实行区域自治人口特少的自治县，每一代表所代表的人口数可以少于当地人民代表大会每一代表所代表的人口数的 1/2

【解析】《选举法》第 19 条："有少数民族聚居的地方，每一聚居的少数民族都应有代表参加当地的人民代表大会。聚居境内同一少数民族的总人口数占境内总人口数百分之三十以上的，每一代表所代表的人口数应相当于当地人民代表大会每一代表所代表的人口数。聚居境内同一少数民族的总人口数不足境内总人口数百分之十五的，每一代表所代表的人口数可以适当少于当地人民代表大会每一代表所代表的人口数，但不得少于二分之一；实行区域自治的民族人口特少的自治县，经省、自治区的人民代表大会常务委员会决定，可以少于二分之一。人口特少的其他聚居民族，至少应有代表一人。聚居境内同一少数民族的总人口数占境内总人口数百分之十五以上、不足百分之三十的，每一代表所代表的人口数，可以适当少于当地人民代表大会每一代表所代表的人口数，但分配给该少数民族的应选代表名额不得超过代表总名额的百分之三十。"A 项、C 项正确，D 项缺少"经省、自治区的人民代表大会常务委员会决定"的程序，该项表述错误。

《选举法》第 21 条第 1 款规定："散居的少数民族应选当地人民代表大会的代表，每一代表所代表的人口数可以少于当地人民代表大会每一代表所代表的人口数。"B 项正确。

7. 根据《选举法》的规定，关于选举机构，下列哪一选项是不正确的？（2011 - 1 - 25）[2]

A. 特别行政区全国人大代表的选举由全国人大常委会主持

B. 省、自治区、直辖市、设区的市、自治州的人大常委会领导本行政区域内县级以下人

大代表的选举工作

    C. 乡、民族乡、镇的选举委员会受不设区的市、市辖区、县、自治县人大常委会的领导

    D. 选举委员会对依法提出的有关选民名单的申诉意见，应在3日内作出处理决定

【解析】《香港特别行政区选举第十二届全国人民代表大会代表的办法》第2条规定："香港特别行政区选举第十二届全国人民代表大会代表由全国人民代表大会常务委员会主持。"《澳门特别行政区选举第十二届全国人民代表大会代表的办法》第2条也有相似规定。A项正确。

    《选举法》第9条第3款规定："省、自治区、直辖市、设区的市、自治州的人民代表大会常务委员会指导本行政区域内县级以下人民代表大会代表的选举工作。"注意是"指导"而不是"领导"。B项错误。

    《选举法》第9条第2款规定："不设区的市、市辖区、县、自治县、乡、民族乡、镇设立选举委员会，主持本级人民代表大会代表的选举。不设区的市、市辖区、县、自治县的选举委员会受本级人民代表大会常务委员会的领导。乡、民族乡、镇的选举委员会受不设区的市、市辖区、县、自治县的人民代表大会常务委员会的领导。"C项正确。

    《选举法》第29条规定："对于公布的选民名单有不同意见的，可以在选民名单公布之日起五日内向选举委员会提出申诉。选举委员会对申诉意见，应在三日内作出处理决定。申诉人如果对处理决定不服，可以在选举日的五日以前向人民法院起诉，人民法院应在选举日以前作出判决。人民法院的判决为最后决定。"D项正确。

    8. 关于地方人大代表名额，下列说法正确的是：（2010-1-94）[1]

    A. 省、自治区、直辖市的代表总名额不超过1000名

    B. 设区的市、自治州的代表总名额不得超过650名

    C. 不设区的市、县、自治县人口不足5万的，代表总名额可以少于120名

    D. 乡、镇、民族乡人口不足2000的，代表总名额可以少于40名

【解析】《选举法》第12条规定："地方各级人民代表大会的代表名额，按照下列规定确定：（一）省、自治区、直辖市的代表名额基数为三百五十名，省、自治区每十五万人可以增加一名代表，直辖市每二万五千人可以增加一名代表；但是，代表总名额不得超过一千名；（二）设区的市、自治州的代表名额基数为二百四十名，每二万五千人可以增加一名代表；人口超过一千万的，代表总名额不得超过六百五十名；（三）不设区的市、市辖区、县、自治县的代表名额基数为一百四十名，每五千人可以增加一名代表；人口超过一百五十五万的，代表总名额不得超过四百五十名；人口不足五万的，代表总名额可以少于一百四十名；（四）乡、民族乡、镇的代表名额基数为四十五名，每一千五百人可以增加一名代表；但是，代表总名额不得超过一百六十名；人口不足二千的，代表总名额可以少于四十五名。

    按照前款规定的地方各级人民代表大会的代表名额基数与按人口数增加的代表数相加，即为地方各级人民代表大会的代表总名额。

    自治区、聚居的少数民族多的省，经全国人民代表大会常务委员会决定，代表名额可以另加百分之五。聚居的少数民族多或者人口居住分散的县、自治县、乡、民族乡，经省、自治区、直辖市的人民代表大会常务委员会决定，代表名额可以另加百分之五。"A项、B项、C项正确。

    9. 根据《宪法》和《选举法》规定，下列哪一选项是正确的？（2009-1-21）[2]

    A. 选民登记按选区进行，每次选举前选民资格都要进行重新登记

    B. 选民名单应在选举日的15日以前公布

---

[1] ABC   [2] D

C. 对于公布的选民名单有不同意见的，可以向选举委员会申诉或者直接向法院起诉

D. 法院对于选民名单意见的起诉应在选举日以前作出判决

【解析】根据《选举法》第27条第1款的规定，选民登记按选区进行，经登记确认的选民资格长期有效。A项错误。

《选举法》第28条："选民名单应在选举日的二十日以前公布，实行凭选民证参加投票选举的，并应当发给选民证。"B项错误。

《选举法》第29条："对于公布的选民名单有不同意见的，可以在选民名单公布之日起五日内向选举委员会提出申诉。选举委员会对申诉意见，应在三日内作出处理决定。申诉人如果对处理决定不服，可以在选举日的五日以前向人民法院起诉，人民法院应在选举日以前作出判决。人民法院的判决为最后决定。"申诉是起诉的必经程序。C项错误，D项正确。

10. 根据我国《宪法》和《选举法》的规定，下列哪些选项是正确的？（2008-1-61）[1]

A. 全国人民代表大会常务委员会主持全国人民代表大会代表的选举工作

B. 县级以上地方各级人民代表大会常务委员会主持本级人民代表大会代表的选举工作

C. 乡、民族乡、镇设立选举委员会，主持本级人民代表大会代表的选举工作

D. 乡、民族乡、镇设立的选举委员会受不设区的市、市辖区、县、自治县的人民代表大会常务委员会的领导

【解析】《选举法》第9条："全国人民代表大会常务委员会主持全国人民代表大会代表的选举。省、自治区、直辖市、设区的市、自治州的人民代表大会常务委员会主持本级人民代表大会代表的选举。不设区的市、市辖区、县、自治县、乡、民族乡、镇设立选举委员会，主持本级人民代表大会代表的选举。不设区的市、市辖区、县、自治县的选举委员会受本级人民代表大会常务委员会的领导。乡、民族乡、镇的选举委员会受不设区的市、市辖区、县、自治县的人民代表大会常务委员会的领导。省、自治区、直辖市、设区的市、自治州的人民代表大会常务委员会指导本行政区域内县级以下人民代表大会代表的选举工作。"A项、C项、D项正确。

设区的市以上地方各级人民代表大会常务委员会主持本级人民代表大会代表的选举工作。"县级以上"包括县级在内。B项错误

11. 《选举法》以专章规定了对代表的监督、罢免和补选的措施。关于代表的罢免，下列哪些选项符合《选举法》的规定？（2019年回忆版）[2]

A. 罢免直接选举产生的代表，须经原选区过半数的选民通过

B. 罢免直接选举产生的代表，须将决议报送上一级人大常委会备案

C. 罢免间接选举产生的代表，须经原选举单位过半数的代表通过

D. 罢免间接选举产生的代表，在代表大会闭会期间，须经常委会成员2/3多数通过

【解析】A选项正确：直接选举产生的代表的罢免需要经过原选区全体选民的过半数通过。B选项错误：只有在罢免间接选举产生的代表时，才需要将该决议报送上一级人大常委会备案。C选项正确：罢免间接选举产生的代表需要经过原选举单位或者人大常委会的过半数通过。D选项错误：在人大闭会期间，常委会委员过半数即可通过对该级人大选举的上一级人大代表的罢免。

---

[1] ACD [2] AC

12. 关于县人大代表的选举，下列说法正确的是？（2020年回忆版）[1]

A. 县人大代表的选举由县人大主席团主持

B. 10个选民联名有权提出县人大代表候选人

C. 县人大代表选举时，候选人的人数比应选代表人数应至少多出1/5，至多多出1/2

D. 县人大代表的选举与罢免，均要求全体选民过半同意

【解析】根据《选举法》第9条第1款规定，市级及以上的人大代表选举由同级人大常委会主持；第2款规定，乡级和县级人大代表由选民直接选举，主持组织为选举委员会。故A项错误。根据《选举法》第30条第2款规定，10个以上选民或代表联名有权提名候选人，政党和人民团体可以单独或者联合提名候选人。故B项正确。根据《选举法》第31条规定，人大代表实行差额选举，直接选举候选人比应选代表多1/3到1倍，间接选举候选人比应选代表多1/5到1/2。县人大代表由选民直接选举，因此应当多1/3到1倍。故C项错误。根据《选举法》第45条规定，直接选举的当选要求"双过半"，即全体选民过半数参加投票，候选人获得参加投票选民的过半数选票方可当选。根据《选举法》第53条的规定，罢免县级和乡级的人大代表，须经原选区过半数的选民通过，也就是说直接选举的罢免要求"全过半"，即全体选民过半数同意。故D项错误。

考点三　民族区域自治制度

1. 2015年10月，某自治州人大常委会出台了一部《关于加强本州湿地保护与利用的决定》。关于该法律文件的表述，下列哪一选项是正确的？（2016-1-27）[2]

A. 由该自治州州长签署命令予以公布

B. 可依照当地民族的特点对行政法规的规定作出变通规定

C. 该自治州所属的省的省级人大常委会应对该《决定》的合法性进行审查

D. 与部门规章之间对同一事项的规定不一致不能确定如何适用时，由国务院裁决

【解析】《立法法》第78条第4款规定："自治条例和单行条例报经批准后，分别由自治区、自治州、自治县的人民代表大会常务委员会发布公告予以公布。"因此A项错误。

《立法法》第75条第2款规定："自治条例和单行条例可以依照当地民族的特点，对法律和行政法规的规定作出变通规定，但不得违背法律或者行政法规的基本原则，不得对宪法和民族区域自治法的规定及其他有关法律、行政法规专门就民族自治地方所作的规定作出变通规定。"因此B项错误。

根据第75条第1款的规定，自治州、自治县的自治条例和单行条例，报省、自治区、直辖市的人民代表大会常务委员会批准后生效。因此C项正确。

根据第95条第1款第2项规定："地方性法规与部门规章之间对同一事项的规定不一致，不能确定如何适用时，由国务院提出意见，国务院认为应当适用地方性法规的，应当决定在该地方适用地方性法规的规定；认为应当适用部门规章的，应当提请全国人民代表大会常务委员会裁决。"因此D项错误。

2. 根据我国民族区域自治制度，关于民族自治县，下列哪一选项是错误的？（2017-1-23）[3]

A. 自治机关保障本地方各民族都有保持或改革自己风俗习惯的自由

B. 经国务院批准，可开辟对外贸易口岸

C. 县人大常委会中应有实行区域自治的民族的公民担任主任或者副主任

D. 县人大可自行变通或者停止执行上级国家机关的决议、决定、命令和指示

【解析】《民族区域自治法》第10条规定："民族自治地方的自治机关保障本地方各民族都有使用和发展自己的语言文字的自由，都有保持或者改革自己的风俗习惯的自由。"因此A项正确。第31条规定："民族自治地方依照国家规定，可以开展对外经济贸易活动，经国务院批准，可以开辟对外贸易口岸。"因此B项正确。第16条第3款规定："民族自治地方的人民代表大会常务委员会中应当有实行区域自治的民族的公民担任主任或者副主任。"因此C项正确。第20条规定："上级国家机关的决议、决定、命令和指示，如有不适合民族自治地方实际情况的，自治机关可以报经该上级国家机关批准，变通执行或者停止执行；该上级国家机关应当在收到报告之日起六十日内给予答复"，因此D项错误。

3. 根据《宪法》和法律的规定，关于民族自治地方自治权，下列哪一表述是正确的？（2015 - 1 - 24）[1]

A. 自治权由民族自治地方的权力机关、行政机关、审判机关和检察机关行使

B. 自治州人民政府可以制定政府规章对国务院部门规章的规定进行变通

C. 自治条例可以依照当地民族的特点对宪法、法律和行政法规的规定进行变通

D. 自治县制定的单行条例须报省级人大常委会批准后生效，并报全国人大常委会备案

【解析】 自治机关不包括审判机关和检察机关。A项错误。

B项无此规定。B项错误。

对于上级国家机关的决议、决定、命令和指示，自治机关享有变通权，但是对于宪法所规定的内容不可以变更。C项错误。

4. 根据《宪法》和法律的规定，关于民族区域自治制度，下列哪些选项是正确的？（2014 - 1 - 63）[2]

A. 民族自治地方法院的审判工作，受最高法院和上级法院监督

B. 民族自治地方的政府首长由实行区域自治的民族的公民担任，实行首长负责制

C. 民族自治区的自治条例和单行条例报全国人大批准后生效

D. 民族自治地方自主决定本地区人口政策，不实行计划生育

【解析】《民族区域自治法》第46条第2款规定："民族自治地方人民法院的审判工作，受最高人民法院和上级人民法院监督。民族自治地方的人民检察院的工作，受最高人民检察院和上级人民检察院领导。"A项正确。

《民族区域自治法》第17条规定："自治区主席、自治州州长、自治县县长由实行区域自治的民族的公民担任。自治区、自治州、自治县的人民政府的其他组成人员，应当合理配备实行区域自治的民族和其他少数民族的人员。民族自治地方的人民政府实行自治区主席、自治州州长、自治县县长负责制。自治区主席、自治州州长、自治县县长，分别主持本级人民政府的工作。"B项正确。

《民族区域自治法》第19条规定："民族自治地方的人民代表大会有权依照当地民族的政治、经济和文化的特点，制定自治条例和单行条例。自治区的自治条例和单行条例，报全国人民代表大会常务委员会批准后生效。自治州、自治县的自治条例和单行条例报省、自治区、直

---

[1]　D　[2]　AB

辖市的人民代表大会常务委员会批准后生效，并报全国人民代表大会常务委员会和国务院备案。"民族自治区的自治条例和单行条例是报全国人大常委会批准，而不是报全国人大批准。C项错误。

《民族区域自治法》第44条规定："民族自治地方实行计划生育和优生优育，提高各民族人口素质。民族自治地方的自治机关根据法律规定，结合本地方的实际情况，制定实行计划生育的办法。"D项错误。

5. 根据《宪法》和《民族区域自治法》的规定，下列选项不正确的是：（2011-1-87）〔1〕

A. 民族区域自治以少数民族聚居区为基础，是民族自治与区域自治的结合

B. 民族自治地方的国家机关既是地方国家机关，又是自治机关

C. 上级国家机关应该在收到自治机关变通执行或者停止有关决议、决定执行的报告之日起60日内给予答复

D. 自治地方的自治机关依照国家规定，可以和外国进行教育、科技、文化等方面的交流

【解析】民族区域自治是我们党解决民族问题的基本政策，是国家的一项基本政治制度，是民族自治与区域自治相结合的制度。A项正确。

《民族区域自治法》第3条第1款："民族自治地方设立自治机关，自治机关是国家的一级地方政权机关。"第15条第1款："民族自治地方的自治机关是自治区、自治州、自治县的人民代表大会和人民政府。"民族自治地方的国家机关除了人民代表大会和人民政府外，还包括检察院、法院等司法机关，但检察院和法院不是自治机关。B项错误。

《民族区域自治法》第20条："上级国家机关的决议、决定、命令和指示，如有不适合民族自治地方实际情况的，自治机关可以报经该上级国家机关批准，变通执行或者停止执行；该上级国家机关应当在收到报告之日起六十日内给予答复。"C项正确。

《民族区域自治法》第42条第2款："自治区、自治州的自治机关依照国家规定，可以和国外进行教育、科学技术、文化艺术、卫生、体育等方面的交流。"不包括自治县一级。D项错误。

6. 关于民族自治地方的自治权，下列哪些说法是正确的？（2010-1-63）〔2〕

A. 民族自治地方有权自主管理地方财政

B. 自治州人大有权制定自治条例和单行条例

C. 自治县政府有权自主安排本县经济建设事业

D. 自治区政府有权保护和整理民族的文化遗产

【解析】《宪法》第117条："民族自治地方的自治机关有管理地方财政的自治权。凡是依照国家财政体制属于民族自治地方的财政收入，都应当由民族自治地方的自治机关自主地安排使用。"A项正确。

《宪法》第116条："民族自治地方的人民代表大会有权依照当地民族的政治、经济和文化的特点，制定自治条例和单行条例。自治区的自治条例和单行条例，报全国人民代表大会常务委员会批准后生效。自治州、自治县的自治条例和单行条例，报省或者自治区的人民代表大会常务委员会批准后生效，并报全国人民代表大会常务委员会备案。"B项正确。

《宪法》第118条第1款："民族自治地方的自治机关在国家计划的指导下，自主地安排和管理地方性的经济建设事业。"C项正确。

---

〔1〕 BD　〔2〕 ABCD

《宪法》第119条："民族自治地方的自治机关自主地管理本地方的教育、科学、文化、卫生、体育事业，保护和整理民族的文化遗产，发展和繁荣民族文化。"D项正确。

7. 关于民族自治地方财政的说法，下列哪些选项符合《民族区域自治法》规定？（2009 - 1 - 63）[1]

A. 国家财政体制下属于民族自治地方的财政收入，由自治机关自主地安排使用

B. 民族自治地方的财政预算支出，按国家规定设机动资金，但预备费在预算中不得高于一般地区

C. 自治机关对本地方的各项开支标准、定员、定额，按照国家规定的原则，结合本地方的实际情况，可以制定补充规定和具体办法，并须分别报国务院、省、自治区、直辖市批准

D. 民族自治地方在全国统一的财政体制下，通过国家实行的规范的财政转移支付制度，享受上级财政的照顾

【解析】《民族区域自治法》第32条："民族自治地方的财政是一级财政，是国家财政的组成部分。民族自治地方的自治机关有管理地方财政的自治权。凡是依照国家财政体制属于民族自治地方的财政收入，都应当由民族自治地方的自治机关自主地安排使用。民族自治地方在全国统一的财政体制下，通过国家实行的规范的财政转移支付制度，享受上级财政的照顾。民族自治地方的财政预算支出，按照国家规定，设机动资金，预备费在预算中所占比例高于一般地区。民族自治地方的自治机关在执行财政预算过程中，自行安排使用收入的超收和支出的结余资金。"A项正确，D项正确，B项错误。

《民族区域自治法》第33条："民族自治地方的自治机关对本地方的各项开支标准、定员、定额，根据国家规定的原则，结合本地方的实际情况，可以制定补充规定和具体办法。自治区制定的补充规定和具体办法，报国务院备案；自治州、自治县制定的补充规定和具体办法，须报省、自治区、直辖市人民政府批准。"自治区的补充规定报国务院批准，而自治州、自治县的补充规定报省一级人民政府批准。C项错误。

8. 根据《宪法》和有关法律的规定，下列哪一选项是正确的？（2008 川 - 1 - 16）[2]

A. 矿藏和水流归国家和集体所有

B. 在直接选举中，人大代表正式候选人名单应当在选举日的3日以前公布

C. 货币发行权是香港特别行政区依法享有的高度自治权之一

D. 民族自治地方的自治机关依照国家军事制度和当地的实际需要，经中央军委批准，可以组织本地方维护社会治安的公安部队

【解析】《宪法》第9条第1款规定："矿藏、水流、森林、山岭、草原、荒地、滩涂等自然资源，都属于国家所有，即全民所有；由法律规定属于集体所有的森林和山岭、草原、荒地、滩涂除外。"矿藏和水流归国家所有。A项错误。

《选举法》第32条第1款："由选民直接选举人民代表大会代表的……正式代表候选人名单及代表候选人的基本情况应当在选举日的七日以前公布。"不是3日。B项错误。

《香港特别行政区基本法》第111条第2款规定："港币的发行权属于香港特别行政区政府。港币的发行须有百分之百的准备金。港币的发行制度和准备金制度，由法律规定。"C项正确。

《民族区域自治法》第24条："民族自治地方的自治机关依照国家的军事制度和当地的实际需要，经国务院批准，可以组织本地方维护社会治安的公安部队。"不是经中央军委批准。

---

[1] AD [2] C

D 项错误。

【特别提示】根据《宪法》第 9 条、第 10 条的规定，我国自然资源的归属：

1. 只能国有的：矿藏、水流、城市的土地。

2. 只能集体所有的：宅基地和自留地、自留山。

3. 既可国有，也可集体所有的：森林、山岭、草原、荒地、滩涂等。

9. 依照法律规定的权限，民族乡的人民代表大会可以从事下列哪一行为？（2007 - 1 - 19）[1]

A. 制定自治条例和单行条例   B. 制定具有民族特点的政府规章

C. 自行确定经济社会发展政策 D. 采取适合民族特点的具体措施

【解析】《民族区域自治法》第 2 条第 2 款："民族自治地方分为自治区、自治州、自治县。"民族自治地方不包括民族乡。因此民族乡不具有"制定自治条例和单行条例"和"自行确定经济社会发展政策"的权力。A 项、C 项错误。

《立法法》第 80 条第 1 款："国务院各部、委员会、中国人民银行、审计署和具有行政管理职能的直属机构，可以根据法律和国务院的行政法规、决定、命令，在本部门的权限范围内，制定规章。"第 82 条第 1 款："省、自治区、直辖市和设区的市、自治州的人民政府，可以根据法律、行政法规和本省、自治区、直辖市的地方性法规，制定规章。"因此，地方人民代表大会不能制定政府规章。B 项错误。

《地方各级人民代表大会和地方各级人民政府组织法》第 12 条第 2 款："少数民族聚居的乡、民族乡、镇的人民代表大会在行使职权的时候，可以依照法律规定的权限采取适合民族特点的具体措施。"D 项正确。

10. 关于我国的民族区域自治制度，下列说法不正确的是？（2018 年回忆版）[2]

A. 湖北省恩施土家族苗族自治州人民代表大会制定的单行条例需要报全国人大常委会批准后才能生效

B. 新疆维吾尔自治区的人大常委会有权同国外进行教育、科技、文化、卫生等方面的国际交流

C. 大理白族自治州可以决定减税或者免税，报云南省人民政府批准即可

D. 青海省人大有权为其辖区内的自治州、自治县制定自治法规

【解析】自治州制定的自治条例和单行条例需报省级人大常委会批准，A 错误。自治区、自治州的自治机关依照国家规定，可以和国外进行教育、科学技术、文化艺术、卫生、体育等方面的交流，而人大常委会不是自治机关，B 错误。C 正确。青海省人大不是民族自治地方，D 错误。

11. 下列做法不符合民族区域自治制度的是？[3]

A. 大理白族自治州人大在招录公务员时，对彝族人甲进行了适当照顾

B. 大理白族自治州人大常委会的主任须由白族人士担任

C. 大理白族自治州太邑彝族乡人大有权制定自治条例

D. 大理白族自治州可确认自然资源、草原和森林的所有权

【解析】《民族区域自治法》第 22 条规定，民族自治地方的自治机关录用工作人员的时候，对实行区域自治的民族和其他少数民族的人员应当给予适当的照顾，故 A 项正确。《民族区域自治法》第 16 条规定，民族自治地方的人民代表大会常务委员会中应当有实行区域自治

---

[1] D [2] ABD [3] BCD

的民族的公民担任主任或者副主任，故 B 项错误。根据《民族区域自治法》第 2 条，民族乡不是一级民族自治地方，无权制定自治条例，故 C 项错误。根据《民族区域自治法》第 27 条、第 28 条，民族自治地方可确认草原和森林的所有权，只能优先开发自然资源，故 D 项错误。

12. 根据《宪法》和《民族区域自治法》的规定，下列选项不正确的是？（2020 年回忆版）[1]

A. 民族区域自治以少数民族聚居区为基础，是民族自治和区域自治的结合

B. 民族自治地方的国家机关既是地方国家机关，又是自治机关

C. 上级国家机关应该在收到自治机关变通执行或者停止有关决议、决定执行的报告之日起 60 日内给予答复

D. 自治机关自主地管理本地方的教育、科学、文化、卫生、体育事业，保护和整理本民族的文化遗产，发展和繁荣民族文化

【解析】A 选项正确：民族区域自治是指在少数民族聚居的区域中实行区域自治，设立自治机关，行使自治权，保障少数民族当家做主的制度，因此是民族自治和区域自治的结合。B 选项错误：《民族区域自治法》第 15 条第 1 款规定："民族自治地方的自治机关是自治区、自治州、自治县的人民代表大会和人民政府。"司法机关与监察机关作为贯彻国家统一法制的地方国家机关，不是自治机关。C 选项正确：根据《民族区域自治法》第 20 条规定："上级国家机关的决议、决定、命令和指示，如有不适合民族自治地方实际情况的，自治机关可以报经该上级国家机关批准，变通执行或者停止执行；该上级国家机关应当在收到报告之日起六十日内给予答复"。D 选项正确：《民族区域自治法》第 38 条第 1 款规定："民族自治地方的自治机关自主地发展具有民族形式和民族特点的文学、艺术、新闻、出版、广播、电影、电视等民族文化事业，加大对文化事业的投入，加强文化设施建设，加快各项文化事业的发展。"发展具有民族特色的教科文卫事业，是民族自治地方自治权的重要内容之一。

考点四　特别行政区制度

1. 澳门特别行政区依照《澳门基本法》的规定实行高度自治，享有行政管理权、立法权、独立的司法权和终审权。关于中央和澳门特别行政区的关系，下列哪一选项是正确的？（2016 - 1 - 25）[2]

A. 全国性法律一般情况下是澳门特别行政区的法律渊源

B. 澳门特别行政区终审法院法官的任命和免职须全国人大常委会备案

C. 澳门特别行政区立法机关制定的法律须报全国人大常委会批准后生效

D. 《澳门基本法》在澳门特别行政区的法律体系中处于最高地位，反映的是澳门特别行政区同胞的意志

【解析】《澳门特别行政区基本法》第 18 条第 2 款规定："全国性法律除列于本法附件三者外，不在澳门特别行政区实施。凡列于本法附件三的法律，由澳门特别行政区在当地公布或立法实施。"因此 A 项错误。该法第 87 条第 4 款规定："终审法院法官的任命和免职须报全国人民代表大会常务委员会备案。"因此 B 项正确。该法第 17 条第 2 款规定："澳门特别行政区的立法机关制定的法律须报全国人民代表大会常务委员会备案。备案不影响该法律的生效。"

因此 C 项错误。《宪法》在澳门特别行政区的法律体系中处于最高地位，特别行政区基本法是根据我国《宪法》由全国人大制定和修改的基本法律，它反映了包括港澳同胞在内的全国人民的意志和利益，而非仅仅是澳门特别行政区同胞的意志，因此 D 项错误。

2. 根据《宪法》和法律的规定，关于特别行政区，下列哪一选项是正确的？（2014 - 1 - 23）[1]

A. 澳门特别行政区财政收入全部由其自行支配，不上缴中央人民政府

B. 澳门特别行政区立法会举行会议的法定人数为不少于全体议员的三分之二

C. 非中国籍的香港特别行政区永久性居民不得当选为香港特别行政区立法会议员

D. 香港特别行政区廉政公署独立工作，对香港特别行政区立法会负责

【解析】《澳门特别行政区基本法》第 104 条规定："澳门特别行政区保持财政独立。澳门特别行政区财政收入全部由澳门特别行政区自行支配，不上缴中央人民政府。中央人民政府不在澳门特别行政区征税。"A 项正确。

根据《澳门特别行政区基本法》第 77 条第 1 款的规定，澳门特别行政区立法会举行会议的法定人数为不少于全体议员的二分之一。B 项错误。

《香港特别行政区基本法》第 67 条规定："香港特别行政区立法会由在外国无居留权的香港特别行政区永久性居民中的中国公民组成。但非中国籍的香港特别行政区永久性居民和在外国有居留权的香港特别行政区永久性居民也可以当选为香港特别行政区立法会议员，其所占比例不得超过立法会全体议员的百分之二十。"C 项错误。

《香港特别行政区基本法》第 57 条规定："香港特别行政区设立廉政公署，独立工作，对行政长官负责。"而不是对立法会负责。D 项错误。

3. 根据《香港特别行政区基本法》和《澳门特别行政区基本法》的规定，下列哪些选项是正确的？（2013 - 1 - 61）[2]

A. 对世界各国或各地区的人入境、逗留和离境，特别行政区政府可以实行入境管制

B. 特别行政区行政长官依照法定程序任免各级法院法官、任免检察官

C. 香港特别行政区立法会议员因行为不检或违反誓言而经出席会议的议员 2/3 通过谴责，由立法会主席宣告其丧失立法会议员资格

D. 基本法的解释权属于全国人大常委会

【解析】《香港特别行政区基本法》第 154 条第 2 款："对世界各国或各地区的人入境、逗留和离境，香港特别行政区政府可实行出入境管制。"《澳门特别行政区基本法》第 139 条第 2 款也有相同的规定。A 项正确。

《香港特别行政区基本法》第 88 条："香港特别行政区法院的法官，根据当地法官和法律界及其他方面知名人士组成的独立委员会推荐，由行政长官任命。"根据《澳门特别行政区基本法》第 87 条第 1 款的规定，澳门特别行政区各级法院的法官，根据当地法官、律师和知名人士组成的独立委员会的推荐，由行政长官任命。第 90 条第 2 款、第 3 款："澳门特别行政区检察长由澳门特别行政区永久性居民中的中国公民担任，由行政长官提名，报中央人民政府任命。检察官经检察长提名，由行政长官任命。"澳门检察长不是行政长官任命。B 项错误。

《香港特别行政区基本法》第 79 条："香港特别行政区立法会议员如有下列情况之一，由立法会主席宣告其丧失立法会议员的资格：（七）行为不检或违反誓言而经立法会出席会议的议员三分之二通过谴责。"C 项正确。

---

[1] A　[2] ACD

《香港特别行政区基本法》第158条第1款："本法的解释权属于全国人民代表大会常务委员会。"《澳门特别行政区基本法》第143条第1款："本法的解释权属于全国人民代表大会常务委员会。"D项正确。

4. 根据我国宪法和港、澳基本法规定，关于港、澳基本法的修改，下列哪一选项是不正确的？（2011 - 1 - 26）[1]

A. 在不同港、澳基本法基本原则相抵触的前提下，全国人大常委会在全国人大闭会期间有权修改港、澳基本法

B. 港、澳基本法的修改提案权属于全国人大常委会、国务院和港、澳特别行政区

C. 港、澳特别行政区对基本法的修改议案，由港、澳特别行政区出席全国人大会议的代表团向全国人大会议提出

D. 港、澳基本法的任何修改，不得同我国对港、澳既定的基本方针政策相抵触

【解析】《香港特别行政区基本法》第159条："本法的修改权属于全国人民代表大会。本法的修改提案权属于全国人民代表大会常务委员会、国务院和香港特别行政区。香港特别行政区的修改议案，须经香港特别行政区的全国人民代表大会代表三分之二多数、香港特别行政区立法会全体议员三分之二多数和香港特别行政区行政长官同意后，交由香港特别行政区出席全国人民代表大会的代表团向全国人民代表大会提出。本法的修改议案在列入全国人民代表大会的议程前，先由香港特别行政区基本法委员会研究并提出意见。本法的任何修改，均不得同中华人民共和国对香港既定的基本方针政策相抵触。"《澳门特别行政区基本法》第144条亦有相似规定。A项错误，B项、C项、D项正确。

【特别提示】香港、澳门特区基本法的修改权主体只能是全国人大，修改提案权主体为全国人大常委会、国务院和特别行政区。

5. 关于特别行政区制度，下列哪些说法是不正确的？（2010 - 1 - 65）[2]

A. 香港特别行政区行政长官任职须年满四十五周岁

B. 香港特别行政区司法机关由其法院和检察院组成

C. 香港和澳门特别行政区的各级法院都有权解释本特别行政区基本法

D. 国务院有权对香港和澳门特别行政区的部分地区宣布进入紧急状态

【解析】《香港特别行政区基本法》第44条规定："香港特别行政区行政长官由年满四十周岁，在香港通常居住连续满二十年并在外国无居留权的香港特别行政区永久性居民中的中国公民担任。"A项错误。

《香港特别行政区基本法》第80条："香港特别行政区各级法院是香港特别行政区的司法机关，行使香港特别行政区的审判权。"B项错误

根据《香港特别行政区基本法》第158条第2款的规定，全国人民代表大会常务委员会授权香港特别行政区法院在审理案件时对本法关于香港特别行政区自治范围内的条款自行解释。香港特别行政区法院在审理案件时对本法的其他条款也可解释。《澳门特别行政区基本法》第143条也有类似规定。C项正确。

《香港特别行政区基本法》第18条第4款："全国人民代表大会常务委员会决定宣布战争状态或因香港特别行政区内发生香港特别行政区政府不能控制的危及国家统一或安全的动乱而决定香港特别行政区进入紧急状态，中央人民政府可发布命令将有关全国性法律在香港特别行政区实施。"《澳门特别行政区基本法》第18条也有类似规定。可见，全国人大常委会决定香

[1] A [2] ABD

港和澳门特别行政区进入紧急状态。D项错误。

【特别提示】香港、澳门司法机关的区别：

1.《香港特别行政区基本法》第80条规定："香港特别行政区各级法院是香港特别行政区的司法机关，行使香港特别行政区的审判权。"可见，香港特别行政区的司法机关仅仅包括法院。《香港特别行政区基本法》第63条："香港特别行政区律政司主管刑事检察工作，不受任何干涉。"律政司属于行政机关，而非司法机关。

2.《澳门特别行政区基本法》第82条："澳门法院行使审判权。"第90条："澳门检察院独立行使法律赋予的检察职能，不受任何干涉。"可见，澳门的司法机关包括法院和检察院。

6. 香港特别行政区的下列哪一项职务可由特区非永久性居民担任？（2008-1-16）[1]

A. 行政长官　　　　　　　　　　　　B. 政府主要官员
C. 立法会议员　　　　　　　　　　　D. 法院法官

【解析】《香港特别行政区基本法》第44条："香港特别行政区行政长官由年满四十周岁，在香港通常居住连续满二十年并在外国无居留权的香港特别行政区永久性居民中的中国公民担任。"A项错误。

《香港特别行政区基本法》第61条："香港特别行政区的主要官员由在香港通常居住连续满十五年并在外国无居留权的香港特别行政区永久性居民中的中国公民担任。"B项错误。

《香港特别行政区基本法》第67条："香港特别行政区立法会由在外国无居留权的香港特别行政区永久性居民中的中国公民组成。但非中国籍的香港特别行政区永久性居民和在外国有居留权的香港特别行政区永久性居民也可以当选为香港特别行政区立法会议员，其所占比例不得超过立法会全体议员的百分之二十。"C项错误。

《香港特别行政区基本法》第90条第1款："香港特别行政区终审法院和高等法院的首席法官，应由在外国无居留权的香港特别行政区永久性居民中的中国公民担任。"可见，除终审法院和高等法院的首席法官以外的法官可以由非永久性居民担任。D项正确。

7. 根据香港、澳门特别行政区基本法的规定，下列哪一选项是正确的？（2007-1-20）[2]

A. 香港特别行政区终审法院和高等法院的法官，应由在外国无居留权的香港特别行政区永久性居民中的中国公民担任

B. 香港特别行政区的法官，根据当地法官和法律界及其他方面知名人士组成的独立委员会推荐，由行政长官征得立法会同意后任命，并报全国人民代表大会常务委员会备案

C. 澳门特别行政区检察长由澳门特别行政区永久性居民中的中国公民担任，由行政长官提名，报中央人民政府任命

D. 澳门特别行政区设立行政法院。行政法院是管辖行政诉讼和税务诉讼的法院。不服行政法院裁决者，可向终审法院上诉

【解析】《香港特别行政区基本法》第90条第1款规定："香港特别行政区终审法院和高等法院的首席法官，应由在外国无居留权的香港特别行政区永久性居民中的中国公民担任。"注意该条规定的是"首席法官"。A项错误。

《香港特别行政区基本法》第88条规定："香港特别行政区法院的法官，根据当地法官和法律界及其他方面知名人士组成的独立委员会推荐，由行政长官任命。"第90条第2款："除本法第八十八条和第八十九条规定的程序外，香港特别行政区终审法院的法官和高等法院首席

---

[1] D　[2] C

法官的任命或免职，还须由行政长官征得立法会同意，并报全国人民代表大会常务委员会备案。"B项错误。

《澳门特别行政区基本法》第90条第2款规定："澳门特别行政区检察长由澳门特别行政区永久性居民中的中国公民担任，由行政长官提名，报中央人民政府任命。"C项正确。

《澳门特别行政区基本法》第86条规定："澳门特别行政区设立行政法院。行政法院是管辖行政诉讼和税务诉讼的法院。不服行政法院裁决者，可向中级法院上诉。"而不是终审法院。D项错误。

8. 根据香港特别行政区基本法的规定，下列哪些选项是正确的？（2007 - 1 - 61）[1]

A. 香港特别行政区行政长官如认为立法会通过的法案不符合香港特别行政区的整体利益，可在3个月内将法案发回立法会重议

B. 如果立法会拒绝通过政府提出的财政预算案或其他重要法案，香港特别行政区行政长官在征询行政会议的意见之后可解散立法会

C. 因立法会拒绝通过财政预算案或其他重要法案而解散立法会，重选的立法会继续拒绝通过所争议的原案，香港特别行政区行政长官必须辞职

D. 香港特别行政区行政长官因两次拒绝签署立法会通过的法案而解散立法会后，重选的立法会仍通过原法案，行政长官与立法会协商不成的，行政长官有权再次解散立法会

【解析】《香港特别行政区基本法》第49条："香港特别行政区行政长官如认为立法会通过的法案不符合香港特别行政区的整体利益，可在三个月内将法案发回立法会重议，立法会如以不少于全体议员三分之二多数再次通过原案，行政长官必须在一个月内签署公布或按本法第五十条的规定处理。"A项正确。

《香港特别行政区基本法》第50条："香港特别行政区行政长官如拒绝签署立法会再次通过的法案或立法会拒绝通过政府提出的财政预算案或其他重要法案，经协商仍不能取得一致意见，行政长官可解散立法会。行政长官在解散立法会前，须征询行政会议的意见。行政长官在其一任任期内只能解散立法会一次。"B项正确。

《香港特别行政区基本法》第52条："香港特别行政区行政长官如有下列情况之一者必须辞职：（一）因严重疾病或其他原因无力履行职务；（二）因两次拒绝签署立法会通过的法案而解散立法会，重选的立法会仍以全体议员三分之二多数通过所争议的原案，而行政长官仍拒绝签署；（三）因立法会拒绝通过财政预算案或其他重要法案而解散立法会，重选的立法会继续拒绝通过所争议的原案。"C项正确，D项错误。

9. 党的十九大报告指出，香港、澳门回归祖国以来，"一国两制"实践取得举世公认的成功。事实证明，"一国两制"是解决历史遗留的香港、澳门问题的最佳方案，也是香港、澳门回归后保持长期繁荣稳定的最佳制度。以下关于香港、澳门特别行政区的基本制度说法不正确的是？（2018年回忆版）[2]

A. 特别行政区享有的立法权包括修改特别行政区基本法

B. 全国人民代表大会常务委员会如认为香港特别行政区立法机关制定的任何法律不符合本法关于中央管理的事务及中央和香港特别行政区的关系的条款，可修改有关法律

C. 由于香港属于普通法系地区，因而香港的司法机关只有法院，检察机关则作为行政机关的一部分。澳门属大陆法系地区，因此澳门的司法机关除法院外，还包括检察机关

D. 在未经香港特别行政区立法机构批准的情况下，任何全国性法律都不能在香港特别行

---

〔1〕 ABC 〔2〕 ABD

政区实施

【解析】特别行政区无权修改基本法，A 错误。根据《香港特别行政区基本法》第 17 条规定，香港特别行政区享有立法权。全国人民代表大会常务委员会在征询其所属的香港特别行政区基本法委员会后，如认为香港特别行政区立法机关制定的任何法律不符合本法关于中央管理的事务及中央和香港特别行政区的关系的条款，可将有关法律发回，但不作修改。经全国人民代表大会常务委员会发回的法律立即失效。B 错误。C 正确。根据《香港特别行政区基本法》第 18 条规定，中央人民政府可发布命令将有关全国性法律在香港特别行政区实施，D 错误。

10. 2019 年 12 月 20 日是澳门回归 20 周年纪念日，习近平在庆典上讲话并指出，特别行政区民主政制有序发展，澳门居民依法享有的广泛权利和自由得到充分保障。关于特别行政区制度，下列说法不正确的是？[1]

A. 全国人大常委会决定特别行政区的设立

B. 由于不具有外交权，澳门不得单独同外国签订旅游促进协议

C. 澳门廉政公署对澳门特别行政区立法会负责

D. 澳门法院有权解释澳门基本法

【解析】根据《宪法》第 31 条的规定，特别行政区有全国人大立法设立，故 A 项错误。根据《澳门特别行政区基本法》第 136 条的规定，其可以"中国澳门"的名义单独与外国签订有关旅游、文化等事项的协议，故 B 项错误。根据《澳门特别行政区基本法》第 59 条，廉政专员对行政长官负责，不对立法会负责，故 C 项错误。根据《澳门特别行政区基本法》第 143 条规定，特别行政区法院可对部分《澳门特别行政区基本法》条文进行解释，故 D 项正确。

11. 关于《香港特别行政区维护国家安全法》，下列说法正确的是？（2021 年回忆版）[2]

A.《国家安全法》是《香港特别行政区维护国家安全法》的立法依据

B. 警务处维护国家安全部门负责人由驻香港特别行政区国家安全公署提名，行政长官任命

C. 香港特别行政区维护国家安全委员会做的决定不受司法复核

D. 香港特别行政区维护国家安全委员会秘书处秘书长由行政长官任命

【解析】《香港特别行政区维护国家安全法》第 1 条规定："根据中华人民共和国宪法、中华人民共和国香港特别行政区基本法和全国人民代表大会关于建立健全香港特别行政区维护国家安全的法律制度和执行机制的决定，制定本法。"故 A 项错误。《香港特别行政区维护国家安全法》第 16 条规定："警务处维护国家安全部门负责人由行政长官任命，行政长官任命前须书面征求本法第四十八条规定的机构的意见。"故 B 项错误。《香港特别行政区维护国家安全法》第 14 条第 2 款规定："香港特别行政区维护国家安全委员会的工作不受香港特别行政区任何其他机构、组织和个人的干涉，工作信息不予公开。香港特别行政区维护国家安全委员会作出的决定不受司法复核。"故 C 项正确。《香港特别行政区维护国家安全法》第 13 条规定："香港特别行政区维护国家安全委员会下设秘书处，由秘书长领导。秘书长由行政长官提名，报中央人民政府任命。"故 D 项错误。

---

[1] ABC 〔2〕C

考点五　基层群众性自治制度

1. 某乡政府为有效指导、支持和帮助村民委员会的工作，根据相关法律法规，结合本乡实际作出了下列规定，其中哪一规定是合法的？（2016－1－26）[1]

A. 村委会的年度工作报告由乡政府审议

B. 村民会议制定和修改的村民自治章程和村规民约，报乡政府备案

C. 对登记参加选举的村民名单有异议并提出申诉的，由乡政府作出处理并公布处理结果

D. 村委会组成人员违法犯罪不能继续任职的，由乡政府任命新的成员暂时代理至本届村委会任期届满

【解析】《村民委员会组织法》第2条第3款规定："村民委员会向村民会议、村民代表会议负责并报告工作。"第23条规定："村民会议审议村民委员会的年度工作报告，评议村民委员会成员的工作；有权撤销或者变更村民委员会不适当的决定；有权撤销或者变更村民代表会议不适当的决定。村民会议可以授权村民代表会议审议村民委员会的年度工作报告，评议村民委员会成员的工作，撤销或者变更村民委员会不适当的决定。"因此A项错误。该法第27条第1款规定："村民会议可以制定和修改村民自治章程、村规民约，并报乡、民族乡、镇的人民政府备案。"因此B项正确。该法第14条第2款规定："对登记参加选举的村民名单有异议的，应当自名单公布之日起五日内向村民选举委员会申诉，村民选举委员会应当自收到申诉之日起三日内作出处理决定，并公布处理结果。"因此C项错误。该法第18条规定："村民委员会成员丧失行为能力或者被判处刑罚的，其职务自行终止。"第19条规定："村民委员会成员出缺可由村民会议或者村民代表会议进行补选，补选程序参照本法第十五条的规定办理，补选的村民委员会成员的任期到本届村民委员会任期届满时止。"因此D项错误。

2. 杨某与户籍在甲村的村民王某登记结婚后，与甲村村委会签订了"不享受本村村民待遇"的"入户协议"。此后，杨某将户籍迁入甲村，但与王某长期在外务工。甲村村委会任期届满进行换届选举，杨某和王某要求参加选举。对此，下列说法正确的是：（2017－1－93）[2]

A. 王某因未在甲村居住，故不得被列入参加选举的村民名单

B. 杨某因与甲村村委会签订了"入户协议"，故不享有村委会选举的被选举权

C. 杨某经甲村村民会议或村民代表会议同意之后方可参加选举

D. 选举前应当对杨某进行登记，将其列入参加选举的村民名单

【解析】《村委会组织法》第13条第1款规定："年满18周岁的村民，不分民族、种族、性别、职业、家庭出身、宗教信仰、教育程度、财产状况、居住期限，都有选举权和被选举权；但是，依照法律被剥夺政治权利的人除外。"因此B项错误。该法第13条第2款规定："村民委员会选举前，应当对下列人员进行登记，列入参加选举的村民名单：……（二）户籍在本村，不在本村居住，本人表示参加选举的村民。"因此A、C项错误，D项正确。

3. 某村村委会未经村民会议讨论，制定了土地承包经营方案，侵害了村民的合法权益，引发了村民的强烈不满。根据《村民委员会组织法》的规定，下列哪些做法是正确的？（2015－1－64）[3]

A. 村民会议有权撤销该方案

B. 由该村所在地的乡镇级政府责令改正

C. 受侵害的村民可以申请法院予以撤销

D. 村民代表可以就此联名提出罢免村委会成员的要求

【解析】《村民委员会组织法》第 23 条第 1 款："村民会议审议村民委员会的年度工作报告，评议村民委员会成员的工作；有权撤销或者变更村民委员会不适当的决定；有权撤销或者变更村民代表会议不适当的决定。"A 项正确。

《村民委员会组织法》第 36 条："村民委员会或者村民委员会成员作出的决定侵害村民合法权益的，受侵害的村民可以申请人民法院予以撤销，责任人依法承担法律责任。村民委员会不依照法律、法规的规定履行法定义务的，由乡、民族乡、镇的人民政府责令改正。乡、民族乡、镇的人民政府干预依法属于村民自治范围事项的，由上一级人民政府责令改正。"B 项、C 项正确。

《村民委员会组织法》第 16 条第 1 款："本村五分之一以上有选举权的村民或者三分之一以上的村民代表联名，可以提出罢免村民委员会成员的要求，并说明要求罢免的理由。被提出罢免的村民委员会成员有权提出申辩意见。"D 项正确。

4. 根据《宪法》和法律的规定，关于基层群众自治，下列哪一选项是正确的？（2014 - 1 - 25）[1]

A. 村民委员会的设立、撤销，由乡镇政府提出，经村民会议讨论同意，报县级政府批准

B. 有关征地补偿费用的使用和分配方案，经村民会议讨论通过后，报乡镇政府批准

C. 居民公约由居民会议讨论通过后，报不设区的市、市辖区或者它的派出机关批准

D. 居民委员会的设立、撤销，由不设区的市、市辖区政府提出，报市政府批准

【解析】《村民委员会组织法》第 3 条第 2 款规定："村民委员会的设立、撤销、范围调整，由乡、民族乡、镇的人民政府提出，经村民会议讨论同意，报县级人民政府批准。"A 项正确。

《村民委员会组织法》第 24 条规定："涉及村民利益的下列事项，经村民会议讨论决定方可办理：……（七）征地补偿费的使用、分配方案……。"B 项错误。

《居民委员会组织法》第 15 条第 1 款规定："居民公约由居民会议讨论制定，报不设区的市、市辖区的人民政府或者它的派出机关备案，由居民委员会监督执行。居民应当遵守居民会议的决议和居民公约。"C 项错误。

《居民委员会组织法》第 6 条第 2 款规定："居民委员会的设立、撤销、规模调整，由不设区的市、市辖区的人民政府决定。"D 项错误。

5. 根据《村民委员会组织法》的规定，下列哪一选项是正确的？（2012 - 1 - 26）[2]

A. 村民委员会每届任期 3 年，村民委员会成员连续任职不得超过 2 届

B. 罢免村民委员会成员，须经投票的村民过半数通过

C. 村民委员会选举由乡镇政府主持

D. 村民委员会成员丧失行为能力的，其职务自行终止

【解析】《村民委员会组织法》第 11 条第 2 款规定："村民委员会每届任期五年，届满应当及时举行换届选举。村民委员会成员可以连选连任。"村民委员会成员没有两届限制。A 项错误。

《村民委员会组织法》第 16 条规定："本村五分之一以上有选举权的村民或者三分之一以

上的村民代表联名，可以提出罢免村民委员会成员的要求，并说明要求罢免的理由。被提出罢免的村民委员会成员有权提出申辩意见。罢免村民委员会成员，须有登记参加选举的村民过半数投票，并须经投票的村民过半数通过。"罢免要求两个"过半数"。B项错误。

《村民委员会组织法》第12条第1款规定："村民委员会的选举，由村民选举委员会主持。"C项错误。

《村民委员会组织法》第18条规定："村民委员会成员丧失行为能力或者被判处刑罚的，其职务自行终止。"D项正确。

【特别提示】我国《宪法》、法律明确规定连续任职不超过两届的人员：

1. 全国人大常委会委员长、副委员长。

2. 国务院总理、副总理、国务委员。

3. 最高人民法院院长、最高人民检察院检察长。

4. 香港、澳门特别行政区行政长官。

6. 根据《宪法》和《村民委员会组织法》的规定，下列哪些选项是正确的？（2011 - 1 - 63）[1]

A. 村民会议由本村18周岁以上，没有被剥夺政治权利的村民组成

B. 乡、民族乡、镇的人民政府不得干预依法属于村民自治范围内的事项

C. 罢免村民委员会成员，须经参加投票的村民过半数通过

D. 村民委员会成员实行任期和离任经济责任审计

【解析】《村民委员会组织法》第21条第1款规定："村民会议由本村十八周岁以上的村民组成。"A项错误。

《村民委员会组织法》第5条规定："乡、民族乡、镇的人民政府对村民委员会的工作给予指导、支持和帮助，但是不得干预依法属于村民自治范围内的事项。村民委员会协助乡、民族乡、镇的人民政府开展工作。"B项正确。

《村民委员会组织法》第16条第2款规定："罢免村民委员会成员，须有登记参加选举的村民过半数投票，并须经投票的村民过半数通过。"C项错误。

《村民委员会组织法》第35条第2款规定："村民委员会成员实行任期和离任经济责任审计，由县级人民政府农业部门、财政部门或者乡、民族乡、镇的人民政府负责组织，审计结果应当公布，其中离任经济责任审计结果应当在下一届村民委员会选举之前公布。"D项正确。

7. 关于村民委员会，下列哪一说法是正确的？（2010 - 1 - 21）[2]

A. 村民委员会实行村务公开制度，涉及财务的事项至少每年公布1次

B. 村民委员会决定问题，采取村民委员会主任负责制

C. 村民委员会根据需要设人民调解、治安保卫、公共卫生委员会

D. 村民委员会由主任、副主任和村民小组长若干人组成

【解析】《村民委员会组织法》第30条："村民委员会实行村务公开制度。村民委员会应当及时公布下列事项，接受村民的监督：（一）本法第二十三条、第二十四条规定的由村民会议、村民代表会议讨论决定的事项及其实施情况；（二）国家计划生育政策的落实方案；（三）政府拨付和接受社会捐赠的救灾救助、补贴补助等资金、物资的管理使用情况；（四）村民委员会协助人民政府开展工作的情况；（五）涉及本村村民利益，村民普遍关心的其他事项。前款规定事项中，一般事项至少每季度公布一次；集体财务往来较多的，财务收支情况应当每月公布

---

[1] BD [2] C

一次；涉及村民利益的重大事项应当随时公布。村民委员会应当保证所公布事项的真实性，并接受村民的查询。"A项错误。

《村民委员会组织法》第29条规定："村民委员会应当实行少数服从多数的民主决策机制和公开透明的工作原则，建立健全各种工作制度。"B项错误。

《村民委员会组织法》第7条规定："村民委员会根据需要设人民调解、治安保卫、公共卫生与计划生育等委员会。村民委员会成员可以兼任下属委员会的成员。人口少的村的村民委员会可以不设下属委员会，由村民委员会成员分工负责人民调解、治安保卫、公共卫生与计划生育等工作。"C项正确。

《村民委员会组织法》第6条第1款规定："村民委员会由主任、副主任和委员共三至七人组成。"D项错误。

8. 根据我国《村民委员会组织法》的规定，关于村民委员会的范围调整，下列哪一选项是正确的？（2008 - 1 - 15）[1]

A. 由村民委员会主任提出，经村民会议讨论同意后，报乡级人民政府批准

B. 由村民委员会主任提出，经村民会议讨论同意后，报乡级人民代表大会批准

C. 由乡级人民政府提出，经村民会议讨论同意后，报县级人民政府批准

D. 由乡级人民政府提出，经村民会议讨论同意后，报县级人民代表大会批准

【解析】《村民委员会组织法》第3条第2款规定："村民委员会的设立、撤销、范围调整，由乡、民族乡、镇的人民政府提出，经村民会议讨论同意，报县级人民政府批准。"C项正确。

9. 根据村民委员会组织法的规定，有关村规民约的下列哪一选项是正确的？（2007 - 1 - 18）[2]

A. 村民委员会有权制定村规民约，报乡、民族乡、镇的人民政府批准生效

B. 村民会议有权制定村规民约，报乡、民族乡、镇的人民代表大会备案

C. 村规民约由村民会议制定，报乡、民族乡、镇的人民政府备案

D. 村规民约由村民委员会制定，报乡、民族乡、镇的人民政府备案

【解析】《村民委员会组织法》第27条第1款："村民会议可以制定和修改村民自治章程、村规民约，并报乡、民族乡、镇的人民政府备案。"C项正确。

10. 关于村庄治理，下列有关说法正确的是？（2018年回忆版）[3]

A. 村民代表应当向其推选户或者村民小组负责，接受村民监督

B. 村务监督机构成员向村民委员会负责，可以列席村民委员会会议

C. 村民委员会工作移交由村民选举委员会主持，由乡、民族乡、镇的人民政府监督

D. 村民会议有权撤销或者变更村民委员会不适当的决定；有权撤销或者变更村民代表会议不适当的决定

【解析】A选项正确，《村民委员会组织法》第25条第2、3款规定："村民代表由村民按每五户至十五户推选一人，或者由各村民小组推选若干人。村民代表的任期与村民委员会的任期相同。村民代表可以连选连任。村民代表应当向其推选户或者村民小组负责，接受村民监督。"B选项错误，《村委会组织法》第32条规定："村务监督机构成员向村民会议和村民代表会议负责，可以列席村民委员会会议。"C选项正确，《村委会组织法》第20条规定："村民委员会应当自新一届村民委员会产生之日起十日内完成工作移交。工作移交由村民选举委员会主

---

[1] C　[2] C　[3] ACD

持，由乡、民族乡、镇的人民政府监督。"D选项正确，《村委会组织法》第23条规定："村民会议审议村民委员会的年度工作报告，评议村民委员会成员的工作；有权撤销或者变更村民委员会不适当的决定；有权撤销或者变更村民代表会议不适当的决定。"

11. 某村集体土地被征收，村里制定了有关征地补偿费的使用和分配方案，但遭到了部分村民反对，关于该方案，下列哪些选项正确？（2020年回忆版）[1]

A. 反对者可以申请乡镇政府予以撤销

B. 反对者可以申请法院予以撤销

C. 需要经过村民会议讨论决定

D. 经村民会议授权，由村民代表会议讨论决定

【解析】《村民委员会组织法》第5条第1款规定："乡、民族乡、镇的人民政府……不得干预依法属于村民自治范围内的事项。"第36条第2款规定："村民委员会不依照法律、法规的规定履行法定义务的，由乡、民族乡、镇的人民政府责令改正。"征地补偿分配方案属于村民自治范围内的事项，所以乡镇政府对于村委会的违法方案，应当责令改正，故A项错误。《村民委员会组织法》第36条第1款规定："村民委员会或者村民委员会成员作出的决定侵害村民合法权益的，受侵害的村民可以申请人民法院予以撤销，责任人依法承担法律责任。"故B项正确。《村民委员会组织法》第24条规定："征地补偿费的使用、分配方案属于涉及村民利益的事项，经村民会议讨论决定方可办理，村民会议可以授权村民代表会议讨论决定。"故C项、D项正确。

考点六　基本社会制度

1. 我国的基本社会制度是基于经济、政治、文化、社会、生态文明五位一体的社会主义建设的需要，在社会领域所建构的制度体系。关于国家的基本社会制度，下列哪些选项是正确的？（2016－1－62）[2]

A. 我国的基本社会制度是国家的根本制度

B. 社会保障制度是我国基本社会制度的核心内容

C. 职工的工作时间和休假制度是我国基本社会制度的重要内容

D. 加强社会法的实施是发展与完善我国基本社会制度的重要途径

【解析】根据《宪法》第1条第2款的规定，社会主义制度是中华人民共和国的根本制度。因此A项错误。

社会保障制度是国家和社会依法对社会成员基本生活给予保障的社会制度，社会成员因年老、疾病、失业、残疾、生育、死亡、灾害等原因而失去劳动能力或生活遇到障碍时，依法从国家和社会获得基本生活需求的保障，通常国家依据法律制定相关的制度和规定以保证其社会保障政策的实施。国家建立社会保障体系的目的是通过利益的再分配保障公民的基本生存需求，缓解阶级矛盾维持社会稳定，对社会经济发展提供安定的社会环境，因此B项正确。

《宪法》第43条规定："中华人民共和国的劳动者有休息的权利。国家发展劳动者休息和休养设施，规定职工的工作时间和休假制度。"因此C项正确。

我国宪法对基本社会制度的确定是纲领性和原则性的，其进一步落实、实施和发展有赖于

［1］ BCD 　［2］ BCD

具体社会法的实施，因此 D 项正确。

2. 国家的基本社会制度是国家制度体系中的重要内容。根据我国宪法规定，关于国家基本社会制度，下列哪一表述是正确的？（2015 - 1 - 22）[1]

A. 国家基本社会制度包括发展社会科学事业的内容

B. 社会人才培养制度是我国的基本社会制度之一

C. 关于社会弱势群体和特殊群体的社会保障的规定是对平等原则的突破

D. 社会保障制度的建立健全同我国政治、经济、文化和生态建设水平相适应

【解析】我国社会制度主要包括社会保障事业、医疗卫生事业、劳动保障制度、社会人才培养制度、计划生育制度、社会秩序及安全维护制度。A 项错误、B 项正确。

对于弱势群体与特殊群体的保护实际上是对于正义的追求，是一种事实上的平等。C 项错误。

我国宪法规定建立健全同经济发展水平相适应的社会保障制度。D 项错误。

3. 关于国家文化制度，下列哪些表述是正确的？（2015 - 1 - 62）[2]

A. 我国宪法所规定的文化制度包含了爱国统一战线的内容

B. 国家鼓励自学成才，鼓励社会力量依照法律规定举办各种教育事业

C. 是否较为系统地规定文化制度，是社会主义宪法区别于资本主义宪法的重要标志之一

D. 公民道德教育的目的在于培养有理想、有道德、有文化、有纪律的社会主义公民

【解析】爱国统一战线属于当代我国政治制度的内容。A 项错误。

教育科学文化建设的内容对 B 项内容做了相应的规定。B 项正确。

资本主义宪法与社会主义宪法对于文化制度都有相应的规定，这并不能成为区分两者的关键所在。C 项错误，D 项正确。

考点七　国家象征

1. 2017 年 9 月 1 日，十二届全国人大常委会第二十九次会议表决通过了《中华人民共和国国歌法》，该法于 2017 年 10 月 1 日起施行。根据该法，下列说法正确是？（2018 年回忆版）[3]

A. 中国民主同盟上海市委员会召开代表大会时应当奏唱国歌

B. 张某为了招揽客户将国歌作为背景音乐之一在其开设的游乐场循环播放的行为属于违法行为

C. 对国歌的奏唱、播放和使用进行监督管理，由各省人民政府负责

D. 故意篡改国歌歌词、曲谱，以歪曲、贬损方式奏唱国歌，或者以其他方式侮辱国歌的，由公安机关处以警告或者十五日以下拘留；构成犯罪的，依法追究刑事责任

【解析】根据《国歌法》第 4 条第 2 项的规定，各政党、各人民团体的各级代表大会应当奏唱国歌，A 正确。根据该法第 8 条的规定，国歌不得用于或者变相用于商标、商业广告，不得在私人丧事活动等不适宜的场合使用，不得作为公共场所的背景音乐等，张某的行为违反法律规定，B 正确。根据该法第 14 条的规定，县级以上各级人民政府及其有关部门在各自职责范围内，对国歌的奏唱、播放和使用进行监督管理，C 错误。根据该法第 15 条的规定，只有在公共场合故意篡改国歌歌词、曲谱等行为才被给予处罚，D 错误。

2. 国家标志是国家的主权、独立和尊严的象征。根据《宪法》和法律关于中华人民共和国的国家标志，下列选项正确的是？（2021年回忆版）[1]

A. 各级人民政府应当悬挂国徽

B. 举行宪法宣誓仪式时，应当在宣誓场所悬挂国旗、国徽、奏唱国歌

C. 机场、港口、火车站应当每日升挂国旗

D. 国家标志包括国旗、国歌、国徽、首都、国家主席等

【解析】《国徽法》第4条规定："下列机构应当悬挂国徽：（一）各级人民代表大会常务委员会；（二）各级人民政府；（三）中央军事委员会；（四）各级监察委员会；（五）各级人民法院和专门人民法院；（六）各级人民检察院和专门人民检察院；（七）外交部；（八）国家驻外使馆、领馆和其他外交代表机构；（九）中央人民政府驻香港特别行政区有关机构、中央人民政府驻澳门特别行政区有关机构。"故 A 项正确。《全国人民代表大会常务委员会关于实行宪法宣誓制度的决定》第8条规定："宣誓场所应当庄重、严肃，悬挂中华人民共和国国旗或者国徽，宣誓仪式应当奏唱中华人民共和国国歌。"故 B 项正确。《国旗法》第5条规定："下列场所或者机构所在地，应当每日升挂国旗：（一）北京天安门广场、新华门；（二）中国共产党中央委员会，全国人民代表大会常务委员会，国务院，中央军事委员会，中国共产党中央纪律检查委员会、国家监察委员会，最高人民法院，最高人民检察院；中国人民政治协商会议全国委员会；（三）外交部；（四）出境入境的机场、港口、火车站和其他边境口岸，边防海防哨所。"故 C 项错误。国家标志包括国旗、国徽、国歌、首都，故 D 项错误。

---

[1] AB

专题三 公民的基本权利与义务

1. 鹿某为引起政府对其利益诉求的重视，以生产、生活和科研需要为由，在两年内向十几个行政机关提起近百次与其实际利益诉求无关的政府信息公开申请，在接到公开答复后又反复提起行政复议和行政诉讼，向相关部门施加压力。对此，下列哪些说法是正确的？（2017－1－53）[1]

A. 鹿某为向相关部门施压而恶意提起政府信息公开申请的做法不符合法治精神

B. 滥用知情权和诉权造成了行政和司法资源的浪费

C. 法治国家以权利为本位，公民行使权利时不受任何限制

D. 诉求即使合理合法，也应按照法律规定和程序寻求解决

【解析】《宪法》第51条规定："中华人民共和国公民在行使自由和权利的时候，不得损害国家的、社会的、集体的利益和其他公民的合法的自由和权利。"因此法治国家以权利为本位，但公民行使权利时仍受到限制，C项错误。A、B、D项正确。

2. 许某与妻子林某协议离婚，约定8岁的儿子小虎由许某抚养，林某可随时行使对儿子的探望权，许某有协助的义务。离婚后两年间林某从未探望过儿子，小虎诉至法院，要求判令林某每月探视自己不少于4天。对此，下列说法正确的是：（2017－1－89）[2]

A. 依情理林某应探望儿子，故从法理上看，法院可判决强制其行使探望权

B. 从理论上讲，权利的行使与义务的履行均具有其界限

C. 林某的探望权是林某必须履行一定作为或不作为的法律约束

D. 许某的协助义务同时包括积极义务和消极义务

【解析】情理与法理是两个不同的问题，它们之间甚至可能存在冲突，符合情理不一定符合法理，因此"依情理林某应探望儿子"，不能得出"故从法理上看，法院可判决强制其行使探望权"的结论。另外，探望权是一种法律权利，不能强制行使。因此A项错误。法律权利和法律义务都具有其界限，因此B项正确。必须履行一定作为或不作为的法律约束，是指法律义务，而探望权是一种法律权利，具有自主性，因此C项错误。许某的协助义务同时包括积极义务（作为）和消极义务（不作为），因此D项正确。

3. 我国宪法明确规定："国家为了公共利益的需要，可以依照法律规定对公民的私有财产实行征收或者征用并给予补偿。"关于公民财产权限制的界限，下列选项正确的是：（2016－1－92）[3]

A. 对公民私有财产的征收或征用构成对公民财产权的外部限制

B. 对公民私有财产的征收或征用必须具有明确的法律依据

C. 只要满足合目的性原则即可对公民的财产权进行限制

---

[1] ABD [2] BD [3] ABD

D. 对公民财产权的限制应具有宪法上的正当性

【解析】《宪法》第13条规定："公民的合法的私有财产不受侵犯。国家依照法律规定保护公民的私有财产权和继承权。国家为了公共利益的需要，可以依照法律规定对公民的私有财产实行征收或者征用并给予补偿。"因此 A、B、D 项正确，C 项错误。

4. 基本权利的效力是指基本权利规范所产生的拘束力。关于基本权利效力，下列选项正确的是：（2017 - 1 - 94）[1]

A. 基本权利规范对立法机关产生直接的拘束力

B. 基本权利规范对行政机关的活动和公务员的行为产生拘束力

C. 基本权利规范只有通过司法机关的司法活动才产生拘束力

D. 一些国家的宪法一定程度上承认基本权利规范对私人产生拘束力

【解析】基本权利规范对公权力产生直接的拘束力，因此 A、B 项正确，C 项错误。一些国家的宪法一定程度上承认基本权利规范对私人产生拘束力，因此 D 项正确。

5. 某市执法部门发布通告："为了进一步提升本市市容和环境卫生整体水平，根据相关规定，全市范围内禁止设置各类横幅标语。"根据该通告，关于禁设横幅标语，下列哪一说法是正确的？（2017 - 1 - 25）[2]

A. 涉及公民的出版自由

B. 不构成对公民基本权利的限制

C. 在目的上具有正当性

D. 涉及宪法上的合理差别问题

【解析】言论自由是指一个国家公民，可以按照个人意愿表达意见和想法的政治权利，它通常被理解为包含了充分的表述的自由，既可以是口头形式，也可以是书面形式。出版自由是指公民享有通过以印刷或其他复制手段制成的出版物公开表达和传播意见、思想、感情、信息、知识等的自由。关于禁设横幅标语，涉及的是公民的言论自由，而非出版自由，因此 A 项错误。禁设横幅标语，构成对言论自由这个公民基本权利的限制，因此 B 项错误。"为了进一步提升本市市容和环境卫生整体水平，根据相关规定，全市范围内禁止设置各类横幅标语"，在目的上具有正当性，因此 C 正确。《宪法》第33条第2款规定："中华人民共和国公民在法律面前一律平等。"但平等性允许存在合理的差别。法律上的合理差别主要有：因年龄差异而在责任、权利等方面的合理差异（如年满18周岁才能享有选举权）；因人的生理差异所采取的合理差别（如劳动法上给予妇女的特殊保护）；因民族差异而采取的合理差异（如对少数民族在政治、经济、文化等方面的优惠）；因经济收入而采取的合理差异（如税法上的累进税率）；因刑事犯罪而采取的特殊限制（如对被剥夺政治权利者的选举权的限制）等。禁设横幅标语不涉及宪法上的合理差别问题，因此 D 项错误。

6. 我国《宪法》第13条规定："公民的合法的私有财产不受侵犯。国家依照法律规定保护公民的私有财产权和继承权。"关于这一规定，下列哪些说法是正确的？（2017 - 1 - 61）[3]

A. 国家不得侵犯公民的合法的私有财产权

B. 国家应当保护公民的合法的私有财产权不受他人侵犯

C. 对公民私有财产权和继承权的保护和限制属于法律保留的事项

D. 国家保护公民的合法的私有财产权，是我国基本经济制度的重要内容之一

【解析】《宪法》第13条规定："公民的合法的私有财产不受侵犯。国家依照法律规定保

护公民的私有财产权和继承权。国家为了公共利益的需要，可以依照法律规定对公民的私有财产实行征收或者征用并给予补偿。"因此 A、B、D 项正确。

《立法法》第 8 条规定："下列事项只能制定法律：……（七）对非国有财产的征收、征用；……（九）基本经济制度以及财政、海关、金融和外贸的基本制度……"，因此对公民私有财产权和继承权的保护和限制属于法律保留的事项，C 项正确。

7. 中华人民共和国公民在法律面前一律平等。关于平等权，下列哪一表述是错误的？（2015 - 1 - 25）[1]

  A. 我国宪法中存在一个关于平等权规定的完整规范系统

  B. 犯罪嫌疑人的合法权利应该一律平等地受到法律保护

  C. 在选举权领域，性别和年龄属于宪法所列举的禁止差别理由

  D. 妇女享有同男子平等的权利，但对其特殊情况可予以特殊保护

【解析】我国《宪法》第 34 条规定："中华人民共和国年满十八周岁的公民，不分民族、种族、性别、职业、家庭出身、宗教信仰、教育程度、财产状况、居住期限，都有选举权和被选举权；但是依照法律被剥夺政治权利的人除外。"因此，选举权对性别没有做出限制。C 项错误。

8. 某县政府以较低补偿标准进行征地拆迁。张某因不同意该补偿标准，拒不拆迁自己的房屋。为此，县政府责令张某的儿子所在中学不为其办理新学期注册手续，并通知财政局解除张某的女婿李某（财政局工勤人员）与该局的劳动合同。张某最终被迫签署了拆迁协议。关于当事人被侵犯的权利，下列选项正确的是：（2015 - 1 - 92）[2]

  A. 张某的住宅不受侵犯权

  B. 张某的财产权

  C. 李某的劳动权

  D. 张某儿子的受教育权

【解析】本题中没有涉及强行入侵或者以其他方式侵犯张某的住宅权。A 项错误。

县政府以各种压力迫使张某最终被迫签署了拆迁协议，侵犯张某的财产权。B 项正确。

财政局解除张某的女婿李某（财政局工勤人员）与该局的劳动合同，侵犯了李某的劳动权。C 项正确。

县政府责令张某的儿子所在中学不为其办理新学期注册手续，侵犯了张某儿子的受教育权。D 项正确。

9. 王某为某普通高校应届毕业生，23 岁，尚未就业。根据《宪法》和法律的规定，关于王某的权利义务，下列哪一选项是正确的？（2014 - 1 - 24）[3]

  A. 无需承担纳税义务

  B. 不得被征集服现役

  C. 有选举权和被选举权

  D. 有休息的权利

【解析】《宪法》第 56 条："中华人民共和国公民有依照法律纳税的义务。"A 项错误。

《宪法》第 55 条第 2 款："依照法律服兵役和参加民兵组织是中华人民共和国公民的光荣义务。"B 项错误。

《宪法》第 34 条："中华人民共和国年满十八周岁的公民，不分民族、种族、性别、职业、

---

〔1〕 C 〔2〕 BCD 〔3〕 C

家庭出身、宗教信仰、教育程度、财产状况、居住期限，都有选举权和被选举权；但是依照法律被剥夺政治权利的人除外。"C项正确。

《宪法》第43条第1款："中华人民共和国劳动者有休息的权利。"因此只有劳动者才有休息的权利。题中王某并未就业，不属于劳动者，所以不享有休息的权利，D项错误。

10. 根据《宪法》和法律的规定，下列哪些选项是不正确的？（2012 – 1 – 63）[1]

A. 生命权是我国宪法明确规定的公民基本权利

B. 监督权包括批评建议权、控告检举权和申诉权

C. 《宪法》第43条第1款规定，中华人民共和国公民有休息的权利

D. 受教育既是公民的权利也是公民的义务

【解析】我国宪法并没有明文规定生命权。A项错误。

《宪法》第41条第1款规定："中华人民共和国公民对于任何国家机关和国家工作人员，有提出批评和建议的权利；对于任何国家机关和国家工作人员的违法失职行为，有向有关国家机关提出申诉、控告或者检举的权利，但是不得捏造或者歪曲事实进行诬告陷害。"因此B项正确。

《宪法》第43条第1款规定："中华人民共和国劳动者有休息的权利。"因此C项错误。

《宪法》第46条第1款规定："中华人民共和国公民有受教育的权利和义务。"因此D项正确。

11. 根据我国宪法关于公民基本权利的规定，下列哪一说法是正确的？（2010 – 1 – 17）[2]

A. 我国公民在年老、疾病或者遭受自然灾害时有获得物质帮助的权利

B. 我国公民被剥夺政治权利的，其出版自由也被剥夺

C. 我国公民有信仰宗教与公开传教的自由

D. 我国公民有任意休息的权利

【解析】根据《宪法》第45条第1款的规定，中华人民共和国公民在年老、疾病或者丧失劳动能力的情况下，有从国家和社会获得物质帮助的权利。A项错误。

《刑法》第54条："剥夺政治权利是剥夺下列权利：（一）选举权和被选举权；（二）言论、出版、集会、结社、游行、示威自由的权利；（三）担任国家机关职务的权利；（四）担任国有公司、企业、事业单位和人民团体领导职务的权利。"出版自由属于政治权利。B项正确。

《宪法》第36条第1款："中华人民共和国公民有宗教信仰自由。"但《宪法》没有规定公民有公开传教的自由。C项错误。

《宪法》第43条第1款："中华人民共和国劳动者有休息的权利。"D项错误。

12. 我国《宪法》规定公民的住宅不受侵犯。下列哪些选项属于侵犯公民住宅的行为？（2008 – 1 – 60）[3]

A. 非法侵入公民住宅   B. 非法搜查公民住宅

C. 非法买卖公民住宅   D. 非法出租公民住宅

【解析】《宪法》第39条："中华人民共和国公民的住宅不受侵犯。禁止非法搜查或者非法侵入公民的住宅。"A项、B项正确。

【特别提示】公民的基本权利要注意：

1. 劳动权的主体是公民。

---

[1] AC [2] B [3] AB

2. 休息权的主体是劳动者。

3. 劳动和受教育，既是公民的基本权利，也是公民的基本义务。

4. 《宪法》规定"不得非法搜查"的对象有两个：(1) 公民的身体；(2) 公民的住宅。

13. 关于文化教育权利是公民在教育和文化领域享有的权利和自由的说法，下列哪一选项是错误的？(2009 - 1 - 23)[1]

A. 受教育既是公民的权利，又是公民的义务

B. 宪法规定的文化教育权利是公民的基本权利

C. 我国公民有进行科学研究、文学艺术创作和其他文化活动的自由

D. 同社会经济权利一样，文化教育权利属于公民的积极受益权

【解析】《宪法》第46条第1款："中华人民共和国公民有受教育的权利和义务。"A 项正确。

根据《宪法》第47条的规定，中华人民共和国公民有进行科学研究、文学艺术创作和其他文化活动的自由。B 项、C 项正确。

除财产权和继承权外，公民的社会经济、文化教育权利都属于公民的积极受益权，即公民可以积极主动地向国家提出请求，国家也应积极予以保障的权利。D 项错误。

14. 苏某和熊某毗邻而居。熊某在其居住楼顶为50只鸽子搭建了一座鸽舍。苏某以养鸽行为严重影响居住环境为由，将熊某诉至法院，要求熊某拆除鸽棚，赔礼道歉。法院判定原告诉求不成立。关于本案，下列哪一判断是错误的？(2012 - 1 - 15)[2]

A. 本案涉及的是安居权与养鸽权之间的冲突

B. 从案情看，苏某的安居权属于宪法所规定的文化生活权利

C. 从判决看，解决权利冲突首先看一个人在行使权利的同时是否造成对他人权利的实际侵害

D. 本案表明，权利的行使与义务的承担相关联

【解析】根据《宪法》第47条的规定，中华人民共和国公民有进行科学研究、文学艺术创作和其他文化活动的自由。该条所规定的是公民的文化生活权利。但安居权并不属于该条规定的文化生活权利。B 项错误。

15. 根据《宪法》的规定，关于公民纳税义务，下列哪些选项是正确的？(2012 - 1 - 62)[3]

A. 国家在确定公民纳税义务时，要保证税制科学合理和税收负担公平

B. 要坚持税收法定原则，税收基本制度实行法律保留

C. 纳税义务直接涉及公民个人财产权，宪法纳税义务具有防止国家权力侵犯其财产权的属性

D. 履行纳税义务是公民享有其他权利的前提条件

【解析】纳税是公民的一项基本义务，纳税义务的履行是纳税者享有权利的基础和条件，但不是享有其他权利的前提条件。D 项错误。

16. 金立公司为减员增效，规定传达室由3人减至2人，要求轮流值白班和夜班，无周休日，节假日由保卫科人员轮流到传达室值班。门卫小王每天工作12小时，两个月后感到体力不支，拒绝双休日长期加班，与公司发生争议。公司认为门卫工作时间虽长，但工作量不如车间大，特别是夜间门卫可以睡觉；双休日加班并不少给加班费。小王则不同意厂方观点，认为

---

[1] D [2] B [3] ABC

双休日长期加班有损健康，尽管厂方并不少给加班费，但要求按工时制度执行，每月加班、加点不超过 36 小时。双方协商不成，小王遂向劳动争议仲裁委员会提出申诉。关于本案，以下说法正确的是？[1]

    A. 用人单位违反同工同酬的规定，小王受到了差别对待，其平等权受到了侵犯

    B. 该公司侵犯了小王的劳动权

    C. 该公司的行为侵犯了小王的休息权

    D. 小王向仲裁委员会申请仲裁是行使监督权的体现

【解析】该公司未给予不同岗位的工作人员同样的工作条件和待遇，侵犯了平等权，没有给予必要的休息时间，侵犯了劳动休息权，A、C 正确。该公司没有侵犯小王的劳动权，B 错误。监督权的对象是国家机关或者国家工作人员，题目中未体现该项权利，D 错误。

17. 关于《宪法》对人身自由的规定，下列选项正确的是？（2018 年回忆版）[2]

    A. 禁止用任何方法对公民进行侮辱、诽谤和诬告陷害

    B. 在诉讼过程中，为了搜集证据，法院可以对公民的电话进行监听

    C. 禁止非法搜查公民身体

    D. 禁止非法搜查或非法侵入公民住宅

【解析】《宪法》第 38 条规定："中华人民共和国公民的人格尊严不受侵犯。禁止用任何方法对公民进行侮辱、诽谤和诬告陷害。"故 A 项正确。《宪法》第 40 条规定："中华人民共和国公民的通信自由和通信秘密受法律的保护。除因国家安全或者追查刑事犯罪的需要，由公安机关或者检察机关依照法律规定的程序对通信进行检查外，任何组织或者个人不得以任何理由侵犯公民的通信自由和通信秘密。"因此法院不能对公民的电话进行监听，故 B 项错误。《宪法》第 37 条规定："中华人民共和国公民的人身自由不受侵犯。任何公民，非经人民检察院批准或者决定或者人民法院决定，并由公安机关执行，不受逮捕。禁止非法拘禁和以其他方法非法剥夺或者限制公民的人身自由，禁止非法搜查公民的身体。"故 C 项正确。《宪法》第 39 条规定："中华人民共和国公民的住宅不受侵犯。禁止非法搜查或者非法侵入公民的住宅。"故 D 项正确。

18. 我国《宪法》第二章规定了公民基本权利，《宪法》权利之所以称基本权利，是因为下面哪些理由？（2021 年回忆版）[3]

    A. 由《宪法》规定   B. 涉及公民与国家之间的关系

    C. 是近现代宪法的目标和价值所在   D. 对公民来说不可或缺

【解析】公民的基本权利也称宪法权利或者基本人权，是指由宪法规定的公民享有的主要的、必不可少的权利。基本权利具有其自身的法律特性：第一，基本权利确立了公民在国家生活中的宪法地位；第二，基本权利是公民在社会生活中最主要、最基本而又不可缺少的权利；第三，基本权利具有母体性，派生出具体的法律权利；第四，基本权利具有稳定性和排他性，与人的公民资格关系密切。我国《宪法》第二章规定了公民基本权利，故 A 项正确。《宪法》权利之所以称基本权利，是因为《宪法》权利涉及公民与国家之间的关系，基本权利是国家公权力不能侵犯的边界，故 B 项正确。基本权利是基本人权，是公民最重要的权利，是近现代宪法的目标和价值所在，故 C 项正确。《宪法》权利对公民来说不可或缺，因此《宪法》权利被称为基本权利，故 D 项正确。

---

〔1〕　AC　〔2〕　ACD　〔3〕　ABCD

专题四　国家机构

考点一　全国人民代表大会及其常务委员会

1. 根据《宪法》和法律的规定，关于全国人大代表的权利，下列哪些选项是正确的？（2016－1－64）[1]

　　A. 享有绝对的言论自由

　　B. 有权参加决定国务院各部部长、各委员会主任的人选

　　C. 非经全国人大主席团或者全国人大常委会许可，一律不受逮捕或者行政拘留

　　D. 有五分之一以上的全国人大代表提议，可以临时召集全国人民代表大会会议

　　【解析】《宪法》第75条规定："全国人民代表大会代表在全国人民代表大会各种会议上的发言和表决，不受法律追究。"因此A项错误。《宪法》第62条第5项规定："全国人民代表大会行使下列职权：……根据中华人民共和国主席的提名决定国务院总理的人选，根据国务院总理的提名决定国务院副总理、国务委员、各部部长、各委员会主任、审计长、秘书长的人选。"因此B项正确。《宪法》第74条规定："全国人民代表大会代表，非经全国人民代表大会会议主席团许可，在全国人民代表大会闭会期间非经全国人民代表大会常务委员会许可，不受逮捕或者刑事审判。"因此C项错误。《宪法》第61条第1款规定："全国人民代表大会会议每年举行一次，由全国人民代表大会常务委员会召集。如果全国人民代表大会常务委员会认为必要，或者有五分之一以上的全国人民代表大会代表提议，可以临时召集全国人民代表大会会议。"因此D项正确。

2. 我国宪法序言规定："中国共产党领导的多党合作和政治协商制度将长期存在和发展。"关于中国人民政治协商会议，下列选项正确的是：（2017－1－91）[2]

　　A. 由党派团体和界别代表组成，政协委员由选举产生

　　B. 全国政协委员列席全国人大的各种会议

　　C. 是中国共产党领导的多党合作和政治协商制度的重要机构

　　D. 中国人民政治协商会议全国委员会和各地方委员会是国家权力机关

　　【解析】《宪法》序言规定："中国人民政治协商会议是有广泛代表性的统一战线组织。"因此中国人民政治协商会议是中国人民爱国统一战线的组织，是中国共产党领导的多党合作和政治协商制度的重要机构，但不是国家机关。政协由党派团体和界别代表组成，但政协委员是通过推荐的方式产生，不是选举产生，因此A项、D项错误，C项正确。政协委员参政议政，

民主监督。全国政协委员列席全国人民代表大会，并非列席全国人大的各种会议，因此 B 项错误。

3. 根据《宪法》和《立法法》规定，关于法律案的审议，下列哪些选项是正确的？（2017 – 1 – 63）[1]

A. 列入全国人大会议议程的法律案，由法律委员会根据各代表团和有关专门委员会的审议意见，对法律案进行统一审议，向主席团提出审议结果报告和法律草案修改稿

B. 列入全国人大会议议程的法律案，在交付表决前，提案人要求撤回的，应说明理由，经主席团同意并向大会报告，对法律案的审议即行终止

C. 列入全国人大常委会会议议程的法律案，因调整事项较为单一，各方面意见比较一致的，也可经一次常委会会议审议即交付表决

D. 列入全国人大常委会会议议程的法律案，因暂不付表决经过两年没有再次列入常委会会议议程审议的，由委员长会议向常委会报告，该法律案终止审议

【解析】《立法法》第 20 条规定："列入全国人民代表大会会议议程的法律案，由法律委员会根据各代表团和有关的专门委员会的审议意见，对法律案进行统一审议，向主席团提出审议结果报告和法律草案修改稿，对重要的不同意见应当在审议结果报告中予以说明，经主席团会议审议通过后，印发会议。"因此 A 项正确。《立法法》第 22 条规定："列入全国人民代表大会会议议程的法律案，在交付表决前，提案人要求撤回的，应当说明理由，经主席团同意，并向大会报告，对该法律案的审议即行终止。"因此 B 项正确。《立法法》第 30 条规定："列入常务委员会会议议程的法律案，各方面意见比较一致的，可以经两次常务委员会会议审议后交付表决；调整事项较为单一或者部分修改的法律案，各方面的意见比较一致的，也可以经一次常务委员会会议审议即交付表决。"因此 C 项正确。《立法法》第 42 条规定："列入常务委员会会议审议的法律案，因各方面对制定该法律的必要性、可行性等重大问题存在较大意见分歧搁置审议满两年的，或者因暂不付表决经过两年没有再次列入常务委员会会议议程审议的，由委员长会议向常务委员会报告，该法律案终止审议。"因此 D 项正确。

4. 根据《立法法》，关于规范性文件的备案审查制度，下列哪些选项是正确的？（2017 – 1 – 66）[2]

A. 全国人大有关的专门委员会可对报送备案的规范性文件进行主动审查

B. 自治县人大制定的自治条例与单行条例应按程序报全国人大常委会和国务院备案

C. 设区的市市政府制定的规章应报本级人大常委会、市所在的省级人大常委会和政府、国务院备案

D. 全国人大法律委员会经审查认为地方性法规同宪法相抵触而制定机关不予修改的，应向委员长会议提出予以撤销的议案或者建议

【解析】《立法法》第 99 条第 3 款规定："有关的专门委员会和常务委员会工作机构可以对报送备案的规范性文件进行主动审查。"因此 A 项正确。《立法法》第 98 条第 3 项规定："（三）自治州、自治县的人民代表大会制定的自治条例和单行条例，由省、自治区、直辖市的人民代表大会常务委员会报全国人民代表大会常务委员会和国务院备案。"因此 B 项正确。《立法法》第 98 条第 4 项规定："（四）部门规章和地方政府规章报国务院备案；地方政府规章应当同时报本级人民代表大会常务委员会备案；设区的市、自治州的人民政府制定的规章应当同时报省、自治区的人民代表大会常务委员会和人民政府备案。"因此 C 项正确。《立法法》

---

〔1〕 ABCD　〔2〕 ABCD

第 100 条第 3 款规定："全国人民代表大会法律委员会、有关的专门委员会、常务委员会工作机构经审查、研究认为行政法规、地方性法规、自治条例和单行条例同宪法或者法律相抵触而制定机关不予修改的，应当向委员长会议提出予以撤销的议案、建议，由委员长会议决定提请常务委员会会议审议决定。"因此 D 项正确。

5. 根据《国家勋章和国家荣誉称号法》规定，下列哪一选项是正确的？（2017 – 1 – 26）[1]

A. 共和国勋章由全国人大常委会提出授予议案，由全国人大决定授予

B. 国家荣誉称号为其获得者终身享有

C. 国家主席进行国事活动，可直接授予外国政要、国际友人等人士"友谊勋章"

D. 国家功勋簿是记载国家勋章和国家荣誉称号获得者的名录

【解析】《国家勋章和国家荣誉称号法》第 5 条规定："全国人民代表大会常务委员会委员长会议根据各方面的建议，向全国人民代表大会常务委员会提出授予国家勋章、国家荣誉称号的议案。国务院、中央军事委员会可以向全国人民代表大会常务委员会提出授予国家勋章、国家荣誉称号的议案。"第 6 条规定："全国人民代表大会常务委员会决定授予国家勋章和国家荣誉称号。"因此 A 项错误。该法第 13 条规定："国家勋章和国家荣誉称号为其获得者终身享有，但依照本法规定被撤销的除外。"因此 B 项错误。该法第 8 条规定：中华人民共和国主席进行国事活动，可以直接授予外国政要、国际友人等人士"友谊勋章"，因此 C 项正确。该法第 10 条规定："国家设立国家功勋簿，记载国家勋章和国家荣誉称号获得者及其功绩。"因此 D 项错误。

6. 人民代表大会制度是我国的根本政治制度。关于人民代表大会制度，下列表述正确的是：（2017 – 1 – 92）[2]

A. 国家的一切权力属于人民，这是人民代表大会制度的核心内容和根本准则

B. 各级人大都由民主选举产生，对人民负责，受人民监督

C. "一府两院"都由人大产生，对它负责，受它监督

D. 人民代表大会制度是实现社会主义民主的唯一形式

【解析】人民代表大会制度是我国的根本政治制度。社会主义民主的本质是人民当家作主。国家的一切权力属于人民，这是我国国家制度的核心内容和根本准则。因此 A 项正确。人民代表大会制度是体现我国"一切权力属于人民"这一社会主义民主实质的根本政治制度，是人民行使国家权力的根本途径和形式。因此 B 项、C 项正确。人民代表大会制度是实现社会主义民主的根本政治制度，但并非唯一形式。因此 D 项错误。

7. 根据《宪法》，关于中国人民政治协商会议，下列哪些选项是正确的？（2013 – 1 – 62）[3]

A. 中国人民政治协商会议是具有广泛代表性的统一战线组织

B. 中国人民政治协商会议是重要的国家机关

C. 中国共产党领导的多党合作和政治协商制度将长期存在和发展

D. 中国共产党领导的爱国统一战线将继续巩固和发展

【解析】《宪法》序言指出："中国人民政治协商会议是有广泛代表性的统一战线组织，过去发挥了重要的历史作用，今后在国家政治生活、社会生活和对外友好活动中，在进行社会主义现代化建设、维护国家的统一和团结的斗争中，将进一步发挥它的重要作用。中国共产党领

---

[1] C [2] ABC [3] ACD

导的多党合作和政治协商制度将长期存在和发展。"因此中国人民政治协商会议不属于国家机关，也不是一般的人民团体。A项、C项、D项正确，B项错误。

8. 根据《宪法》和法律规定，关于人民代表大会制度，下列哪一选项是不正确的？（2011－1－24）[1]

A. 人民代表大会制度体现了一切权力属于人民的原则

B. 地方各级人民代表大会是地方各级国家权力机关

C. 全国人民代表大会是最高国家权力机关

D. 地方各级国家权力机关对最高国家权力机关负责，并接受其监督

【解析】《宪法》第3条第2款规定："全国人民代表大会和地方各级人民代表大会都由民主选举产生，对人民负责，受人民监督。"D项错误。

9. 根据《宪法》和法律的规定，关于国家机关组织和职权，下列选项正确的是：（2013－1－90）[2]

A. 全国人民代表大会修改宪法、解释宪法、监督宪法的实施

B. 国务院依照法律规定决定省、自治区、直辖市的范围内部分地区进入紧急状态

C. 省、自治区、直辖市政府在必要的时候，经国务院批准，可以设立若干派出机构

D. 地方各级检察院对产生它的国家权力机关和上级检察院负责

【解析】《宪法》第62条："全国人民代表大会行使下列职权：（一）修改宪法；（二）监督宪法的实施。……"《宪法》第67条："全国人民代表大会常务委员会行使下列职权：（一）解释宪法，监督宪法的实施。……"全国人大无权解释宪法。A项错误。

《宪法》第89条："国务院行使下列职权：（十六）依照法律规定决定省、自治区、直辖市的范围内部分地区进入紧急状态。……"B项正确。

《地方各级人民代表大会和地方各级人民政府组织法》第85条第1款："省、自治区的人民政府在必要的时候，经国务院批准，可以设立若干派出机关。"不包括直辖市。C项错误。

《宪法》第138条："最高人民检察院对全国人民代表大会和全国人民代表大会常务委员会负责。地方各级人民检察院对产生它的国家权力机关和上级人民检察院负责。"D项正确。

【特别提示】《宪法》和法律中紧急状态的规定：

1. 2004年修宪，将全国人大常委会、国务院对戒严的决定权改为对紧急状态的决定权；相应地，国家主席对戒严的宣布权也改为对紧急状态的宣布权。

2. 根据《宪法》第67条，全国人大常委会决定全国或者个别省、自治区、直辖市进入紧急状态。

3. 根据《宪法》第89条，国务院依照法律规定决定省、自治区、直辖市的范围内部分地区进入紧急状态。

4. 根据《宪法》第80条，国家主席根据全国人大常委会的决定，宣布进入紧急状态。

5. 根据《香港特区基本法》第18条和《澳门特区基本法》第18条，全国人大常委会决定香港、澳门特别行政区进入紧急状态。

10. 关于国家机关的职权，下列表述错误的是：（2008川－1－93）[3]

A. 全国人民代表大会无权决定设立国务院各部、各委员会

B. 国务院有权批准自治州的建置和区域划分

C. 省人民政府有权决定民族乡的建置和区域划分

---

[1] D [2] BD [3] AD

D. 国家主席有权决定特赦

【解析】《国务院组织法》第 8 条："国务院各部、各委员会的设立、撤销或者合并，经总理提出，由全国人民代表大会决定；在全国人民代表大会闭会期间，由全国人民代表大会常务委员会决定。"A 项错误。

《宪法》第 89 条："国务院行使下列职权：（十五）批准省、自治区、直辖市的区域划分，批准自治州、县、自治县、市的建置和区域划分……"B 项正确。

《宪法》第 107 条第 3 款："省、直辖市的人民政府决定乡、民族乡、镇的建置和区域划分。"C 项正确。

《宪法》第 67 条："全国人民代表大会常务委员会行使下列职权：（十八）决定特赦……"D 项错误。

11. 根据《宪法》的规定，关于国家结构形式，下列哪一选项是正确的？（2013 - 1 - 24）[1]

A. 从中央与地方的关系上看，我国有民族区域自治和特别行政区两种地方制度

B. 县、市、市辖区部分行政区域界线的变更由省、自治区、直辖市政府审批

C. 经济特区是我国一种新的地方制度

D. 行政区划纠纷或争议的解决是行政区划制度内容的组成部分

【解析】我国行政区划可以分为：（1）普通行政区划；（2）民族自治地方区划；（3）特别行政区划。A 项错误。

《行政区划管理条例》第 8 条："县、市、市辖区的部分行政区域界线的变更……国务院授权省、自治区、直辖市人民政府审批；批准变更时，同时报送国务院备案。"注意"国务院授权"。B 项错误。

经济特区属于普通行政区划，不是我国一种新的地方制度。C 项错误。

12. 关于我国的行政区域划分，下列说法不成立的是：（2012 - 1 - 91）[2]

A. 是国家主权的体现

B. 属于国家内政

C. 任何国家不得干涉

D. 只能由《宪法》授权机关进行

【解析】《宪法》第 62 条："全国人民代表大会行使下列职权：……（十三）批准省、自治区和直辖市的建置；（十四）决定特别行政区的设立及其制度。……"《宪法》第 89 条："国务院行使下列职权：……（十五）批准省、自治区、直辖市的区域划分，批准自治州、县、自治县、市的建置和区域划分。……"《宪法》第 107 条第 3 款："省、直辖市的人民政府决定乡、民族乡、镇的建置和区域划分。"

《行政区划管理条例》第 8 条："县、市、市辖区的部分行政区域界线的变更……国务院授权省、自治区、直辖市人民政府审批；批准变更时，同时报送国务院备案。"D 项错误。

13. 根据《宪法》规定，关于行政建置和行政区划，下列选项正确的是：（2014 - 1 - 96）[3]

A. 全国人大批准省、自治区、直辖市的建置

B. 全国人大常委会批准省、自治区、直辖市的区域划分

C. 国务院批准自治州、自治县的建置和区域划分

---

[1] D 〔2〕 D 〔3〕 AC

D. 省、直辖市、地级市的人民政府决定乡、民族乡、镇的建置和区域划分

【解析】《宪法》第62条："全国人民代表大会行使下列职权：……（十三）批准省、自治区和直辖市的建置。……"A项正确。

《宪法》第89条："国务院行使下列职权：……（十五）批准省、自治区、直辖市的区域划分，批准自治州、县、自治县、市的建置和区域划分。……"B项错误，C项正确。

《宪法》第107第3款："省、直辖市的人民政府决定乡、民族乡、镇的建置和区域划分。"D项错误。

14. 根据《宪法》规定，关于全国人大的专门委员会，下列哪一选项是正确的？（2013 – 1 – 26）[1]

A. 各专门委员会在其职权范围内所作决议，具有全国人大及其常委会所作决定的效力

B. 各专门委员会的主任委员、副主任委员由全国人大及其常委会任命

C. 关于特定问题的调查委员会的任期与全国人大及其常委会的任期相同

D. 全国人大及其常委会领导专门委员会的工作

【解析】《全国人民代表大会组织法》第37条："各专门委员会的工作如下：（一）审议全国人民代表大会主席团或者全国人民代表大会常务委员会交付的议案；（二）向全国人民代表大会主席团或者全国人民代表大会常务委员会提出属于全国人民代表大会或者全国人民代表大会常务委员会职权范围内同本委员会有关的议案；……"可见，其主要职责是在全国人大和全国人大常委会领导下，研究、审议和拟定有关议案，并没有作出最后决议的职权。A项错误。

《全国人民代表大会组织法》第34条第2款、第3款："各专门委员会由主任委员、副主任委员若干人和委员若干人组成。各专门委员会的主任委员、副主任委员和委员的人选由主席团在代表中提名，全国人民代表大会会议表决通过。在大会闭会期间，全国人民代表大会常务委员会可以任免专门委员会的副主任委员和委员，由委员长会议提名，常务委员会会议表决通过。"可见，各专门委员会的主任委员、副主任委员、委员由主席团提名，大会任命，闭会期间，常委会可补充任命部分副主任委员、委员。B项错误。

《全国人民代表大会组织法》第42条："全国人民代表大会代表每届任期五年，从每届全国人民代表大会举行第一次会议开始，到下届全国人民代表大会举行第一次会议为止。"《全国人民代表大会组织法》第41条："全国人民代表大会或者全国人民代表大会常务委员会可以组织对于特定问题的调查委员会。调查委员会的组织和工作，由全国人民代表大会或者全国人民代表大会常务委员会决定。"可见，关于特定问题的调查委员会的任期与全国人大及其常委会的任期不一定相同。C项错误。

根据《全国人民代表大会组织法》第34条第1款的规定，各专门委员会受全国人民代表大会领导；在全国人民代表大会闭会期间，受全国人民代表大会常务委员会领导。可见，全国人大及其常委会领导专门委员会的工作。D项正确。

15. 根据《宪法》和《立法法》规定，关于全国人大常委会委员长会议，下列哪些选项是正确的？（2011 – 1 – 61）[2]

A. 委员长会议可以向常委会提出法律案

B. 列入常委会会议议程的法律案，一般应当经3次委员长会议审议后再交付常委会表决

C. 经委员长会议决定，可以将列入常委会会议议程的法律案草案公布，征求意见

D. 专门委员会之间对法律草案的重要问题意见不一致时，应当向委员长会议报告

【解析】《立法法》第26条第1款："委员长会议可以向常务委员会提出法律案，由常务委员会会议审议。"A项正确。

《立法法》第29条第1款："列入常务委员会会议议程的法律案，一般应当经三次常务委员会会议审议后再交付表决。"B项错误。

《立法法》第37条："列入常务委员会会议议程的法律案，应当在常务委员会会议后将法律草案及其起草、修改的说明等向社会公布，征求意见，但是经委员长会议决定不公布的除外。向社会公布征求意见的时间一般不少于三十日。征求意见的情况应当向社会通报。"C项错误。

《立法法》第35条："专门委员会之间对法律草案的重要问题意见不一致时，应当向委员长会议报告。"D项正确。

16. 关于全国人大职权，下列哪些说法是正确的？（2010－1－64）[1]

A. 选举国家主席、副主席

B. 选举国务院总理、副总理

C. 选举最高人民法院院长、最高人民检察院检察长

D. 决定特别行政区的设立与建置

【解析】《宪法》第62条："全国人民代表大会行使下列职权：……（四）选举中华人民共和国主席、副主席；（五）根据中华人民共和国主席的提名，决定国务院总理的人选；根据国务院总理的提名，决定国务院副总理、国务委员、各部部长、各委员会主任、审计长、秘书长的人选；……（八）选举最高人民法院院长；（九）选举最高人民检察院检察长；……（十四）决定特别行政区的设立及其制度。……"A项、C项正确。

决定国务院总理、副总理，而非"选举"。B项错误。

决定特别行政区的设立及其制度，而非"建置"。D项错误。

【特别提示】全国人大对国家机构组成人员的选举、决定：

1. 选举：根据主席团提名，选举全国人大常委会组成人员；中华人民共和国主席、副主席；选举中央军事委员会主席；选举最高人民法院院长；选举最高人民检察院检察长。

2. 决定：根据中华人民共和国主席的提名，决定国务院总理的人选；根据国务院总理的提名，决定国务院副总理、国务委员、各部部长、各委员会主任、审计长、秘书长的人选。根据中央军事委员会主席的提名，决定中央军事委员会其他组成人员（军委副主席、军委委员）的人选。

17. 关于全国人大及其常委会的质询权，下列说法正确的是：（2010－1－93）[2]

A. 全国人大会议期间，一个代表团可书面提出对国务院的质询案

B. 全国人大会议期间，30名以上代表联名可书面提出对国务院各部的质询案

C. 全国人大常委会会议期间，常委会组成人员10人以上可书面提出对国务院各委员会的质询案

D. 全国人大常委会会议期间，委员长会议可书面提出对国务院的质询案

【解析】根据《全国人民代表大会组织法》第17条的规定，在全国人民代表大会会议期间，一个代表团或者三十名以上的代表，可以书面提出对国务院和国务院各部、各委员会的质询案。A项、B项正确。

《全国人民代表大会组织法》第30条："常务委员会会议期间，常务委员会组成人员十人

以上联名，可以向常务委员会书面提出对国务院以及国务院各部门、国家监察委员会、最高人民法院、最高人民检察院的质询案。"C项正确。

委员长会议只是负责把质询案交由受质询的机关答复，法律没有规定委员长会议可以书面提出对国务院的质询案。D项错误。

18. 根据《全国人大组织法》规定，下列关于全国人大代表团的哪一说法是正确的？（2009－1－20）[1]

A. 代表团团长、副团长由各代表团全体成员选举产生

B. 两个代表团以上可以向全国人大提出属于全国人大职权范围内的议案

C. 3个以上的代表团可以提出对于全国人大常委会的组成人员，国家主席、副主席，国务院和中央军事委员会的组成人员，最高人民法院院长和最高人民检察院检察长的罢免案

D. 1个代表团和30名以上的代表可以联合提出对国务院及其各部、各委员会的质询案

【解析】《全国人民代表大会组织法》第10条第1款："全国人民代表大会代表按照选举单位组成代表团。各代表团分别推选代表团团长、副团长。"代表团团长、副团长由各代表团分别推选而不是选举产生。A项错误。

根据《全国人民代表大会组织法》第17条的规定，一个代表团或三十名以上代表联名，可以向全国人大提出属于全国人大职权范围内的议案。B项错误。

《全国人民代表大会组织法》第20条："全国人民代表大会三个以上的代表团或者十分之一以上的代表，可以提出对于全国人民代表大会常务委员会的组成人员，中华人民共和国主席、副主席，国务院和中央军事委员会的组成人员，国家监察委员会主任，最高人民法院院长和最高人民检察院检察长的罢免案，由主席团提请大会审议。"C项正确。

根据《全国人民代表大会组织法》第21条的规定，在全国人大会议期间，一个代表团或三十名以上的代表可以联名提出对国务院及其各部、各委员会的质询案。D项错误。

19. 根据我国《宪法》的规定，关于动员和紧急状态的决定权，下列哪些选项是正确的？（2008－1－62）[2]

A. 全国人民代表大会常务委员会有权决定全国总动员

B. 全国人民代表大会常务委员会有权决定全国进入紧急状态

C. 国务院有权决定个别省、自治区、直辖市进入紧急状态

D. 国务院有权决定局部动员

【解析】《宪法》第67条："全国人民代表大会常务委员会行使下列职权：……（二十）决定全国总动员或者局部动员；（二十一）决定全国或者个别省、自治区、直辖市进入紧急状态……。"A项、B项正确。

20. 全国人民代表大会法律委员会和其他有关专门委员会经审查认为报全国人大常委会备案的司法解释与法律相抵触，而有关解释机关不予修改或废止的，法律委员会和其他有关专门委员会可依法采取下列哪些措施？（2008－1－64）[3]

A. 可以决定撤销该司法解释

B. 可以提出要求作出司法解释的机关予以修改、废止的议案

C. 可以提出由全国人大常委会作出立法解释的议案

D. 将该司法解释发回，发回后立即失效，但失效不具有溯及力

【解析】《各级人民代表大会常务委员会监督法》第33条："全国人民代表大会法律委员

---

〔1〕 C 〔2〕 AB 〔3〕 BC

会和有关专门委员会经审查认为最高人民法院或者最高人民检察院作出的具体应用法律的解释同法律规定相抵触，而最高人民法院或者最高人民检察院不予修改或者废止的，可以提出要求最高人民法院或者最高人民检察院予以修改、废止的议案，或者提出由全国人民代表大会常务委员会作出法律解释的议案，由委员长会议决定提请常务委员会审议。"B项、C项正确。

21. 根据《宪法》和法律的规定，下列表述错误的是：(2008－1－94)[1]

A. 全国人大代表在全国人大各种会议上的活动不受法律追究

B. 在全国人大闭会期间，全国人大代表未经选举单位人大常委会批准，不受逮捕和刑事审判

C. 全国人大代表受原选举单位的监督

D. 全国人大代表在全国人民代表大会开会期间，有权提出对国务院或者国务院各部、各委员会的质询案

【解析】《宪法》第75条："全国人民代表大会代表在全国人民代表大会各种会议上的发言和表决，不受法律追究。"该条仅指在人大会议上的发言和表决，并非是所有的活动。A项错误。

《宪法》第74条："全国人民代表大会代表，非经全国人民代表大会会议主席团许可，在全国人民代表大会闭会期间非经全国人民代表大会常务委员会许可，不受逮捕或者刑事审判。"B项错误。

《宪法》第77条："全国人民代表大会代表受原选举单位的监督。原选举单位有权依照法律规定的程序罢免本单位选出的代表。"C项正确。

《宪法》第73条："全国人民代表大会代表在全国人民代表大会开会期间，全国人民代表大会常务委员会组成人员在常务委员会开会期间，有权依照法律规定的程序提出对国务院或者国务院各部、各委员会的质询案。受质询的机关必须负责答复。"D项正确。

【特别提示】

1. 提案：(1) 可以向全国人大提出议案的：国务院；中央军委；最高人民法院；最高人民检察院；全国人大主席团；全国人大常委会；全国人大各专门委员会；1个代表团；30名以上的代表联名。(2) 可以向全国人大常委会提出议案的：国务院；中央军委；最高人民法院；最高人民检察院；委员长会议；全国人大各专门委员会；常委会组成人员10人以上联名。(3) 在地方人大举行会议时：主席团；常委会；各专门委员会；本级人民政府；县级以上的地方各级人大代表10人以上联名，乡、民族乡、镇的人大代表5人以上联名；(4) 在地方人大常委会会议期间：县级以上的地方各级人大常委会主任会议；县级以上地方各级人民政府；人大各专门委员会；省、自治区、直辖市、自治州、设区的市的人大常委会组成人员5人以上联名，县级人大常委会组成人员3人以上联名。

2. 质询：(1) 在全国人大会议期间，1个代表团或者30名以上代表联名，可以书面提出对国务院及其部委、最高人民法院、最高人民检察院的质询案，由主席团决定交受质询机关书面答复，或者由受质询机关的领导人在主席团会议上或者有关的专门委员会会议上或者有关的代表团会议上口头答复。代表在审议议案和报告时，可以向有关国家机关提出询问。有关部门应当派负责人到会，听取意见，回答代表提出的询问。(2) 在全国人大常务委员会会议期间，常务委员会组成人员10人以上，可以书面提出对国务院及其部委、最高人民法院、最高人民检察院的质询案，由委员长会议决定交受质询机关书面答复，或者由受质询机关的领导人在常

---

[1] AB

务委员会会议上或者有关的专门委员会会议上口头答复。(3) 地方各级人大举行会议时，代表 10 人以上联名可以书面提出对本级人民政府及其工作部门及人民法院、人民检察院的质询案。(4) 省、自治区、直辖市、自治州、设区的市的人大常委会组成人员 5 人以上联名，县级人大常委会组成人员 3 人以上联名，可以向常委会书面提出对本级人民政府、人民法院、人民检察院的质询案，由主任会议决定交受质询机关答复。

3. 罢免：(1) 全国人大主席团、3 个以上的代表团或者 1/10 以上的代表联名，可以提出对于全国人民代表大会常务委员会的组成人员，中华人民共和国主席、副主席，国务院和中央军事委员会的组成人员，最高人民法院院长和最高人民检察院检察长的罢免案。(2) 县级以上地方人大，主席团、常务委员会或者 1/10 以上代表联名，可以提出对本级人大常委会组成人员、人民政府组成人员、人民法院院长、人民检察院检察长的罢免案，由主席团提请大会审议。乡级人大，主席团或者 1/5 以上代表联名，可以提出对本级人大主席、副主席、(副) 乡长、(副) 镇长的罢免案。罢免案均须经全体代表过半数通过。

4. 撤职：(1) 县级以上地方各级人民政府、人民法院和人民检察院，县级以上地方各级人大常委会主任会议，可以提出撤职案。县级以上地方各级人大常委会 1/5 以上的组成人员书面联名，可以提出撤职案，由主任会议决定是否提请常委会会议审议；或者由主任会议提议，经全体会议决定，组织调查委员会，由以后的常委会会议根据调查委员会的报告审议决定。(2) 撤职的范围仅限于个别政府的副职、政府其他组成人员，以及司法机关除一把手以外的组成人员 (法院副院长到审判员，副检察长到检察员)，以及中级人民法院的院长和人民检察院分院的检察长。撤职案应当写明撤职的对象和理由，并提供有关的材料。(3) 撤职案的表决采用无记名投票的方式，由常务委员会全体组成人员的过半数通过。

5. 人身保护：(1) 县级以上地方各级人大代表非经本级人大主席团许可，闭会期间未经本级人大常委会许可，不受逮捕或刑事审判。如果因为是现行犯被拘留，执行拘留的公安机关应立即向该级人大主席团或人大常委会报告。(2) 乡级人大代表，如果被逮捕、受刑事审判或者被采取法律规定的其他限制人身自由的措施，执行机关应当立即报告乡级人大。

6. 言论免责：各级人大代表、常委会组成人员，在人大或常委会会议上的发言与表决，不受法律追究。

22. 根据《全国人民代表大会组织法》的规定，下列哪些选项是错误的？(2008 川 - 1 - 61)[1]

A. 全国人民代表大会每次会议举行预备会议，选举本次会议的主席团和秘书长，通过本次会议的议程和其他准备事项的决定

B. 会议主席团设常务主席若干人，轮流担任会议执行主席

C. 30 名以上的代表，可以就国家生活和国计民生的任何问题，向全国人民代表大会提出议案

D. 向全国人民代表大会提出的议案，在交付大会表决前，提案人要求撤回的，由大会主席团审议决定是否终止审议

【解析】《全国人民代表大会组织法》第 11 条："全国人民代表大会每次会议举行预备会议，选举本次会议的主席团和秘书长，通过本次会议的议程和其他准备事项的决定。"A 项正确。

《全国人民代表大会组织法》第 12 条："主席团主持全国人民代表大会会议。主席团推选

〔1〕 BCD

常务主席若干人，召集并主持主席团会议。主席团推选主席团成员若干人分别担任每次大会全体会议的执行主席，并指定其中一人担任全体会议主持人。"轮流担任会议执行主席的不是常务主席，而是由主席团互推人选。B项错误。

《全国人民代表大会组织法》第17条："一个代表团或者三十名以上的代表联名，可以向全国人民代表大会提出属于全国人民代表大会职权范围内的议案。"人大代表向全国人大提交的议案应属于全国人大职权范围，而非"关系国家生活和国计民生的任何问题。"C项错误。

《全国人民代表大会组织法》第11条："向全国人民代表大会提出的议案，在交付大会表决前，提案人要求撤回的，对该议案的审议即行终止。"D项错误。2021年3月11日修正后，删除了这项规定。

23. 全国人大常委会是全国人大的常设机关，根据宪法规定，全国人大常委会行使多项职权，但下列哪一职权不由全国人大常委会行使？（2007-1-16）[1]

A. 解释宪法，监督宪法的实施

B. 批准省、自治区、直辖市的建置

C. 废除同外国缔结的条约和重要协定

D. 审批国民经济和社会发展计划以及国家预算部分调整方案

【解析】《宪法》第62条："全国人民代表大会行使下列职权：……（十三）批准省、自治区和直辖市的建置。……"B项错误。

【特别提示】

1. 全国人大独有的职权，重要的有：（1）修改宪法；（2）决定国务院总理、副总理、国务委员。

2. 全国人大常委会独有的职权，重要的有：（1）解释宪法；（2）解释法律；（3）决定特赦；（4）决定全国总动员或者局部动员；（5）决定全国或者个别省、自治区、直辖市进入紧急状态。

24. 《中华人民共和国政府和大不列颠及北爱尔兰联合王国政府关于香港问题的联合声明》是由哪一机关批准生效的？（2006-1-13）[2]

A. 国务院

B. 全国人大

C. 全国人大常委会

D. 国家主席

【解析】《宪法》第67条："全国人民代表大会常务委员会行使下列职权：……（十五）决定同外国缔结的条约和重要协定的批准和废除。……"C项正确。

【特别提示】《宪法》中有关条约和重要协定的规定：

1. 根据《宪法》第89条，国务院同外国缔结条约和协定。

2. 根据《宪法》第67条，全国人民代表大会常务委员会决定同外国缔结的条约和重要协定的批准和废除。

3. 根据《宪法》第81条，国家主席根据全国人民代表大会常务委员会的决定，批准和废除同外国缔结的条约和重要协定。

25. 我国《宪法》第二条明确规定："人民行使国家权力的机关是全国人民代表大会和地方各级人民代表大会。"关于全国人大和地方各级人大，下列选项正确的是：（2015-1-

---

[1] B [2] C

91) [1]

A. 全国人大代表全国人民统一行使国家权力

B. 全国人大和地方各级人大是领导与被领导的关系

C. 全国人大在国家机构体系中居于最高地位，不受任何其他国家机关的监督

D. 地方各级人大设立常务委员会，由主任、副主任若干人和委员若干人组成

【解析】 人大之间是监督与被监督的关系。B项错误。

乡人大只有主席与副主席。D项错误。

26. 关于全国人大的各委员会，下列说法错误的是? [2]

A. 全国人民代表大会专门委员会是最高国家权力机关的非常设机关

B. 调查委员会的组成人员不一定是全国人大代表，可以是专家、学者，其一旦完成任务，该委员会即予撤销

C. 各专门委员会的主任委员、副主任委员和委员的人选，在全国人大的会议期间由全国人大常委会在代表中提名，由全国人民代表大会通过

D. 全国人大专门委员会在审查中认为行政法规、地方性法规等同宪法和法律相抵触时，可以向制定机关提出书面审查意见

【解析】 根据《全国人民代表大会组织法》第35条规定，全国人大专门委员会属于常设机关，临时调查委员会属于非常设机关，A错误。调查委员会的组成人员一定是全国人大代表，B错误。各专门委员会的主任委员、副主任委员和委员的人选，在大会期间应该由主席团在代表中提名，C错误。根据《立法法》第100条规定，全国人大专门委员会在审查中认为行政法规、地方性法规等同宪法和法律相抵触时，可以向制定机关提出书面审查意见，D正确。

27. 2018年6月8日，国家主席习近平向俄罗斯总统普京授予首枚"友谊勋章"。习近平主席指出，中华人民共和国"友谊勋章"是中国国家对外最高荣誉勋章，授予在支持中国现代化建设、促进中外交流合作、维护世界和平中作出杰出贡献的外国友人。对此，说法不正确的是? [3]

A. 全国人大常委会决定并向国家勋章和国家荣誉称号获得者授予国家勋章、国家荣誉称号奖章，签发证书

B. 中华人民共和国主席进行国事活动，可以直接授予外国政要、国际友人等人士"友谊勋章"

C. 全国人大常委会委员长会议、国务院、中央军事委员会、最高人民法院、最高人民检察院有权向全国人大常委会提出授予国家勋章、国家荣誉称号的议案

D. 国家主席有权决定撤销获得者的国家勋章和国家荣誉称号，并予以公告

【解析】 国家主席根据全国人大常委会的决定，授予国家勋章、国家荣誉称号奖章，签发证书，A错误。B正确。最高人民法院和最高人民检察院无此提案权，C错误。撤销获得者的国家勋章和国家荣誉称号应由全国人大常委会决定并予以公告，D错误。

28. 2020年5月28日，十三届全国人大三次会议表决通过了《全国人民代表大会关于建立健全香港特别行政区维护国家安全的法律制度和执行机制的决定》。关于香港特区制定维护国家安全法的宪制责任，下面观点正确的是? (2020年回忆版) [4]

A. 维护国家主权统一和领土完整是香港特别行政区的宪制责任

B. 香港特别行政区应当尽早完成香港特别行政区基本法规定的维护国家安全立法。香港

特别行政区行政机关、立法机关、司法机关应当依据有关法律规定有效防范、制止和惩治危害国家安全的行为和活动

C. 全国人大常委会有权力有责任维护香港特别行政区宪制秩序

D. 国家应当采取必要措施建立健全香港特别行政区维护国家安全的法律制度和执行机制，依法防范、制止和惩治危害国家安全的行为和活动

【解析】第十三届全国人大第三次会议通过《全国人民代表大会关于建立健全香港特别行政区维护国家安全的法律制度和执行机制的决定》，明确维护国家主权统一和领土完整是香港特别行政区的宪制责任。中央人民政府维护国家安全的有关机关可以根据需要在香港特别行政区设立机构，依法履行维护国家安全相关职责，并在香港建立有关维护国家安全的本地机构。2020年6月30日，第十三届全国人民代表大会常务委员会第二十次会议通过了《中华人民共和国香港特别行政区维护国家安全法》，并决定将其列入《香港特别行政区基本法》附件三。故A项、B项、C项和D项均正确。

29. 根据《宪法》和《全国人民代表大会和地方各级人民代表大会代表法》的规定，关于人大代表的资格终止，下列说法正确的是？（2021年回忆版）[1]

A. 地方各级人大代表资格的终止，由代表资格审查委员会报各级人大，由本级人大予以公告

B. 人大代表工作和生产生活已经不在原选区或选举单位，代表资格终止

C. 人大代表因刑事案件羁押，已在受侦查、起诉、审判，代表资格终止

D. 未经批准两次不出席本级人大会议的，代表资格终止

【解析】根据《全国人民代表大会和地方各级人民代表大会代表法》第50条的规定："县级以上的各级人民代表大会代表资格的终止，由代表资格审查委员会报本级人民代表大会常务委员会，由本级人民代表大会常务委员会予以公告。"故A项错误。根据《全国人民代表大会和地方各级人民代表大会代表法》第49条的规定："代表有下列情形之一的，其代表资格终止：（一）地方各级人民代表大会代表迁出或者调离本行政区域的；（二）辞职被接受的；（三）未经批准两次不出席本级人民代表大会会议的；（四）被罢免的；（五）丧失中华人民共和国国籍的；（六）依照法律被剥夺政治权利的；（七）丧失行为能力的。"故B项错误，C项错误，D项正确。

考点二　中华人民共和国主席

1. 根据《宪法》和《组织法》的规定，下列选项正确的是：（2011-1-86）[2]

A. 地方各级人大代表非经本级人大主席团许可，在大会闭会期间非经本级人大常委会许可，不受逮捕或刑事审判

B. 乡、民族乡、镇的人大主席、副主席不得担任国家行政机关的职务

C. 审计机关依照法律独立行使审计权，不受行政机关、社会团体和个人的干涉

D. 中华人民共和国主席根据全国人大常委会的决定，进行国事活动

【解析】《地方各级人民代表大会和地方各级人民政府组织法》第40条："县级以上的地方各级人民代表大会代表，非经本级人民代表大会主席团许可，在大会闭会期间，非经本级人

民代表大会常务委员会许可，不受逮捕或者刑事审判。如果因为是现行犯被拘留，执行拘留的公安机关应当立即向该级人民代表大会主席团或者常务委员会报告。"该条是指县级以上的各级人大代表，不包括乡镇人大代表。A 项错误。

《地方各级人民代表大会和地方各级人民政府组织法》第 18 条第 2 款："乡、民族乡、镇的人民代表大会主席、副主席不得担任国家行政机关的职务；如果担任国家行政机关的职务，必须向本级人民代表大会辞去主席、副主席的职务。"B 项正确。

《宪法》第 91 条第 2 款："审计机关在国务院总理领导下，依照法律规定独立行使审计监督权，不受其他行政机关、社会团体和个人的干涉。"《审计法》第 9 条："地方各级审计机关对本级人民政府和上一级审计机关负责并报告工作，审计业务以上级审计机关领导为主。"C 项错误。

根据《宪法》第 81 条的规定，中华人民共和国主席代表中华人民共和国，进行国事活动，接受外国使节。无需经过全国人大常委会的决定。D 项错误。

2. 根据《宪法》的规定，无需全国人大常委会决定，国家主席即可行使下列哪些职权？(2008 川-1-60)[1]

A. 代表中华人民共和国接受外国使节

B. 代表中华人民共和国进行国事活动

C. 派遣和召回驻外全权代表

D. 授予国家的勋章和荣誉称号

【解析】《宪法》第 80 条："中华人民共和国主席根据全国人民代表大会的决定和全国人民代表大会常务委员会的决定，公布法律，任免国务院总理、副总理、国务委员、各部部长、各委员会主任、审计长、秘书长，授予国家的勋章和荣誉称号，发布特赦令，宣布进入紧急状态，宣布战争状态，发布动员令。"《宪法》第 81 条："中华人民共和国主席代表中华人民共和国，进行国事活动，接受外国使节；根据全国人民代表大会常务委员会的决定，派遣和召回驻外全权代表，批准和废除同外国缔结的条约和重要协定。"A 项、B 项正确。

3. 根据宪法和法律规定，下列哪些人员连续任职不超过两届？[2]

A. 全国人大常委会的秘书长

B. 特别行政区行政长官

C. 国家主席、国家副主席

D. 中央军委主席

【解析】根据宪法和法律规定，在我国连续任职不超过两届的人员包括：全国人大常委会委员长、副委员长；国务院总理、副总理、国务委员；国家监察委员会主任；最高人民法院院长、最高人民检察院检察长；特别行政区行政长官。因此 B 正确。

4. 2019 年 9 月 29 日上午 10 时，中华人民共和国国家勋章和国家荣誉称号颁授仪式在人民大会堂隆重举行。中共中央总书记、国家主席、中央军委主席习近平授予于敏等 8 人共和国勋章，授予劳尔·卡斯特罗·鲁斯等 6 人友谊勋章，授予叶培建等 28 人国家荣誉称号。对此，下列说法正确的一项是？[3]

A. 国家勋章和国家荣誉称号由国家主席决定授予

B. 国家勋章和国家荣誉称号的授予须经全国人大及其常委会批准

C. 全国人大常委会享有规定和决定授予国家的勋章和荣誉称号的职权

D. 我国宪法规定公民有荣誉权

【解析】根据《宪法》第 80 条规定，国家主席根据全国人民代表大会的决定和全国人民

---

〔1〕 AB 〔2〕 B 〔3〕 C

代表大会常务委员会的决定，授予国家的勋章和荣誉称号，故 A 项、B 项错误。根据《宪法》第 67 条规定，全国人大常委会有权规定和决定授予国家的勋章和荣誉称号的职权，故 C 项正确。我国宪法规定公民有维护国家荣誉的基本义务，未规定公民的荣誉权，故 D 项错误。

考点三　监察委员会

1. 依据现行宪法规定，下列由全国人民代表大会"选举"产生的领导职位有？[1]

A. 全国人大常委会委员长　　　　　　B. 国务院副总理

C. 国家监察委员会主任　　　　　　　D. 国务委员

【解析】　根据《宪法》第 62 条的规定，全国人大选举国家主席、副主席；选举中央军委主席；选举国家监察委员会主任；选举最高人民法院院长；选举最高人民检察院检察长。《宪法》第 65 条规定：全国人大选举并有权罢免全国人大常委会的组成人员。《宪法》第 62 条第 5 款、第 6 款规定：全国人大决定国务院总理的人选；决定国务院副总理、国务委员、各部部长、各委员会主任、审计长、秘书长的人选；决定中央军委其他组成人员的人选。因此 A、C 正确。

2. 以下关于我国监察制度和监察机关的说法中，正确的有？[2]

A. 监察委员会是党统一领导下的国家反腐败工作机构，既不是行政机关，也不是司法机关

B. 监察机关采取留置措施，应当由监察委员会主任决定

C. 下级监察机关采取留置措施，应当报上级监察机关批准

D. 监察人员辞职、退休两年内，不得从事与监察和司法工作相关联且可能发生利益冲突的职业

【解析】　A 正确。监察机关采取留置措施，应当由监察机关领导人员集体研究决定，B 错误。设区的市级以下监察机关采取留置措施，应当报上一级监察机关批准，省级监察机关采取留置措施，应当报国家监察委备案，C 错误。监察人员辞职、退休三年内，不得从事与监察和司法工作相关联且可能发生利益冲突的职业，D 错误。

3. 关于监察委，下列哪个选项是正确的？（2019 年回忆版）[3]

A. 国家监察委是最高监察机关，领导地方各级监察委工作

B. 监察委独立行使监察权，不受任何机关组织和个人干涉

C. 市监察委可以决定限制某人在市里机场的出境

D. 国家监察委批准全国范围内的通缉令

【解析】　根据《宪法》第 125 条的规定，中华人民共和国国家监察委员会是最高监察机关，领导地方各级监察委工作，故 A 项正确。

根据《宪法》第 127 条的规定，监察委依法律规定独立行使监察权，不受行政机关、社会团体和个人干涉，故 B 项错误。

根据《监察法》第 30 条的规定，监察机关为防止被调查人及相关人员逃匿境外，经省级以上监察机关批准，可以对被调查人及相关人员采取限制出境措施，故 C 项错误。

根据《监察法》第 29 条的规定，依法应当留置的被调查人如果在逃，监察机关可以决定

在本行政区域内通缉，由公安机关发布通缉令，追捕归案。通缉范围超出本行政区域的，应当报请有权决定的上级监察机关决定。监察机关决定，公安机关发布，而非由监察机关批准，故D项错误。

4. 关于监察委员会，下列哪些说法是错误的？[1]

A. 北京市监察委员会是行使国家监察职能的专责机关，负责北京市的监察工作

B. 上海市监察委员会办理贪污案件时，应当与当地法院、检察院互相配合，互相监督

C. 南京市监察委员会需对本市人大及其常委会和江苏省监察委员会负责并接受其监督

D. 杭州市人大开会时，杭州市监察委员会需向其作专项工作报告

【解析】根据《监察法》第3条的规定，各级监察委员会是行使国家监察职能的专责机关，根据《监察法》第9条的规定，地方各级监察委员会由本级人民代表大会产生，负责本行政区域内的监察工作，故A项正确。根据《监察法》第4条的规定，监察机关办理职务违法和职务犯罪案件，应当与审判机关、检察机关、执法部门互相配合，互相制约，但并无互相监督规定，故B项错误。根据《监察法》第9条的规定，地方各级监察委员会对本级人民代表大会及其常务委员会和上一级监察委员会负责，并接受其监督，故C项正确。根据《监察法》第53条的规定，各级人民代表大会常务委员会听取和审议本级监察委员会的专项工作报告，组织执法检查，故D项错误。

5. 关于监察委员会，下列哪个选项是正确的？（2019年回忆版）[2]

A. 国家监察委员会是最高监察机关，领导地方各级监察委员会工作

B. 监察委员会独立行使监察权，不受任何机关、组织和个人干涉

C. 市监察委员会可以决定限制某人在市里机场的出境

D. 国家监察委员会批准全国范围内的通缉令

【解析】根据《宪法》第125条的规定，中华人民共和国国家监察委员会是最高监察机关，领导地方各级监察委工作，故A项正确。根据《宪法》第127条的规定，监察委依法律规定独立行使监察权，不受行政机关、社会团体和个人干涉，故B项错误。根据《监察法》第30条的规定，监察机关为防止被调查人及相关人员逃匿境外，经省级以上监察机关批准，可以对被调查人及相关人员采取限制出境措施，故C项错误。根据《监察法》第29条的规定，依法应当留置的被调查人如果在逃，监察机关可以决定在本行政区域内通缉，由公安机关发布通缉令，追捕归案。通缉范围超出本行政区域的，应当报请有权决定的上级监察机关决定。监察机关决定，公安机关发布，而非由监察机关批准，故D项错误。

6. 各级监察委员会是国家的监察机关，根据《宪法》和《监察法》，下列说法正确的是？（2021年回忆版）[3]

A. 依法应当留置的被调查人员如果在逃需要通缉，由上级监察机关批准决定

B. 监察机关行使监察权，应当与审判机关、检察机关和执法部门互相配合，互相制约

C. 监察机关采取留置措施，应当由监察委员会主任决定

D. 上级监察机关只能办理下一级监察机关管辖范围内的监察事项

【解析】《监察法》第29条规定："依法应当留置的被调查人如果在逃，监察机关可以决定在本行政区域内通缉，由公安机关发布通缉令，追捕归案。通缉范围超出本行政区域的，应当报请有权决定的上级监察机关决定。"故A项错误。《监察法》第4条规定："监察机关办理职务违法和职务犯罪案件，应当与审判机关、检察机关、执法部门互相配合，互相制约。"故

─────────────

[1] BD　[2] A　[3] B

B项正确。《监察法》第43条规定："监察机关采取留置措施，应当由监察机关领导人员集体研究决定。设区的市级以下监察机关采取留置措施，应当报上一级监察机关批准。省级监察机关采取留置措施，应当报国家监察委员会备案。"故C项错误。《监察法》第16条第2款规定："上级监察机关可以办理下一级监察机关管辖范围内的监察事项，必要时也可以办理所辖各级监察机关管辖范围内的监察事项。"故D项错误。

考点四　国务院

1. 国家实行审计监督制度。为加强国家的审计监督，全国人大常委会于1994年通过了《审计法》，并于2006年进行了修正。关于审计监督制度，下列哪些理解是正确的？（2016 - 1 - 65）[1]

A. 《审计法》的制定与执行是在实施宪法的相关规定
B. 地方各级审计机关对本级人大常委会和上一级审计机关负责
C. 国务院各部门和地方各级政府的财政收支应当依法接受审计监督
D. 国有的金融机构和企业事业组织的财务收支应当依法接受审计监督

【解析】《宪法》第91条第1款规定："国务院设立审计机关，对国务院各部门和地方各级政府的财政收支，对国家的财政金融机构和企业事业单位组织的财务收支，进行审计监督。"因此A、C、D项正确。《宪法》第109条规定："县级以上的地方各级人民政府设立审计机关。地方各级审计机关依照法律规定独立行使审计监督权，对本级人民政府和上一级审计机关负责。"因此B项错误。

2. 根据《宪法》规定，关于国务院的说法，下列哪些选项是正确的？（2010 - 1 - 61）[2]

A. 国务院由总理、副总理、国务委员、秘书长组成
B. 国务院常务会议由总理、副总理、国务委员、秘书长组成
C. 国务院有权改变或者撤销地方各级国家行政机关的不适当的决定和命令
D. 国务院依法决定省、自治区、直辖市的范围内部分地区进入紧急状态

【解析】根据《宪法》第86条的规定，国务院由下列人员组成：总理，副总理若干人，国务委员若干人，各部部长，各委员会主任，审计长，秘书长。A项错误。

《宪法》第88条第2款："总理、副总理、国务委员、秘书长组成国务院常务会议。"B项正确。

《宪法》第89条："国务院行使下列职权：……（十四）改变或者撤销地方各级国家行政机关的不适当的决定和命令；……（十六）依照法律规定决定省、自治区、直辖市的范围内部分地区进入紧急状态。……"C项、D项正确。

3. 根据我国《宪法》和法律的规定，下列哪些人员是国务院组成人员？（2008 - 1 - 65）[3]

A. 外交部副部长
B. 国家发展和改革委员会主任
C. 国有资产监督管理委员会主任
D. 审计署审计长

【解析】《宪法》第86条规定："国务院由下列人员组成：总理，副总理若干人，国务委员若干人，各部部长，各委员会主任，审计长，秘书长。国务院实行总理负责制。各部、各委

---

[1]　ACD　　[2]　BCD　　[3]　BD

员会实行部长、主任负责制。国务院的组织由法律规定。"国务院组成人员中各部部长是正职负责人。A 项错误。

国务院国有资产监督管理委员会是国务院直属特设机构，不是国务院的组成部门，其正职负责人不是国务院组成人员。国务院组成部门中的"委"只有三个：国家发展与改革委员会、国家卫生健康委员会、国家民族事务委员会。C 项错误。

4. 根据《宪法》和法律法规的规定，关于我国行政区划变更的法律程序，下列哪一选项是正确的？（2015－1－23）[1]

A. 甲县欲更名，须报该县所属的省级政府审批

B. 乙省行政区域界线的变更，应由全国人大审议决定

C. 丙镇与邻近的一个镇合并，须报两镇所属的县级政府审批

D. 丁市部分行政区域界线的变更，由国务院授权丁市所属的省级政府审批

【解析】县的建置与区域划分由国务院来批准。A 项错误。

省的建置由全国人大批准，区域划分由国务院批准。B 项错误。

镇的建置与区域划分由省政府决定。C 项错误。

根据国务院的授权，省级政府审批县、市、市辖区的部分行政区域界限的变更。D 项正确。

5. 预算制度的目的是规范政府收支行为，强化预算监督。根据《宪法》和法律的规定，关于预算，下列表述正确的是：（2015－1－93）[2]

A. 政府的全部收入和支出都应当纳入预算

B. 经批准的预算，未经法定程序，不得调整

C. 国务院有权编制和执行国民经济和社会发展计划、国家预算

D. 全国人大常委会有权审查和批准国家的预算和预算执行情况的报告

【解析】政府的全部收入和支出都应当纳入预算。A 项正确。

经过批准的预算只有经过正当程序才可以进行调整。B 项正确。

编制和执行国民经济和社会发展计划、国家预算是宪法规定的国务院的职权范围内的事务。C 项正确。

有权审查和批准国家的预算和预算执行情况的报告的是全国人大，而非全国人大常委会。D 项错误。

6. 下列关于国务院的表述，正确的是？[3]

A. 决定省级行政区的建置

B. 国务院制定行政法规可自行在授权范围内设立处罚权，不用报全国人民代表大会批准

C. 批准民族自治地区组织公安部队，维护当地秩序

D. 国务院依法管理对外事务，批准参加双边或多边国际条约

【解析】根据《宪法》第 89 条规定，国务院的职权包括：批准省、自治区、直辖市的区域划分，批准自治州、县、自治县、市的建置和区域划分，A 错误。根据《立法法》的规定，国务院制定行政法规可自行在授权范围内设立处罚权，须报全国人民代表大会批准，B 错误。C 正确。国务院可以签署国际条约，但是须经全国人大常委会批准，D 错误。

7. 下列选项正确的是？（2019 年回忆版）[4]

A. 国务院制定的文件，都由总理令发布

B. 国务院制定的文件，都由国务院令发布

C. 特赦由全国人大常委会决定

D. 根据法官遴选制度，可以从法院的书记员、法官助理等人中遴选法官

【解析】《国务院组织法》第5条规定，国务院发布的决定、命令和行政法规，向全国人民代表大会或者全国人民代表大会常务委员会提出的议案，任免人员，由总理签署。《立法法》第70条规定，行政法规由总理签署国务院令公布。有关国防建设的行政法规，可以由国务院总理、中央军事委员会主席共同签署国务院、中央军事委员会令公布。因此，国务院制定的文件，都由总理签署国务院令发布，不存在总理令，故A项错误，B项正确。

根据《宪法》第67条第18项的规定，全国人大常委会决定特赦，故C项正确。

根据《法官法》第67条的规定，法官助理是法官遴选的储备人才，书记员不是，故D项错误。

8. 2018年2月7日，国务院第198次常务会议通过《快递暂行条例》，经国务院总理签署，于2018年3月2日公布，该条例应当在下列哪些载体上刊载？（2018年回忆版）[1]

A. 国务院公报   B. 中国政府法制信息网

C. 全国范围的报纸   D. 全国人大常委会公报

【解析】《立法法》第71条规定："行政法规签署公布后，及时在国务院公报和中国政府法制信息网以及在全国范围内发行的报纸上刊载。在国务院公报上刊登的行政法规文本为标准文本。"故A项、B项、C项正确。

9. 为促进中国（上海）自由贸易试验区的发展，有关部门决定在上海市暂时调整实施行政法规《国际海运条例》部分规定。该决定应由以下哪一主体作出？（2021年回忆版）[2]

A. 上海市人民代表大会   B. 全国人民代表大会及其常务委员会

C. 国务院   D. 上海市人民政府

【解析】根据《国务院关于在中国（上海）自由贸易试验区内暂时调整有关行政法规和国务院文件规定的行政审批或者准入特别管理措施的决定》的规定："二、扩大服务业开放，暂时调整《中华人民共和国船舶登记条例》、《中华人民共和国国际海运条例》……"，可知国务院可以决定在上海市暂时调整实施行政法规《国际海运条例》部分规定。故C项正确。

考点五　中央军事委员会

1. 中华人民共和国中央军事委员会领导全国武装力量。关于中央军事委员会，下列哪一表述是错误的？（2015-1-26）[3]

A. 实行主席负责制   B. 每届任期与全国人大相同

C. 对全国人大及其常委会负责   D. 副主席由全国人大选举产生

【解析】中央军委副主席由军委主席提名，全国人大决定；闭会时由全国人大常委会决定。D项错误。

2. 根据《宪法》和法律规定，下列哪些选项是正确的？（2009-1-65）[4]

A. 中华人民共和国主席对全国人大及其常委会负责

B. 国务院对全国人大负责并报告工作，在全国人大闭会期间对全国人大常委会负责并报

告工作

C. 最高人民法院、最高人民检察院对全国人大及其常委会负责

D. 中央军事委员会对全国人大负责并报告工作，在全国人大闭会期间对全国人大常委会负责并报告工作

【解析】《宪法》并未规定"中华人民共和国主席对全国人大及其常委会负责。"A 项错误。

《宪法》第 92 条："国务院对全国人民代表大会负责并报告工作；在全国人民代表大会闭会期间，对全国人民代表大会常务委员会负责并报告工作。"B 项正确。

《宪法》第 133 条："最高人民法院对全国人民代表大会和全国人民代表大会常务委员会负责。地方各级人民法院对产生它的国家权力机关负责。"《宪法》第 138 条："最高人民检察院对全国人民代表大会和全国人民代表大会常务委员会负责。地方各级人民检察院对产生它的国家权力机关和上级人民检察院负责。"C 项正确。

《宪法》第 94 条："中央军事委员会主席对全国人民代表大会和全国人民代表大会常务委员会负责。"D 项错误。

【特别提示】《宪法》中规定的国家机关之间的"负责"与"报告工作"：

1. 《宪法》第 69 条："全国人民代表大会常务委员会对全国人民代表大会负责并报告工作。"

2. 《宪法》第 103 条第 1 款："县级以上的地方各级人民代表大会常务委员会由主任、副主任若干人和委员若干人组成，对本级人民代表大会负责并报告工作。"

3. 《宪法》第 92 条："国务院对全国人民代表大会负责并报告工作；在全国人民代表大会闭会期间，对全国人民代表大会常务委员会负责并报告工作。"

4. 《宪法》第 110 条第 1 款："地方各级人民政府对本级人民代表大会负责并报告工作。县级以上的地方各级人民政府在本级人民代表大会闭会期间，对本级人民代表大会常务委员会负责并报告工作。"

5. 《宪法》第 94 条："中央军事委员会主席对全国人民代表大会和全国人民代表大会常务委员会负责。"

6. 《宪法》第 133 条："最高人民法院对全国人民代表大会和全国人民代表大会常务委员会负责。地方各级人民法院对产生它的国家权力机关负责。"

7. 《宪法》第 138 条："最高人民检察院对全国人民代表大会和全国人民代表大会常务委员会负责。地方各级人民检察院对产生它的国家权力机关和上级人民检察院负责。"

3. 根据《宪法》和法律的规定，关于国家机构，下列哪些选项是正确的？（2014 - 1 - 60）[1]

A. 全国人民代表大会代表受原选举单位的监督

B. 中央军事委员会实行主席负责制

C. 地方各级审计机关依法独立行使审计监督权，对上一级审计机关负责

D. 市辖区的政府经本级人大批准可设立若干街道办事处，作为派出机关

【解析】《全国人民代表大会组织法》第 45 条第 1 款规定："全国人民代表大会代表受原选举单位的监督。原选举单位有权罢免自己选出的代表。"A 项正确。2021 年 3 月 11 日修正后，删除了这项规定。

---

[1] AB

根据《宪法》第93条的规定，中央军事委员会实行主席负责制。B项正确。

《地方各级人民代表大会和地方各级人民政府组织法》第79条第2款规定："县级以上的地方各级人民政府设立审计机关。地方各级审计机关依照法律规定独立行使审计监督权，对本级人民政府和上一级审计机关负责。"C项错误。

《地方各级人民代表大会和地方各级人民政府组织法》第85条第3款规定："市辖区、不设区的市的人民政府，经上一级人民政府批准，可以设立若干街道办事处，作为它的派出机关。"D项错误。

考点六　地方各级人民代表大会和地方各级人民政府

1. 甲市政府对某行政事业性收费项目的依据和标准迟迟未予公布，社会各界意见较大。关于这一问题的表述，下列哪些选项是正确的？（2016-1-66）[1]

A. 市政府应当主动公开该收费项目的依据和标准

B. 市政府可向市人大常委会要求就该类事项作专项工作报告

C. 市人大常委会组成人员可依法向常委会书面提出针对市政府不公开信息的质询案

D. 市人大举行会议时，市人大代表可依法书面提出针对市政府不公开信息的质询案

【解析】根据《政府信息公开条例》第20条第8项的规定，县级以上各级人民政府及其部门应当重点公开的事项，包括行政事业性收费的项目依据和标准。因此A项正确。《各级人民代表大会常务委员会监督法》第9条第2款规定："人民政府、人民法院和人民检察院可以向本级人民代表大会常务委员会要求报告专项工作。"因此B项正确。

《地方各级人民代表大会和地方各级人民政府组织法》第53条第1款规定："在常务委员会会议期间，省、自治区、直辖市、自治州、设区的市的人民代表大会常务委员会组成人员五人以上联名，县级的人民代表大会常务委员会组成人员三人以上联名，可以向常务委员会书面提出对本级人民政府及其工作部门、监察委员会、人民法院、人民检察院的质询案。质询案必须写明质询对象、质询的问题和内容。"因此C项正确。《地方各级人民代表大会和地方各级人民政府组织法》第24条第1款规定："地方各级人民代表大会举行会议的时候，代表十人以上联名可以书面提出对本级人民政府和它所属各工作部门以及监察委员会、人民法院、人民检察院的质询案，质询案必须写明质询对象、质询的问题和内容。"因此D项正确。

2. 根据《监督法》的规定，关于监督程序，下列哪一选项是不正确的？（2014-1-26）[2]

A. 政府可委托有关部门负责人向本级人大常委会作专项工作报告

B. 以口头答复的质询案，由受质询机关的负责人到会答复

C. 特定问题调查委员会在调查过程中，应当公布调查的情况和材料

D. 撤职案的表决采用无记名投票的方式，由常委会全体组成人员的过半数通过

【解析】《各级人民代表大会常务委员会监督法》第13条："专项工作报告由人民政府、人民法院或者人民检察院的负责人向本级人民代表大会常务委员会报告，人民政府也可以委托有关部门负责人向本级人民代表大会常务委员会报告。"A项正确。

《各级人民代表大会常务委员会监督法》第38条："质询案以口头答复的，由受质询机关的负责人到会答复。质询案以书面答复的，由受质询机关的负责人签署。"B项正确。

《各级人民代表大会常务委员会监督法》第42条第3款："调查委员会在调查过程中，可

---

[1]　ABCD　[2]　C

以不公布调查的情况和材料。"C 项错误。

《各级人民代表大会常务委员会监督法》第 46 条第 3 款："撤职案的表决采用无记名投票的方式，由常务委员会全体组成人员的过半数通过。"D 项正确。

3. 根据《立法法》的规定，下列哪些选项是不正确的？（2014－1－61）[1]

A. 国务院和地方各级政府可以向全国人大常委会提出法律解释的要求

B. 经授权，行政法规可设定限制公民人身自由的强制措施

C. 专门委员会审议法律案的时候，应邀请提案人列席会议，听取其意见

D. 地方各级人大有权撤销本级政府制定的不适当的规章

【解析】《立法法》第 46 条："国务院、中央军事委员会、最高人民法院、最高人民检察院和全国人民代表大会各专门委员会以及省、自治区、直辖市的人民代表大会常务委员会可以向全国人民代表大会常务委员会提出法律解释要求。"不包括各级政府。A 项错误。

《立法法》第 9 条："本法第八条规定的事项尚未制定法律的，全国人民代表大会及其常务委员会有权作出决定，授权国务院可以根据实际需要，对其中的部分事项先制定行政法规，但是有关犯罪和刑罚、对公民政治权利的剥夺和限制人身自由的强制措施和处罚、司法制度等事项除外。"行政法规无权设定限制人身自由的强制措施。B 项错误。

《立法法》第 15 条第 2 款："专门委员会审议的时候，可以邀请提案人列席会议，发表意见。"第 31 条第 1 款："常务委员会分组会议审议法律案时，提案人应当派人听取意见，回答询问。"第 32 条第 2 款："有关的专门委员会审议法律案时，可以邀请其他专门委员会的成员列席会议，发表意见。"不是"应邀请"。C 项错误。

《立法法》第 97 条："改变或者撤销法律、行政法规、地方性法规、自治条例和单行条例、规章的权限是：……（四）省、自治区、直辖市的人民代表大会有权改变或者撤销它的常务委员会制定的和批准的不适当的地方性法规；（五）地方人民代表大会常务委员会有权撤销本级人民政府制定的不适当的规章……"D 项错误。

4. 根据《宪法》和《监督法》的规定，关于各级人大常委会依法行使监督权，下列选项正确的是：（2013－1－91）[2]

A. 各级人大常委会行使监督权的情况，应当向本级人大报告，接受监督

B. 全国人大常委会可以委托下级人大常委会对有关法律、法规在本行政区域内的实施情况进行检查

C. 质询案以书面答复的，由受质询的机关的负责人签署

D. 依法设立的特定问题调查委员会在调查过程中，可以不公布调查的情况和材料

【解析】《各级人民代表大会常务委员会监督法》第 6 条："各级人民代表大会常务委员会行使监督职权的情况，应当向本级人民代表大会报告，接受监督。"A 项正确。

《各级人民代表大会常务委员会监督法》第 25 条："全国人民代表大会常务委员会和省、自治区、直辖市的人民代表大会常务委员会根据需要，可以委托下一级人民代表大会常务委员会对有关法律、法规在本行政区域内的实施情况进行检查。受委托的人民代表大会常务委员会应当将检查情况书面报送上一级人民代表大会常务委员会。"是"下一级"，而不是"下级"。B 项错误。

《各级人民代表大会常务委员会监督法》第 38 条："质询案以口头答复的，由受质询机关的负责人到会答复。质询案以书面答复的，由受质询机关的负责人签署。"C 项正确。

《各级人民代表大会常务委员会监督法》第42条第3款："调查委员会在调查过程中，可以不公布调查的情况和材料。"D项正确。

5. 根据《宪法》和《监督法》的规定，下列选项正确的是：(2011-1-88)[1]

A. 县级以上地方各级政府应当在每年6月至9月期间，将上一年度的本级决算草案提请本级人大常委会审查和批准

B. 人大常委会认为必要时，可以对审计工作报告作出决议；本级政府应在决议规定的期限内，将执行决议的情况向常委会报告

C. 最高法院作出的属于审判工作中具体应用法律的解释，应当在公布之日起30日内报全国人大常委会备案

D. 撤职案的表决采取记名投票的方式，由常委会全体组成人员的过半数通过

【解析】《各级人民代表大会常务委员会监督法》第15条第2款："县级以上地方各级人民政府应当在每年六月至九月期间，将上一年度的本级决算草案提请本级人民代表大会常务委员会审查和批准。"A项正确。

《各级人民代表大会常务委员会监督法》第20条第1款："常务委员会组成人员对国民经济和社会发展计划执行情况报告、预算执行情况报告和审计工作报告的审议意见交由本级人民政府研究处理。人民政府应当将研究处理情况向常务委员会提出书面报告。常务委员会认为必要时，可以对审计工作报告作出决议；本级人民政府应当在决议规定的期限内，将执行决议的情况向常务委员会报告。"B项正确。

《各级人民代表大会常务委员会监督法》第31条："最高人民法院、最高人民检察院作出的属于审判、检察工作中具体应用法律的解释，应当自公布之日起三十日内报全国人民代表大会常务委员会备案。"C项正确。

《各级人民代表大会常务委员会监督法》第46条第3款："撤职案的表决采用无记名投票的方式，由常务委员会全体组成人员的过半数通过。"D项错误。

6. 根据《宪法》和《地方组织法》规定，下列哪一选项是正确的？(2010-1-22)[2]

A. 县级以上的地方各级人民代表大会常务委员会由主任、副主任若干人，秘书长、委员若干人组成

B. 县级以上的地方各级人民代表大会常务委员会根据需要，可以设法制（政法）委员会等专门委员会

C. 县级以上的地方各级人民代表大会可以组织关于特定问题的调查委员会

D. 县级以上的地方各级人民代表大会会议由本级人民代表大会常务委员会召集并主持

【解析】《宪法》第103条第1款："县级以上的地方各级人民代表大会常务委员会由主任、副主任若干人和委员若干人组成，对本级人民代表大会负责并报告工作。"县级人大常委会的组成人员中不包括秘书长。A项错误。

《地方各级人民代表大会和地方各级人民政府组织法》第33条规定，省、自治区、直辖市、自治州、设区的市的人民代表大会根据需要，可以设法制委员会、财政经济委员会、教育科学文化卫生委员会等专门委员会。各专门委员会受本级人民代表大会领导；在大会闭会期间，受本级人民代表大会常务委员会领导。县级人大常委会无权设立专门委员会。B项错误。

《地方各级人民代表大会和地方各级人民政府组织法》第36条第1~3款："县级以上的地方各级人民代表大会可以组织关于特定问题的调查委员会。主席团或者十分之一以上代表书面

联名，可以向本级人民代表大会提议组织关于特定问题的调查委员会，由主席团提请全体会议决定。调查委员会由主任委员、副主任委员和委员组成，由主席团在代表中提名，提请全体会议通过。"C 项正确。

《地方各级人民代表大会和地方各级人民政府组织法》第 15 条："县级以上的地方各级人民代表大会会议由本级人民代表大会常务委员会召集。"县级以上的地方各级人民代表大会会议由本级人民代表大会常务委员会召集，由主席团主持会议。D 项错误。

7. 根据《地方各级人民代表大会和地方各级人民政府组织法》规定，关于地方各级人民政府工作部门的设立，下列选项正确的是：(2009 - 1 - 94)[1]

A. 县人民政府设立审计机关

B. 县人民政府工作部门的设立、增加、减少或者合并由县人大批准，并报上一级人民政府备案

C. 县人民政府在必要时，经上级人民政府批准，可以设立若干区公所作为派出机关

D. 县人民政府的工作部门受县人民政府统一领导，并且依照法律或者行政法规的规定受上级人民政府主管部门的业务指导或者领导

【解析】《地方各级人民代表大会和地方各级人民政府组织法》第 79 条第 2 款："县级以上的地方各级人民政府设立审计机关。"第 3 款："自治州、县、自治县、市、市辖区的人民政府的局、科等工作部门的设立、增加、减少或者合并，按照规定程序报请批准，并报本级人民代表大会常务委员会备案。"A 项正确，B 项错误。

《地方各级人民代表大会和地方各级人民政府组织法》第 85 条第 2 款："县、自治县的人民政府在必要的时候，经省、自治区、直辖市的人民政府批准，可以设立若干区公所，作为它的派出机关。"C 项错误。

《地方各级人民代表大会和地方各级人民政府组织法》第 83 条第 2 款："自治州、县、自治县、市、市辖区的人民政府的各工作部门受人民政府统一领导，并且依照法律或者行政法规的规定受上级人民政府主管部门的业务指导或者领导。"D 项正确。

【特别提示】设立机构或职位的最低级别：

1. 人大：乡镇。

2. 人大常委会：县级。

3. 专门委员会：设区的市。

4. 调查委员会：县级。

5. 人大常委会设秘书长：设区的市。

6. 政府设秘书长：设区的市。

7. 政府审计机关：县级。

8. 政府设立工作部门：县级。

8. 根据《地方组织法》规定，关于乡镇人大主席，下列选项正确的是：(2009 - 1 - 93)[2]

A. 乡镇人大主席、副主席由乡镇人大从本级人大代表中选出

B. 乡镇人大主席、副主席主持乡镇人大会议

C. 乡镇人大主席在乡镇人大闭会期间，可以担任国家行政机关的职务

D. 乡镇人大主席、副主席为乡镇人大会议主席团成员

---

[1] AD [2] AD

【解析】《地方各级人民代表大会和地方各级人民政府组织法》第18条第1款："乡、民族乡、镇的人民代表大会设主席，并可以设副主席一人至二人。主席、副主席由本级人民代表大会从代表中选出，任期同本级人民代表大会每届任期相同。"第2款："乡、民族乡、镇的人民代表大会主席、副主席不得担任国家行政机关的职务；如果担任国家行政机关的职务，必须向本级人民代表大会辞去主席、副主席的职务。"A项正确，C项错误。

《地方各级人民代表大会和地方各级人民政府组织法》第19条第1款："乡、民族乡、镇的人民代表大会举行会议的时候，选举主席团。由主席团主持会议，并负责召集下一次的本级人民代表大会会议。乡、民族乡、镇的人民代表大会主席、副主席为主席团的成员。"乡镇人大会议由主席团主持。B项错误，D项正确。

【特别提示】会议的召集人和主持人：

1. 县级以上的人大会议，由本级人大常委会召集、主席团主持。

2. 乡级人大会议，由主席团主持，并负责召集下一次的本级人大会议。

3. 全国人大常委会会议，由委员长召集并主持。

4. 县级以上人大常委会会议，由本级人大常委会主任召集并主持。

5. 国务院会议，由总理召集和主持。

9. 某设区的市的市政府依法制定了《关于加强历史文化保护的决定》。关于该决定，下列哪些选项是正确的？（2015 - 1 - 65）[1]

A. 市人大常委会认为该决定不适当，可以提请上级人大常委会撤销

B. 法院在审理案件时发现该决定与上位法不一致，可以作出合法性解释

C. 与文化部有关文化保护的规定具有同等效力，在各自的权限范围内施行

D. 与文化部有关文化保护的规定之间对同一事项的规定不一致时，由国务院裁决

【解析】设区的市的人大常委会有权撤销设区的市政府规章，而非提请上级人大常委会。A项错误。

司法解释仅能由最高院作出，普通法院没有这个权力。B项错误。

文化部的规范性文件属于行政规章，与地方规章具有同等效力。C项正确。

部门规章与地方政府规章发生冲突时由国务院裁决。D项正确。

10. 某县召开第十一届人民代表大会第一次会议，选举产生新一届县人民政府。根据我国《宪法》和法律的规定，下列哪些做法是错误的？[2]

A. 李某被人民代表联名提名为县长候选人，但大会主席团认为李某已连任两届县长，不能再担任新一届政府的县长，决定取消其候选人资格

B. 王某被人民代表大会选举为县长后，提名张某为副县长候选人

C. 县人民代表大会决定，根据本县经济不发达的实际情况，不设立交通局、商业局和审计局

D. 根据经济发展的需要，县人民代表大会通过决议，授权新一届县政府决定本县预算的变更

【解析】《地方各级人民代表大会和地方各级人民政府组织法》没有对县长连选连任的限制，A错误。该法第26条第1款规定，县长、副县长人选由本级人民代表大会主席团或者代表联名提出，B错误。该法第79条第2款和第3款规定，县级以上的地方各级人民政府设立审计机关，自治州、县、自治县、市、市辖区的人民政府的局、科等工作部门的设立、增加、减少或者合并，由本级人民政府报请上一级人民政府批准，并报本级人民代表大会常务委员会备

---

〔1〕 CD 〔2〕 ABCD

案。县人民代表大会无权自己决定，C 错误。该法第 11 条、第 73 条规定，县的预算由县人民代表大会审查、批准、变更；县政府对预算只有执行权，D 错误。

11. 2019 年 7 月 18 日纪念地方人大设立常委会 40 周年座谈会在京召开，习近平对地方人大及其常委会工作作出重要指示强调，县级以上地方人大设立常委会，是发展和完善人民代表大会制度的一个重要举措。40 年来，地方人大及其常委会坚持党的领导、人民当家作主、依法治国有机统一，履职尽责，开拓进取，为地方改革发展稳定工作作出了重要贡献。对地方各级人大常委会，下列说法正确的一项是？[1]

A. 县级人大代表和常委会委员由选民直接选举产生

B. 县级人大常委会不设秘书长一职

C. 地方各级人大常委会可以决定人民法院代理院长人选，但须报上级人民法院和常委会备案

D. 县级人大常委会可以就城乡建设与管理、环境保护、历史文化保护等方面的事项制定地方性法规

【解析】根据《地方各级人民代表大会和地方各级人民政府组织法》第 8 条规定，县、自治县、不设区的市、市辖区、乡、民族乡、镇的人民代表大会代表由选民直接选举。根据该法第 11 条规定，县级以上地方各级人民代表大会选举本级人民代表大会常务委员会的组成人员。此处"以上"包括县级人民代表大会，故 A 项错误。根据该法第 47 条规定，省、自治区、直辖市、自治州、设区的市的人民代表大会常务委员会由本级人民代表大会在代表中选举主任、副主任若干人、秘书长、委员若干人组成。县、自治县、不设区的市、市辖区的人民代表大会常务委员会由本级人民代表大会在代表中选举主任、副主任若干人和委员若干人组成。因此县级人大常委会不设秘书长，故 B 项正确。根据该法第 50 条规定，各级人大常委会在本级人大闭会期间有权从本级人民政府、监察委员会、人民法院、人民检察院副职领导人员中决定代理的人选；决定代理检察长，须报上一级人民检察院和人民代表大会常务委员会备案，故 C 项错误。根据《立法法》第 72 条规定，设区的市的人民代表大会及其常务委员会根据本市的具体情况和实际需要，在不同宪法、法律、行政法规和本省、自治区的地方性法规相抵触的前提下，可以对城乡建设与管理、环境保护、历史文化保护等方面的事项制定地方性法规，故 D 项错误。

12. 根据《地方各级人民代表大会和地方各级人民政府组织法》规定，关于地方各级人民政府工作部门的设立，下列选项正确的是？(2019 年回忆版)[2]

A. 县人民政府设立审计机关

B. 县人民政府工作部门的设立、增加、减少或者合并由县人大批准，并报上一级人民政府备案

C. 县人民政府在必要时，经上级人民政府批准，可以设立若干区公所作为派出机关

D. 县人民政府的工作部门受县人民政府统一领导，并且依照法律或者行政法规的规定受上级人民政府主管部门的业务指导或者领导

【解析】《地方各级人民代表大会和地方各级人民政府组织法》第 79 条第 1、2 款规定："地方各级人民政府根据工作需要和优化协同高效以及精干的原则，设立必要的工作部门。县级以上的地方各级人民政府设立审计机关。地方各级审计机关依照法律规定独立行使审计监督权，对本级人民政府和上一级审计机关负责。"故 A 项正确。《地方各级人民代表大会和地方各级人民政府组织法》第 79 条第 3 款规定，省、自治区、直辖市的人民政府的厅、局、委员

会等工作部门的设立、增加、减少或者合并，由本级人民政府报请国务院批准，并报本级人民代表大会常务委员会备案。自治州、县、自治县、市、市辖区的人民政府的局、科等工作部门的设立、增加、减少或者合并，由本级人民政府报请上一级人民政府批准，并报本级人民代表大会常务委员会备案。故 B 项错误。《地方各级人民代表大会和地方各级人民政府组织法》第 85 条第 2 款规定："县、自治县的人民政府在必要的时候，经省、自治区、直辖市的人民政府批准，可以设立若干区公所，作为它的派出机关。"因此是经省、自治区、直辖市的人民政府批准，而不是经上级人民政府批准。故 C 项错误。《地方各级人民代表大会和地方各级人民政府组织法》第 83 条规定："省、自治区、直辖市的人民政府的各工作部门受人民政府统一领导，并且依照法律或者行政法规的规定受国务院主管部门的业务指导或者领导。自治州、县、自治县、市、市辖区的人民政府的各工作部门受人民政府统一领导，并且依照法律或者行政法规的规定受上级人民政府主管部门的业务指导或者领导。"故 D 项正确。

中国法律史

专题一 中国传统法律思想

1. 春秋时期，针对以往传统法律体制的不合理性，出现了诸如晋国赵鞅"铸刑鼎"，郑国执政子产"铸刑书"等变革活动。对此，下列哪一说法是正确的？（2016－1－16）[1]

A. 晋国赵鞅"铸刑鼎"为中国历史上首次公布成文法

B. 奴隶主贵族对公布法律并不反对，认为利于其统治

C. 打破了"刑不可知，则威不可测"的壁垒

D. 孔子作为春秋时期思想家，肯定赵鞅"铸刑鼎"的举措

【解析】 公元前513年，晋国赵鞅把前任执政范宣子所编刑书正式铸于鼎上，公之于众，这是中国历史上第二次公布成文法的活动。第一次是公元前536年郑国子产的"铸刑书"行为，因此A项错误。春秋时期公布法律的行为遭到了奴隶主贵族的反对，认为不利于其统治，因此B项错误。C项正确。孔子主张以礼治国，主张纠正各种违反周礼所规定的等级名分现象，公开反对铸刑鼎，因此D项错误。

2. 元代人在《唐律疏议序》中说："乘之（指唐律）则过，除之则不及，过与不及，其失均矣。"表达了对唐律的敬畏之心。下列关于唐律的哪一表述是错误的？（2016－1－17）[2]

A. 促使法律统治"一准乎礼"，实现了礼律统一

B. 科条简要、宽简适中、立法技术高超、结构严谨

C. 是我国传统法典的楷模与中华法系形成的标志

D. 对古代亚洲及欧洲诸国产生了重大影响，成为其立法渊源

【解析】《唐律疏议》在中国法制史上具有继往开来、承前启后的重要地位，其作为礼律合一的法律，从内容到形式上都具有鲜明的特点：（1）"礼律合一"：唐律内容"一准乎礼"，真正实现了礼与法的统一。（2）科条简要、繁简适中：唐朝在沿袭前律的基础上实行精简，定律12篇，共502条。（3）用刑持平：唐律规定的刑罚比以往各代大为轻省，死刑、流刑大为减少。（4）立法技术空前完善：唐律结构有序，逻辑严谨，显示了立法技术的高超与发达。因而A、B、C项正确。《唐律疏议》作为中华法系的代表性法典，对古代亚洲日本、朝鲜、越南等国产生了重大影响，成为其立法渊源，但并未对欧洲诸国产生重大影响，因此D项错误。

3.《汉书·陈宠传》就西周礼刑关系描述说："礼之所去，刑之所取，失礼则入刑，相为表里。"关于西周礼刑的理解，下列哪一选项是正确的？（2017－1－15）[3]

A. 周礼分为五礼，核心在于"亲亲""尊尊"，规定了政治关系的等级

---

[1] C [2] D [3] D

B. 西周时期五刑，即墨、劓、剕（刖）、宫、大辟，适用于庶民而不适用于贵族

C. "礼"不具备法的性质，缺乏国家强制性，需要"刑"作为补充

D. 违礼即违法，在维护统治的手段上"礼""刑"二者缺一不可

【解析】周礼分为五礼，核心在于"亲亲""尊尊"，分别规定了家庭关系和政治关系的等级，而非仅仅是政治关系，因此 A 项错误。西周时期五刑，即墨、劓、剕（刖）、宫、大辟，适用于庶民和贵族，因此 B 项错误。周"礼"具备法的性质，具有国家强制性，因此 C 项错误。违礼即违法，在维护统治的手段上"礼""刑"二者缺一不可，因此 D 项正确。

4. 《左传》云："礼，所以经国家，定社稷，序民人，利后嗣者也"，系对周礼的一种评价。关于周礼，下列哪一表述是正确的？（2015－1－16）[1]

A. 周礼是早期先民祭祀风俗自然流传到西周的产物

B. 周礼仅属于宗教、伦理道德性质的规范

C. "礼不下庶人"强调"礼"有等级差别

D. 西周时期"礼"与"刑"是相互对立的两个范畴

【解析】周礼是周公制礼的结果，并非自然流传的产物。A 项错误。

周礼属于西周法律体系的一部分。B 项错误。

"礼不下庶人，刑不上大夫"强调的就是"礼"有等级差别，贵族官僚在适用刑罚上有特权。C 项正确。

礼刑二者共同构成西周时期完整的法律体系，因此两者并非相互对立的范畴。D 项错误。

5. 下列关于中国古代法制思想和法律制度的说法，哪些是正确的？（2005－1－63）[2]

A. "礼法结合"为中国古代法制的基本特征

B. 夏商时代的法律制度明显受到神权观念的影响

C. 西周的"以德配天，明德慎罚"思想到汉代中期以后被儒家发挥成为"德主刑辅，礼刑并用"的策略

D. 清末修律使中华法系"依伦理而轻重其刑"的特点没有受到冲击

【解析】夏商时期盛行神权法思想，因此 B 项正确。西周周公提出"以德配天，明德慎罚"思想。汉代董仲舒提出"德主刑辅，礼刑并用"。南宋著名理学家朱熹对"明刑弼教"作了新的阐释。清末沈家本提出"中体西用"，主持变法修律，导致中华法系解体，因此 D 项错误。

6. 中国古代关于德与刑的关系理论，经历了一个长期的演变和发展过程。下列哪些说法是正确的？（2014－1－56）[3]

A. 西周时期确立了"以德配天，明德慎罚"的思想，以此为指导，道德教化与刑罚处罚结合，形成了当时"礼""刑"结合的宏观法制特色

B. 秦朝推行法家主张，但并不排斥礼，也强调"德主刑辅，礼刑并用"

C. 唐律"一准乎礼，而得古今之平"，实现了礼与律的有机统一，成为了中华法系的代表

D. 宋朝以后，理学强调礼和律对治理国家具有同等重要的地位，二者"不可偏废"

【解析】"德主刑辅，礼刑并用"是汉代出现的。B 项错误。

宋代以后，在处理"理""德""刑"关系上始有突破，宋代理学家朱熹首先对"明刑弼教"作出新阐释。其有意提高了礼、刑关系中刑的地位，认为礼律二者对国家同样重要"不可偏废"，因此 D 项正确。

---

[1] C　[2] ABC　[3] ACD

7. 郑国执政子产于公元前 536 年"铸刑书",这是中国历史上第一次公布成文法的活动。对此,晋国大夫叔向曾写信痛斥子产:"昔先王议事以制,不为刑辟,惧民之有争心也……民知有辟,则不忌于上,并有争心,以征于书,而徼幸以成之,弗可为矣。"关于"不为刑辟"的含意,下列哪一选项是正确的?(2008 - 1 - 10)[1]

A. 不制定法律   B. 不规定刑罚种类

C. 不需要判例法   D. 不公布成文法

【解析】"刑辟"的现代含义是指刑法、刑律,"不为刑辟"就是不公布成文刑法。郑国执政子产将郑国的法律条文铸在象征诸侯权位的金属鼎上,公之于众,是中国历史上第一次公布成文法的活动。D 项正确。

8. 关于公元前 359 年商鞅在秦国变法,下列哪一选项是正确的?(2007 - 1 - 8)[2]

A. 商鞅取消郡县制,实行分封制,剥夺了旧贵族对地方政权的垄断权

B. 商鞅"改法为律",突出了法律规范的伦理基础

C. 商鞅推行"连坐"制度,鼓励臣民相互告发奸谋

D. 商鞅提出"轻罪重刑",反对赦免罪犯,认为凡有罪者皆应受罚

【解析】商鞅变法主要包括几个方面的内容:"改法为律";运用法律手段推行"富国强兵"的措施;剥夺旧贵族的特权;全面贯彻法家"以法治国"和"明法重刑"的主张,包括五个方面:(1)"以法治国""以吏为师";(2)"轻罪重刑";(3)不赦不宥,主张凡有罪者皆应受罚;(4)鼓励告奸;(5)实行连坐。

商鞅主张取消分封制,建立郡县制。A 项错误。

商鞅"改法为律",强调法律规范的普遍性,突出的是法律、法令,而不是"德""礼"与伦理规范。B 项错误。

"连坐"与"鼓励臣民相互告发奸谋"是不同的变法主张措施,是并列关系而非包容关系,"鼓励臣民相互告发奸谋"不是对"连坐"的阐释说明。C 项错误。

商鞅提出"轻罪重刑",反对赦免罪犯,认为凡有罪者皆应受罚。D 项正确。

9. 关于中国法律制度发展和演进,下列哪些表述是正确的?(2009 - 1 - 57)[3]

A. 商鞅"改法为律"扩充了法律内容,强调了法律规范的普遍性

B. 汉武帝顺应历史发展废除肉刑进行刑制改革,为建立封建刑罚制度奠定了重要基础

C. 三国两晋南北朝时期更广泛、更直接地把儒家的伦理规范上升为法律规范,使礼、法更大程度上实现融合

D. 清末变法修律基本上是仿效外国资本主义的法律形式,固守中国的封建法制传统

【解析】汉代文帝、景帝废除肉刑改革刑制,为建立封建刑罚制度奠定了重要基础。汉武帝并未进行刑制改革。B 项错误。

10. 中国传统戏剧多有剧目涉及中国古代法律观念和法律制度。对此,下列哪些说法是成立的?(2010 - 1 - 57)[4]

A. 越剧《梁山伯与祝英台》中,祝父强许祝英台婚配马文才的情节,反映了东晋仍然沿袭西周确立的"父母之命"婚姻缔结原则

B. 粤剧《斩娥》中,窦娥被无赖诬陷又被官府错判斩刑的案件,反映了元代对诬告等行为严加处罚的具体法律规范

C. 昆曲《十五贯》中,况钟对娄阿鼠偷盗十五贯杀死店主尤葫芦案调查取证的故事,反

---

[1] D　[2] D　[3] ACD　[4] ABCD

映了清初明律令、重调查、唯证据的审案观念

D. 京剧《徐九经升官记》中，徐九经"当官不为民作主，不如回家卖红薯"的唱词，反映了清末为官清明、为民父母的法律思想和观念

【解析】西周的婚姻制度中有三原则："一夫一妻"；"同姓不婚"；"父母之命，媒妁之言"。"祝父强许祝英台婚配马文才"的情节体现了"父母之命"的原则，说明东晋时也依然延续其基本的原则。A项正确。

"诬告反坐"原则自秦代以来被历朝沿用，元代的窦娥案中也有所体现。B项正确。

我国古代在重口供外也有重调查、唯证据的审案观念，如宋朝宋慈所著《洗冤集录》就是重视证据的典型。C项正确。

中国历朝都有为官清明、为民父母的法律思想和观念。D项正确。

11. 《折狱龟鉴》载一案例：张泳尚书镇蜀日，因出过委巷，闻人哭，惧而不哀，遂使讯之。云："夫暴卒。"乃付吏穷治。吏往熟视，略不见其要害。而妻教吏搜顶发，当有验。乃往视之，果有大钉陷其脑中。吏喜，辄矜妻能，悉以告泳。泳使呼出，厚加赏方，问所知之由，并令鞫其事，盖尝害夫，亦用此谋。发棺视尸，其钉尚在，遂与哭妇俱刑于市。关于本案，张泳运用了下列哪一断案方法？（2012－1－17）[1]

A. 《春秋》决狱   B. "听讼""断狱"

C. "据状断之"   D. 九卿会审

【解析】《折狱龟鉴》又名《决狱龟鉴》，是南宋郑克所著。该书提出了"情迹论"，"情"指案情真相，"迹"指痕迹、物证，主张通过物证来推断案情真相。"情迹论"是中国古代物证理论出现的标志。"据状断之"就是指根据物证来断案。C项正确。

12. 关于《永徽律疏》，下列哪些选项是错误的？（2008－1－58）[2]

A. 《永徽律疏》又称《唐律疏议》，是唐太宗在位时制定的

B. 《永徽律疏》首次确立了"十恶"即"重罪十条"制度

C. 《永徽律疏》对主要的法律原则和制度做了精确的解释，而且尽可能以儒家经典为根据

D. 《永徽律疏》是对《贞观律》的解释，在中国立法史上的地位不如《贞观律》

【解析】《永徽律疏》是唐高宗李治在位时期完成的，是针对高宗永徽二年修订的《永徽律》进行逐条逐句的解释，而不是对《贞观律》进行解释。其在元代以后被称为《唐律疏议》，是中国历史上迄今保存下来的最完整、最早、最具有社会影响的古代成文法典，成为中华法系的代表性法典，它的完成也标志着中国古代立法达到了最高水平。A项、D项错误。

所谓"十恶"是隋唐以后历代法律中规定的严重危害统治阶级根本利益的常赦所不原的十种最严重犯罪，《北齐律》首次确立"重罪十条"制度，隋代《开皇律》在"重罪十条"的基础上加以损益，确定了"十恶"制度。B项错误。

《永徽律疏》总结了汉魏晋以来立法和法律的经验，不仅对主要的法律原则和制度做了精确的解释与说明，而且尽可能引用儒家经典作为律文的理论根据。C项正确。

13. 《唐律疏议·贼盗》载"祖父母为人杀私和"疏："若杀祖父母、父母应偿死者，虽会赦，仍移乡避仇。以其与子孙为仇，故令移配。"下列哪些理解是正确的？（2013－1－56）[3]

A. 杀害同乡人的祖父母、父母依律应处死刑者，若遇赦虽能免罪，但须移居外乡

---

[1] C [2] ABD [3] ABCD

B. 该条文规定的移乡避仇制体现了情法并列、相互避让的精神

C. 该条文将法律与社会生活相结合统一考虑，表现出唐律较为高超的立法技术

D. 该条文侧面反映了唐律"礼律合一"的特点，为法律确立了解决亲情与法律相冲突的特殊模式

【解析】《唐律疏议》在中国法制史上具有继往开来、承前启后的重要地位。唐律的主要特点有：（1）"礼律合一"：唐律内容"一准乎礼"，真正实现了礼与法的统一。（2）科条简要、繁简适中：唐朝在沿袭前律的基础上实行精简，定律12篇，共502条。（3）用刑持平：唐律规定的刑罚比以往各代大为轻省，死刑、流刑大为减少。（4）立法技术空前完善：唐律结构有序，逻辑严谨，显示了立法技术的高超与发达。A项、B项、C项、D项正确。

14. 关于明代法律制度，下列哪一选项是错误的？（2011－1－17）[1]

A. 明朱元璋认为，"夫法度者，朝廷所以治天下也"

B. 明律确立"重其所重，轻其所轻"刑罚原则

C.《大明会典》仿《元六典》，以六部官制为纲

D. 明会审制度为九卿会审、朝审、大审

【解析】鉴于元末法制败坏的教训，朱元璋曾说："夫法度者，朝廷所以治天下也。"A项正确。

对于贼盗及有关钱粮之事，唐律一般根据情节轻重作出不同处刑，牵连范围相对较小；而明律则不分情节，一律处以重刑，且扩大株连范围，即"重其所重"原则。但对"典礼及风俗教化"等一般性犯罪，明律处罚轻于唐律，即"轻其所轻"原则。B项正确。

《大明会典》属于行政法典，始修于明英宗时期，到孝宗十五年初步编成，但未及颁行。《大明会典》仿照《唐六典》，以六部官制为纲，分述各行政机关职掌和事例。在每一官职之下，先载律令，次载事例。C项错误。

明朝会审制度包括：九卿会审（又称"圆审"）、朝审、大审。D项正确。

15. 关于清末变法修律，下列哪些选项是正确的？（2011－1－57）[2]

A. 在指导思想上，清末修律自始至终贯穿着"仿效外国资本主义法律形式，固守中国封建法制传统"的原则

B. 在立法内容上，清末修律一方面坚行君主专制体制和封建伦理纲常"不可率行改变"，一方面标榜"吸引世界大同各国之良规，兼采近世最新之学说"

C. 在编纂形式上，清末修律改变了传统的"诸法合体"形式，明确了实体法之间、实体法与程序法之间的差别，形成了近代法律体系的雏形

D. 在法系承袭上，清末修律标志着延续几千年的中华法系开始解体，为中国法律的近代化奠定了初步基础

【解析】在立法指导思想上，清末修律采取中体西用的原则，借用西方近代法律制度的形式，坚持中国固有的封建传统。A项正确。

在内容上，清末修订的法律表现出封建专制主义与西方资本主义法学最新成果的混合，使得保守落后的内容与先进的近代法律形式同时显现于新订的法律法规之中。B项正确。

在法典编纂形式上，修律改变了传统的"诸法合体"形式，明确了实体法间、实体法与程序法间的差别，分别制定、颁行或起草了一些专门的法典或法规，形成了近代法律体系的雏形。C项正确。

清末修律不仅将传统的"诸法合体"的形式抛弃，而且中华法系"依伦理而轻重其刑"

---

[1] C [2] ABCD

的特点也受到了极大的冲击,从而导致中华法系走向解体,也为中国法律的近代化奠定了基础。D 项正确。

16. 明朝初期总结历朝经验教训,进行了大规模的法制建设。关于明朝初期的立法思想,下列说法正确的是?(2021 年回忆版)[1]

A. 终明一朝均采用"刑乱国用重典"的立法原则

B. 提出"情势世轻世重",明确依社会情势,按乱世和平世采取或严或宽的刑事政策

C. 提出"明刑弼教","德主刑辅"并无不同,都强调重刑,为重典治世提供了依据

D. 强调立法注重"简""朴",即法律条文既要求高度概括,又要通俗易懂

【解析】明代统治者是在天下大乱,群雄纷争中夺取天下,所以认为身处乱世,强调治乱世用重典。意在刑罚制度不完善的情况下,国家可以加重刑罚处罚和对犯罪的打击力度以维护社会稳定。终明一朝均采用此立法原则,故 A 项正确。"情势世轻世重"是西周的立法原则。《尚书·吕刑》指出:"刑罚世轻世重,惟齐非齐,有伦有要。"意思是刑罚要根据当时社会情况确定轻重严宽。故 B 项错误。汉代主张"德主刑辅",先德后刑,而明代强调"明刑弼教",先刑后德,故 C 项错误。唐朝在前代律典的基础上,再次实行精简、宽平的原则,定律为 12 篇,502 条,从而改变了秦汉以来律令繁杂的局面,体现了"科条简要、宽简适中"。唐律概念明确,用语比较确切,逻辑严谨,通俗易懂,立法水平堪称楷模。因此强调立法注重"简""朴"是唐代的立法思想,故 D 项错误。

---

[1] A

专题二 中国古代民事法律制度

1. 西周商品经济发展促进了民事契约关系的发展。《周礼》载："听买卖以质剂"。汉代学者郑玄解读西周买卖契约形式："大市谓人民、牛马之属，用长券；小市为兵器、珍异之物，用短券。"对此，下列哪一说法是正确的？（2016－1－15）[1]

A. 长券为"质"，短券为"剂"

B. "质"由买卖双方自制，"剂"由官府制作

C. 契约达成后，交"质人"专门管理

D. 买卖契约也可采用"傅别"形式

【解析】西周的买卖契约称为"质剂"。这种契约写在简牍上，一分为二，双方各执一份。《周礼》载，"质""剂"有别。"质"，是买卖奴隶、牛马所使用的较长的契券；"剂"，是买卖兵器、珍异之物所使用的较短的契券。"质""剂"均由官府制作，并由"质人"专门管理。因此A项正确，B项错误。但是双方达成契约后，就不再需要专门管理，因此C项错误。西周的借贷契约称为"傅别"。"傅"，是把债的标的和双方的权利义务等写在契券上；"别"，是在简札中间写字，然后一分为二，双方各执一半，札上的字为半文。因此D项错误。

2. 南宋时，霍某病故，留下遗产值银9000两。霍某妻子早亡，夫妻二人无子，只有一女霍甲，已嫁他乡。为了延续霍某姓氏，霍某之叔霍乙立本族霍丙为霍某继子。下列关于霍某遗产分配的哪一说法是正确的？（2016－1－18）[2]

A. 霍甲9000两

B. 霍甲6000两，霍丙3000两

C. 霍甲、霍乙、霍丙各3000两

D. 霍甲、霍丙各3000两，余3000两收归官府

【解析】宋代法律在继承关系上，有较大的灵活性。除沿袭以往遗产兄弟均分制外，允许在室女享受部分财产继承权，同时承认遗腹子与亲生子享有同样的继承权。至南宋，在一些地域又规定与适用户绝财产继承的办法。户绝指家无男子继承。本题中霍某妻子早亡，只有出嫁女的，出嫁女享有1/3的财产继承权，继子享有1/3，另外的1/3收为官府所有。因此D项正确。

3. 随着商品经济的繁荣，两宋时期的买卖、借贷、租赁、抵押、典卖、雇佣等各种契约形式均有发展。据此，下列哪一说法是错误的？（2017－1－18）[3]

A. 契约的订立必须出于双方合意，对强行签约违背当事人意愿的，要"重蝇典宪"

B. 买卖契约中的"活卖"，是指先以信用取得出卖物，之后再支付价金，且须订立书面契约

C. 付息的消费借贷称为出举，并有"（出举者）不得迴利为本"的规定，防止高利贷盘剥

D. 宋代租佃土地契约中，可实行定额租，佃农逾期不交租，地主可诉请官府代为索取

【解析】买卖契约中的"赊卖"，是指先以信用取得出卖物，之后再支付价金，且须订立书面契约，"活卖"是指保留回赎权，因此B项错误。A、C、D项正确。

4. 西周时，格伯以良马四匹折价，购买倗生30田。双方签订买卖契约，刻写竹简之上，中破为两半，双方各执一半。依西周礼法，该契约的称谓是下列哪一种？（2008－1－8）[1]

A. 傅别　　　　　　　　　　B. 质剂

C. 券书　　　　　　　　　　D. 书券

【解析】西周时期的买卖契约称为"质剂"，这种契约写在简牍上，一分为二，双方各执一份。"质"是买卖奴隶、牛马所用的较长的契券；"剂"是买卖兵器、珍异之物所使用的较短的契券。"质""剂"由官府制作，并由"质人"专门管理。B项正确。

5. 关于西周法制的表述，下列哪一选项是正确的？（2013－1－16）[2]

A. 周初统治者为修补以往神权政治学说的缺陷，提出了"德主刑辅，明德慎罚"的政治法律主张

B.《汉书·陈宠传》称西周时期的礼刑关系为"礼之所去，刑之所取，失礼则入刑，相为表里"

C. 西周的借贷契约称为"书约"，法律规定重要的借贷行为都须订立书面契约

D. 西周时期在宗法制度下已形成子女平均继承制

【解析】"德主刑辅，礼刑并用"是汉代的立法思想；"以德配天，明德慎罚"是西周的立法思想。以德配天是对夏商神权法思想的改造。A项错误。

西周的借贷契约称为"傅别"，"傅"，是把债的标的和双方的权利义务等写在契卷上；"别"，是在简扎中间写字，然后一分为二，双方各执一半，债权人执左券，债务人执右券。C项错误。

西周的继承制主要实行嫡长子继承制，其他子女接受继承人的封赐。D项错误。

6. 杜甫有诗云："朝回日日典春衣，每日江头尽醉归。酒债寻常行处有，人生七十古来稀。"对诗歌涉及的典当制度，下列哪一选项可以成立？（2009－1－13）[3]

A. 唐代的典当形成了明确的债权债务关系　B. 唐代的典当契约称为"质剂"

C. 唐代的典当称为"活卖"　　　　　　　D. 唐代法律规定开典当行者构成"坐赃"

【解析】诗中的后两句话说明唐代的典当形成了明确的债权债务关系。A项正确。

"质剂"是西周买卖契约的称谓。B项错误。

宋代买卖契约分为绝卖、活卖和赊卖三种。所谓绝卖就是一般的买卖；活卖是附条件的买卖；赊卖是采取类似商业信用或预付方式，而后收取出卖物价金的买卖。C项错误。

"坐赃"是《唐律》中规定的六种非法获取公、私财物的犯罪（六赃）中的一种形式，"六赃"包括：受财枉法、受财不枉法、受所监临、强盗、窃盗、坐赃。"坐赃"是指官吏或常人非因职权之便非法收受财物的行为。D项错误。

【特别提示】西周时期契约有两种："质剂"为买卖契约；"傅别"为借贷契约。

7. 关于中国古代婚姻家庭与继承法律制度，下列哪一选项是错误的？（2007－1－10）[4]

A. 西周时期"七出""三不去"的婚姻解除制度为宗法制度下夫权专制的典型反映，然

---

[1] B　[2] B　[3] A　[4] B

而"三不去"制度更着眼于保护妻子权益

B. 西周的身份继承实行嫡长子继承制，而财产继承则实行诸子平分制

C. 宋承唐律，但也有变通，如《宋刑统》规定，夫外出3年不归、6年不通问，准妻改嫁或离婚

D. 宋代法律规定遗产除由兄弟均分外，允许在室女享有部分的财产继承权

【解析】西周时期"七出"又称"七去"，是男子可以休妻的七种理由；"三不去"是指女子夫家不能离异休妻的三种理由。"七出""三不去"是宗法制度下夫权专制的典型反映，但是客观上也在一定程度上保护了妻子的利益。A项正确。

西周时期，在宗法制下已经形成了嫡长子继承制。法律规定嫡长子享有优先继承权，继承的内容主要为王、贵族政治身份，土地、财产的继承是其次。B项错误。

宋承唐制，离婚方面仍然实行唐代"七出"与"三不去"制度，但也有少许变通，即允许妻子在一定条件下离婚改嫁。C项正确。

宋代法律在继承关系上具有较大的灵活性，除沿袭以往遗产兄弟均分制外，允许在室女享有部分的财产继承权；同时承认遗腹子与亲生子享有同样的继承权。至南宋又规定了绝户财产继承的办法。D项正确。

8. 宋承唐律，仍实行唐制"七出""三不去"的离婚制度，但在离婚或改嫁方面也有变通。下列哪一选项不属于变通规定？（2012－1－16）[1]

A. "夫外出三年不归，六年不通问"的，准妻改嫁或离婚

B. "妻擅走者徒三年，因而改嫁者流三千里，妾各减一等"

C. 夫亡，妻"若改适（嫁），其见在部曲、奴婢、田宅不得费用"

D. 凡"夫亡而妻在"，立继从妻

【解析】A项、B项、C项都是有关宋对唐律在离婚或改嫁方面的变通，D项不是宋对唐律婚嫁方面的变通，而是关于继承的规定。

9. 南宋时，富人甲去世，妻已亡，家中有继子乙及在室女丙。关于甲的遗产继承，依当时法律，下列哪一选项是正确的？（2008川－1－9）[2]

A. 乙享有全部财产继承权，丙没有继承权

B. 丙享有全部财产继承权，乙没有继承权

C. 乙享有1/4财产的继承权，丙享有3/4财产的继承权

D. 乙、丙都没有继承权，财产收为官府所有

【解析】根据南宋法律的规定，对于无男子承继的家庭，确立继承人有两种方式：（1）凡"夫亡而妻在"，立继从妻，称为"立继"；（2）凡"夫妻俱亡"，立继从其尊长亲属，称为"命继"。同时规定：继子与绝户之女均享有继承权，但只有在室女的，在室女享有3/4的财产继承权，继子享有1/4的财产继承权；只有出嫁女的，出嫁女享有1/3的财产继承权，继子享有1/3的财产继承权，另外1/3收为官府所有。

所以在有继子和在室女的情况下，作为继子的乙享有1/4的财产继承权，而作为在室女的丙享有3/4的财产继承权。C项正确。

10. 下列关于我国古代的民事立法，说法正确的有？（模拟题）[3]

A. 西周时期的借贷契约称为质剂

B. 西周时期已经形成了嫡长子继承制

---

〔1〕 D 〔2〕 C 〔3〕 B

C. 《秦律》和《汉律》中最早规定了"准五服以制罪"制度

D. 宋代遗产由诸子均分，女子无财产继承权

【解析】西周时期，傅别是借贷契约，质剂是买卖契约，A 错误。B 项正确。"准五服以制罪"制度最早在《晋律》和《北齐律》中规定，C 错误。宋代允许在室女享有部分继承权，D 错误。

11. 南宋时期一家三口被强盗所杀，父母当场死亡，儿子次日死亡，只剩下一个出嫁女儿。官府认为出嫁女应该继承户绝财产，但是法曹参军说，儿子先继承财产，出嫁女不能继承财产。对此，下列说法正确的是？(2019 年回忆版)[1]

A. 强盗犯"恶逆"

B. 南宋继承与现代继承一致

C. 女儿无继承权

D. 法曹参军是当地司法机关负责人

【解析】所谓"恶逆"是指杀害直系和旁系尊亲属或兄、姊、夫及夫之直系尊亲属，或殴打祖父母、父母的犯罪行为，故 A 项错误。

现代继承中，出嫁的女儿可以继承财产且无份额限制，不同于南宋继承，故 B 项错误。

户绝之家，是指家无男性继承人。按照南宋继承规定，绝户者，已出嫁女儿可以继承三分之一的财产，故 C 项错误。

法曹参军是本地负责检定法律，审议、判决案件的官员，故 D 项正确。

12. 关于宋代的法律制度，下列说法错误的是？(2018 年回忆版)[2]

A.《宋刑统》是中国历史上第一部刊印颁行的法典，全称为《宋建隆重详定刑统》

B. 张三借李四纹银十两，约定三个月后归还十两五钱，此种借贷宋朝称为"出举"

C. 南宋宋慈所著之《洗冤集录》是中国也是世界历史上第一部系统的法医学著作

D. 宋朝法律承认绝户之在室女与继子的继承权，具体比例为在室女继承三分之一，继子继承三分之一，另三分之一收为官有

【解析】宋代绝户遗产继承原则：继子与绝户之女均享有继承权，只有在室女的，在室女继承 3/4，继子继承 1/4。只有出嫁女的，出嫁女继承 1/3，继子继承 1/3，另外 1/3 收为官府所有。故 D 项错误，A 项、B 项、C 项正确。

13. 唐朝时，刘氏取妻夏氏，因夏氏父亲年老失明无人照顾，夏氏请求归家侍父养老，刘氏同意。针对此问题，下列哪一项说法是正确的？(2021 年回忆版)[3]

A. 官府可据此强制婚姻关系解除　　　　B. 夏氏可依据义绝解除婚姻

C. 双方可通过和离解除婚姻　　　　　　D. 刘氏可通过七出休妻

【解析】《唐律·户婚》中规定强制离婚的条件是：夫妻凡发现有"义绝"和"违律结婚"者，必须强制离婚。"义绝"包括夫对妻族、妻对夫族的殴杀罪、奸杀罪和谋害罪。经官府判断，认为一方犯了义绝，法律即强制离婚，并处罚不肯离异者。对于"违律为婚而妄冒已成者"，也强制离婚。题目中的情形不属于可以强制离婚的条件，故 A 项错误。依据上述解释，夏氏不可以依据义绝解除婚姻，故 B 项错误。"和离"即协议离婚，指男女双方自愿离异，本案中双方可通过和离解除婚姻，故 C 项正确。婚姻关系中的"七出"是古代男性休妻的理由，主要指的是：不顺父母、无子、淫、妒、有恶疾、多言、窃盗。本案中夏氏不属于这七种情形，因此刘氏不可以通过七出休妻，故 D 项错误。

---

[1] D　[2] D　[3] C

专题三 中国古代刑事法律制度

1. 秦统治者总结前代法律实施方面的经验，结合本朝特点，形成了一些刑罚适用原则。对于秦律原则的相关表述，下列哪一选项是正确的？（2017－1－16）[1]

A. 关于刑事责任能力的确定，以身高作为标准，男、女身高六尺二寸以上为成年人，其犯罪应负刑事责任

B. 重视人的主观意识状态，对故意行为要追究刑事责任，对过失行为则认为无犯罪意识，不予追究

C. 对共犯、累犯等加重处罚，对自首、犯后主动消除犯罪后果等减轻处罚

D. 无论教唆成年人、未成年人犯罪，对教唆人均实行同罪，加重处罚

【解析】秦律关于刑事责任能力的确定，以身高作为标准，男子身高达到六尺五寸、女子身高达到六尺二寸以上为成年人，其犯罪应负刑事责任，因此 A 项错误。重视人的主观意识状态，对故意行为要追究刑事责任，没有故意的，按告不审从轻处理，因此 B 项错误。对共犯、累犯等加重处罚，对自首、犯后主动消除犯罪后果等减轻处罚，因此 C 项正确。教唆未成年人犯罪者实行同罪，加重处罚，因此 D 项错误。

2. 唐代诉讼制度不断完善，并具有承前启后的特点。下列哪一选项体现了唐律据证定罪的原则？（2017－1－17）[2]

A. 唐律规定，审判时"必先以情，审察辞理，反复参验，犹未能决，事须拷问者，立案同判，然后拷讯，违者杖六十"

B.《断狱律》说："若赃状露验，理不可疑，虽不成引，即据状断之"

C. 唐律规定，对应议、请、减和老幼残疾之人"不合拷讯"

D.《断狱律》说："（断狱）皆须具引律、令、格、式正文，违者笞三十"

【解析】本题 B 项中的"据状断之"即指据证定罪的原则，因此 B 项当选。A、C、D 项都与据证定罪的原则无关，因此不当选。

3. 唐永徽年间，甲由祖父乙抚养成人。甲好赌欠债，多次索要乙一祖传玉坠未果，起意杀乙。某日，甲趁乙熟睡，以木棒狠击乙头部，以为致死（后被救活），遂夺玉坠逃走。唐律规定，谋杀尊亲处斩，但无致伤如何处理的规定。对甲应当实行下列哪一处罚？（2015－1－17）[3]

A. 按"诸断罪而无正条，其应入罪者，则举轻以明重"，应处斩刑

B. 按"诸断罪而无正条，其应出罪者，则举重以明轻"，应处绞刑

C. 致伤未死，应处流三千里

D. 属于"十恶"犯罪中的"不孝"行为，应处极刑

---

[1] C [2] B [3] A

【解析】按照唐律"举轻以明重，举重以明轻"的类推原则。A项正确。

4. 关于中国古代社会几部法典的结构体例，下列哪一选项是错误的？(2008－1－9)[1]

A.《法经》中相当于近代刑法典总则部分的"具法"被置于6篇中的最后1篇

B.《魏律》对秦汉旧律有较大改革，如将"具律"改为"刑名"，并将其置于律首

C.《晋律》将刑名与法例律合为"名例律"一篇，并将法典篇章数定为20篇

D.《永徽律疏》将疏议分附于律文之后颁行，分为12篇30卷

【解析】《晋律》，又称《泰始律》，共20篇620条，与《曹魏律》相比，是在"刑名律"后增加"法例律"。《北齐律》将"刑名律"与"法例律"合为"名例律"。C项错误。

【特别提示】封建法典总则篇《名例律》的形成过程：

①《法经》共6篇：《盗法》《贼法》《网法》《捕法》《杂法》《具法》。《具法》"具其加减"，相当于近代刑法典总则部分，但置于篇尾。

②商鞅变法改"法"为"律"，《具法》改为《具律》，但仍置于《秦律》六篇之尾。

③《曹魏律》将《具律》改为《刑名》，并将其置于律首。

④《晋律》在《刑名》后增加《法例》，丰富了刑法总则。

⑤《北齐律》将《刑名》与《法例》合为《名例》，后世相沿不改，直到清末变法。

5. 秦律明确规定了司法官渎职犯罪的内容。关于秦朝司法官渎职的说法，下列哪一选项是不正确的？(2014－1－16)[2]

A. 故意使罪犯未受到惩罚，属于"纵囚"

B. 对已经发生的犯罪，由于过失未能揭发、检举，属于"见知不举"

C. 对犯罪行为由于过失而轻判者，属于"失刑"

D. 对犯罪行为故意重判者，属于"不直"

【解析】"见知不举"是明知而不举报，而不是因过失未能揭发、检举。B项错误。

6. 据史书载，以下均为秦朝刑事罪名。下列哪一选项最不具有秦朝法律文化的专制特色？(2011－1－16)[3]

A. "偶语诗书"   B. "以古非今"

C. "非所宜言"   D. "失刑"

【解析】"偶语诗书"：即两个人在一起谈论儒家的经典诗书。《史记·秦始皇本纪》："有敢偶语诗书，弃市。""以古非今"：即用历史故事非难当前的政治，或者说用古代的人或事来否定攻击今天的现实。《焚书令》："以古非今者，族。""非所宜言"，就是说了不该说的话。上述罪名，反映了秦朝法律文化的专制特色。

秦朝司法官量刑不当，故意者构成"不直"罪，过失者仅为"失刑"罪。因此"失刑"并不反映秦朝法律文化的专制特色。D项正确。

7. 秦汉时期的刑罚主要包括笞刑、徒刑、流放刑、肉刑、死刑、羞辱刑等，下列哪些选项属于徒刑？(2012－1－56)[4]

A. 候   B. 隶臣妾

C. 弃市   D. 鬼薪、白粲

【解析】秦汉时期，徒刑是指剥夺罪犯人身自由，强制其服劳役的刑罚，主要包括：城旦舂；鬼薪、白粲；隶臣妾；司寇；候。弃市是死刑的一种，指行刑后不准收尸，不属于徒刑。A项、B项、D项正确。

---

[1] C [2] B [3] D [4] ABD

【特别提示】秦朝以身高为标准确定刑事责任能力。

8. 关于中国古代刑罚制度的说法，下列哪一选项是错误的？（2010－1－15）[1]

A. "八议"制度自曹魏《魏律》正式入律，其思想渊源为《周礼·秋官》的"八辟丽邦法"之说

B. "秋冬行刑"制度自唐代始，其理论渊源为《礼记·月令》关于秋冬季节"戮有罪，严断刑"之述

C. "大诰"是明初的一种特别刑事法规，其法律形式源自《尚书·大诰》周公对臣民之训诫

D. "明刑弼教"作为明清推行重典治国政策的思想基础，其理论依据源自《尚书·大禹谟》"明于五刑，以弼五教"之语

【解析】"秋冬行刑"制度始于汉代。唐律规定"立春后不决死刑"，明清时期的秋审制度，亦溯源于此。B项错误。

9. 关于宋代法律和法制，下列哪一选项是错误的？（2009－1－14）[2]

A. 《宋刑统》为我国历史上第一部刊印颁行的法典

B. 宋代法律因袭唐制，对借与贷作了区分

C. 宋仁宗朝敕、例地位提高，"凡律所不载者，一断于敕、例"

D. 宋建隆四年颁行"折杖法"

【解析】《宋刑统》全称《宋建隆重详定刑统》，于宋太祖建隆四年颁行，是历史上第一部刊印颁行的法典。A项正确。

宋代法律对借与贷做了区分，借指使用借贷，贷则指消费借贷。B项正确。

神宗一朝，敕的地位提高，"凡律所不载者，一断于敕"。敕已到足以破律、代律的地步。C项错误。

宋建隆四年颁行"折杖法"，意在笼络人心，改变五代以来刑罚严苛的弊端，除反逆、强盗等重罪和死刑不折外，笞杖徒流皆可折为杖刑。D项正确。

【特别提示】中国古代各朝封建法典的地位：

①《法经》：第一部比较系统的封建成文法典。

②《曹魏律》：首次规定"八议"。

③《晋律》：首次确立"准五服以制罪"。

④《北魏律》：首次确立"官当"。

⑤《北齐律》：首次规定"重罪十条"；开创了十二篇的法典体例；首次设立大理寺；在中国封建法律史上起着承先启后的作用，对封建后世的立法影响深远。

⑥《开皇律》：首次规定"十恶"；正式确立了封建制五刑。

⑦《武德律》：唐代首部法典。

⑧《贞观律》：确立了唐律的主要内容和风格。

⑨《唐律疏议》：中华法系的代表性法典，代表了中国古代封建立法的最高水平。

⑩《唐六典》：首次规定法官回避制度；是明清《会典》的渊源。

⑪《宋刑统》：第一部刊印颁行的封建法典。

⑫《大明律》：改变十二篇的传统法典体例，形成了名例、吏、户、礼、兵、刑、工七篇体例。

---

[1] B [2] C

⑬《明大诰》：中国法制史上空前普及的法规。

⑭《大清律例》：中国最后一部封建成文法典，中国传统封建法典的集大成者。

10.《唐律·名例律》规定："诸断罪而无正条，其应出罪者，则举重以明轻；其应入罪者，则举轻以明重。"关于唐代类推原则，下列哪一说法是正确的？（2014－1－17）[1]

A. 类推是适用法律的一般形式，有明文规定也可"比附援引"

B. 被类推定罪的行为，处罚应重于同类案件

C. 被类推定罪的行为，处罚应轻于同类案件

D. 唐代类推原则反映了当时立法技术的发达

【解析】《唐律·名例律》规定："诸断罪，皆须具引律令格式正文，违者答三十。"即有明文规定的必须严格援法断罪，只有"无正条"，即没有明确的法律规定，才能类推定罪。A项错误。

被类推定罪的行为，根据不同情况处罚或重于或轻于同类案件。B项、C项错误。

11. 关于唐律中五刑，下列哪一选项是正确的？（2007－1－9）[2]

A. 答刑、羞辱刑、流放刑、经济刑、死刑

B. 答刑、徒刑、流放刑、株连刑、死刑

C. 答刑、杖刑、徒刑、流刑、死刑

D. 杖刑、徒刑、流刑、肉刑、死刑

【解析】唐律沿用隋《开皇律》中所确立的答、杖、徒、流、死的五刑制度，作为基本的法定刑，其具体规格稍有不同。C项正确。

【特别提示】中国古代刑制改革的过程：

①起因：缇萦替父求情。

②过程：汉文帝、景帝废肉刑，但宫刑未废；三国两晋南北朝继续改革，南北朝时废宫刑。

③成果：隋朝《开皇律》正式确立答、杖、徒、流、死封建制五刑，彻底废止了墨、劓、刖、宫、大辟奴隶制五刑。

12. 明太祖朱元璋在洪武十八年（公元1385年）至洪武二十年（公元1387年）间，手订四编《大诰》，共236条。关于明《大诰》，下列哪些说法是正确的？（2014－1－57）[3]

A.《大明律》中原有的罪名，《大诰》一般都加重了刑罚

B.《大诰》的内容也列入科举考试中

C. "重典治吏"是《大诰》的特点之一

D. 朱元璋死后《大诰》被明文废除

【解析】《大诰》是明初一种特别的刑事法规，其效力在律之上，且对律中原有的罪名一般都加重处罚。A项正确。

《大诰》还成为各级学校的必修科目，科举考试中也列入《大诰》内容，成为中国法制史上空前普及的法规。B项正确。

朱元璋为贯彻"刑乱国用重典"的方针，防止"法外遗奸"，御制《大诰》，大行法外之刑和酷刑。C项正确。

明太祖死后，《大诰》并未被明文废除，只是被束之高阁，无法律效力。D项错误。

---

[1] D [2] C [3] ABC

13. 乾隆五十一年，四川发生一起杀人案：唐达根与宋万田本不相识，因赴集市买苞谷遂结伴同行。途中山洞避雨，宋万田提议二人赌钱。后宋万田得赢，唐达根将钱如数送上。归途，宋万田再次提议赌钱，唐达根得赢。宋万田声称唐达根耍骗不肯给钱，唐达根与之争吵进而双方互殴，争斗中唐达根将宋万田打死。依据《大清律例》及《大清律辑注》，你认为唐达根有可能被官府认定犯下列哪些罪行？(2010-1-58)[1]

A. 唐达根系没有预谋、临时起意将宋万田打死，应定"故杀"

B. 唐达根系恼羞成怒，欲夺赌钱故意将宋万田打死，应定"谋杀"

C. 唐达根系无心之下，斗殴中不期将宋万田打死，应定"斗殴杀"

D. 唐达根系无怨恨杀人动机，"以力共戏"将宋万田打死，应定"戏杀"

【解析】《唐律》贼盗、斗讼篇中依犯罪人主观意图区分了"六杀"，即"谋杀""故杀""斗杀""误杀""过失杀""戏杀"。"谋杀"是指预谋杀人；"故杀"是指事先虽无预谋，但情急杀人时已有杀人的意念；"斗杀"指斗殴中出于激愤失手将人杀死；"误杀"指由于种种原因杀错杀人对象；"过失杀"指"耳目所不及，思虑所不到"，即出于过失杀人；"戏杀"指"以力共戏"而导致杀人。该原则被后来包括《大清律例》在内的各朝法律所继承。从本题中可以看出，唐达根并无事先预谋，而是情急时杀人。A项正确。

唐达根与宋万田二人属于斗殴而非嬉戏中产生了杀人的后果，应当定"斗杀"。C项正确。

14. 清乾隆律学家、名幕王又槐对谋杀和故杀的有关论述：①"谋杀者，蓄念于未杀之先；故杀者，起意于殴杀之时。"②"谋杀则定计而行，死者猝不及防、势不能敌，或以金刃，或以毒药，或以他物，或驱赴水火，或伺于隐蔽处所，即时致死，并无争斗情形，方为谋杀。"③"故杀乃因斗殴、谋殴而起，或因忆及夙嫌，或因畏其报复，或虑其控官难制，或恶其无耻滋事，或恐其遗祸受害。在兄弟，或利其赀财配己；在夫妻，或恨其妒悍不逊。临时起意，故打重伤、多伤，伤多及致死处所而死者是也。"据此，下列最可能被认定为谋杀者的是哪一选项？(2011-1-18)[2]

A. 张某将浦某拖倒在地，骑于身将其打伤。浦某胞弟见状，情急之下用木杷击中张某顶心，张某立时毙命

B. 洪某因父为赵某所杀，立志复仇。后，洪某趁赵某独自上山之机，将其杀死

C. 卢某欲拉林某入伙盗窃，林某不允并声称将其送官。卢某恐其败露欲杀之，当即将林某推倒在地，搯伤其咽喉并用腰带套其脖颈，林某窒息而死

D. 雇主李朱氏责骂刘某干活不勤，刘某愧忿不甘，拿起菜刀将李朱氏砍倒。刘某逃跑之际，被李朱氏4岁的外孙韩某拉住衣服并大声呼救，刘某将其推倒在地并连砍数刀，致其立时毙命

【解析】B项中"立志复仇""趁赵某独自上山之机"等词语可以看出洪某蓄谋已久，可认定为谋杀。

15. 关于隋唐的法律制度，下列说法错误的是？(2019年回忆版)[3]

A. 隋朝的《开皇律》确立了传统五刑：笞、杖、徒、流、死

B. 张某杀人碎尸，按《唐律》当定"不道"之罪

C. 官员在执行公务时不慎出现差错而犯罪，是为"公罪"

D. 唐代的刑部行使中央司法审判权

【解析】中国古代刑罚制度有奴隶制五刑和封建制五刑之分，前者包括：墨、劓、剕、

官、大辟五种肉刑。而封建制五刑为笞、杖、徒、流、死。封建制五刑最早在隋朝的《开皇律》中确立。故A项正确。十恶中的"不道"指灭绝人道，包括杀人全家（且被害人罪不当死），或用肢解分尸的手段杀人；或用蛊毒的方法，企图使人中毒致死等行为。因此张某杀人碎尸应属"不道"。故B项正确。唐律规定"缘公事致罪，而无私曲者"是为"公罪"，官员在执行公务时不慎出现差错而犯罪的情形发生在履行公务过程中，且并非为求私利而犯罪，属于"公罪"。故C项正确。唐代行使中央审判权的机关为大理寺，刑部主管复核。故D项错误。

16. 秦朝时，李某告发父亲盗采邻居桑叶，地方官员黄某对其父予以赀徭三旬的处罚，并对李某予以奖励。对此，下列说法正确的是？（2021年回忆版）[1]

  A. 赀徭是处以罚金和徭役，非独立刑种

  B. 李某告发其父属于"告奸"，是受鼓励的行为

  C. 如果对盗采桑叶的行为是地方官员黄某失察，则黄某构成"不直"

  D. 对盗采桑叶处刑体现法家"明法重刑"思想

【解析】在秦朝，赀是独立刑种，赀徭为罚服劳役，故A项错误。秦汉时期的告奸法主要表现为以连坐法为基础的什伍告奸法、亲属告奸法、官吏告奸法等主要类型，规定当同什伍、亲属、官吏之间有人犯一定的罪时，其他有连带责任者必须告发，反之则负连带责任，一并处罚。故B项正确。"不直"是故意量刑不当，致使轻罪重判或重罪轻判。因此如果对盗采桑叶的行为是地方官员黄某失察，则黄某并不构成"不直"，故C项错误。本案对盗采桑叶行为的处罚，体现了法家"明法重刑"的思想，故D项正确。

---

[1] BD

专题四　中国古代司法制度

1. 汉宣帝地节四年下诏曰："自今子首匿父母、妻匿夫、孙匿大父母，皆勿坐。其父母匿子、夫匿妻、大父母匿孙，罪殊死，皆上请廷尉以闻"，"亲亲得相首匿"正式成为中国封建法律原则和制度。对此，下列哪一选项是错误的？（2010 - 1 - 13）[1]

　　A. 近亲属之间相互首谋隐匿一般犯罪行为，不负刑事责任

　　B. 近亲属之间相互首谋隐匿所有犯罪行为，不负刑事责任

　　C. "亲亲得相首匿"的本意在于尊崇伦理亲情

　　D. "亲亲得相首匿"的法旨在于宽宥缘自亲情发生的隐匿犯罪亲属的行为

【解析】"亲亲得相首匿"原则主张亲属间首谋隐匿犯罪可以不负刑事责任。卑幼亲属首匿尊长亲属的犯罪行为，不追究刑事责任；尊长亲属首匿卑幼亲属，罪应处死的，可上请皇帝宽贷。但直系三代血亲间、夫妻间犯谋反、大逆罪除外。因此并不是隐匿所有的犯罪行为都不负刑事责任。B项错误。

2. 汉武帝时，有甲、乙二人争言相斗，乙以佩刀刺甲，甲之子丙慌忙以杖击乙，却误伤甲。有人认为丙"殴父也，当枭首。"董仲舒引用《春秋》事例，主张"论心定罪"，认为丙"非律所谓殴父，不当坐"。关于此案的下列哪种评论是错误的？（2006 - 1 - 16）[2]

　　A. "论心定罪"是儒家思想在刑事司法领域的运用

　　B. 以《春秋》经义决狱的主张是旨在建立一种司法原则

　　C. "论心定罪"仅为一家之言，历史上不曾被采用

　　D. "论心定罪"有可能导致官吏审判案件的随意性

【解析】《春秋》决狱，是指汉代在审判案件时，如果法律无明文规定，则以《春秋》等儒家经义作为定罪量刑的依据，其首创者为董仲舒，汉代的《春秋》决狱是法律儒家化在司法领域的体现。《春秋》决狱实行"论心定罪"原则，其要旨是必须根据案情事实，追究行为人的动机，以《春秋》经义决狱为司法原则，对传统的司法和审判是一种积极的补充，但如果仅以主观动机的善、恶判断有罪、无罪或者罪行轻重，也为司法官吏主观臆断和陷害无辜提供便利。C项错误。

【特别提示】封建法律的儒家化是中国传统法律进化的基本规律。法律儒家化的实质，是礼和法的融合，是法律的道德化。法律儒家化在司法上的突出表现，是确立"亲亲得相首匿"原则和实行"《春秋》决狱"。

3. 关于中国古代诉讼、审判制度的说法，下列哪些选项是正确的？（2009 - 1 - 58）[3]

　　A. 西周时期"听讼"为审理民事案件，"断狱"为审理刑事案件

　　B. 唐代县以下乡官、里正对犯罪案件具有纠举责任，对轻微犯罪与民事案件具有调解处

---

[1]　B　[2]　C　[3]　ABD

理的权力

C. 明代的大审是一种会审制度,每三年举行一次

D. 清末改大理寺为大理院,为全国最高审判机关

【解析】明代大审每五年举行一次。C项错误。

4. 唐朝开元年间,旅居长安的突某(来自甲国)将和某(来自乙国)殴打致死。根据唐律关于"化外人"犯罪适用法律的原则,下列哪一项是正确的?(2006-1-17)[1]

A. 适用当时甲国的法律

B. 适用当时乙国的法律

C. 当时甲国或乙国的法律任选其一

D. 适用唐朝的法律

【解析】唐律在刑罚原则方面,有区分公罪私罪原则、自首原则、类推原则、化外人原则等。关于化外人原则,《唐律·名例律》明确规定:"诸化外人,同类自相犯者,各依本俗法;异类相犯者,以法律论。"即同国籍外国侨民在中国犯罪的,由唐王朝按其所属本国法律处理,实行属人主义原则;不同国籍侨民在中国犯罪的,按唐律处罚,实行属地主义原则。突某与和某属于不同国籍的侨民,应按照唐律裁判。D项正确。

【特别提示】唐代的"化外人"原则彰显了中国的司法主权。到了清末,中国的司法主权逐渐沦丧,其标志是领事裁判权、观审、会审公廨等制度的确立:

①领事裁判权:享有领事裁判权国家的公民在中国作为被告,由其本国领事官员依其本国法律审理。

②观审:外国人是原告的案件,其所属国领事官员也有权前往观审,如认为审判、判决有不妥之处,可以提出新证据等。

③会审公廨:1864年清廷与英、美、法三国驻上海领事协议在租界内设立的特殊审判机关。凡涉及外国人案件,必须有领事官员参加会审;凡中国人与外国人诉讼案,由本国领事裁判或陪审;甚至租界内纯属中国人之间的诉讼也由外国领事审判并操纵判决。它的确立是外国在华领事裁判权的扩充和延伸。

5. 关于明清时期的司法制度,下列哪些选项是正确的?(2008川-1-59)[2]

A. 明清时期各中央司法机构的职能与隋唐时期相反,刑部负责审判,大理寺负责复核

B. 明朝的廷杖之制是根据皇帝意志而形成的法外用刑惯例

C. 明清会审制度是慎刑思想的反映,但是导致多方干预司法,使实际执法与法律制度日益脱节

D. "申明亭"为明代法定的基层调解机构,对维护社会秩序有一定积极作用

【解析】明清时期的中央三法司是刑部、大理寺、都察院:(1)刑部负责审理中央百官犯罪、审核地方上报的重案、发生在京师的笞杖刑以上案件等;(2)大理寺掌复核驳正,以及死刑复核;(3)都察院负责监察。隋唐时期的中央三法司是大理寺、刑部、御史台:①大理寺行使中央司法审判权,审理中央百官与京师徒刑以上案件;②刑部参与重大案件的审理,对中央、地方上报的案件具有复核权;③御史台负责监察。由此可见,明清时期大理寺和刑部的职能与隋唐相反。A项正确。

廷杖是由皇帝下令,司礼监监刑,锦衣卫施刑,在朝堂上杖责大臣的制度。廷杖制度是皇帝法外用刑,全凭皇帝的主观意志。B项正确。

---

[1] D [2] ABCD

明清时期的会审制度是一种慎刑思想的反映，但却导致多方干预司法，法律制度与实际执法日益脱节，加速了王朝整个政体的腐朽。C 项正确。

申明亭是明太祖朱元璋于洪武五年创建的读法、明理、彰善抑恶、剖决争讼小事、辅弼刑治之所。在创立之初，申明亭对维护社会秩序有一定的积极作用。D 项正确。

6. 清乾隆年间，甲在京城天安门附近打伤乙被判笞刑，甲不服判决，要求复审。关于案件的复审，下列哪些选项是正确的？（2012 - 1 - 57）[1]

A. 应由九卿、詹事、科道及军机大臣、内阁大学士等重要官员会同审理

B. 应在霜降后 10 日举行

C. 应由大理寺官员会同各道御史及刑部承办司会同审理

D. 应在小满后 10 日至立秋前 1 日举行

【解析】在明朝会审制度的基础上，清朝进一步对会审制度进行完善，形成了秋审、朝审、热审等比较规范的会审体制。

秋审是清朝最重要的死刑复审制度，每年秋八月，由九卿、詹事、科道、军机大臣、内阁大学士等共同审理全国上报的绞、斩监候案件。朝审是对刑部判决的重案及京师附近绞、斩监候的案件进行的复审，每年霜降后十日举行，其审判组织和方式与秋审大体相同。热审于每年小满后十日至立秋前一日，由大理寺官员会同各道御史及刑部对京师的笞杖刑案件进行的重审。

题干中京师的甲被判笞刑，属于热审的对象。A 项是秋审制度的审判主体；B 项是朝审的时间；C 项是热审的审判组织；D 项是热审的时间。C 项、D 项正确。

7. 根据清朝的会审制度，案件经过秋审或朝审程序之后，分四种情况予以处理：情实、缓决、可矜、留养承嗣。对此，下列哪一说法是正确的？（2014 - 1 - 18）[2]

A. 情实指案情属实、罪名恰当者，奏请执行绞监候或斩监候

B. 缓决指案情虽属实，但危害性不能确定者，可继续调查，待危害性确定后进行判决

C. 可矜指案情属实，但有可矜或可疑之处，免于死刑，一般减为徒、流刑罚

D. 留养承嗣指案情属实、罪名恰当，但被害人有亲老丁单情形，奏请皇帝裁决

【解析】情实指罪情属实，罪名恰当，奏请执行死刑，因此 A 项错误。缓决指案情虽然属实，但危害性不大者，可减为流三千里，或减发烟瘴极边充军，或再押监候办，因此 B 项错误。可矜指案情属实，但有可矜或可疑之处，可免死刑，一般减为徒、流。留养承嗣指案情属实、罪名恰当，但犯人有亲老单丁情形，合乎申请留养者，按留养案奏请皇帝裁决，因此 D 项错误。C 项正确。

8. 长孙无忌带武器觐见，门卫失察，甲说要治重罪，乙辩解说"长孙无忌有功应当减轻处罚，门卫是因为长孙无忌犯罪也应当减轻"。对此，下列说法正确的是？（2019 年回忆版）[3]

A. 赎刑正式确立于《武德律》　　　　　B. 议请是减免贵族官员刑罚的制度

C. 长孙无忌有功，减轻处罚是"议功"　D. 门卫因为失察触犯公罪，应当从轻处罚

【解析】西周时期的《吕刑》中已经确立了赎刑，故 A 项错误。

议请，指有特殊身份者犯罪时，可奏请皇帝予以减免，故 B 项正确。

议功，指对有大功之人减免刑罚，故 C 项正确。

公罪指官吏因执行公务而犯罪。唐律规定，公罪自举者可免罪，其他的可以减等处罚，故 D 项正确。

专题五　清末、民国时期的法律思想和法律制度

1. 1903 年，清廷发布上谕："通商惠工，为古今经国之要政，急应加意讲求，著派载振、袁世凯、伍廷芳，先定商律，作为则例。"下列哪一说法是正确的？（2016－1－19）[1]

A.《钦定大清商律》为清朝第一部商律，由《商人通例》、《公司律》和《破产律》构成

B. 清廷制定商律，表明随着中国近代工商业发展，其传统工商政策从"重农抑商"转为"重商抑农"

C. 商事立法分为两阶段，先由新设立商部负责，后主要商事法典改由修订法律馆主持起草

D.《大清律例》、《大清新刑律》、《大清民律草案》与《大清商律草案》同属清末修律成果

【解析】1903 年修订的《商人通例》9 条和《公司律》131 条，在 1904 年 1 月奏准颁行，定名为《钦定大清商律》，是为清朝第一部商律。此外，清政府还陆续颁布了有关商务和奖励实业的法律法规、章程，如 1904 年 6 月颁行的《公司注册试办章程》，同年 7 月颁布的《商标注册试办章程》，1905 年 5 月颁布的《破产律》等。因此 A 项错误。清廷发布上谕，制定商律，实际上当时的商部仅考虑尽快制定出一些应急的法规，因此并非是传统工商政策，从重农抑商转为重商抑农，因此 B 项错误。清末的商事立法，大致可以分为前后两个阶段：1903～1907 年为第一阶段；1907～1911 年为第二阶段。在第一阶段，商事立法主要由新设立的商部负责；在第二阶段，主要商事法典改由修订法律馆主持起草，单行法规仍由各有关机关拟定。经宪政编查馆和资政院议后请旨颁行。因此 C 项正确。《大清新刑律》、《大清民律草案》与《大清商律草案》属于清末修律成果，但《大清律例》于乾隆元年开始修订，于乾隆五年完成，颁行天下，并非清末修律成果。因此 D 项错误。

2. 鸦片战争后，清朝统治者迫于内外压力，对原有的法律制度进行了不同程度的修改与变革。关于清末法律制度的变革，下列哪一选项是正确的？（2015－1－18）[2]

A.《大清现行刑律》废除了一些残酷的刑罚手段，如凌迟

B.《大清新刑律》打破了旧律维护专制制度和封建伦理的传统

C. 改刑部为法部，职权未变

D. 改四级四审制为四级两审制

【解析】《大清现行刑律》是新刑律实施前的一部以刑为主的过渡性法典。它废除酷刑，如凌迟。A 项正确。

《大清新刑律》虽然是我国历史上第一部近代意义上的专门刑法典，但仍保持着旧律维护专制制度和封建伦理的传统。B 项错误。

---

[1] C　[2] A

改刑部为法部，掌管全国司法行政事务。C 项错误。

实行四级三审制。D 项错误。

3. 关于清末"预备立宪"，下列哪一选项可以成立？（2007 - 1 - 11）[1]

A. 1908 年颁布的《钦定宪法大纲》作为中国近代史上第一部宪法性文件，确立了资产阶级民主共和国的国家制度

B.《十九信条》取消了皇权至上，大大缩小了皇帝的权力，扩大了国会与内阁总理的权力

C. 清末成立的资政院是中国近代第一届国家议会

D. 清末各省成立了谘议局作为地方督抚的咨询机关，权限包括讨论本省兴革事宜、预决算等

【解析】预备立宪是清末统治者在内外形势的逼迫下作出的选择，而 1908 年颁布的《钦定宪法大纲》其实质是以法律的形式确认君主的绝对权力，并没有确立资产阶级民主共和国的制度。A 项错误。

《十九信条》只是在形式上缩小了皇帝的权力，本质上仍强调皇权至上。B 项错误。

清末资政院的性质是承旨办事的御用机构，与近代社会的国家议会有根本性的不同。C 项错误。

4. 关于《大清新刑律》，下列哪一选项是错误的？（2008 川 - 1 - 8）[2]

A.《大清新刑律》是中国刑法史上第一部具有近代意义的法典

B.《大清新刑律》规定刑罚分主刑、从刑

C.《大清新刑律》的内容完全属于资本主义刑法性质的内容

D.《大清新刑律》于 1911 年公布，但没有实施

【解析】《大清新刑律》是清廷于 1911 年公布的中国历史上第一部近代意义上的专门刑法典，但并未来得及实施，清朝即灭亡。A 项、D 项正确。

《大清新刑律》在体例上分为总则和分则两篇，抛弃了旧律诸法合体的编纂形式，以罪名和刑罚等专属刑罚范畴的条文作为法典的唯一内容；确立了新的刑罚制度，规定刑罚分为主刑、从刑；采用了近代西方资产阶级的一些刑法原则和刑罚制度，但其仍保持着旧律维护专制制度和封建伦理的传统，并不是完全属于资本主义刑法性质的内容。B 项正确，C 项错误。

5. 中国法制近代化经历了曲折的渐进过程，贯穿着西方法律精神与中国法律传统的交汇与碰撞。关于中国法制近代化在修律中的特点，下列哪一选项是不正确的？（2010 - 1 - 14）[3]

A. 1910 年《大清民律草案》完成后，修律大臣俞廉三上陈"奏进民律前三编草案折"，认为民律修订仍然没有超出"中学为体，西学为用"的思想格局

B. 1911 年《大清新刑律》作为中国第一部近代意义的专门刑法典，在吸纳近代资产阶级罪刑法定等原则的同时，仍然保留了部分不必科刑的民事条款

C. 1910 年颁行的《法院编制法》规定，国家司法审判实行四级三审制

D. 1947 年颁行的《中华民国宪法》，所列各项民主自由权利比以往任何宪法性文件都充分

【解析】《大清民律草案》完成后，修订法律大臣俞廉三上陈"奏进民律前三编草案折"中表示："此次编辑之旨，约分四端：（一）注重世界最普遍之法则。（二）原本后出最精确之

法理。（三）求最适于中国民情之法则。（四）期于改进上最有利益之法则。"显然，其上书基本思路，没有超出"中学为体，西学为用"的思想格局。A项正确。

《大清新刑律》是第一部近现代意义上的专门刑法典，改变了传统诸法合体的编纂形式，不再纳入民法、诉讼法等方面的内容，是一部纯粹的刑法典。B项错误。

清末1910年颁行的《法院编制法》规定司法审判实行四级三审制。C项正确。

《中华民国宪法》内容的主要特点有表面上的"民有、民治、民享"和实际上的个人独裁。它罗列人民各项民主自由权利，比以往任何宪法性文件都充分。但依据《宪法》第23条颁布的《维持社会秩序的临时办法》《戒严法》《紧急治罪法》等，把宪法抽象的民主自由条款加以具体切实的否定。D项正确。

6. 武昌起义爆发后，清王朝于1911年11月3日公布了《宪法重大信条十九条》。关于该宪法性文件，下列哪一说法是错误的？（2014－1－19）[1]

　　A. 缩小了皇帝的权力　　　　　　　　B. 扩大了人民的权利
　　C. 扩大了议会的权力　　　　　　　　D. 扩大了总理的权力

【解析】《十九信条》形式上被迫缩小了皇帝的权力，相对扩大了议会和总理的权力，但仍强调皇权至上，且对人民权利只字未提。B项错误。

7. 1903年5月1日，在上海英租界发行的《苏报》刊载邹容的《革命军》自序和章炳麟的《客帝篇》，公开倡导革命，排斥满人。5月14日，《苏报》又指出：《革命军》宗旨专在驱除满族，光复中国。清廷谕令两江总督照会租界当局严加查办，于6月底逮捕章炳麟，不久，邹容自动投案。由谳员孙建臣、上海知县汪瑶庭、英国副领事三人组成的审判庭对邹容等人进行审理，最后判处章炳麟徒刑3年，邹容徒刑2年。对这一案件的说法，下列哪一选项是正确的？（2009－1－15）[2]

　　A. 这表明清廷实行公开审判原则
　　B. 这表明外国人在租界内对中国司法裁判权的直接干涉
　　C. 这表明外国人在租界内的领事裁判权受到了限制
　　D. 这表明清廷变法修律得到了国际社会的承认

【解析】领事裁判权是外国侵略者在强迫中国订立的不平等条约中所规定的一种司法特权。凡在中国享有领事裁判权的国家，其在中国的侨民不受中国法律管辖，只由该国的领事或设在中国的司法机构依其本国法律裁判。外国在华的领事裁判权，表明外国人在租界内对中国司法裁判权的直接干涉。B项正确。

8. 关于《中华民国临时约法》，下列哪一选项是正确的？（2011－1－21）[3]

　　A. 《临时约法》是辛亥革命后正式颁行的宪法
　　B. 《临时约法》设立临时大总统，采行总统制
　　C. 《临时约法》是中国历史上唯一一部具有资产阶级共和国性质的宪法性文件
　　D. 《临时约法》确立了五权分离的原则

【解析】《中华民国临时约法》是由中华民国临时政府于1912年公布实施的中国历史上最早的，也是唯一一部具有资产阶级共和国性质的宪法性文件，但不属于正式颁布的宪法。辛亥革命后第一部正式颁布的宪法是由北洋政府在1923年公布的《中华民国宪法》。A项错误，C项正确。

在政治体制和组织原则上，《临时约法》采用的是责任内阁制，规定了临时大总统、副总

统和国务院行使行政权力，参议院是立法机关，法院是司法机关。B项错误。

"五权分离"是孙中山先生提出的一种政治主张。他提出采取西洋各国行政、立法、司法三权分立的长处，并融入中国古代考试权和监察权独立的优点，而创立了"五权分离"的宪政思想。1947年南京国民政府颁布的《中华民国宪法》基本上采用该原则。D项错误。

【特别提示】中国近代法典的地位：

①《钦定宪法大纲》：中国近代史上第一个宪法性文件。

②《大清现行刑律》：改律名为"刑律"；取消了《大清律例》中按吏、户、礼、兵、刑、工六部名称而分的六律总目，将法典各条按其性质分隶三十门；关于继承、分产、婚姻、田宅、钱债等纯属民事性质的条款不再科刑；废除凌迟。

③《大清新刑律》：中国历史上第一部近代意义上的专门刑法典。

④《中华民国临时约法》：中国历史上最初的，也是唯一一部资产阶级民主共和国性质的宪法性文件。

⑤《中华民国宪法（草案）》（《天坛宪草》）：北洋政府时期第一部宪法草案。

⑥《中华民国宪法》（"贿选宪法"）：中国近代首部正式颁行的宪法。

9. 清末修订法律馆于1911年8月完成《大清民律草案》。下列有关该草案的表述，哪一项是错误的？（2003-1-09）[1]

A.《大清民律草案》的结构顺序是：总则、债权、物权、亲属、继承

B. 日本法学家参与了《大清民律草案》的起草工作

C.《大清民律草案》的基本思路体现了"中学为体，西学为用"的精神

D.《大清民律草案》经正式公布，但未及施行，清王朝即告崩溃

【解析】《大清民律草案》共分总则、债权、物权、亲属、继承五编，A正确。其中，总则、债权、物权三编由日本著名民法学家松冈正义等人仿照德、日民法典的体例和内容草拟而成，吸收了大量的西方资产阶级民法的理论、制度和原则，B正确。亲属、继承两编由修订法律馆会同保守的礼学馆起草，其制度、风格带有浓厚的封建色彩，保留了许多封建法律的精神。修订民律的基本思路，仍然没有超出"中学为体，西学为用"的思想格局，C正确。在《大清民律草案》完成后仅两个多月，武昌起义（1911年10月10日）爆发，清王朝的统治迅速土崩瓦解。因此，这部民律草案并没有正式颁布与施行，D项错误。

10. 1928年民国政府开始起草民法典，前后编成总则、债、物权、亲属、继承五编，从1929年10月10日起陆续施行。下列哪项不是当时民法的特点？（模拟题）[2]

A. 承认习惯和法理可作为判案依据　　B. 确认继承制度

C. 反对父家长权　　　　　　　　　　D. 承认外国人在华权益

【解析】1928年民国政府开始起草民法典，前后编成总则、债、物权、亲属、继承五编，从1929年10月10日起陆续施行。民法的特点：（一）承认习惯和法理可作为判案依据；（二）维护土地权益；（三）保护债权人利益；（四）承认所有权法律关系；（五）保护传统婚姻家庭关系；（六）确认父家长权；（七）确认继承制度；（八）确认外国人在华权益。因此，C不是当时民法的特点。

11. 下列哪项不属于章太炎的法律思想？（模拟题）[3]

A. 他认为国民才是国家的主人　　　　B. 他赞成代议政治

C. 他认为法律应当保护下层民众的利益　　D. 他强调法治，反对人治

———————————
[1] D　[2] C　[3] B

【解析】章太炎的法律思想包括：（一）他认为国民才是国家的主人；（二）他反对代议政治；（三）他认为法律应当保护下层民众的利益；（四）他强调法治，反对人治。因此 B 错误。

12. 下列哪项不属于宋教仁的法律思想？（模拟题）[1]

A. 他主张建立民主的立宪政体

B. 他认为在共和立宪国家，法律上的国家主权属于国民全体，但真正能够发出意思或指示的，则为事实上的政党

C. 他主张建立总统制

D. 他将地方行政主体划分为地方自治行政主体与地方官治行政主体，试图在中央集权制与地方分权制之间寻求折中与平衡

【解析】宋教仁的法律思想包括：（一）他主张建立民主的立宪政体；（二）他认为在共和立宪国家，法律上的国家主权属于国民全体，但真正能够发出意思或指示的，则为事实上的政党；（三）他主张建立责任内阁制；（四）他将地方行政主体划分为地方自治行政主体与地方官治行政主体，试图在中央集权制与地方分权制之间寻求折中与平衡。因此 C 错误。

13. 民国政府先后颁布了 1928 年《刑法》和 1935 年新《刑法》。下列哪项不属于刑法的主要内容和特点？（模拟题）[2]

A. 镇压危害政权与社会秩序的犯罪

B. 保护社会经济秩序，维护社会秩序

C. 大量援用资产阶级刑法原则，援用"保安处分"

D. 摒弃传统宗法家庭制度

【解析】民国政府先后颁布了 1928 年《刑法》和 1935 年新《刑法》。刑法的主要内容和特点：（一）镇压危害政权与社会秩序的犯罪；（二）保护社会经济秩序；（三）维护社会秩序；（四）大量援用资产阶级刑法原则；（五）援用"保安处分"；（六）维护传统宗法家庭制度。因此 D 错误。

14. 清末和民国时期的旧中国曾经进行频繁的立宪活动，下列关于该时期宪法文件，说法错误的是？（2019 年回忆版）[3]

A. 《钦定宪法大纲》为中国近代史上第一个宪法性文件，是由宪政编查馆编订，于 1908 年公布的

B. 1912 年《临时约法》是由孙中山主导创制的中国第一部资产阶级共和国性质的宪法性文件

C. 北洋政府时期的第一部宪法草案为"天坛宪草"，采用资产阶级三权分立的宪法原则，确认民主共和制度

D. 《中华民国宪法》（1947 年）是中国近代史上首部正式颁行的宪法

【解析】中国近代史上首部正式颁行的宪法是 1923 年的《中华民国宪法》（"贿选宪法"）。故 D 项错误。A 项、B 项、C 项正确。

---

[1] C [2] D [3] D

司法制度与法律职业道德

专题一 司法制度和法律职业道德概述

1. 司法活动的公开性是体现司法公正的重要方面，要求司法程序的每一阶段和步骤都应以当事人和社会公众看得见的方式进行。据此，按照有关文件和规定精神，下列哪一说法是正确的？（2016－1－45）[1]

A. 除依法不在互联网公布的裁判文书外，法院的生效裁判文书均应在互联网公布

B. 检察院应通过互联网、电话、邮件、检察窗口等方式向社会提供案件程序性信息查询服务

C. 监狱狱务因特殊需要不属于司法公开的范围

D. 律师作为诉讼活动的重要参与者，其制作的代理词、辩护词等法律文书应向社会公开

【解析】根据《最高人民法院关于人民法院在互联网公布裁判文书的规定》第4条规定，人民法院作出的裁判文书有下列情形之一的，不在互联网公布：（一）涉及国家秘密的；（二）未成年人犯罪的；（三）以调解方式结案或者确认人民调解协议效力的，但为保护国家利益、社会公共利益、他人合法权益确有必要公开的除外；（四）离婚诉讼或者涉及未成年子女抚养、监护的；（五）人民法院认为不宜在互联网公布的其他情形。因此A项正确。《人民检察院案件信息公开工作规定》第3条第1款规定："人民检察院应当通过互联网、电话、邮件、检察服务窗口等方式，向相关人员提供案件信息查询服务，向社会主动发布案件信息、公开法律文书，以及办理其他案件信息公开工作。"此处公开的是面向相关人员，而非社会，因此B项错误。《中共中央关于全面推进依法治国若干重大问题的决定》要求："构建开放、动态、透明、便民的阳光司法机制，推进审判公开、检务公开、警务公开、狱务公开，依法及时公开执法司法依据、程序、流程、结果和生效法律文书，杜绝暗箱操作。加强法律文书释法说理，建立生效法律文书统一上网和公开查询制度。"因此，司法公开包括狱务公开，不包括律师文书的公开，因此C、D项错误。

2. 司法人员恪守司法廉洁，是司法公正与公信的基石和防线。违反有关司法廉洁及禁止规定将受到严肃处分。下列属于司法人员应完全禁止的行为是：（2016－1－98）[2]

A. 为当事人推荐、介绍诉讼代理人、辩护人

B. 为律师、中介组织介绍案件

C. 在非工作场所接触当事人、律师、特殊关系人

D. 向当事人、律师、特殊关系人借用交通工具

---

〔1〕 A 〔2〕 ABD

【解析】《关于进一步规范司法人员与当事人、律师特殊关系人、中介组织接触交往行为的若干规定》第5条规定："严禁司法人员与当事人、律师、特殊关系人、中介组织有下列接触交往行为：（一）泄露司法机关办案工作秘密或者其他依法依规不得泄露的情况；（二）为当事人推荐、介绍诉讼代理人、辩护人，或者为律师、中介组织介绍案件，要求、建议或者暗示当事人更换符合代理条件的律师；（三）接受当事人、律师、特殊关系人、中介组织请客送礼或者其他利益；（四）向当事人、律师、特殊关系人、中介组织借款、租借房屋，借用交通工具、通讯工具或者其他物品；（五）在委托评估、拍卖等活动中徇私舞弊，与相关中介组织和人员恶意串通、弄虚作假、违规操作等行为；（六）司法人员与当事人、律师、特殊关系人、中介组织的其他不正当接触交往行为。"因此A、B、D项当选。该规定第6条、第7条还要求："司法人员在案件办理过程中，应当在工作场所、工作时间接待当事人、律师、特殊关系人、中介组织。因办案需要，确需与当事人、律师、特殊关系人、中介组织在非工作场所、非工作时间接触的，应依照相关规定办理审批手续并获批准。""司法人员在案件办理过程中因不明情况或者其他原因在非工作时间或非工作场所接触当事人、律师、特殊关系人、中介组织的，应当在三日内向本单位纪检监察部门报告有关情况。"因此C项不当选。

3. 法律在社会中负有分配社会资源、维持社会秩序、解决社会冲突、实现社会正义的功能，这就要求法律职业人员具有更高的法律职业道德水准。据此，关于提高法律职业道德水准，下列哪些表述是正确的？（2016－1－83）[1]

A. 法律职业道德主要是法律职业本行业在职业活动中的内部行为规范，不是本行业对社会所负的道德责任和义务

B. 通过长期有效的职业道德教育，使法律职业人员形成正确的职业道德认识、信念、意志和习惯，促进道德内化

C. 以法律、法规、规范性文件等形式赋予法律职业道德以更强的约束力和强制力，并加强道德监督，形成他律机制

D. 法律职业人员违反法律职业道德和纪律的，应当依照有关规定予以惩处，通过惩处教育本人及其他人员

【解析】法律职业道德对于维护法律职业声誉、发挥法律功能和提高全社会的道德水平具有积极意义，因此不仅是本行业内部行为规范，也是本行业对社会所负的道德责任和义务。因此A项错误。职业道德教育的目的在于使法律职业人员形成正确的职业道德认识、信念、意志和习惯，促进道德内化，同时以法律、法规、规范性文件等形式赋予法律职业道德以更强的约束力和强制力，并加强道德监督，形成他律机制，当法律职业人员违反法律职业道德和纪律，应当依照有关规定予以惩处，通过惩处教育本人及其他人员。因此B、C、D项正确。

4. 法院的下列哪些做法是符合审判制度基本原则的？（2016－1－84）[2]

A. 某法官因病住院，甲法院决定更换法官重新审理此案

B. 某法官无正当理由超期结案，乙法院通知其三年内不得参与优秀法官的评选

C. 对某社会高度关注案件，当地媒体多次呼吁法院尽快结案，丙法院依然坚持按期审结

D. 因人身损害纠纷，原告要求被告赔付医疗费，丁法院判决被告支付全部医疗费及精神损害赔偿金

【解析】在我国诉讼制度中，审理形式一般采取直接言词原则，直接言词原则可再分为直接原则和言词原则，均以发现真实为主要目的。直接原则也称直接审理原则，要求参加审判的

---

[1] BCD　[2] ABC

法官必须亲自参加证据审查、亲自聆听法庭辩论。这一原则强调审理法官与判决法官的一体化。言词原则也称言词审理原则，要求当事人等在法庭上须用言词形式开展质证辩论。A体现的正是直接言词原则。

及时审判原则具有保障人权、推进诉讼进行、提高诉讼效率的重要价值。我国法律要求人民法院及时审理案件，提高办案效率。这一原则体现了审判的效率性。B法官违反的正是及时审判原则。B项正确。我国宪法、人民法院组织法和刑事诉讼法、民事诉讼法和行政诉讼法都规定，人民法院依照法律规定独立行使审判权，不受行政机关、社会团体和个人的干涉。这一原则体现了审判的独立性。C中情形正是这一原则的体现，正确。为了尊重当事人诉权和体现法院的中立性，我国法律规定：未经控诉一方提起控诉，法院不得自行主动对案件进行裁判；法院审理案件的范围（诉讼内容与标的）由当事人确定，法院无权变更、撤销当事人的诉讼请求；案件在审理中，法院只能按照当事人提出的诉讼事实和主张进行审理，对超过当事人诉讼主张的部分不得主动审理。D表述不符合该原则。

5. 某法院推行办案责任制后，直接由独任法官、合议庭裁判的案件比例达到99.9%，提交审委会讨论的案件仅占0.1%。对此，下列说法正确的是：（2017－1－87）[1]

　　A. 对提交审委会讨论的案件，法官、合议庭也可以不执行审委会的决定

　　B. 办案责任制体现了"让审理者裁判，让裁判者负责"的精神

　　C. 提交审委会讨论的案件应以审委会的名义发布裁判文书

　　D. 法庭审理对于查明事实和公正裁判具有决定性作用

【解析】《最高人民法院关于适用〈中华人民共和国刑事诉讼法〉的解释》第217条规定："审判委员会的决定，合议庭、独任审判员应当执行；有不同意见的，可以建议院长提交审判委员会复议。"因此A项错误。司法责任制改革的目的就是"让审理者裁判，让裁判者负责"，因此B项正确。《最高人民法院关于人民法院合议庭工作的若干规定》第14条规定："合议庭一般应当在作出评议结论或者审判委员会作出决定后的五个工作日内制作出裁判文书。"因此提交审委会讨论的案件应以法官或合议庭的名义发布裁判文书，因此C项错误。根据《中共中央关于全面推进依法治国若干重大问题的决定》的规定，推进以审判为中心的诉讼制度改革，确保侦查、审查起诉的案件事实、证据经得起法律的检验。全面贯彻证据裁判规则，严格依法收集、固定、保存、审查、运用证据，完善证人、鉴定人出庭制度，保证庭审在查明事实、认定证据、保护诉权、公正裁判中发挥决定性作用。因此D项正确。

6. 某市律师协会与法院签订协议，选派10名实习律师到法院从事审判辅助工作6个月，法院为他们分别指定一名资深法官担任导师。对此，下列哪一说法是正确的？（2017－1－7）[2]

　　A. 法官与律师具有完全相同的职业理想和职业道德

　　B. 是对法院审判活动进行监督的一种新途径

　　C. 有助于加深律师和法官相互的了解和信任

　　D. 是从律师中招录法官、充实法官队伍的一种方式

【解析】法官与律师的职业理想和职业道德并非完全相同，因此A项错误。律师协会选派实习律师到法院从事审判辅助工作，其目的主要是为了加深律师和法官相互了解和信任，并非是对法院审判活动进行监督，也不是从律师中招录法官、充实法官队伍，因此B项错误、C项正确、D项错误。

〔1〕　BD　〔2〕　C

7. 加强人权司法保障是司法机关的重要职责，也是保证公正司法的必然要求。下列哪一做法符合上述要求？(2017－1－45)[1]

A. 某公安机关第一次讯问犯罪嫌疑人时告知其有权委托辩护人，但未同时告知其如有经济困难可申请法律援助

B. 某省法院修订进入法庭的安检流程，明确"禁止对律师进行歧视性安检"

C. 某法官在一伤害案判决书中，对被告人及律师"构成正当防卫"的证据和意见不采信而未做回应和说明

D. 某法庭对辩护律师在辩论阶段即将结束时提出的"被告人庭前供述系非法取得"的意见及线索，未予调查

【解析】十八届四中全会通过的《中共中央关于全面推进依法治国若干重大问题的决定》明确指出了"加强人权司法保障"的要求，《决定》为此做出了强化诉讼过程中当事人和其他诉讼参与人的知情权、陈述权、辩护辩论权、申请权、申诉权保障的规定："完善对限制人身自由司法措施和侦查手段的司法监督，加强对刑讯逼供和非法取证的源头预防，健全冤假错案有效防范、及时纠正机制。"强化诉讼权利保障，一是要以深化司法公开为抓手，切实保障当事人及其辩护人、代理人等诉讼参与人的知情权；二是要切实保障诉讼参与人在诉讼活动中发表诉辩意见和提出主张的权利；三是要为诉讼权利受到不当限制或者非法侵犯的当事人提供通畅的救济通道，完善诉权救济机制。因此A、C、D项错误。《人民法院第四个五年改革纲要（2014－2018）》规定："完善律师执业权利保障机制，强化控辩对等诉讼理念，禁止对律师进行歧视性安检，为律师依法履职提供便利，依法保障律师履行辩护代理职责，落实律师在庭审中发问、质证、辩护等诉讼权利。"因此B项正确。

8. 中国特色社会主义司法制度是一个科学系统，既包括体制机制运行体系，也包括理念文化等丰富内容。关于我国司法制度的理解，下列哪一选项是正确的？(2017－1－46)[2]

A. 我国司法制度主要由四个方面的体系构成：司法规范体系、司法组织体系、司法制度体系、司法文化体系

B. 司法组织体系主要包括审判组织体系、律师组织体系、公证组织体系

C. 人民调解制度和死刑复核制度是独具中国特色的司法制度，司法解释制度和案例指导制度是中外通行的司法制度

D. 各项司法制度既是司法机关职责分工、履行职能的依据和标准，也是监督和规范司法行为的基本规则

【解析】所谓司法制度，是指有关司法机关和司法组织的性质、任务、组织体系、权利义务、活动原则以及工作制度等方面规范的总称，其中司法机关在我国是指审判机关和检察机关，而司法组织则还应包括律师组织、公证组织等。相应的，司法制度除审判制度和检察制度外还应包括律师制度、公证制度等。中国特色社会主义司法制度，包括司法规范体系、司法组织体系、司法制度体系、司法人员管理体系。因此A、B项错误。各项司法制度既是司法机关明确职责分工和履行司法职能的平台，也是监督和规范司法行为的基本规则。我国各项司法制度已经比较完善，并基本适应司法实践需要，主要包括六大制度，即侦查制度、检察制度、审判制度、监狱制度、律师制度和公证制度。还有人民调解制度、人民陪审制度、死刑复核制度、审判监督制度、司法解释制度以及案例指导制度等，都是独具中国特色的司法制度。因此C项错误，D项正确。

---

9. 法律职业道德具有不同于一般职业道德的职业性、实践性、正式性及更高标准的特征。关于法律职业道德的表述，下列哪些选项是正确的？（2017－1－83）[1]

A. 法律职业人员专业水平的发挥与职业道德水平的高低具有密切联系

B. 法律职业道德基本原则和规范的形成，与法律职业实践活动紧密相连

C. 纵观伦理发展史和法律思想史，法律职业道德的形成与"实证法"概念的阐释密切相关

D. 法律职业道德基本原则是对每个法律从业人员职业行为进行职业道德评价的标准

【解析】一般认为法律职业具有政治性、法律性、行业性等特征，同时需要注意法律职业的专业属性。法律职业的专业性很强，每个法律专业人员都应具备一定的资格条件。法律职业的专业性是法律职业的高层次的重要因素。法官、检察官、律师、公证员等属于法律的实践人员，其专业水平的高低与职业道德水平的高低是密切联系的，因此法律职业的专业性属性对法律职业道德的影响具有十分重要的积极意义，因此 A 项正确。由于法律职业的特殊性，因此法律职业道德具有不同于一般职业道德的特征：（1）职业性。法律职业道德的内容与法律职业实践活动密切相连，反映着法律职业活动对从业人员行为的道德要求。法律职业道德规范法律职业从业人员的职业行为，在特定的职业范围内发挥作用。（2）实践性。法律职业行为过程，就是法律职业实践过程，只有在法律实践过程中，才能体现出法律职业道德的水准。法律职业道德的作用是调整法律职业关系，对从业人员的法律职业活动中的具体行为进行规范。（3）正式性。法律职业道德的表现形式较为正式，除了一般职业道德的工作制度、规章守则、服务公约等表现形式外，还通过法律法规等形式表现出来。（4）更高性。法律作为调整社会关系的主要规范，要求法律职业人员具有更高的法律职业道德水准，要求较为明确，法律职业道德的约束力和强制力也更为明显，因此 B 项正确。职业道德基本准则是指最根本的职业道德规范。它是从业人员进行职业活动时，应当遵守的具体职业道德行为规范中所体现的价值方针的高度概括，在职业道德体系中处于统帅的地位，起着职业道德活的灵魂的作用。职业道德原则的贯彻，可以赋予每个具体的道德行为以不同的社会属性，赋予外观相似的行为以不同的灵魂。职业道德原则不仅是从业人员进行职业活动的根本指导思想，也是对每个从业人员的职业行为进行职业道德评价的最高标准。法律职业道德的基本原则是指作为法律职业道德的规范基础或本源的根本准则。因此 D 项正确，C 项错误。

10. 最高法院设立巡回法庭有利于方便当事人诉讼、保证案件审理更加公平公正。关于巡回法庭的性质及职权，下列说法正确的是：（2017－1－99）[2]

A. 巡回法庭是最高法院的派出机构、常设审判机构

B. 巡回法庭作出的一审判决当事人不服的，可向最高法院申请复议一次

C. 巡回法庭受理本巡回区内不服高级法院一审民事、行政裁决提起的上诉

D. 巡回区内应由最高法院受理的死刑复核、国家赔偿等案件仍由最高法院本部审理或者办理

【解析】《最高人民法院关于巡回法庭审理案件若干问题的规定》第 2 条规定："巡回法庭是最高人民法院派出的常设审判机构。巡回法庭作出的判决、裁定和决定，是最高人民法院的判决、裁定和决定。"因此 A 项正确，B 项错误。第 3 条规定："巡回法庭审理或者办理巡回区内应当由最高人民法院受理的以下案件：……（四）对高级人民法院作出的已经发生法律效力的行政或者民商事判决、裁定、调解书申请再审的案件；……"因此 C 项正确。第 4 条规

---

[1]　ABD　[2]　ACD

定:"知识产权、涉外商事、海事海商、死刑复核、国家赔偿、执行案件和最高人民检察院抗诉的案件暂由最高人民法院本部审理或者办理。"因此 D 项正确。

11. 来某县打工的农民黄某欲通过法律援助帮其讨回单位欠薪。根据《法律援助条例》等规定,有关部门下列做法正确的是:(2017－1－100)[1]

A. 县法律援助中心以黄某户籍不在本县为由拒绝受理其口头申请,黄某提出异议

B. 县司法局受理黄某异议后函令县法律援助中心向其提供法律援助

C. 县某律所拒绝接受县法律援助中心指派,县司法局对该所给予警告的行政处罚

D. 县法院驳回了黄某以"未能指派合格律师、造成损失应予赔偿"为由对县法律援助中心的起诉

【解析】《法律援助条例》第 14 条第(四)项规定:"请求支付劳动报酬的,向支付劳动报酬的义务人住所地的法律援助机构提出申请。"县法律援助中心以黄某户籍不在本县为由拒绝受理申请,因此 A 项错误。第 19 条规定:"申请人对法律援助机构作出的不符合法律援助条件的通知有异议的,可以向确定该法律援助机构的司法行政部门提出,司法行政部门应当在收到异议之日起 5 个工作日内进行审查,经审查认为申请人符合法律援助条件的,应当以书面形式责令法律援助机构及时对该申请人提供法律援助。"因此 B 项正确。《律师法》第 50 条规定:"律师事务所有下列行为之一的,由设区的市级或者直辖市的区人民政府司法行政部门视其情节给予警告、停业整顿一个月以上六个月以下的处罚,可以处十万元以下的罚款;有违法所得的,没收违法所得;情节特别严重的,由省、自治区、直辖市人民政府司法行政部门吊销律师事务所执业证书:……(六)拒绝履行法律援助义务的;……"据此,县司法局没有对该律所进行处罚的权力。因此 C 项错误。根据《法律援助条例》第 26 条的规定,县法律援助中心并没有违规或违法行为,因此 D 项正确。

12. 保证公正司法,提高司法公信力,一个重要的方面是加强对司法活动的监督。下列哪一做法属于司法机关内部监督?(2015－1－45)[2]

A. 建立生效法律文书统一上网和公开查询制度

B. 逐步实行人民陪审员只参与审理事实认定、不再审理法律适用问题

C. 检察院办案中主动听取并重视律师意见

D. 完善法官、检察官办案责任制,落实谁办案谁负责

【解析】A 项、B 项、C 项均属于外部监督。

13. 法律职业人员在业内、业外均应注重清正廉洁,严守职业道德和纪律规定。下列哪些行为违反了相关职业道德和纪律规定?(2015－1－84)[3]

A. 赵法官参加学术研讨时无意透露了未审结案件的内部讨论意见

B. 钱检察官相貌堂堂,免费出任当地旅游局对外宣传的"形象大使"

C. 孙律师在执业中了解到委托人公司存在严重的涉嫌偷税犯罪行为,未向税务机关举报

D. 李公证员代其同学在自己工作的公证处申办学历公证

【解析】法官对于审理的案件具有保密的义务。A 项错误。
公证事项不得由公证员代其进行办理。D 项错误。

14. 关于我国法律职业人员的入职条件与业内、业外行为的说法:①法官和检察官的任职禁止条件完全相同;②被辞退的司法人员不能担任律师和公证员;③王某是甲市中院的副院长,其子王二不能同时担任甲市乙县法院的审判员;④李法官利用业余时间提供有偿网络法律

―――――――――――――――

[1] BD　[2] D　[3] AD

咨询，应受到惩戒；⑤刘检察官提出检察建议被采纳，效果显著，应受到奖励；⑥张律师两年前因私自收费被罚款，目前不能成为律所的设立人。对上述说法，下列判断正确的是：（2015－1－99）[1]

A. ①⑤正确　　　　　　　　　　B. ②④错误

C. ②⑤正确　　　　　　　　　　D. ③⑥错误

【解析】《法官法》第13条："下列人员不得担任法官：（一）因犯罪受过刑事处罚的；（二）被开除公职的；（三）被吊销律师、公证员执业证书或者被仲裁委员会除名的；（四）有法律规定的其他情形的。"《检察官法》第13条："下列人员不得担任检察官：（一）因犯罪受过刑事处罚的；（二）被开除公职的；（三）被吊销律师、公证员执业证书或者被仲裁委员会除名的；（四）有法律规定的其他情形的。"①正确。

一般性的辞退还是可以做律师与公证员的，②错误。

任职回避针对上下相邻两级人民法院的要求是院长与副院长，③错误。

法官不可以进行有偿的职务外的行为，④正确。

依据《检察官法》检察官提出检察建议或者对检察工作提出改革建议被采纳，效果显著的，应当受到奖励，⑤正确。

《中华人民共和国律师法》第14条第3项规定："设立人应当是具有一定的执业经历，且三年内未受过停止执业处罚的律师。"张律师只是被罚款，而没有受到停止执业的行政处罚。⑥错误。

15. 关于法律职业人员职业道德，下列哪一说法是不正确的？（2014－1－49）[2]

A. 法官职业道德更强调法官独立性、中立地位

B. 检察官职业道德是检察官职业义务、职业责任及职业行为上道德准则的体现

C. 律师职业道德只规范律师的执业行为，不规范律师事务所的行为

D. 公证员职业道德应得到重视，原因在于公证证明活动最大的特点是公信力

【解析】律师职业道德既规范律师的执业行为，也规范律师事务所的行为，C项错误。

16. 根据有关规定，我国法律职业人员因其职业的特殊性，业外活动也要受到约束。下列哪些说法是正确的？（2014－1－85）[3]

A. 法律职业人员在本职工作和业外活动中均应严格要求自己，维护法律职业形象和司法公信力

B. 业外活动是法官、检察官行为的重要组成部分，在一定程度上也是司法职责的延伸

C. 《律师执业行为规范》规定了律师在业外活动中不得为的行为

D. 《公证员职业道德基本准则》要求公证员应当具有良好的个人修养和品行，妥善处理个人事务

【解析】本题A、B、C、D项的说法都是正确的。

17. 2017年7月，习近平总书记对司法体制改革作出重要指示："司法体制改革在全面深化改革、全面依法治国中居于重要地位，对推进国家治理体系和治理能力现代化意义重大。"下列关于司法改革说法正确的有？（模拟题）[4]

A. 我国的司法改革以优化司法职权配置、加强人权保障、提高司法能力、践行司法为民为重点

B. 我国司法改革进一步完善中国特色社会主义司法制度，扩大司法民主，推行司法公开，

---

〔1〕　AD　〔2〕　C　〔3〕　ABCD　〔4〕　ABC

保证司法公正

C. 司法改革促进了司法机关严格、公正、文明、廉洁执法，推动了我国司法工作和司法队伍建设的科学发展，赢得了公众的认可与支持

D. 司法改革虽然是中国特色社会主义司法制度的自我完善和发展，但不属于我国政治体制改革的组成部分

【解析】司法改革是我国政治体制改革的重要组成部分，D错误。其他选项均正确。

18. 下列关于从事法律职业相关主体的条件和任免规定，说法不正确的有？（模拟题）[1]

A. 担任高级人民法院法官需要工作满5年，一般级别法院法官需要工作满3年

B. 检察官离职2年内不得以律师身份代理、辩护，5年内不得担任原任职检察院办理案件的诉讼代理人或者辩护人

C.《律师法》对特许律师从业资格作出了限制，具备高等院校本科以上学历，是从文化水平作出限制，但对学历的专业没有要求

D. 公证员受到吊销公证员执业证书处罚的，由司法部注销其执业证书

【解析】根据《法官法》第12条第6项，担任法官必须具备下列条件：（六）从事法律工作满五年。其中获得法律硕士、法学硕士学位，或者获得法学博士学位的，从事法律工作的年限可以分别放宽至四年，三年；A错误。检察官离职后永远不得担任原任职检察院办理案件的诉讼代理人或者辩护人，B错误。《律师法》第8条规定："具有高等院校本科以上学历，在法律服务人员紧缺领域从事专业工作满十五年，具有高级职称或者同等专业水平并具有相应的专业法律知识的人员，申请专职律师执业的，经国务院司法行政部门考核合格，准予执业。具体办法由国务院规定。"C正确。《公证员执业管理办法》第20条第3款规定："公证员受到吊销公证员执业证书处罚或者因其他法定事由予以免职的，应当收缴其公证员执业证书，由省、自治区、直辖市司法行政机关予以注销。"D错误。

19. 2016年11月，最高人民法院、最高人民检察院联合印发了《关于建立法官、检察官惩戒制度的意见（试行）》。意见要求，在省一级设立法官、检察官惩戒委员会，负责审查认定法官、检察官违反审判、检察职责的行为并提出相应的意见。截至目前，全国各个省、自治区、直辖市均设立了法官、检察官惩戒委员会。对此，以下说法正确的是？（模拟题）[2]

A. 惩戒委员会的组成人员可以包括人大代表、政协委员、法学专家、律师的代表，但不能包括法官、检察官的代表

B. 惩戒委员会可以直接受理对法官、检察官的举报、投诉

C. 有关法院、检察院调查核实法官、检察官违反职责的行为时，应向惩戒委员会提供事实和证据

D. 受到惩戒的法官、检察官对惩戒决定不服的，可以向法官、检察官惩戒委员会申诉

【解析】惩戒委员会的组成人员应当包括法官、检察官的代表，A错误。惩戒委员会不直接受理对法官、检察官的举报、投诉，B错误。当事法官、检察官对惩戒决定不服的，可以向作出决定的人民法院、人民检察院申请复议，D错误。C正确。

20. 2018年3月，最高人民检察院在"看得见的正义"两会网络访谈中，新闻发言人介绍"经过三年多的深化改革，人民监督员制度在规范司法行为、推进司法民主、深化司法公平、促进司法公正，实现检察机关与社会公众良性互动方面发挥着越来越重要的作用。今后还要合理拓宽人民监督员监督范围，提高人民监督员参与率。拟探索将普通刑事案件和公益诉讼案件

---

[1] ABD [2] C

中的相关情形纳入监督范围。"关于人民监督员制度，以下说法正确的是：(模拟题)[1]

A. 检察机关行使监督职能既要重视内部监督，又要重视外部监督

B. 担任人民陪审员的，同时也可以担任人民监督员

C. 人民监督员分为省和设区的市级人民检察院人民监督员，其选任和管理由省级和设区的市级司法行政机关负责，人民检察院协助配合

D. 人民检察院办理的案件需要人民监督员进行监督评议的，由司法行政机关从人民监督员信息库中确定

【解析】人大常委会组成人员、法院、检察院、公安机关、国家安全机关、司法行政机关的在职人员和人民陪审员不参加人民监督员选任，B错误。需要人民监督员进行评议的，由司法行政机关从人民监督员信息库中随机抽选，D错误。A、C正确。

21. 小张为某仲裁委员会的仲裁员，根据《仲裁法》的规定，其行为所可能承担的责任，以下说法正确的是哪一项或几项？(2018年回忆版)[2]

A. 在调解过程中，受仲裁庭安排单独会见一方当事人，不属于违纪行为

B. 接受当事人的请客送礼，情节严重，被仲裁委员会除名

C. 保守仲裁秘密，不向外界透露任何与案件有关的实体与程序问题

D. 在仲裁案件时向当事人索取贿赂，枉法裁决，被人民检察院提起公诉

【解析】按照《仲裁法》第34条之规定，仲裁员不得私自会见当事人，因仲裁庭安排而会见，不属于禁止范围，故A项正确。按照《仲裁法》第38条的规定，仲裁员接受当事人的请客送礼，情节严重，应当除名，故B项正确。仲裁员要公正仲裁，遵守职业道德，保守仲裁秘密，不向外界透露任何与案件有关的实体与程序问题，故C项正确。根据《刑法》第399条和《刑法修正案（六）》第20条的规定，犯枉法仲裁罪的，可以处3年以下有期徒刑或者拘役；情节特别严重的，处3年以上7年以下有期徒刑。故D项正确。

---

[1] AC [2] ABCD

专题二　法官职业道德和职业责任

1. 关于深化法院人事管理改革措施的表述，下列选项正确的是：（2016 - 1 - 99）[1]

A. 推进法院人员分类管理制度改革，将法院人员分为法官、法官助理和书记员三类，实行分类管理

B. 建立法官员额制，对法官在编制限额内实行员额管理

C. 拓宽法官助理和书记员的来源渠道，建立法官助理和书记员的正常增补机制

D. 配合省以下法院人事改革，设立省市两级法官遴选委员会

【解析】《人民法院第四个五年改革纲要（2014 - 2018）》提出的主要改革措施，在法院人员分类管理方面的具体规定是将法院人员分为法官、审判辅助人员和司法行政人员，因此 A 项错误。同时与之配套的则是拓宽审判辅助人员的来源渠道，建立审判辅助人员的正常增补机制，减少法官事务性负担，因此 C 项正确。《纲要》提出建立法官员额制，对法官在编制限额内实行员额管理，确保法官主要集中在审判一线，高素质人才能够充实到审判一线，因此 B 项正确。与上述具体改革相关的，即为配合省以下法院人事统管改革，推动在省一级设立法官遴选委员会，从专业角度提出法官人选，由组织人事纪检监察部门在政治素养、廉洁、自律等方面考察把关，人大依照法律程序任免，因此 D 项错误。

2. 银行为孙法官提供了利率优惠的房屋抵押贷款，银行王经理告知孙法官，是感谢其在一年前的合同纠纷中作出的公正判决而进行的特殊安排，孙法官接受该笔贷款。关于法院对孙法官行为的处理，下列说法正确的是：（2016 - 1 - 100）[2]

A. 法院认为孙法官的行为系违反廉政纪律的行为

B. 如孙法官主动交代，并主动采取措施有效避免损失的，法院应从轻给予处分

C. 由于孙法官行为情节轻微，如经过批评教育后改正，法院可免予处分

D. 确认属于违法所得的部分，法院可根据情况作出责令退赔的决定

【解析】《法官职业道德基本准则》第 16 条规定：严格遵守廉洁司法规定，不接受案件当事人及相关人员的请客送礼，不利用职务便利或法官身份谋取不正当利益，不违反规定与当事人或者其他诉讼参与人进行不正当交往，不在执法办案中徇私舞弊。因而孙某的行为是违反廉政纪律的行为。因此 A 项正确。根据《人民法院工作人员处分条例》（以下简称《条例》）第 14 条第 1 款，主动交代违纪违法行为，并主动采取措施有效避免或者挽回损失的，应当在该条例分则规定的处分幅度以外降低一个档次给予减轻处分。因此 B 项中的"从轻"二字错误。根据该《条例》第 15 条，违纪违法行为情节轻微，经过批评教育后改正的，可以免予处分。孙法官的接受房屋抵押贷款的优惠利率，是在案件审理后发生的，且仅仅是优惠利率，故其违纪行为情节轻微，因此 C 项正确。根据该《条例》第 18 条第 1 款的规定，对违纪违法取得的

---

[1]　BC　[2]　ACD

财物和用于违纪违法的财物，应当没收、追缴或者责令退赔，因此 D 项正确。

3. 张法官与所承办案件当事人的代理律师系某业务培训班同学，偶有来往，为此张法官向院长申请回避，经综合考虑院长未予批准。张法官办案中与该律师依法沟通，该回避事项虽被对方代理人质疑，但审判过程和结果受到一致肯定。对照《法官职业道德基本准则》，张法官的行为直接体现了下列哪一要求？（2017－1－48）[1]

    A. 严格遵守审限   B. 约束业外活动

    C. 坚持司法便民   D. 保持中立地位

【解析】《法官职业道德基本准则》第 13 条规定："自觉遵守司法回避制度，审理案件保持中立公正的立场，平等对待当事人和其他诉讼参与人，不偏袒或歧视任何一方当事人，不私自单独会见当事人及其代理人、辩护人。"因此 D 项正确。

4. 职业保障是确保法官、检察官队伍稳定、发展的重要条件，是实现司法公正的需要。根据中央有关改革精神和《法官法》《检察官法》规定，下列哪一说法是错误的？（2015－1－46）[2]

    A. 对法官、检察官的保障由工资保险福利和职业（履行职务）两方面保障构成

    B. 完善职业保障体系，要建立符合职业特点的法官、检察官管理制度

    C. 完善职业保障体系，要建立法官、检察官专业职务序列和工资制度

    D. 合理的退休制度也是保障制度的重要组成部分，应予高度重视

【解析】《法官法》和《检察官法》只对法官、检察官的保障由工资保险福利做出相应的规定，而没有对法官、检察官的职业（履行职务）做出相应的规定。A 项错误。

5. 法律职业人员应自觉遵守回避制度，确保司法公正。关于法官、检察官、律师和公证员等四类法律职业人员的回避规定，下列哪些判断是正确的？（2015－1－85）[3]

    A. 与当事人（委托人）有近亲属关系，是法律职业人员共同的回避事由

    B. 法律职业人员的回避，在其《职业道德基本准则》中均有明文规定

    C. 法官和检察官均有任职回避的规定，公证员则无此要求

    D. 不同于其他法律职业，律师回避要受到委托人意思的影响

【解析】律师可以为近亲属辩护。A 项错误。

律师职业道德基本准则中，没有明确规定回避事项。B 项错误。

6. 司法公正体现在司法活动各个方面和对司法人员的要求上。下列哪一做法体现的不是司法公正的内涵？（2014－1－45）[4]

    A. 甲法院对社会关注的重大案件通过微博直播庭审过程

    B. 乙法院将本院公开审理后作出的判决书在网上公布

    C. 丙检察院为辩护人查阅、摘抄、复制案卷材料提供便利

    D. 丁检察院为暴力犯罪的被害人提供医疗和物质救助

【解析】D 项与司法公正无关。

7. 关于法官在司法活动中如何理解司法效率，下列哪一说法是不正确的？（2014－1－46）[5]

    A. 司法效率包括司法的时间效率、资源利用效率和司法活动的成本效率

    B. 在遵守审理期限义务上，对法官职业道德上的要求更加严格，应力求在审限内尽快完成职责

---

〔1〕D　〔2〕A　〔3〕CD　〔4〕D　〔5〕D

C. 法官采取程序性措施时，应严格依法并考虑效率方面的代价

D. 法官应恪守中立，不主动督促当事人或其代理人完成诉讼活动

【解析】司法效率主要由以下要素构成：司法机构的精简性，司法人员的专业性，权责的科学性和明确性，程序的简明性和终结性，期间的适度性和严格性，诉讼费用分担的合理性。为保证期间的适度性和严格性，法官可以催促当事人或其代理人完成诉讼活动。D项错误。

8. 下列说法正确的是？（2019年回忆版）[1]

A. 公职律师必须忠诚，为所在单位部门利益服务

B. 公职律师丰富了律师队伍

C. 法官可以兼职仲裁员，并且在仲裁意见不一致时发表独立意见

D. 法官枉法裁判后，行政责任与刑事责任都属于法官的职业责任

【解析】公职律师，是指任职于党政机关或者人民团体，依法取得司法行政机关颁发的公职律师证书，在本单位从事法律事务工作的公职人员，其需要忠诚于本单位，为本单位部门利益服务。故A项正确。

公职律师是律师的一种，丰富了律师队伍，故B项正确。

按照《法官法》第22条的规定，现任的法官不可以兼职仲裁员，故C项错误。

法官的职业责任，是指法官违反法律、职业道德和审判、执行纪律所应当承担的责任，包括法官执行职务中违纪行为的责任和法官执行职务中犯罪的刑事责任两类。故D项错误。

9. 下列做法不违反法官职业道德规范的是？（模拟题）[2]

A. 甲市中级法院江法官的外甥要到乙市中级法院开庭，临走前江法官嘱咐其外甥要注意遵守法庭秩序

B. 丙市某法学院邀请李法官演讲，出于演讲需要，其就同事杨法官正在审理的某热门案件发表了评论

C. 薛法官利用业余时间写作出版小说

D. 丁省高级法院曹院长应邀担任该省法律论坛荣誉主席

【解析】甲市中级法院与乙市中级法院是不同的法院，且江法官也没有对案件的审理和审判工作发表意见，其叮嘱的内容没有违反法官职业道德规范，故A项正确。根据《法官职业道德基本准则》第14条的规定，法官应尊重其他法官对审判职权的依法行使，除履行工作职责或者通过正当程序外，不过问、不干预、不评论其他法官正在审理的案件，故B项错误。根据《法官行为规范》第83条的规定，在不影响审判工作的前提下，法官可以利用业余时间从事写作、授课等活动，故C项正确。根据《法官行为规范》第82条的规定，法官受邀请参加各类社团组织或者联谊活动，确需参加在各级民政部门登记注册的社团组织的，及时报告并由所在法院按照法官管理权限审批，法官不参加营利性社团组织，不接受有违清正廉洁要求的吃请、礼品和礼金，故D项正确。

10. 根据法官、检察官纪律处分有关规定，下列哪一说法是正确的？（2016-1-46）[3]

A. 张法官参与迷信活动，在社会中造成了不良影响，可予提醒劝阻，其不应受到纪律处分

B. 李法官乘车时对正在实施的盗窃行为视而不见，小偷威胁失主仍不出面制止，其应受到纪律处分

C. 何检察官在讯问犯罪嫌疑人时，反复提醒犯罪嫌疑人注意其聘请的律师执业不足2年，

---

[1] AB [2] ACD [3] D

其行为未违反有关规定

D. 刘检察官接访时，让来访人前往国土局信访室举报他人骗取宅基地使用权证的问题，其做法是恰当的

【解析】《人民法院工作人员处分条例》第104条第1款规定："参与迷信活动，造成不良影响的，给予警告、记过或者记大过处分。"A项张法官的行为应受到纪律处分，因此A项错误。B项李法官的行为有违社会公德，但李法官无制止的法律义务，故尚未构成违法违纪行为，不应对其纪律处分，视情节后果对其诫勉谈话、批评通报即可，因此B项错误。《最高人民检察院机关严肃纪律作风的规定》第7条要求："严禁违反规定向案件当事人推荐特定的律师作为本人办理案件的诉讼代理人、辩护人，或者要求、暗示当事人更换律师。"检察官应当尊重律师的职业尊严，支持律师履行法定职责，依法保障和维护律师参与诉讼活动的权利，何检察官因律师的执业年限对律师持有偏见。因此C项错误。骗取宅基地使用权证的问题应由国土局处理，因此D项正确。

专题三　检察官职业道德和职业责任

1. 检察一体原则是指各级检察机关、检察官依法构成统一的整体，下级检察机关、下级检察官应当根据上级检察机关、上级检察官的批示和命令开展工作。据此，下列哪一表述是正确的？（2016－1－47）[1]

A. 各级检察院实行检察委员会领导下的检察长负责制

B. 上级检察院可建议而不可直接变更、撤销下级检察院的决定

C. 在执行检察职能时，相关检察院有协助办案检察院的义务

D. 检察官之间在职务关系上可相互承继而不可相互移转和代理

【解析】根据《人民检察院组织法》的规定，检察长统一领导检察院的工作，各级人民检察院设立检察委员会，检察委员会实行民主集中制，在检察长的主持下讨论决定重大案件和其他重大问题。我国人民检察院内部实行的是检察长负责制与检察委员会集体领导相结合的领导体制，因此 A 项错误。我国上下级检察院之间是领导关系，故上级检察院有权直接变更、撤销下级检察院的决定，因此 B 项错误。我国检察一体化，故检察院有相互协助的义务，因此 C 项正确。检察官之间在职务关系上可以相互承继，也可相互转移和代理，因此 D 项错误。

2. 某检察院改革内部管理体制，将原有的多个内设处（室）统一整合，消除内部职能行政化、碎片化的弊端。关于上述改革，下列说法正确的是：（2016－1－87）[2]

A. 完善内部管理体制有利于保证司法公正，提高检察机关公信力

B. 检察官独立行使检察权不应受任何组织和个人的监督

C. 将检察官等同于一般公务员的管理体制不利于提高检察官的专业素质和办案质量

D. 内部管理体制改革为完善检察官职业保障体系创造了条件

【解析】改革检察院内部管理体制，消除内部职能行政化、碎片化的弊端，是保证司法公正，提高检察机关公信力的应然之道，因此 A 项正确。检察权独立行使原则，是指检察机关依法独立行使检察权，只服从法律，不受其他机关团体和个人的非法干涉，但并非意味着其不受法律监督，因此 B 项错误。相比较于一般公务员，检察官身份的特殊性和专业性决定其不能等同于一般的公务员管理体制，而是以严格的审判责任制为核心，以科学的审判权力运行机制为前提，以明晰的审判组织权限和审判人员职责为基础，以有效的审判管理和监督制度为保障，因此 C 项正确。检察官职业保障的内涵极为丰富。从世界各国的法治实践来看，包括检察官职业权利保障、职业身份保障、职业收入保障、职业教育保障、职业安全保障、职业监督保障等内容，显然内部管理体制的改革有助于完善检察官职业保障体系，因此 D 项正确。

3. 2016 年 10 月 20 日，《检察人员纪律处分条例》修订通过。关于规范检察人员的行为，下列哪些说法是正确的？（2017－1－84）[3]

---

[1]　C　[2]　ACD　[3]　ABCD

A. 领导干部违反有关规定组织、参加自发成立的老乡会、校友会、战友会等，属于违反组织纪律行为

B. 擅自处置案件线索，随意初查或者在初查中对被调查对象采取限制人身自由强制措施的，属于违反办案纪律行为

C. 在分配、购买住房中侵犯国家、集体利益的，属于违反廉洁纪律行为

D. 对群众合法诉求消极应付、推诿扯皮，损害检察机关形象的，属于违反群众纪律行为

【解析】根据 2016 年修订的《检察人员纪律处分条例》第二章第二节"对检察人员违反组织纪律行为的处分"第 66 条规定"领导干部违反有关规定组织、参加自发成立的老乡会、校友会、战友会等，情节严重的，给予警告、记过、记大过或者降级处分。"因此 A 项正确。第三节"对检察人员违反办案纪律行为的处分"第 78 条规定："擅自处理案件线索、随意初查或在初查中对被调查对象采取限制人身自由强制性措施的，给予记过或记大过处分；情节较重的，给予降级或者撤职处分；情节严重的，给予开除处分。"因此 B 项正确。第四节"对检察人员违反廉洁纪律行为的处分"第 113 条规定："在分配、购买住房中侵犯国家、集体利益，情节较轻的，给予警告、记过或者记大过处分；情节较重的，给予降级或撤职处分；情节严重的，给予开除处分。"因此 C 项正确。第五节"对检察人员违反群众纪律行为的处分"第 127 条规定："对群众合法诉求消极应付、推诿扯皮，损害检察机关形象，情节较重的，给予警告、记过或者记大过处分；情节严重的，给予降级或撤职处分。"因此 D 项正确。

4. 关于检察官职业道德和纪律，下列哪一做法是正确的？（2014 - 1 - 47）[1]

A. 甲检察官出于个人对某类案件研究的需要，私下要求邻县检察官为其提供正在办理的某案情况

B. 乙检察官与其承办案件的被害人系来往密切的邻居，因此提出回避申请

C. 丙检察官发现所办案件存在应当排除的证据而未排除，仍将其作为起诉意见的依据

D. 丁检察官为提高效率，在家里会见本人所承办案件的被告方律师

【解析】"与本案当事人有其他关系，可能影响公正处理案件的"属于法定回避情形之一。B 项正确。

A 项中"私下要求"、C 项中"未排除应当排除的证据"、D 项中"在家里会见"是错误的。

5.《中共中央关于全面深化改革若干重大问题的决定》提出，应当改革司法管理体制，推动省以下地方检察院人财物统一管理，探索建立与行政区划适当分离的司法管辖制度。关于上述改革措施，下列哪些理解是正确的？（2014 - 1 - 84）[2]

A. 有助于检察权独立行使　　　　B. 有助于检察权统一行使

C. 有助于检务公开　　　　　　　D. 有助于强化检察机关的法律监督作用

【解析】检务公开制度是指检察机关依法向社会和诉讼参与人公开与检察职权相关的不涉及国家秘密和个人隐私等有关的活动和事项的制度。检察院人财物统一管理的制度和 C 项的"检务公开"无关。

6. 根据中央司法体制改革要求及有关检察制度规定，人民监督员制度得到进一步完善和加强。关于深化人民监督员制度，下列哪一表述是错误的？（2015 - 1 - 47）[3]

A. 是为确保职务犯罪侦查、起诉权的正确行使，根据有关法律结合实际确定的一种社会民主监督制度

---

[1]　B　〔2〕　ABD　〔3〕　D

B. 重点监督检察机关查办职务犯罪的立案、羁押、扣押冻结财物、起诉等环节的执法活动

C. 人民监督员由司法行政机关负责选任管理

D. 参与具体案件监督的人民监督员，由选任机关从已建立的人民监督员信息库中随机挑选

【解析】根据2015年2月27日中央全面深化改革领导小组第十次会议审议通过的《深化人民监督员制度改革方案》，参与具体案件监督的人民监督员，由组织案件监督的人民检察院会同司法行政机关从人民监督员信息库中随机抽选产生。D项错误。

7. 下列关于检察官的任职和处分的说法正确的有？（模拟题）[1]

A. 张检察官在年度工作考核中，已连续三年被确定为不称职，应当予以辞退

B. 对不履行检察官义务，经教育仍不改正的，应当予以辞退

C. 周某原为某市检察院的副检察长，后调往市司法局任局长，对其应当提请免除检察官职务

D. 张某是北京市某区人民检察院检察官，被给予记大过处分，其有权向市检察院申诉

【解析】《保护司法人员依法履行法定职责规定》第7条规定："只有具备下列情形之一的，方可将法官、检察官辞退：（一）在年度考核中，连续两年确定为不称职；……（五）不履行检察官义务，经教育仍不改正的。"A、B正确。《检察官法》第20条规定了提请免除职务的情形，……（二）调出所任职人民检察院的；……C正确。《关于建立法官、检察官惩戒制度的意见（试行）》第11条规定："当事法官、检察官对惩戒决定不服的，可以向作出决定的人民法院、人民检察院申请复议，并有权向上一级人民法院、人民检察院申诉。"D正确。

8. 关于检察官的行为，下列符合有关法律法规的一项是？（模拟题）[2]

A. 甲6年前曾被吊销过律师执业证书，因已过5年，其可担任检察官

B. 乙检察官与同为检察官的女婿都在本院第一检察部工作

C. 丙检察官在工作之余兼职本地农产品公司，因推销有方获利5千元

D. 丁检察官从检察院离任4年后，以律师身份担任各类案件的诉讼代理人或者辩护人

【解析】根据《检察官法》第13条的规定，被吊销律师执业证书的不能担任检察官，故A项错误。根据《检察官法》第24条，检察官之间有夫妻关系、直系血亲关系、三代以内旁系血亲以及近姻亲关系的，不得同时担任同一业务部门的检察员，故B项错误。根据《检察官法》第23条的规定，检察官不得在营利性组织中兼职，故C项错误。根据《检察官法》第37条的规定，检察官从检察院离任两年内，不得以律师身份担任诉讼代理人或者辩护人。本题中已经4年，过了2年的限制，故D项正确。

---

[1] ABCD [2] D

专题四　律师制度与律师职业道德

1. 法院、检察院、公安机关、国家安全机关、司法行政机关应当尊重律师，健全律师执业权利保障制度。下列哪一做法是符合有关律师执业权利保障制度的？（2016－1－48）[1]

A. 县公安局仅告知涉嫌罪名，而以有碍侦查为由拒绝告知律师已经查明的该罪的主要事实

B. 看守所为律师提供网上预约会见平台服务，并提示律师如未按期会见必须重新预约方可会见

C. 国家安全机关在侦查危害国家安全犯罪期间，多次不批准律师会见申请并且说明理由

D. 在庭审中，作无罪辩护的律师请求就被告量刑问题发表辩护意见，合议庭经合议后当庭拒绝律师请求

【解析】最高人民法院、最高人民检察院、公安部、国家安全部、司法部于2015年9月16日印发《关于依法保障律师执业权利的规定》的通知，该规定第6条第1款规定："辩护律师接受犯罪嫌疑人、被告人委托或者法律援助机构的指派后，应当告知办案机关，并可以依法向办案机关了解犯罪嫌疑人、被告人涉嫌或者被指控的罪名及当时已查明的该罪的主要事实。"因此A项错误。第7条第3款规定："看守所应当设立会见预约平台，采取网上预约、电话预约等方式为辩护律师会见提供便利，但不得以未预约会见为由拒绝安排辩护律师会见。"因此B项错误。根据第9条第1款的规定："辩护律师在侦查期间要求会见危害国家安全犯罪、恐怖活动犯罪、特别重大贿赂犯罪案件在押的犯罪嫌疑人的，应当向侦查机关提出申请。侦查机关应当依法及时审查辩护律师提出的会见申请，在三日以内将是否许可的决定书面答复辩护律师，并明确告知负责与辩护律师联系的部门及工作人员的联系方式。对许可会见的，应当向辩护律师出具许可决定文书；因有碍侦查或者可能泄露国家秘密而不许可会见的，应当向辩护律师说明理由。"因此C项正确。第35条规定："辩护律师作无罪辩护的，可以当庭就量刑问题发表辩护意见，也可以庭后提交量刑辩护意见。"因此D项错误。

2. 律师事务所应当建立健全执业管理和各项内部管理制度，履行监管职责，规范本所律师执业行为。根据《律师事务所管理办法》，某律师事务所下列哪一做法是正确的？（2017－1－49）[2]

A. 委派钟律师担任该所出资成立的某信息咨询公司的总经理

B. 合伙人会议决定将年度考核不称职的刘律师除名，报县司法局和律协备案

C. 对本所律师执业表现和遵守职业道德情况进行考核，报律协批准后给予奖励

D. 对受到6个月停止执业处罚的祝律师，在其处罚期满1年后，决定恢复其合伙人身份

【解析】《律师事务所管理办法》第44条规定："律师事务所应当在法定业务范围内开展

业务活动，不得以独资、与他人合资或者委托持股方式兴办企业，并委派律师担任企业法定代表人、总经理职务，不得从事与法律服务无关的其他经营性活动。"因此 A 项错误。第 43 条规定："律师事务所应当建立违规律师辞退和除名制度，对违法违规执业、违反本所章程及管理制度或者年度考核不称职的律师，可以将其辞退或者经合伙人会议通过将其除名，有关处理结果报所在地县级司法行政机关和律师协会备案。"因此 B 项正确。第 56 条规定："律师事务所应当建立律师表彰奖励制度，对依法、诚信、规范执业表现突出的律师予以表彰奖励。"故对律师奖励，不需要律协批准，因此 C 项错误。第 57 条第 2 款规定："已担任合伙人的律师受到六个月以上停止执业处罚的，自处罚决定生效之日起至处罚期满后三年内，不得担任合伙人。"因此 D 项错误。

3. 律师在推进全面依法治国进程中具有重要作用，律师应依法执业，诚信执业，规范执业。根据《律师执业管理办法》，下列那些说法是正确的？（2017－1－85）[1]

A. 甲律师依法向被害人收集被告人不在聚众斗殴现场的证据，提交检察院要求其及时进行审查

B. 乙律师对当事人及家属准备到法院门口静坐、举牌、声援的做法，予以及时有效的劝阻

C. 丙律师在向一方当事人提供法律咨询中致电对方当事人，告知对方诉讼请求缺乏法律和事实依据

D. 丁律师在社区普法宣传中，告知群众诉讼是解决继承问题的唯一途径，并称其可提供最专业的诉讼代理服务

【解析】《律师执业管理办法》第 31 条第 1 款规定："律师担任辩护人的，应当根据事实和法律，提出犯罪嫌疑人、被告人无罪、罪轻或者减轻、免除其刑事责任的材料和意见，维护犯罪嫌疑人、被告人的诉讼权利和其他合法权益。"因此 A 项正确。第 37 条规定："律师承办业务，应当引导当事人通过合法的途径、方式解决争议，不得采取煽动、教唆和组织当事人或者其他人员到司法机关或者其他国家机关静坐、举牌、打横幅、喊口号、声援、围观等扰乱公共秩序、危害公共安全的非法手段，聚众滋事，制造影响，向有关部门施加压力。"因此 B 项正确。第 35 条规定："律师承办业务，应当诚实守信，不得接受对方当事人的财物及其他利益，与对方当事人、第三人恶意串通，向对方当事人、第三人提供不利于委托人的信息、证据材料，侵害委托人的权益。"因此 C 项错误。第 41 条规定："律师应当按照有关规定接受业务，不得为争揽业务哄骗、唆使当事人提起诉讼，制造、扩大矛盾，影响社会稳定。"因此 D 项错误。

4. 某律师事务所一审代理了原告张某的案件。一年后，该案再审。该所的下列哪一做法与律师执业规范相冲突？（2014－1－48）[2]

A. 在代理原告案件时，拒绝与该案被告李某建立委托代理关系

B. 在拒绝与被告李某建立委托代理关系时，承诺可在其他案件中为其代理

C. 得知该案再审后，主动与原告张某联系

D. 张某表示再审不委托该所，该所遂与被告李某建立委托代理关系

【解析】《律师法》第 39 条："律师不得在同一案件中为双方当事人担任代理人，不得代理与本人或者其近亲属有利益冲突的法律事务。"D 项错误。

———————————

〔1〕 AB 〔2〕 D

5. 王某和李某斗殴，李某与其子李二将王某打伤。李某在王某提起刑事自诉后聘请省会城市某律师事务所赵律师担任辩护人。关于本案，下列哪一做法符合相关规定？（2015－1－48）[1]

A. 赵律师同时担任李某和李二的辩护人，该所钱律师担任本案王某代理人

B. 该所与李某商定辩护事务按诉讼结果收取律师费

C. 该所要求李某另外预交办案费

D. 该所指派实习律师代赵律师出庭辩护

【解析】一个律师事务所的律师不得同时担任原告与被告的辩护人。A项错误。

刑事案件是分阶段收费的。B项错误。

《律师法》第13条规定："没有取得律师执业证书的人员，不得以律师名义从事法律服务业务；除法律另有规定外，不得从事诉讼代理或者辩护业务。"D项错误。

6. 某检察院对王某盗窃案提出一审抗诉，王某未委托辩护人，欲申请法律援助。对此下列哪一说法是正确的？（2015－1－49）[2]

A. 王某申请法律援助只能采用书面形式

B. 法律援助机构应当严格审查王某的经济状况

C. 法律援助机构只能委派律师担任王某的辩护人

D. 法律援助机构决定不提供法律援助时，王某可以向该机构提出异议

【解析】《法律援助法》第41条规定："因经济困难申请法律援助的，申请人应当如实说明经济困难状况。法律援助机构核查申请人的经济困难状况，可以通过信息共享查询，或者由申请人进行个人诚信承诺。法律援助机构开展核查工作，有关部门、单位、村民委员会、居民委员会和个人应当予以配合。"A项错误。《法律援助法》第42条规定："法律援助申请人有材料证明属于下列人员之一的，免予核查经济困难状况：（一）无固定生活来源的未成年人、老年人、残疾人等特殊群体；（二）社会救助、司法救助或者优抚对象；（三）申请支付劳动报酬或者请求工伤事故人身损害赔偿的进城务工人员；（四）法律、法规、规章规定的其他人员。"B项错误。《刑事诉讼法》第34条第一款规定："犯罪嫌疑人自被侦查机关第一次讯问或者采取强制措施之日起，有权委托辩护人；在侦查期间，只能委托律师作为辩护人。被告人有权随时委托辩护人。"法律援助机构只能委托律师作为辩护人。C项正确。《法律援助法》第49条规定："申请人、受援人对法律援助机构不予法律援助、终止法律援助的决定有异议的，可以向设立该法律援助机构的司法行政部门提出。司法行政部门应当自收到异议之日起五日内进行审查，作出维持法律援助机构决定或者责令法律援助机构改正的决定。申请人、受援人对司法行政部门维持法律援助机构决定不服的，可以依法申请行政复议或者提起行政诉讼。"因此D项错误。

7. 为促进规范司法，维护司法公正，最高检察院要求各级检察院在诉讼活动中切实保障律师依法行使执业权利。据此，下列选项正确的是：（2015－1－100）[3]

A. 检察院在律师会见犯罪嫌疑人时，不得派员在场

B. 检察院在案件移送审查起诉后律师阅卷时，不得派员在场

C. 律师收集到犯罪嫌疑人不在犯罪现场的证据，告知检察院的，其相关办案部门应及时审查

D. 法律未作规定的事项，律师要求听取意见的，检察院可以安排听取

---

[1] C [2] C [3] AC

【解析】在案件移送审查起诉后律师阅卷时是可以派员在场的。B项错误。

法律未作规定的事项，律师要求听取意见的，检察院应当安排听取。D项错误。

8. 关于律师事务所，下列情形违反相关规定的是？（模拟题）[1]

A. 甲律师事务所因与某业务部门关系密切，请求该部门发文要求其下属单位所发生的法律事务均委托该律师事务所处理

B. 乙律师事务所于2017年8月1日受到通报批评处分，为推广业务需要，于2018年2月1日在当地晚报上发布律师广告

C. 丙律师事务所根据其对当地律师事务所的调查结果，在电视上发布律师广告，声称其是当地较大的律师事务所之一，但未涉及其他律师事务所的具体名称

D. 丁律师事务所在对外宣传时介绍了高级合伙人情况，并介绍有三位高级合伙人在律师协会中均担任重要职务

【解析】律师和律师事务所之间不得采用不正当手段排挤竞争对手的公平的竞争，甲律师事务所的行为侵害了其他律师事务所和律师公平竞争的利益，不符合法律规定，A应选。根据2018年《中华全国律师协会律师业务推广行为规则（试行）》第5条规定，受到通报批评、公开谴责处分，未满一年的，不得发布律师服务广告，乙律师事务所行为不符合法律规定，B应选。C项符合法律规定，不选。根据上述规定第10条，律师、律师事务所在业务推广时，在非履行律师协会任职职责的活动中不得使用律师协会任职的职务，丁律师事务所的行为不符合法律规定，D应选。

9. 甲与其子将乙打伤，甲在乙提起刑事自诉后聘请某律所丙律师担任辩护人。关于本案，下列哪一做法符合相关规定？（模拟题）[2]

A. 丙律师同时担任甲和甲之子的辩护人，同律所丁律师担任乙的代理人

B. 该律所与甲商定辩护事务按诉讼结果收取律师费

C. 该律所要求甲另外预交办案费

D. 该律所指派实习律师代丙出庭辩护

【解析】根据《律师执业行为规范》第51条规定，同一律师事务所的不同律师不得同时担任同一刑事案件的被害人的代理人和犯罪嫌疑人、被告人的辩护人。但在该县区域内只有一家律师事务所且事先征得当事人同意的除外，故A项错误。根据《律师服务收费管理办法》第12条规定，禁止刑事诉讼案件、行政诉讼案件、国家赔偿案件以及群体性诉讼案件实行风险代理收费，故B项错误。律师收取的费用可以分为律师费和办案费用，办案费用是指律师在办理案件过程中发生的律师费以外的其他费用，这些办案费用应当由委托人在律师费之外另行支付，故C项说法正确。《申请律师执业人员实习管理规则》第23条规定，律师事务所及实习指导律师不得指使或者放任实习人员有下列行为：（一）独自承办律师业务；（二）以律师名义在委托代理协议或者法律顾问协议上签字，对外签发法律文书；（三）以律师名义在法庭、仲裁庭上发表辩护或者代理意见；（四）以律师名义洽谈、承揽业务；（五）以律师名义印制名片及其他相关资料；（六）其他依法应以律师名义从事的活动。实习律师没有取得律师执业资格证，不能出庭辩护，故D项说法错误。

---

[1] ABD [2] C

专题五　公证制度和公证员职业道德

1. 某律师事务所律师代理原告诉被告买卖合同纠纷案件，下列哪一做法是正确的？（2016 – 1 – 49）[1]

A. 该律师接案时，得知委托人同时接触他所律师，私下了解他所报价后以较低收费接受委托

B. 在代书起诉状中，律师提出要求被告承担精神损害赔偿 20 万元的诉讼请求

C. 在代理合同中约定，如胜诉，在 5 万元律师代理费外，律师事务所可按照胜诉金额的一定比例另收办案费用

D. 因律师代理意见未被法庭采纳，原告要求律师承担部分诉讼请求损失，律师事务所予以拒绝

【解析】根据《律师执业行为规范》第 79 条第 2 项，无正当理由，以低于同地区同行业收费标准为条件争揽业务的，属于律师执业不正当竞争关系。因此 A 项做法构成不正当竞争。《民法典·侵权责任编》第 1183 条规定："侵害自然人人身权益造成严重精神损害的，被侵权人有权请求精神损害赔偿。"因此，精神损害赔偿适用于侵犯人身权纠纷，不适用于合同纠纷。因此 B 项做法错误。《律师服务收费管理办法》第 22 条规定："律师服务费、代委托人支付的费用和异地办案差旅费由律师事务所统一收取。律师不得私自向委托人收取任何费用。除前款所列三项费用外，律师事务所及承办律师不得以任何名义向委托人收取其他费用。"因此，C 项的做法属于违规收取其他费用。《律师执业行为规范》第 44 条规定："律师根据委托人提供的事实和证据，依据法律规定进行分析，向委托人提出分析性意见。"第 45 条规定："律师的辩护、代理意见未被采纳，不属于虚假承诺。"因此，D 项正确。

2. 公证制度是司法制度重要组成部分，设立公证机构、担任公证员具有严格的条件及程序。关于公证机构和公证员，下列哪一选项是正确的？（2017 – 1 – 50）[2]

A. 公证机构可接受易某申请为其保管遗嘱及遗产并出具相应公证书

B. 设立公证机构应由省级司法行政机关报司法部依规批准后，颁发公证机构执业证书

C. 贾教授在高校讲授法学 11 年，离职并经考核合格，可以担任公证员

D. 甄某交通肇事受过刑事处罚，因此不具备申请担任公证员的条件

【解析】《公证法》第 12 条规定："根据自然人、法人或者其他组织的申请、公证机构可以办理以下事务：……（三）保管遗嘱、遗产或者其他与公证事项有关的财产、物品、文书；……"而根据《办理遗嘱保管事务的指导意见》第 7 条规定："公证机构应当向申请人出具保管证书，保管证书应当载明申请人的身份信息、遗嘱的形式、遗嘱领取人的身份信息及联系方式，遗嘱开启与领取的条件等内容。保管证书一式二份，一份交与申请人，一份由公证机构留

---

[1]　D　[2]　C

档。"因此公证机构办理保管遗嘱，应当出具的是保管证书，而不是公证书，因此 A 项错误。《公证法》第 9 条规定："设立公证机构，由所在地的司法行政部门报省、自治区、直辖市人民政府司法行政部门，按照规定程序批准后，领发公证机构执业证书。"因此 B 项错误。《公证法》第 18 条规定了担任公证员的一般条件："（一）具有中华人民共和国国籍；（二）年龄 25 周岁以上 65 周岁以下；（三）公道正派，遵守法纪，品行良好；（四）通过国家统一法律职业资格考试取得法律职业资格；（五）在公证机构实习二年以上或者具有三年以上其他法律职业经历并在公证机构实习一年以上，经考核合格。"《公证法》第 19 条又规定了担任公证员的特殊条件："从事法学教学、研究工作，具有高级职称的人员，或者具有本科以上学历，从事审判、检察、法制工作、法律服务满十年的公务员、律师，已经离开原工作岗位，经考核合格的，可以担任公证员。"贾教授符合该条规定，可以担任公证员，因此 C 项正确。第 20 条规定："有下列情形之一的不得担任公证员：（一）无民事行为能力，或者限制民事行为能力的；（二）因故意犯罪或者职务过失犯罪受到刑事处罚的；（三）被开除公职的；（四）被吊销公证员、律师执业证书的。"甄某交通肇事属于过失犯罪，故可以担任公证员，因此 D 项错误。

3. 建立领导干部、司法机关内部人员过问案件记录和责任追究制度，规范司法人员与当事人、律师、特殊关系人、中介组织接触交往行为，有利于保障审判独立和检察独立。据此，下列做法正确的是：（2017 - 1 - 98）[1]

A. 某案承办检察官告知其同事可按规定为案件当事人转递涉案材料

B. 某法官在参加法官会议时，提醒承办法官充分考虑某案被告家庭现状

C. 某检察院副检察长依职权对其他检察官的在办案件提出书面指导性意见

D. 某法官在参加研讨会中偶遇在办案件当事人的律师，拒绝其研讨案件的要求并向法院纪检部门报告

【解析】中央政法委《司法机关内部人员过问案件的记录和责任追究规定》第 3 条规定："司法机关办案人员应当恪守法律，公正司法，不徇私情。对于司法机关内部人员的干预、说情或者打探案情，应当予以拒绝；对于不依正当程序转递涉案材料或者提出其他要求的，应当告知其依照程序办理。"因此 A 项正确。第 2 条规定："司法机关内部人员应当依法履行职责，严格遵守纪律，不得违反规定过问和干预其他人员正在办理的案件，不得违反规定为案件当事人转递涉案材料或者打探案情，不得以任何方式为案件当事人说情打招呼。"因此 B 项错误。第 4 条规定："司法机关领导干部和上级司法机关工作人员因履行领导、监督职责，需要对正在办理的案件提出指导性意见的，应当依照程序以书面形式提出，口头提出的，由办案人员记录在案。"因此 C 项正确，D 项正确。

4. 下列哪些行为违反了相关法律职业规范规定？（2013 - 1 - 85）[2]

A. 某律师事务所明知李律师的伯父是甲市中院领导，仍指派其到该院代理诉讼

B. 检察官高某在办理一起盗车并杀害车内行动不便的老人案件时，发现网上民愤极大，即以公诉人身份跟帖向法院建议判处被告死刑立即执行

C. 在法庭上，公诉人某发现李律师发微博，当庭予以训诫，审判长怀法官未表明态度

D. 公证员张某根据甲公司董事长申请，办理了公司章程公证，张某与该董事长系大学同学

【解析】最高人民法院、司法部《关于规范法官和律师相互关系维护司法公正的若干规定》第 4 条第 1 款："法官应当严格执行回避制度，如果与本案当事人委托的律师有亲朋、同学、师生、曾经同事等关系，可能影响案件公正处理的，应当自行申请回避，是否回避由本院

---

[1] ACD　[2] BC

院长或者审判委员会决定。"李律师的伯父在市中院是领导并不影响其接受律师事务所的指派，只要其伯父不是案件承办法官即可。A项正确。

《检察官职业道德基本准则》第4条："坚持公正理念，维护法制统一。"检察官高某以公诉人身份跟帖向法院建议判处被告死刑立即执行违反了该项规定。B项错误。

维护法庭秩序是法官的职责，不是公诉人的职责。C项错误。

公证员职业道德并无大学同学关系禁止要求。D项正确。

5. 甲病危，欲将部分财产留给保姆，咨询如何处理。下列哪一意见是正确的？（2011－1－50）[1]

A. 甲行走不便，可由身为公证员的侄子办理公证遗嘱

B. 甲提出申请，可由公证机构到医院办理公证遗嘱

C. 公证机构无权办理甲的遗嘱文书及财产保管事务

D. 甲如对该财产曾有其他形式遗嘱，以后公证的遗嘱无效

【解析】《公证法》第26条："自然人、法人或者其他组织可以委托他人办理公证，但遗嘱、生存、收养关系等应当由本人办理公证的除外。"A项错误。

《公证法》第12条："根据自然人、法人或者其他组织的申请，公证机构可以办理下列事务：（一）法律、行政法规规定由公证机构登记的事务；（二）提存；（三）保管遗嘱、遗产或者其他与公证事项有关的财产、物品、文书；（四）代写与公证事项有关的法律事务文书；（五）提供公证法律咨询。"C项错误。

《民法典》第1142条第3款："立有数份遗嘱，内容相抵触的，以最后的遗嘱为准。"D项错误。

6. 关于我国公证的业务范围、办理程序和效力，下列哪一选项符合《公证法》的规定？（2015－1－50）[2]

A. 申请人向公证机关提出保全网上交易记录，公证机关以不属于公证事项为由拒绝

B. 自然人委托他人办理财产分割、赠与、收养关系公证的，公证机关不得拒绝

C. 因公证具有较强的法律效力，要求公证机关在办理公证业务时不能仅作形式审查

D. 法院发现当事人申请执行的公证债权文书确有错误的，应裁定不予执行并撤销该公证书

【解析】保全网上交易记录属于公证事项范畴。A项错误。

对于当事人的申请，公证机关根据案件实际情况，拒绝办理。B项错误。

《公证法》第28条："公证机构办理公证，应当根据不同公证事项的办证规则，分别审查下列事项：（一）当事人的身份、申请办理该项公证的资格以及相应的权利；（二）提供的文书内容是否完备，含义是否清晰，签名、印鉴是否齐全；（三）提供的证明材料是否真实、合法、充分；（四）申请公证的事项是否真实、合法。"C项正确。

法院无权撤销公证书。D项错误。

7. 下列做法不符合公证员职业道德要求的是？（2018年回忆版）[3]

A. 王公证员除了做好公证工作外，还自己开办了一家工厂

B. 某公证机构的公证员，经常利用节假日到街上发传单，对自己大肆炫耀，从而招揽业务

C. 某公证机构的业务做得很好，深受当地人们的信赖，于是此公证机构找到了市行政部门，通过行政支持对当地的公证业务进行垄断

————————————

〔1〕 B 〔2〕 C 〔3〕 ABCD

D. 公证员为一些当事人进行公证，给当事人带来了很大的益处，有时接受当事人的答谢款待也是人之常情

【解析】《公证员职业道德基本准则》第20条规定，公证员不得经商和从事与公证员职务、身份不相符的活动，故A项错误。

《公证员职业道德基本准则》第25条规定，公证员不得利用新闻媒体或其他手段炫耀自己，为自己招揽业务，故B项错误。

《公证员职业道德基本准则》第25条规定，公证员不得利用与行政机关的特殊关系进行业务垄断，故C项错误。

《公证员职业道德基本准则》第22条规定，公证员不得索取或接受当事人及其代理人、利害关系人的答谢款待、馈赠财物和其他利益，故D项错误。

8. 关于公证员，下列表述中不正确的是？[1]

A. 甲23周岁，可以担任公证员

B. 乙从事法学教学研究工作，具有高级职称，经考核合格，兼职担任公证员

C. 丙因过失致人死亡判处三年有期徒刑，不得担任公证员

D. 丁受到停止执业处罚，停止执业期间，应当将其公证员执业证书缴存所在地司法行政机关

【解析】根据《公证法》第18条，担任公证员年龄应当在25周岁以上65周岁以下，因此A项错误。根据《公证法》第19条，从事法学教学、研究工作，具有高级职称的人员，或者具有本科以上学历，从事审判、检察、法制工作、法律服务满10年的公务员、律师，已经离开原工作岗位，经考核合格的，也可以担任公证员，因此B项错误。根据《公证法》第20条，因故意犯罪或者职务过失犯罪受过刑事处罚的，不得担任公证员，因此C项错误。根据《公证员执业管理办法》第20条第2款，公证员受到停止执业处罚的，停止执业期间，应当将其公证员执业证书缴存所在地司法行政机关，因此D项正确。

---

[1] ABC

专题六 法律顾问、仲裁员、行政机关中从事行政处罚决定审核、行政复议、行政裁决的公务员职业道德

1. 目前，我国已经在党政机关和国有企业推广公职律师和法律顾问、公司律师制度，该制度有助于提高依法执政、依法行政、依法经营、依法管理的能力水平，促进依法办事。对此，以下说法正确的有？（模拟题）[1]

A. 县级以上党委和政府有权外聘法律顾问，为党政机关提供服务

B. 公职律师与社会律师具有同等权利和义务，提供有偿法律服务

C. 公职律师、公司律师脱离原单位，可以申请转为社会律师，其担任公职律师、公司律师的经历计入社会律师执业年限

D. 党政机关对于依照有关规定应当听取法律顾问、公职律师的法律意见而未听取的事项，或者法律顾问、公职律师认为不合法不合规的事项，提交讨论后不应作出决定

【解析】乡级以上各级人民政府和党委都可以外聘法律顾问，A 错误。公职律师不得从事有偿法律服务，不得在律师事务所等法律服务机构兼职，不得以律师身份办理所在单位以外的诉讼或者非诉讼法律事务，B 错误。C 正确。依照有关规定应当听取法律顾问、公职律师的法律意见而未听取的事项，或者法律顾问、公职律师认为不合法不合规的事项，不应提交讨论，不应作出决定，D 错误。

2. 小张为某仲裁委员会的仲裁员，根据《仲裁法》的规定，其行为所可能承担的责任，以下说法正确的是？（2018 年回忆版）[2]

A. 在调解过程中，受仲裁庭安排单独会见一方当事人，不属于违纪行为

B. 接受当事人的请客送礼，情节严重，被仲裁委员会除名

C. 保守仲裁秘密，不向外界透露任何与案件有关的实体与程序问题

D. 在仲裁案件时向当事人索取贿赂，枉法裁决，被人民检察院提起公诉

【解析】按照《仲裁法》第 34 条之规定，仲裁员不得私自会见当事人，因仲裁庭安排而会见，不属于禁止范围，故 A 项正确。

按照《仲裁法》第 38 条的规定，仲裁员接受当事人的请客送礼，情节严重，应当除名，故 B 项正确。

仲裁员要公正仲裁，遵守职业道德，保守仲裁秘密，不向外界透露任何与案件有关的实体与程序问题，故 C 项正确。

仲裁员在履职过程中有违法犯罪行为的，要移交检察部门提起公诉，追究刑事责任，故 D 项正确。

---

[1] C [2] ABCD